Heinrich Rennings

Gottesdienst im Geist des Konzils

PASTORALLITURGISCHE REIHE
IN VERBINDUNG MIT DER ZEITSCHRIFT
„GOTTESDIENST“

Herausgegeben
von den Liturgischen Instituten
Salzburg, Trier, Zürich

Heinrich Rennings

Gottesdienst im Geist des Konzils

Pastoralliturgische Beiträge zur Liturgiereform

In Verbindung mit dem
Deutschen Liturgischen Institut
herausgegeben von Martin Klöckener

Herder

Freiburg · Basel · Wien

Die Deutsche Bibliothek – CIP-Einheitsaufnahme

Rennings, Heinrich:
Gottesdienst im Geist des Konzils : pastoralliturgische Beiträge zur Liturgiereform / Heinrich Rennings.
Hrsg. von Martin Klöckener. – Freiburg im Breisgau ; Basel ; Wien : Herder 1995
ISBN 3-451-23771-7

Texterfassung durch den Herausgeber

Druckvorlage: Jean Urban Andres
Druck und Bindung: WB-Druck, Rieden 1995
Gedruckt auf umweltfreundlichem, chlorfrei gebleichtem Papier
ISBN 3-451-23771-7

Vorwort

Als in der Nacht vom 2. auf den 3. Oktober 1994 Professor Dr. phil. et theol. Heinrich Rennings völlig unerwartet starb, verloren das Deutsche Liturgische Institut in Trier nicht nur seinen Leiter, die Liturgiekommission der Deutschen Bischofskonferenz nicht nur ihren Sekretär und manches andere kirchliche und wissenschaftliche Gremium nicht nur den stets anregenden Mitarbeiter und Berater, sondern ging der gesamten pastoralliturgischen Arbeit im deutschen Sprachgebiet und weit darüber hinaus eine ihrer wichtigsten Persönlichkeiten verloren, die über mehrere Jahrzehnte hinweg auf den verschiedensten Ebenen die Anliegen der Erneuerung der Liturgie im Geiste des Konzils gefördert und immer wieder neu inspiriert hatte.

Heinrich Rennings hat in rund 400 kleineren und größeren, wissenschaftlichen und ganz praktischen Beiträgen seine auf theologischen und anthropologischen Erkenntnissen beruhenden Vorstellungen von Liturgiereform und von dem unaufhörlich zu erneuernden Gottesdienst der Kirche niedergelegt. Eine Auswahl aus diesem Schrifttum ist in diesem Band zusammengestellt. Die Beiträge, die in den Jahren 1966–1992 entstanden sind, sind oft aus Vorträgen hervorgegangen, mit denen Heinrich Rennings für den Gottesdienst der Kirche und die Anliegen der Liturgiereform werben, begeistern und darüber informieren wollte; drei Beiträge werden hier zum ersten Mal veröffentlicht.

Für all die vielen Freunde, Kollegen und Hörer, die den Pastoralliturgiker im Laufe seines Lebens und Wirkens kennenlernen durften, ergibt sich so eine neue Weise der Begegnung; sie erhalten einen repräsentativen Überblick über die Anliegen und das Denken von H. Rennings, soweit es sich im literarischen Schaffen niedergeschlagen hat. Zugleich dokumentieren diese Schriften ein aufschlußreiches Stück nachkonziliarer Liturgiereform aus der Feder eines der kompetentesten Mitwirkenden aus dem deutschen Sprachgebiet an diesem großen Erneuerungsprozeß.

Die Schriften werden in der Originalfassung wiedergegeben; dabei wird auch in Kauf genommen, daß – wie allgemein bei Werken dieser Art – gelegentliche thematische Überschneidungen nicht ganz zu vermeiden sind.

Das Deutsche Liturgische Institut hat die Anregung der Herausgabe dieser gesammelten Schriften sogleich aufgegriffen und nach Kräften unterstützt. Auch die Aufnahme des Bandes in die von diesem Institut herausgegebene „Pastoralliturgische Reihe in Verbindung mit der Zeitschrift Gottesdienst“ drückt die über den Tod hinaus bleibende, dankbare Verbindung mit seinem verstorbenen früheren Leiter aus. Für allen Einsatz in dieser Sache sei dem Trägerverein des Trierer Instituts unter dem Vorsitz von Bischof Dr. Hermann Josef Spital und meinen ehemaligen Kolleginnen und Kollegen im Institut herzlich gedankt. Die Hauptarbeit bei der Texterfassung erledigten Frau Annemarie Schmitt und Frau Karin Knod; Herr Dr. Jean Urban Andres erstellte die fertige Druckvorlage. Darüber hinaus unterstützte das Deutsche Liturgische Institut die Veröffentlichung durch einen namhaften Druckkostenzuschuß, wofür ebenfalls herzlich gedankt sei.

Herr Lic. theol. Josef-Anton Willa (Fribourg) besorgte das Sachregister und erledigte eine Reihe der Arbeiten, die bei der Herausgabe eines solchen Buches anfallen. Dem Herder-Verlag, dem H. Rennings vor allem durch die Verlegung der deutschsprachigen liturgischen Bücher über lange Jahre verbunden war, sei in gleicher Weise für seine entgegenkommende und unkomplizierte Unterstützung gedankt, allen voran Herrn Dr. Bernhard Spörlein, der die Veröffentlichung dieses Bandes verlegerisch betreute.

Dem Herausgeber, einem dankbaren Schüler und Freund von Heinrich Rennings, den dieser für die Liturgiewissenschaft gewann und in der wir schließlich viele Jahre lang gemeinsam arbeiteten, ist es im Sinne von H. Rennings ein herzliches Anliegen, daß diese gesammelten Schriften mit ihren bleibend wertvollen und inspirierenden Einsichten dazu helfen und ermutigen, auf dem nicht immer leichten Weg einer Feier des Gottesdienstes im Geiste des Konzils mit klarer Linie voranzuschreiten; mögen die Schriften aber auch das Andenken an diesen Diener der Kirche und Förderer der Liturgie lebendig halten!

Fribourg, den 13.7.1995,
am Fest des heiligen Heinrich

Martin Klöckener

Inhalt

Vorwort 5

Inhaltsverzeichnis 7

Abkürzungsverzeichnis 10

Martin Klöckener
Gottesdienst im Geiste des Konzils. Heinrich Rennings und sein pastoralliturgisches Schrifttum 13

I.
Gottesdienst

Gestaltete Versammlung im Namen des Herrn

Grundlagen der gottesdienstlichen Versammlung (1969) 28

Von der Gestaltung der Feier (1980) 41

II.
Liturgiereform

Unablässiger Auftrag der Kirche

Die Verwirklichung der Liturgiereform in Europa (1966) 52

Aus Treue zur Tradition: Reform der Liturgie (1968) 57

Eine „Dritte Instruktion“ zur Liturgiereform (1971) 68

Liturgiereform – Enttäuschung oder Hoffnung? (1981) 75

Zur Vorgeschichte und zum Echo des „Direktoriums für Meßfeiern mit Kindern“ vom 1.11.1973 (1982) 101

Fünfundzwanzig Jahre „Herbergssuche“ der Liturgie in der Römischen Kurie (1989) 110

Kirchenamtliche Beiträge zur nachkonziliaren liturgischen Erneuerung in der Bundesrepublik und im deutschen Sprachgebiet (1991) 125

III. Eucharistie

Lobpreisende Danksagung und Dankhandlung bis zum Ende der Zeiten

Der Priester als Vorsteher der Eucharistiefeier (1982) 138

Das Eucharistische Hochgebet der Meßfeier als Dankgebet (1987) 143

Zur Diskussion über neue Hochgebete. Aus der Arbeit einer Studiengruppe im deutschen Sprachgebiet (1973) 152

Votivhochgebet Versöhnung II (1992) 170

Der Schlußteil der Meßfeier (1976) 189

IV. Gottesdienst im Rhythmus der Zeit

Tag und Jahr leben in Lobpreis und Vertrauen

Zum Invitatorium der täglichen Stundenliturgie und seinem Psalm 95 (94) (1989) 200

Die Psychohygiene der Komplet (1977) 210

Der Sonntag und die Zwecksonntage (1981) 232

V. Gesang und Musik

Tragende Elemente des gottesdienstlichen Handelns

Gesang und Musik in der liturgischen Versammlung. Die Konsequenzen der Liturgiereform für die Kirchenmusik (1968/70) 244

Das kirchenmusikalische Erbe aus der Sicht des Liturgikers (1980) 256

Hat die Musik im Gottesdienst ihren Ort in der erneuerten Liturgie gefunden? 9 Fragen (1992) 271

VI.
Liturgik

Theologische Wissenschaft vor neuen Aufgaben

Über Ziele und Aufgaben der Liturgik (1969) 278

Im Dienst der feiernden Kirche. Skizze einer Liturgiewissenschaft für eine „Liturgie im Werden" (1987) 293

Epilog

Gebetstexte zu Tod und Begräbnis (1980) 301

Register 307

Abkürzungsverzeichnis

AAS — Acta Apostolicae Sedis. Rom 1909ff
AEM — Allgemeine Einführung in das Römische Meßbuch
AES — Allgemeine Einführung in das Stundengebet
Alw — Archiv für Liturgiewissenschaft. (Regensburg) Maria Laach 1950ff
BEL.S — Bibliotheca „Ephemerides liturgicae". Subsidia. Rom 1975ff
BGAM — Beiträge zur Geschichte des alten Mönchtums und des Benediktinertums. Münster 1912ff
BiLi — Bibel und Liturgie. Klosterneuburg (Düsseldorf) 1927ff
Bugnini, Liturgiereform – *A. Bugnini*, Die Liturgiereform 1948–1975. Zeugnis und Testament. Deutsche Ausgabe, hg. v. *J. Wagner* u. Mitarb. v. *F. Raas*. Freiburg/Brsg. [u. a.] 1988. – Zuerst ital.: La riforma liturgica (1948–1975). Rom 1983 (BEL.S 30)
CChr.SL — Corpus Christianorum. Series Latina. Turnhout 1953ff
CIC 1917 — Codex Iuris Canonici 1917
CIC 1983 — Codex Iuris Canonici 1983
Conc(D) — Concilium. Einsiedeln [u. a.] 1965ff
CSEL — Corpus scriptorum ecclesiasticorum Latinorum. Wien 1866ff
DEL — Dokumente zur Erneuerung der Liturgie, hg. v. *H. Rennings/M. Klöckener*. Bd. 1: Dokumente des Apostolischen Stuhls 1963–1973, hg. v. *H. Rennings* u. Mitarb. v. *M. Klöckener*. Kevelaer 1983
EDIL — Enchiridion documentorum instaurationis liturgicae, hg. v. *R. Kaczynski*. Bd. 1: 1963–1973. Turin 1976; Bd. 2: 4.12.1973 – 4.12.1983. Rom 1988
Église en prière – *A. G. Martimort*, L'Église en prière. Introduction à la liturgie. Édition nouvelle. 4 Bde. Paris 1983f
EL — Ephemerides Liturgicae. Rom 1887ff
FS — Festschrift
Gd — Gottesdienst. Freiburg/Brsg. [u. a.] 1967ff
GdK — Gottesdienst der Kirche. Handbuch der Liturgiewissenschaft. Regensburg 1983ff
Gemeinde im Herrenmahl – Gemeinde im Herrenmahl. Zur Praxis der Meßfeier (FS E. J. Lengeling), hg. v. *Th. Maas-Ewerd / K. Richter*. Einsiedeln [u. a.] ²1976 (PLR-Gd)

Gott feiern	Gott feiern. Theologische Anregung und geistliche Vertiefung zur Feier von Messe und Stundengebet (FS Th. Schnitzler), hg. v. *J. G. Plöger*. Freiburg/Brsg. [u. a.] 1980
HerKorr	Herder-Korrespondenz. Freiburg/Brsg. 1946ff
HlD	Heiliger Dienst. Salzburg 1947ff
IkaZ	Internationale Katholische Zeitschrift „Communio“. Frankfurt/M. 1972ff
JLH	Jahrbuch für Liturgik und Hymnologie. Kassel 1955ff
JLw	Jahrbuch für Liturgiewissenschaft. Münster 1921–1941
KA	Kirchliches Amtsblatt etc. (mit Angabe der Diözese)
KatBl	Katechetische Blätter. München 1875ff
KlBl	Klerusblatt. München [u. a.] 1925ff
KNA	Katholische Nachrichten-Agentur. Bonn
Leit.	Leiturgia. Handbuch des evangelischen Gottesdienstes, hg. v. *K. F. Müller/W. Blankenburg*. 5 Bde. Kassel 1952–1970
LG	2. Vatikanisches Konzil, Dogmatische Konstitution über die Kirche „Lumen gentium“
Lit(R)	Liturgia. Rom 1967ff
Liturgia Horarum	– Officium divinum ex decreto Sacrosancti Oecumenici Concilii Vaticani II instauratum auctoritate Pauli Pp. VI. promulgatum. Liturgia Horarum iuxta ritum Romanum. Editio typica. 4 Bde. Vatikanstadt 1971f; Ed. typ. altera 1985–1987
LitWo	Liturgisch Woordenboek, hg. v. *L. Brinkhoff [u. a.]*. 2 Bde. Roermond 1958–1968; Supplementbd. 1970
LJ	Liturgisches Jahrbuch. Münster 1951ff
LO	Lex Orandi. Paris 1944ff
LQF	Liturgiewissenschaftliche Quellen und Forschungen. Münster (1928ff) 1957ff
LS	Lebendige Seelsorge. Freiburg/Brsg. 1950ff
$LThK^2$	Lexikon für Theologie und Kirche, 2. Aufl., hg. v. *J. Höfer/K. Rahner*. 10 Bde. u. Registerbd. Freiburg/Brsg. 1957–1967
$LThK^3$	Lexikon für Theologie und Kirche, 3. Aufl., hg. v. *W. Kasper [u. a.]*. Bd. 1ff. Freiburg/Brsg. 1993ff
LThK.K	$LThK^2$. Das Zweite Vatikanische Konzil. Dokumente und Kommentare. 3 Bde. Freiburg/Brsg. 1966–1968
MD	La Maison-Dieu. Paris 1945ff
Meyer, Eucharistie	– *H. B. Meyer*, Eucharistie. Geschichte, Theologie, Pastoral. Mit einem Beitr. v. *I. Pahl*. Regensburg 1989 (GdK 4)
MGG	Die Musik in Geschichte und Gegenwart, hg. v. *F. Blume*. 16 Bde. Kassel 1949–1977
MS(D)	Musica sacra. Regensburg 1868ff
MusAl	Musik und Altar. Freiburg/Brsg. 1948–1972

NKD	Nachkonziliare Dokumentation. 58 Bde. Trier 1967–1977
Not.	Notitiae. Vatikanstadt 1965 ff
OR	L'Osservatore Romano. Vatikanstadt 1861 ff
ParLi	Paroisse et Liturgie. Brugge 1946 ff
Pastoralblatt	– Pastoralblatt für die Diözesen Aachen, Berlin, Essen, Hildesheim, Köln, Osnabrück. Köln 1949 ff
PG	Patrologiae cursus completus. Series graeca, hg. v. *J. P. Migne*. 167 Bde. u. 2 Registerbde. Paris 1857–1866. 1928–1936
Phase	Phase. Revista de pastoral litúrgica. Barcelona 1961 ff
PiLi	Pietas Liturgica. St. Ottilien 1983 ff
PLR-Gd	Pastoralliturgische Reihe in Verb. mit der Zeitschrift „Gottesdienst". Einsiedeln [u. a.] 1970 ff
QL	Questions liturgiques. Louvain 1911–1914. 1960 ff
QLP	Les questions liturgiques et paroissiales. Louvain 1919–1959
RivLi	Rivista liturgica. Turin 1914/15 ff
rlg	Reihe Lebendiger Gottesdienst, hg. v. *H. Rennings*. Münster 1961–1971
Sal.	Salesianum. Turin 1939 ff
SC	2. Vatikanisches Konzil, Konstitution über die heilige Liturgie „Sacrosanctum Concilium"
SChr	Sources chrétiennes. Paris 1941 ff
Seminarium	– Seminarium. Vatikanstadt 1949 ff
SKZ	Schweizerische Kirchenzeitung. Luzern 1832 ff
SSL	Spicilegium Sacrum Lovaniense. Louvain 1922 ff
StT	Studi e Testi. Vatikanstadt 1900 ff
Stundenbuch	Die Feier des Stundengebetes. Stundenbuch für die katholischen Bistümer des deutschen Sprachgebietes. Authentische Ausgabe für den liturgischen Gebrauch. 3 Bde. Einsiedeln [u. a.] 1978; dazu 16 Faszikel: Lektionar … 1978–1980
StZ	Stimmen der Zeit. Freiburg/Brsg. (1871 ff) 1915 ff
ThG	Theologie der Gegenwart. (Bergen-Enkheim) Kevelaer 1958 ff
ThGl	Theologie und Glaube. Paderborn 1909 ff
TLi	Tijdschrift voor Liturgie. Affligem [u. a.] 1919/20 ff
VAS	Verlautbarungen des Apostolischen Stuhls, hg. v. Sekretariat der Deutschen Bischofskonferenz. Bonn 1975 ff
WuW	Wort und Wahrheit. Wien 1946 ff
ZKTh	Zeitschrift für katholische Theologie. Innsbruck [u. a.] 1877 ff

Gottesdienst im Geiste des Konzils

Das pastoralliturgische Schrifttum von Heinrich Rennings

Martin Klöckener

In seinem ersten größeren Beitrag im Liturgischen Jahrbuch (1960) „Zum Problem der Verdoppelungen in der Liturgie" thematisiert Heinrich Rennings[1] einen Grundsatz, der kennzeichnend für sein gesamtes Wirken einschließlich des literarischen Schaffens werden sollte; er schreibt dort von der „Notwendigkeit und Fruchtbarkeit der Verbindung liturgischer und pastoraler Gesichtspunkte" miteinander.[2] Bei der Behandlung dieses Themas zeigt er, daß er sich von Beginn an gegen die rubrizistische Sichtweise und Darstellung der Liturgie, wie sie bis zum 2. Vatikanischen Konzil vielfach vorherrschte, abgrenzt. Stattdessen stützt er sich auf die Prinzipien der Reform der Heiligen Woche 1955/56, vor allem auf das Prinzip der „Funktionsdifferenzierung", das – als notwendige Konsequenz aus einer ernstgenommenen participatio actuosa – seit der Liturgiekonstitution des 2. Vatikanischen Konzils unter dem Begriff der „Rollenverteilung" gefaßt wird (vgl. SC 28). Wichtig erscheint aber insbesondere die Forderung nach der Verbindung der beiden Bereiche Liturgie und Pastoral, die Rennings wenig später auch mit den Termini „Liturgiepastoral" bzw. „pastoralliturgisch" vollzieht (s. u.).[3] Stets der Liturgiekonstitution mit ihrer eher „pastoralen" Sichtweise der Liturgie verpflichtet, werden die Begriffe „Liturgiepastoral" und „pastoralliturgisch" für Rennings zu Kernworten, die immer wieder in seinen Veröffentlichungen begegnen, so daß man zu Recht sein Schrifttum mit diesem Begriff charakterisieren kann.

---

1 Zur Biographie vgl. das Curriculum vitae in: Die Feier der Sakramente in der Gemeinde (FS H. Rennings), hg. v. *M. Klöckener/W. Glade*. Kevelaer 1986, 429–431; *M. Klöckener*, Ein Leben im Dienst der Liturgie. Zum Gedenken an Heinrich Rennings († 3.10.1994), mit der Bibliographie seiner Schriften ab dem Jahre 1986, in: LJ 45 (1995) 59–85, hier 59–73 (dort S. 72–74 auch eine knappe Würdigung des literarischen Werks), und die dort in Anm. 1 verzeichneten Nachrufe und Würdigungen. Seitdem zusätzlich erschienen: *J. Aldazábal*, Necrológica, in: Phase 35 (1995) 10; BiLi 68 (1995) 49f.

2 Vgl. LJ 10 (1960) 91–103, hier 91 (s. Bibliographie [s. Anm. 4] Nr. 40).

3 Vgl. Über Ziele und Aufgaben der Liturgik (1969), in diesem Band S. 278–292. Dort gibt er auch Rechenschaft über sein dahinterstehendes Konzept.

1. Das literarische Schaffen im Gesamt des pastoralliturgischen Wirkens

Bei einer Durchsicht der Bibliographie von H. Rennings[4] stößt man auf eine Vielzahl kleinerer Artikel in allgemein-kirchlichen und in liturgisch relevanten Zeitschriften und Werken. Sie sind zumeist situationsbezogen, an das Kirchenjahr oder bestimmte Anlässe und Ereignisse gebunden, oder er informiert über Vorgänge und Entwicklungen auf dem Sektor Liturgie, um dadurch die Liturgiereform zu einem möglichst transparenten Prozeß zu machen und für die dahinterstehenden Anliegen zu werben und dafür zu gewinnen. Hierin zeigt sich eine in Rennings Schaffen konstante Grundlinie, nämlich daß er sein Wirken, auch sein literarisches, als einen Dienst für andere verstand, denen er um übergeordneter Ziele willen oder einfach, weil es um eine gute Sache ging, die erbetene Unterstützung geben wollte.

Andere Beiträge sind aus Referaten hervorgegangen, was ebenfalls das genannte dienende Selbstverständnis belegt. Gerade im lebendigen Austausch prägt H. Rennings zusehends seinen Ansatz vom Gottesdienst als einer gestalteten *Versammlung* im Namen des Herrn aus (s. u.). Man wird Rennings nicht mit der Behauptung Unrecht tun, daß für ihn das vorgetragene Wort, die lebendige, personale Vermittlung des Stoffs Vorrang vor dem geschriebenen Wort hatte. Zu sehr verstand er sich als ein vom Geist des Konzils begeisterter, den Menschen, den Hörern zugewandter Lehrer, nicht nur in seiner Zeit als Professor für Liturgiewissenschaft an der Theologischen Fakultät Paderborn (1976–1985), wo er das Fach und seine Anliegen überzeugend vertreten hat,[5] sondern auch während seiner Tätigkeiten am (Deutschen) Liturgischen Institut in Trier (1966–1974 und 1985–1994) sowie bei seiner reichen Vortragstätigkeit und den ungezählten pastoralliturgischen Kursen und Werkwochen in Deutschland, Europa und Übersee. Von daher stellt für Rennings, trotz der beträchtlichen Anzahl von fast 400 größeren und kleineren Publikationen, das geschriebene Wort nur eine der Facetten seines pastoralliturgischen Wirkens dar. Um es in seiner Bedeutung richtig einzuordnen, muß es im Kontext der komplexen Lehrtätigkeit auf den verschiedensten Ebenen gesehen werden, aus der in vielen Fällen das Schrifttum als Konsequenz und zur Vertiefung der lebendigen Vermittlung der Inhalte an die Hörer hervorgegangen ist. Das erklärt auch hier und da gewisse Unschärfen in den zum Druck überlassenen Referaten und viele anschauliche, für einen Theologen ausgesprochen lebensnahe,

---

[4] Für die Jahre 1951–1985 (Nr. 1–312) erschienen unter dem Titel: *M. Klöckener*, Bibliographie Heinrich Rennings, in: Die Feier der Sakramente in der Gemeinde (s. Anm. 1) 432–448; für die Jahre 1986ff in: *Ders.*, Ein Leben im Dienst der Liturgie (s. Anm. 1) 76–81 (Nr. 313–396). – Im folgenden wird jeweils die laufende Nummer der Bibliographie hinzugefügt; teilweise wird auf die vollständige Zitation der Beiträge verzichtet und ausschließlich die Nummer der Bibliographie angegeben.

[5] Vgl. ebd. 66–69.

manchmal „saloppe" Wendungen, wie sie in Vorträgen ihre Berechtigung haben. In Beiträgen, die ausschließlich zur Publikation erarbeitet wurden, findet man diesen Stil nicht.

Manche Bitte um die Veröffentlichung seiner Vorträge konnte Rennings nicht erfüllen, weil die Zeit für eine publikationsreife Ausarbeitung der Materie fehlte. Das gilt leider auch für die „Einführung in die Liturgie", die als Buch um 1980 erscheinen sollte und von der es schon Verlagsprospekte gab. Dieser nicht realisierte Band wäre zu seiner Zeit eine ausgezeichnete Darstellung der Liturgie unter pastoralliturgischem Aspekt gewesen, wie es bis heute kein Buch dieser Art gibt.

2. *Abschnitte des literarischen Schaffens*

In Rennings literarischem Werk lassen sich gut mehrere Abschnitte erkennen; sie sind eng mit seiner Biographie und seinen jeweiligen Aufgaben verbunden.

Die *Anfänge* (etwa bis zum Jahre 1959) zeichnen sich, neben den Arbeiten zum Erwerb der akademischen Grade, durch kleine Gelegenheitsschriften aus, die er vorwiegend in Münsteraner Organen veröffentlichte. Eine Neigung zur Liturgie ist bereits zu erkennen, doch behandeln die Publikationen auch andere Themen.

Ab dem Jahre 1960 finden sich größere Beiträge, von da an durchweg zur Liturgie; sie sind schon ganz dem mit der Reform der Heiligen Woche 1955/56 angestoßenen liturgischen Reformprozeß verpflichtet,[6] der in der Liturgiekonstitution sein – in Rennings Augen kaum zu überschätzendes – Grundlagendokument erhält, auf das er sich fortan konsequent bezieht und zu dessen besserer Kenntnis, Akzeptanz und Verwirklichung er zeitlebens beitragen wird.[7] So bedeuten die Jahre bis 1965 eine *Phase der Findung und Abklärung der eigenen liturgiewissenschaftlichen Position*. Vor der Veröffentlichung von „Sacrosanctum Concilium" publiziert Rennings einen Kommentar zu den „Richtlinien der Deutschen Bischöfe für die Feier der heiligen Messe in Gemeinschaft" (1961) als Heft 1 der von ihm neubegründeten „Reihe Lebendiger Gottesdienst".[8] Ein Jahr später legt er in einem theologischen Handbuch eine beachtliche Gesamtdarstellung der

[6] Vgl. z.B. den in Anm. 2 genannten Beitrag.

[7] Vgl. zuletzt das von Rennings angeregte, noch in Arbeit befindliche Werk: Nachkonziliare Liturgiereform. Die Ausführung der Konstitution „Sacrosanctum Concilium" (1963) (s. Bibliographie Nr. 394).

[8] S. Bibliographie Nr. 51.

Liturgie der Kirche vor.[9] 1963 kommt er erstmals in Kontakt mit der Zeitschrift „Musik und Altar", deren Mitherausgeber er später wurde (1968–1972), und beginnt seine Auseinandersetzung mit kirchenmusikalischen Themen,[10] übrigens ein bleibendes Interesse in seiner Arbeit. Erfreut war er, daß er E. J. Lengeling für die Abfassung des ersten großen Kommentars zur Liturgiekonstitution in deutscher Sprache in seiner genannten „Reihe Lebendiger Gottesdienst" gewinnen konnte, zu dem er selber das Register beisteuerte.[11] Daß Rennings abgesehen von dem Einsatz für die „Reihe Lebendiger Gottesdienst"[12] ansonsten von 1963 bis 1965 verhältnismäßig wenig publizierte, liegt darin begründet, daß er weitere Studienjahre in Paris und Innsbruck anschloß, um nach dem früheren philosophischen jetzt das theologische Doktorat zu erwerben und sich mit einer Dissertation endgültig in der Liturgiewissenschaft auszuweisen.[13]

Mit der Übernahme einer Anstellung als Referent am Liturgischen Institut, Trier (1966) und später der des Leiters der Pastoralliturgischen Abteilung ebendort (1970–1974) beginnt in Rennings literarischem Werk ein *Abschnitt verstärkten Engagements für die (gesamtkirchliche) Liturgiereform* im Geiste des Konzils. Die Anzahl der Publikationen nimmt erheblich zu, und die Themen konzentrieren sich auf die vom 2. Vatikanischen Konzil in die Wege geleitete Erneuerung des Gottesdienstes – verständlicherweise, da Rennings nun im deutschsprachigen Zentrum der Liturgiereform steht. Einzelne Reformschritte werden immer wieder kommentiert und auf die deutschsprachigen Verhältnisse hin umgesetzt. Der Beitrag über die „Verwirklichung der Liturgiereform in Europa" (1966)[14] zeigt zugleich seine Offenheit für die Entwicklungen über das eigene Sprachgebiet hinaus. In dem Artikel „Aus Treue zur Tradition: Reform der Liturgie" (1968)[15] gibt er einen informativen Überblick über die damaligen Vorgänge und läßt gleichzeitig manche innerkirchlichen Konfrontationen verspüren.[16] Seit dem Erscheinen der vom Trierer Institut herausgegebenen, neubegründeten Zeitschrift „Gottesdienst" (1967), die den gewandel-

---

9 Das Wirken der Kirche in der Liturgie, in: Im Dienst des Glaubens. Handbuch der Missio Canonica 1, hg. v. *N. Rocholl / I. Rocholl-Gärtner*. Trier 1962, 441–475 (s. Bibliographie Nr. 63).

10 S. den Beitrag: Zur liturgischen Verwendbarkeit der Versuche neuer Gemeindegesänge, in: MusAl 15 (1963) 67–80. 104–107 (s. Bibliographie Nr. 74).

11 S. Bibliographie Nr. 78.

12 S. in der Bibliographie Nr. 78. 84. 85.

13 Das Thema der Arbeit lautete: Die pastoralliturgischen Weisungen der neueren deutschen Diözesansynoden zur Eucharistie (1918–1963). Diss. masch. Innsbruck 1965.

14 In diesem Band S. 52–56.

15 In diesem Band S. 57–67.

16 In diesem Kontext hervorzuheben ist ebenfalls der Beitrag: Umfragen zur pastoralen Auswirkung der Liturgiereform in Deutschland, in: LJ 19 (1969) 42–50 (s. Bibliographie Nr. 135).

ten liturgischen Geist vielleicht mit am deutlichsten widerspiegelt, verfaßt Rennings zahlreiche meist kürzere pastoralliturgische und über den Reformprozeß informierende Beiträge.

Die Übernahme der Professur für Liturgiewissenschaft an der Theologischen Fakultät Paderborn (1976) bietet ihm für sein literarisches Werk eine neue Chance zu *pastoralliturgischen Innovationen und zur Vertiefung*. Aufbauend auf den früher entwickelten Positionen erarbeitet er fortan eine Reihe grundlegender Beiträge, in denen er Prinzipien und „Gesetze" der Liturgiegestaltung vorlegt, wobei er sich – wie bisher schon – von dem fruchtbaren Konzept leiten läßt, daß Gottesdienst eine Versammlung von Menschen ist, wenn auch eine theologisch besonders qualifizierte, und deshalb die Gesetzmäßigkeiten und Eigentümlichkeiten menschlicher Zusammenkünfte auf die Liturgie der Kirche übertragen werden können und müssen. So befaßt er sich häufig mit den Strukturen gottesdienstlicher Versammlungen, mit der „Funktionsgerechtheit" der einzelnen Elemente und ihrer Ausführung sowie mit dem sinnvollen Miteinander und Zueinander der liturgischen Dienste. Hervorzuheben sind die Beiträge über den „Schlußteil der Meßfeier" (1976),[17] „Von der Gestaltung der Feier" (1980) mit innovativen Einsichten in Gesetzmäßigkeiten gottesdienstlicher Handlungen[18] oder – bezogen auf die liturgischen Dienste – über den „Liturgischen Dienst des Diakons" (1982)[19] und den „Priester als Vorsteher der Eucharistiefeier" (1982)[20]. In diese Phase gehören auch die Artikel zu den problematischen Zwecksonntagen, in denen er kritisch und doch für die Liturgiepastoral hilfreich zu diesem neuartigen liturgischen Phänomen Stellung bezieht.[21]

Die letzte Dekade des literarischen Schaffens von H. Rennings zeichnet sich vor allem durch seine *Inspiration* und abermals durch *Information* aus. Sie beginnt mit der Übernahme des Wahlamtes des Leiters des Deutschen Liturgischen Instituts und der damit verbundenen Aufgabe als Sekretär der Liturgiekommission der Deutschen Bischofskonferenz (1985) und reicht bis zu seinem Tod. Entsprechend dem neuen Aufgabenbereich, der viel uneigennützige kirchenamtliche und – seltener – auch wissenschaftliche Dienstleistung sowie die Leitung und Mitwirkung in zahlreichen nationalen und internationalen Gremien verlangt, berichtet Rennings oft über liturgi-

---

17 In diesem Band S. 189–197.

18 In diesem Band S. 41–49.

19 S. Bibliographie Nr. 295. Der wertvolle Beitrag wurde nicht in diesen Band aufgenommen, weil durch den CIC 1983 und verschiedene Neuausgaben liturgischer Bücher inzwischen eine Reihe der liturgischen Regeln neugeordnet wurde.

20 In diesem Band S. 138–142.

21 Conc(D) 17 (1981) 149–153 (s. Bibliographie Nr. 278), in diesem Band S. 232–239, und LS 33 (1982) 289–293 (s. Bibliographie Nr. 297), auszugsweise in diesem Band S. 239–242.

sche Kommissionsarbeiten, über römische und teilkirchliche Dokumente und liturgische Bücher. Er hält es für seine Aufgabe, die Anliegen und Arbeiten der verschiedenen kirchlichen Kommissionen und Gremien nach außen hin bekanntzumachen und die Entscheidungen in pastoralliturgischen und liturgierechtlichen Angelegenheiten zu begründen. Dabei legt er einerseits eine große Loyalität den kirchlichen Autoritäten gegenüber an den Tag, verhält sich andererseits aber kritisch-konstruktiv zu fragwürdigen Vorgängen, Entscheidungen, Dokumenten und anderen Äußerungen.[22] Verstärkt engagiert sich Rennings in dieser Zeit ebenfalls als Herausgeber pastoralliturgischer und liturgiewissenschaftlicher Werke, wofür er häufig die Inspirationen gibt und die günstige Infrastruktur des Trierer Instituts fruchtbar im Dienst der Sache einzusetzen versteht.[23]

3. Thematische Schwerpunkte

In Rennings Bibliographie finden sich keine explizit liturgiehistorischen oder umfassenderen systematischen Studien, wenngleich er selber um die Notwendigkeit dieser Forschungsrichtungen wußte und sie nie in Frage gestellt hat. Umso klarer konzentrierte er aber die eigenen Schwerpunkte in zwei andere Richtungen.

a) Pastoralliturgische Arbeiten

Ein Großteil der Veröffentlichungen sind pastoralliturgische Arbeiten. In seinen beiden Artikeln zur Liturgik bzw. Liturgiewissenschaft[24] hat er seine Vorstellung von „Pastoralliturgik“ dargelegt.[25] Er verstand darunter, ange-

---

[22] S. die Zusammenstellung der in Frage kommenden Veröffentlichungen unten in Anm. 51.

[23] Zu nennen sind die Werke: Heute segnen (hg. mit *A. Heinz*, 1987; s. Bibliographie Nr. 315); Lebendiges Stundengebet (hg. mit *M. Klöckener*, 1989; s. Bibliographie Nr. 343); Beglaubigtes Zeugnis (hg. mit *H.J. Limburg*, 1989; s. Bibliographie Nr. 344); Gratias agamus (hg. mit *A. Heinz*, 1992; s. Bibliographie Nr. 367); Unterwegs (1994; s. Bibliographie Nr. 391); Studien und Entwürfe zur Meßfeier (hg. mit *E. Nagel [u. a.]*, nach seinem Tod 1995 erschienen; s. Bibliographie Nr. 392); Nachkonziliare Liturgiereform (hg. mit *B. Fischer*, s.o. Anm. 7; s. Bibliographie Nr. 394). – Außerdem wurden von H. Rennings zwei neue vom Deutschen Liturgischen Institut herausgegebene Reihen mit auf den Weg gebracht: Pastoralliturgische Hilfen. Trier 1989ff; Liturgie und Gemeinde. Impulse und Perspektiven. Trier 1994ff.

[24] Bei Rennings finden sich beide Begriffe ohne erkennbare Unterscheidung. Vorwiegend gebraucht er selber das Wort „Liturgik“.

[25] S. in diesem Band die Beiträge: Über Ziele und Aufgaben der Liturgik (S. 278–292) und: Im Dienst der feiernden Kirche. Skizze einer Liturgiewissenschaft für eine „Liturgie im Werden“ (S. 293–300).

regt durch Athanasius Wintersig,[26] vorwiegend aber in selbständiger Weiterentwicklung, die Liturgik als den Zugang zur oder die wissenschaftliche Beschäftigung mit der Liturgie, die in besonderem Maße auf die pastoralen Implikationen des gottesdienstlichen Handelns abhebt. Liturgik kann, so Rennings, nach der Liturgiekonstitution nicht mehr wie zuvor betrieben werden, weil sich das Verständnis der Liturgie selber gewandelt hat, denn Liturgie ist gemäß SC eingebunden in den Prozeß kirchlicher Wandlungen und damit zu einem prinzipiell offenen und entwicklungsfähigen Geschehen geworden.[27] So hat die „neue Liturgik" auf das gottesdienstliche Handeln der Kirche zu reflektieren, „insofern es faktisch vollzogen wird und insofern es vollzogen werden sollte gemäß den Erkenntnissen, die sich einerseits aus der bleibenden Struktur der Kirche und andererseits aus der theologischen Analyse der jeweiligen geschichtlichen Situation der Kirche ergeben."[28] Gerade für eine zukünftig bestmögliche Gestalt der Liturgie hat die Liturgik Prinzipien und Konkretisierungen auszuarbeiten. Sie muß „im Blick auf den jeweiligen Menschen im Umfeld seiner Kultur und in seiner Glaubenssituation [versuchen] ..., der feiernden Kirche zu dienen, ... mit nach dem Gottesdienst einer Kirche [suchen], die vielleicht weniger straff organisiert, aber geistlich bewegter ist."[29]

Unter dieser Rücksicht ist Gottesdienst für Rennings vor allem als Versammlung zu betrachten mit all den notwendigen und zugehörigen Gestaltungsprinzipien, unter besonderer Beachtung der Strukturen gottesdienstlicher Zusammenkünfte und der Funktionsgerechtheit der Elemente und Dienste. Ihm geht es um die Einsicht in die Sinnzusammenhänge und Strukturen, um das gestalterisch sinnvolle, das menschengerechte und theologisch verantwortete liturgische Handeln, um ein Handeln, das die feiernde Gemeinschaft und die Inhalte der gottesdienstlichen Feiern wirklich ernstnimmt. Zugleich könnte eine von diesen Gegebenheiten ausgehende Pastoralliturgik ansatzweise deutlich werden lassen, „daß – bei aller Wissenschaftlichkeit – Theologie und kreative Schöpfungskraft, Phantasie, Inspiration sich keineswegs ausschließen, sondern zusammengehören."[30] In

---

[26] Vgl. *A. Wintersig*, Pastoralliturgik. Ein Versuch über Wesen, Weg, Einteilung und Abgrenzung einer seelsorgswissenschaftlichen Behandlung der Liturgie, in: JLw 4 (1924) 153–167. Rennings ist in seiner theologischen Dissertation (s. Anm. 13, S. 1–3, wiederaufgegriffen in dem Artikel: Über Ziele und Aufgaben der Liturgik) der Benutzung dieser Terminologie vor Wintersig nachgegangen, nämlich bei dem Pastoraltheologen *J. Seitz* in der Neubearbeitung des Lehrbuchs der Pastoraltheologie von *E. J. von Pruner*, Bd. 1. Paderborn ³1920, und dann bei *R. Stapper* (1922); vgl. auch die Rezension von Pruner-Seitz durch *A. Wintersig*, in: JLw 3 (1923) 150.

[27] Vgl. *Rennings*, Über Ziele und Aufgaben der Liturgik, in diesem Band S. 278.

[28] Ebd. 286.

[29] Vgl. *Rennings*, Im Dienst der feiernden Kirche, in diesem Band S. 299f.

[30] Über Ziele und Aufgaben der Liturgik, in diesem Band S. 288.

dem kleinen, heute noch wertvollen Buch „Die gottesdienstlichen Versammlungen der Gemeinde“[31] hat er dies am ausführlichsten entfaltet, läßt es aber auch in anderen Veröffentlichungen immer durchscheinen. Daß Rennings bei diesem Ansatz den Stellenwert von liturgischen Zeichen und Symbolen permanent betont und ihre sachgerechte Ausführung verlangt, ist nur konsequent.[32] Mit demselben Ansatz tritt er ebenfalls an die Kirchenmusik heran und fordert damit die Vertreter des überholten Konzepts einer in sich selbst geschlossenen „Musica sacra“ zum – anfangs lange verweigerten – Gespräch heraus; er ist dabei nicht auf Konfrontation bedacht, sondern auf die Umsetzung des konziliaren Liturgiekonzepts, das eine Neueinordnung der Aufgaben der Kirchenmusik verlangt.[33] Daß sein Weg zukunftsweisend war und seine Ausdauer sich gelohnt hat, zeigt der im deutschen Sprachgebiet gegenwärtig erfreuliche Dialog zwischen Pastoralliturgikern und Kirchenmusikern, zu dessen Gelingen H. Rennings erheblich beigetragen hat.

Typisch für Rennings ist in diesem Zusammenhang die Berücksichtigung anthropologischer und sozialpsychologischer Aspekte. Sein Beitrag über die Komplet[34] mag dafür als ein Musterbeispiel gelten; doch finden sich diese Aspekte auch in vielen anderen Artikeln explizit und implizit wieder. Rennings verlangt einen wirklich interdisziplinären Austausch, in dem die Erkenntnisse der anthropologischen Wissenschaften „für das zu planende und entwerfende gottesdienstliche Handeln fruchtbar“ zu machen sind.[35] Dabei werden möglicherweise auch verkannte Werte des eigenen Faches in neuem Licht erscheinen.[36]

Daß dieses von den Kriterien der Versammlung ausgehende Konzept nicht zu Lasten der theologischen und spirituellen Dimension des Gottesdienstes geht, wie es manchmal eingewendet wurde, hat Rennings selber hinreichend zu verdeutlichen gewußt. Eine gottesdienstliche Versammlung, in der diese Grundgegebenheit hinreichend beachtet wird und in der Strukturen, Elemente und Dienste sachgerecht, funktionsgerecht ausgeführt werden, vermag gerade die theologische und spirituelle Dimension des

[31] Hervorgegangen aus einer Kommissionsarbeit, gemeinsam verfaßt mit *H. Hucke*. Mainz 1973 (Pastorale 2; s. Bibliographie Nr. 208). Von *Hucke* stammen in diesem Band nur S. 86–91. 97–100 (zur Kirchenmusik).

[32] Vgl. z. B.: Liturgiereform – Enttäuschung oder Hoffnung?, in diesem Band S. 90–92, oder die wenig bekannte pastoralliturgische Arbeitsmappe: Hinführung zu heiligen Zeichen, hg. v. Bistum Essen, Dezernat für pastorale Dienste. Essen 1981, in der Rennings jeweils den geschichtlichen Hintergrund und die anthropologische Bedeutung zu den Stichworten „Weihwasser, Kreuzzeichen, Händefalten, Stehen, Knien, Sitzen, Friedensgruß“ aufzeigt; s. Bibliographie Nr. 282–288.

[33] Vgl. in diesem Band S. 244–276.

[34] Erstveröffentlichung in diesem Band S. 210–231.

[35] Über Ziele und Aufgaben der Liturgik, in diesem Band S. 289.

[36] Vgl. Im Dienst der feiernden Kirche, in diesem Band S. 299.

Gottesdienstes freizulegen und wirksam werden zu lassen. An einer Reihe von Feierordnungen und -strukturen hat Rennings dies dargelegt, insbesondere bei Teilen der Messe und der Tagzeitenliturgie,[37] auch bei den Sonntagsgottesdiensten ohne Priester.[38] Anderswo hat er aufgezeigt, wie die funktionsgerechte Ausführung einzelner liturgischer Elemente und ihr geistliches Wirksamwerden zusammengehören, z. B. in den Auslegungen der Eucharistischen Hochgebete oder von Orationen.[39] Mehrfach hat er theologisch gute und spirituell dichte liturgische Gebetstexte entworfen,[40] und daß auch das Hochgebet „Versöhnung" II aus seiner Feder stammt, hat Balthasar Fischer nach seinem Tod bekanntgemacht.[41] Wer ihn zudem als Prediger gehört hat, der liturgische Handlungen, Texte und Gesänge erschloß, wird ihn als einen überzeugenden Mystagogen bezeichnen können.

b) Liturgierechtliche Arbeiten

Ergänzend zu dieser Sichtweise hat Rennings einen anderen Schwerpunkt verfolgt, die Beschäftigung mit liturgischen Dokumenten und Büchern sowie liturgierechtlichen Arbeiten. Er tat dies nicht mit der Enge des Denkens, wie sie gelegentlich jenen eigen ist, die einseitig diese Perspektive pflegen, sondern er ordnete die Bedeutung solcher Dokumente den pastoralliturgischen Anliegen unter. Ihm lag an der Erhaltung einer liturgischen Ordnung, aber deren Wert bestand für ihn darin, einen Rahmen, ein Gerüst und somit letztlich Hilfestellung für eine sachgerechte Liturgiefeier zu bieten. Bezeichnend dafür ist, daß er in seine „Reihe Lebendiger Gottesdienst", ein für die Zeit bemerkenswerter Titel, der später vielfach kopiert wurde, nicht etwa „Experimentalliturgien" o. ä. aufnahm, was heute in Materialbüchern zur Liturgie als „lebendigem Gottesdienst" am ehesten zu erwarten ist; vielmehr handelt es sich bei dem größeren Teil der Publikationen in dieser Reihe, vor allem bei den von ihm selbst verantworteten, um Ausgaben und Kommentare liturgischer Dokumente und Richtlinien.[42] Lebendiger Gottesdienst und liturgische Ordnungen, auch wenn sie von

---

[37] S. in diesem Band die Beiträge: Der Schlußteil der Meßfeier (S. 189–197) und: Zum Invitatorium der täglichen Stundenliturgie und ihrem Psalm 95 (94) (S. 200–209).

[38] Vgl. das „Herforder Modell", vorgestellt in: Gd 15 (1981) 113–115. 124 (s. Bibliographie Nr. 292).

[39] Zum Zweiten Eucharistischen Hochgebet s. Bibliographie Nr. 126, zu den 1974 erschienenen Hochgebeten für Kinder und „Versöhnung" s. Bibliographie Nr. 223. 226, dazu die in diesem Band wiederabgedruckten Beiträge zum Eucharistischen Hochgebet; zum Eröffnungsgebet der Messe insgesamt s. Bibliographie Nr. 202, zu einzelnen Orationen s. Bibliographie Nr. 243. 248. 259. 276. 289–291. 306. 308.

[40] Vgl. insbesondere die Gebetstexte zu Tod und Begräbnis, in diesem Band S. 302–306.

[41] Vgl. *B. Fischer*, Heinrich Rennings gestorben, in: Gd 28 (1994) 161f, hier 162.

[42] S. das Verzeichnis bei *Klöckener*, Bibliographie (s. Anm. 4) 448.

kirchenamtlicher Seite stammen, schließen sich für Rennings nicht aus, sondern bedingen einander. Die in ihnen liegenden Werte, das darin sich zeigende, von Grund auf neue Liturgiekonzept, das aus der Liturgischen Bewegung hervorging und schrittweise, mit der Liturgiekonstitution endgültig gesamtkirchliche Anerkennung fand, sollten erschlossen und für die gemeindlichen Feiern fruchtbar angewandt werden. Diesem Konzept blieb Rennings bis zuletzt treu, auch in Zeiten, in denen liturgische Ordnungen im Bewußtsein vieler Liturgen und mancher Liturgiker – bisweilen erheblich – an Bedeutung verloren haben, ja in der jüngeren Generation manchmal kaum mehr zu vermitteln sind. Mit klarer Sicht auf die gegenwärtig ambivalente liturgische Situation, auf die drängenden pastoralen Probleme, für die die Antworten der Liturgiekonstitution und der nachfolgenden Dokumente längst nicht mehr immer ausreichen und die vermehrt neue Lösungen erfordern, und in der Überzeugung von der unbedingt erforderlichen Fortschreibung der Liturgiereform vertrat Rennings die Position, daß der Kirche – auch in schwierigen Zeiten – nicht mit gottesdienstlicher Beliebigkeit und ungebundener Phantasie gedient ist, sondern daß es im Sinne der Sache einer – freilich guten – Ordnung bedarf, die – recht verstanden und beherrscht – eben der Lebendigkeit und Aktualität des Gottesdienstes nicht entgegensteht.

Veröffentlichungen auf diesem Sektor finden sich – es seien nur einige wichtigere genannt – ab dem Jahre 1961, wo er die Richtlinien der deutschen Bischöfe für die Gemeinschaftsmesse kommentiert,[43] in einer umfangreichen Übersicht über kirchenamtliche Äußerungen zur anstehenden Liturgiereform aus dem Jahre 1962,[44] in den Kommentaren zur ersten Instruktion zur Ausführung der Liturgiekonstitution „Inter Oecumenici" vom 26.9.1964,[45] zu den deutschen Richtlinien und dem Ritus der Feier der Gemeinschaftsmesse aus dem Jahre 1965,[46] zur deutschen Werktagsperikopenordnung aus dem Jahre 1965,[47] zur Musikinstruktion „Musicam sacram" vom 5.3.1967[48] und zur Eucharistieinstruktion „Eucharisticum mysterium" vom 25.5.1967,[49] in der vielfachen Beschäftigung mit den deutschen Richtlinen für Kindergottesdienste aus dem Jahre 1971/72 und

[43] S.o. Anm. 8, außerdem Bibliographie Nr. 54f.

[44] Liturgia reformanda. Eine Übersicht über am Vorabend des Zweiten Vatikanischen Konzils im deutschen Sprachgebiet veröffentlichte Äußerungen zur Liturgiereform, in: LJ 12 (1962) 181–206 (s. Bibliographie Nr. 65).

[45] Veröffentlicht in der „Reihe Lebendiger Gottesdienst", H. 7 (1965; s. Bibliographie Nr. 84).

[46] In derselben Reihe, H. 9 (1965; s. Bibliographie Nr. 85).

[47] Bibel und Kirche 21 (1966) 78–84; LJ 19 (1969) 50–52 (s. Bibliographie Nr. 92 u. 136).

[48] LJ 17 (1967) 161–165 (s. Bibliographie Nr. 105).

[49] NKD 6 (1967) 11–27 (s. Bibliographie Nr. 101).

dem römischen Kindermeßdirektorium von 1973,[50] abermals vermehrt in der letzten Dekade seines literarischen Wirkens, wo er als Sekretär der Liturgiekommission der Deutschen Bischofskonferenz, als Federführender Sekretär der „Internationalen Arbeitsgemeinschaft der Liturgischen Kommissionen im deutschen Sprachgebiet" (IAG), als Geschäftsführer der „Ständigen Kommission für die Herausgabe der gemeinsamen liturgischen Bücher im deutschen Sprachgebiet" (ab 1987) und als Konsultor der römischen Gottesdienstkongregation (ab 1987) bei der Erarbeitung und Veröffentlichung einer Reihe liturgischer Bücher und Dokumente maßgebliche Verantwortung trug oder – zumeist bei den römischen Dokumenten – wenigstens frühzeitig informiert oder konsultiert wurde.[51] Besondere Erwähnung verdient in dieser Hinsicht das gemeinsam mit dem Herausgeber dieses Bandes publizierte Werk „Dokumente zur Erneuerung der Liturgie", von dem der erste umfangreiche Band mit den Dokumenten des Konzils und des Apostolischen Stuhls aus den Jahren 1963–1973 im Jahre 1983 erschien; leider verzögerte sich die Herausgabe des 2. Bandes erheblich, wenngleich er nie aufgegeben wurde (und auch nach dem Tod von H. Rennings nicht aufgegeben wird).[52]

Mit all diesen Veröffentlichungen hat H. Rennings über mehr als drei Jahrzehnte hinweg einen wesentlichen Beitrag zur Reform und zur Gestaltung des gottesdienstlichen Lebens im deutschen Sprachgebiet und in der Weltkirche geleistet. Er war ein Pastoralliturgiker, der die Gegenwart ernst nahm, zugleich aber mit Visionen eines zukünftigen Gottesdienstes der Kirche lebte. Seine bleibende kritische Frage an sich selbst und an alle, die Gottesdienst feiern und die sich um den Gottesdienst der Kirche von ihrem

[50] S. Bibliographie Nr. 196. 217. 220. 294 (in diesem Band S. 101–109). 307. 325. 335.

[51] Hierher gehören die Veröffentlichungen über die *deutschsprachigen liturgischen Bücher:* die 2. Auflage des Meßbuchs von 1988 (s. Bibliographie Nr. 328) und die Neuausgabe der „Feier der Trauung" (1993; s. Bibliographie Nr. 377); über *deutschsprachige liturgische Dokumente:* Laienpredigt (1988; s. Bibliographie Nr. 331), Bau und Ausgestaltung gottesdienstlicher Räume (s. Bibliographie Nr. 356); Meßstipendien (s. Bibliographie Nr. 383); über *römische liturgische Bücher und Verlautbarungen:* Erklärung der Gottesdienstkongregation über Kirchenkonzerte (1988; s. Bibliographie Nr. 327), Rundschreiben über die Osterfeier und ihre Vorbereitung (1988; s. Bibliographie Nr. 330), Erklärung über eucharistische Hochgebete und liturgische Experimente (1988; s. Bibliographie Nr. 332), Direktorium über Sonntagsgottesdienste ohne Priester (1988; s. Bibliographie Nr. 333); Schreiben Papst Johannes Pauls II. zum 25. Jahrestag der Liturgiekonstitution (1988; s. Bibliographie Nr. 354); neues Pontifikale (1990; s. Bibliographie Nr. 358); Neuausgabe des früheren „Schweizer Hochgebets" für die Gesamtkirche (1992; s. Bibliographie Nr. 372); Instruktion über die Inkulturation (1994; s. Bibliographie Nr. 381 u. 385). – Mehrfach gab Rennings auch umfassendere Überblicke über Vorgänge auf dieser Ebene: über die Stellung der „Liturgie" in der römischen Kurie (in diesem Band S. 110–124), über die Arbeit der Liturgiekommission der Deutschen Bischofskonferenz (s. Bibliographie Nr. 357) oder über die kirchenamtlichen Beiträge zur Liturgiereform im deutschen Sprachgebiet (in diesem Band S. 125–136).

[52] S. Bibliographie Nr. 301 u. 396.

Amt her und auf wissenschaftlicher Ebene bemühen, ist die, die er bei den Salzburger Hochschulwochen 1981 stellte und ähnlich bei anderer Gelegenheit wiederholte: Hat die Reform der Liturgie „die Botschaft Christi hörbarer, die Kirche liebenswerter, die Gläubigen engagierter, die Welt erträglicher und die Zukunft heller gemacht?“[53]

4. Zur Auswahl der Beiträge dieses Bandes

Die in diesem Band gesammelten Arbeiten versuchen einen Querschnitt durch die Anliegen von H. Rennings zu geben. In einem 1. Abschnitt finden sich zwei grundlegende Beiträge, die sein Konzept vom Gottesdienst der Kirche als einer „gestalteten Versammlung im Namen des Herrn“ deutlich werden lassen.[54]

Im 2. Abschnitt „Liturgiereform: unablässiger Auftrag der Kirche“ folgen mehrere Stellungnahmen zum Fortgang der Liturgiereform im deutschen Sprachgebiet und in Europa. Teilweise schildern sie Fortschritte des Reformprozesses und geben Überblicke über den jeweils aktuellen Stand, über Kontroversen und Bestreitungen, teilweise erläutern sie einzelne Schritte und Dokumente, wie die kritische Stellungnahme zur Dritten Instruktion „Liturgicae instaurationes“ von 1970 (bisher unveröffentlicht) oder der Einblick in den Entstehungsprozeß des Direktoriums für Meßfeiern mit Kindern. Am umfassendsten ist dabei die ebenfalls unveröffentlichte Vorlesungsreihe von den Salzburger Hochschulwochen 1981 unter dem Thema: „Liturgiereform – Enttäuschung oder Hoffnung?“, wobei zu bedenken ist, daß sich im Auditorium nicht wenige traditionell und traditionalistisch eingestellte Hörer und Hörerinnen befanden, an die manche der Äußerungen adressiert waren. Dieser Abschnitt hätte um zahlreiche andere Beiträge erweitert werden können, behandeln doch die meisten Veröffentlichungen von H. Rennings dieses Themenfeld.

Fünf Artikel befassen sich im 3. Teil mit der „Eucharistie als der lobpreisenden Danksagung und Dankhandlung bis zum Ende der Zeiten“, davon mehrere mit dem Eucharistischen Hochgebet, von denen der Kommentar zum Hochgebet „Versöhnung“ II besonders wertvoll ist, stammt er doch aus der Hand des Verfassers dieses Hochgebetstextes der Weltkirche

---

53 Liturgiereform – Enttäuschung oder Hoffnung?, in diesem Band S. 75.

54 Ergänzend zu dem Beitrag „Grundlagen der gottesdienstlichen Versammlung“ ist auf mehrere ähnlich ausgerichtete Veröffentlichungen aus denselben Jahren zu verweisen, insbesondere auf: Zum Gottesdienst morgen (s. Bibliographie Nr. 132); Unterwegs zum Gottesdienst der Gemeinde von morgen (s. Bibliographie Nr. 170); Gottesdienst – Chancen und Gefährdungen (s. Bibliographie Nr. 171), sowie auf die Buchpublikation Die gottesdienstlichen Versammlungen der Gemeinde (s. Anm. 31).

selber.[55] Für Rennings Ansatz von der Liturgie als einer Versammlung mit der nötigen Rollenverteilung und der funktionsgerechten Ausführung der Teile und Elemente charakteristisch und zugleich für die Liturgiepastoral bleibend wertvoll sind die Beiträge über den „Priester als Vorsteher der Eucharistiefeier", der über den Priester in der Messe hinaus für alle Formen des Leitungsdienstes gilt, und über den „Schlußteil der Messe".

Fragen der liturgischen Zeit werden im 4. Abschnitt „Gottesdienst im Rhythmus der Zeit: Tag und Jahr leben in Lobpreis und Vertrauen" behandelt. Den Beitrag über die „Psychohygiene der Komplet" aus dem Jahre 1977 hat Rennings seitdem verschiedentlich mit großem Anklang bei Vorträgen und Kursen gehalten und interessierten Hörern ein – auch in der Fachliteratur schon zitiertes – maschinenschriftliches Manuskript zur Verfügung gestellt; in überarbeiteter Fassung wird er hier erstmals publiziert, wenngleich Rennings es in einer Schlußbearbeitung zweifellos nochmals kritisch durchgesehen hätte.[56] Für die wissenschaftlichen und pastoralliturgischen Bemühungen um die Sonntagsfeier wertvoll ist auch der Artikel über den „Sonntag und die Zwecksonntage".[57]

Aus den zahlreichen, überwiegend aus Vorträgen erwachsenen Äußerungen zur Kirchenmusik in der nachkonziliaren Situation sind im 5. Abschnitt „Gesang und Musik: tragende Elemente des gottesdienstlichen Handelns" drei Beiträge ausgewählt, die jeweils im Abstand von etwa 10 Jahren entstanden sind und – bei Beibehaltung der Grundposition – die Weiterentwicklung der Fragestellung verspüren lassen.[58]

Der 6. Abschnitt „Liturgik: theologische Wissenschaft vor neuen Aufgaben" dient in mancher Hinsicht als Schlüssel zum Verständnis von Rennings Denken, Schreiben und Wirken, legt er doch hier seine Position dar, wie sich seiner Auffassung nach Liturgiewissenschaft nach dem Konzil zu verstehen hat und wie sie zu betreiben ist. Dabei ergänzen sich die beiden abgedruckten Artikel einerseits durch ihren zeitlichen Abstand von bald 20 Jahren, andererseits durch ihren anderen Charakter, der sich aus dem jeweiligen Publikationsorgan ergibt.

In einem „Epilog" finden sich „Gebetstexte zu Tod und Begräbnis", zur Meditation gedachte Entwürfe, wie Rennings sie selbst bezeichnete, von Orationen und eines Hochgebetes für Verstorbene, die in diesem Band, der

---

55 Weitere Veröffentlichungen von Rennings zum Hochgebet „Versöhnung" s. Bibliographie Nr. 223. 226.

56 Weitere kleinere Veröffentlichungen zur Komplet s. Bibliographie Nr. 260f.

57 Kritisch zu „Modellen thematischer Meßgestaltung" früher schon der Beitrag in: LJ 21 (1971) 117–119 (s. Bibliographie Nr. 159). – Vielfach hat Rennings einzelne Sonntagsmeßformulare geistlich erschlossen; s. Bibliographie Nr. 118–121. 163–166. 199–201. 203. 211. 213f. 224f. 227–232; zur Thematik s. auch Nr. 250. 333.

58 Weitere Beiträge aus diesem Bereich s. Bibliographie Nr. 52. 74. 93. 102f. 105. 122f. 137 172f. 215–219. 273. 303. 314. 326. 336–341. 375.

zum ersten Todestag von H. Rennings erscheint, ihren besonderen Sitz im Leben haben. Sie erzählen zugleich von seinem Glauben an die Auferstehung der Toten, von seiner Erwartung eines neuen Himmels und einer neuen Erde und seiner Hoffnung, beim großen Fest auf dem Berg Zion dabeisein zu dürfen.[59]

* * *

Hinweise zum Wiederabdruck der gesammelten Schriften:
– Der Ort der Erstveröffentlichung und die laufende Nummer in der Bibliographie H. Rennings (s. o. Anm. 4) werden zu Beginn jedes Beitrags vermerkt.
– Die Anmerkungen aller Beiträge wurden redaktionell vereinheitlicht.
– Die in wenigen Fällen vom Herausgeber vorgenommenen Ergänzungen und Aktualisierungen sind in eckige Klammern gesetzt, vom Herausgeber eingefügte Anmerkungen durch * kenntlich gemacht, soweit in der einführenden Herausgeberanmerkung nichts anderes angegeben ist.
– Gelegentliche Auslassungen von Textpassagen werden durch [...] angezeigt.
– Die Paginierung der ursprünglichen Veröffentlichung ist in eckigen Klammern in den laufenden Text eingefügt.

---

[59] Vgl. die entsprechenden Sätze in der selbstverfaßten Todesanzeige von H. Rennings.

I.
Gottesdienst

Gestaltete Versammlung im Namen des Herrn

Grundlagen der gottesdienstlichen Versammlung*

Die Beschäftigung mit der Liturgie ist oft ein mühsamer Weg des Überlegens und Suchens. Die folgenden Ausführungen behandeln die Frage: Was ist wesentlich für das, was wir Liturgie nennen? Was darf folglich nicht beiseite geschoben oder vernachlässigt werden, ja, was muß vielmehr beachtet und möglichst gut verwirklicht werden? Dabei seien fünf Merkmale des Gottesdienstes mit den praktischen Folgerungen hervorgehoben.

Liturgie: gottesdienstliches Handeln einer Versammlung

Ausgangspunkt der Überlegungen ist die Beschreibung der Liturgie als „dem gottesdienstlichen Handeln einer Versammlung". Eine solche Sicht kann wohl am besten den Aussagen des Neuen Testamentes gerecht werden.

Im Namen Jesu kommen seine Jünger zusammen. Ihre Versammlung ist mehr als nur die gleichwertige Anwesenheit mehrerer am gleichen Ort. Es ist zunächst einmal als Treffen eine menschliche Begegnung. Etwas Wichtiges, was in unserer Liturgie geschehen muß als Voraussetzung für das weitere, ist die Ermöglichung dieser menschlichen Begegnung, die an dem Zweck des Zusammenkommens zu messen ist. Doch gründet die menschliche Begegnung nicht auf irgendeinem Hobby oder einer homogenen soziologischen Struktur, sondern primär auf dem Glauben: Im Namen Jesu kommen wir zusammen. Man kann sich also über Rassen, Klassen und Grenzen hinaus in dieser Begegnung treffen; man muß sich sogar über diese Schranken hinweg zusammenfinden. Darum kann es keineswegs ideal sein, wenn wir grundsätzlich darauf zusteuerten, immer nur gottesdienstliche Versammlungen in homogenen Gruppen zu halten.

---

* Zuerst veröffentlicht unter dem Titel: „Aktuelle Grundfragen der Liturgie", in: Unser Dienst 2 (1969) 34–44. – Bibliographie Rennings Nr. 133. – Der Beitrag stellt die gekürzte Wiedergabe eines Referates dar, das auf der Jahreskonferenz der diözesanverantwortlichen Seelsorger des Kartellverbandes im Januar 1969 gehalten wurde. Der Vortragsstil wurde überwiegend beibehalten.

Die auf dem Glauben gründende gemeinsame Zusammenkunft ist – über die menschliche Begegnung hinaus – in besonderer Weise auf den auferstandenen Herrn bezogen. Denn auf ihn gründet das Tun der Gemeinde: Verkünden und Vernehmen, Segnen und Singen, Weihen und Wandeln ist von seiner Kraft gefüllt und seinetwegen wirksam. Von ihm wissen sich seine Jünger gerufen, von ihm verpflichtet und von ihm befreit. Da jede menschliche Begegnung schon als [35] solche über sich selbst hinaus offen ist, wird die Offenheit der Begegnung im Namen Jesu neu qualifizierbar auf den Auferstandenen hin. Das ist gemeint, wenn wir sagen, er selbst sei bei einer solchen Versammlung in unserer Mitte. Die Liturgiekonstitution und auch die Eucharistieinstruktion haben an diesen Ausdruck anknüpfend eine Reihe verschiedener Weisen der Gegenwart aufgezählt: „Gegenwärtig ist er in der Versammlung der Gläubigen, die in seinem Namen zusammenkommen (vgl. Mt 18,20). Gegenwärtig ist er auch in seinem Wort, da er selbst spricht, wenn die heiligen Schriften in der Kirche gelesen werden." Gilt das von allen gottesdienstlichen Zusammenkünften, so wird speziell von der Eucharistiefeier gesagt, daß er gegenwärtig sei sowohl „in der Person dessen, der den priesterlichen Dienst vollzieht … wie auch, und zwar vor allem, unter den eucharistischen Gestalten."* Man kann sich fragen, was das denn eigentlich heißen soll; gibt es ein bißchen Gegenwart und dann noch etwas mehr und schließlich noch ein weiteres Stück dazu? Den Generalnenner für die verschiedenen Weisen dürfen wir wohl darin sehen, daß die Begegnung und das Handeln in der Versammlung eine besondere Qualifikation haben, indem es im Glauben geschehende Zusammenkunft ist, die ganz und gar auf den Auferstandenen gründet, von ihm abhängt und nur seinetwegen möglich ist.

Daß die Aussage „der Herr ist bei uns" gerade für die versammelte Jüngergemeinde gemacht wird, braucht nicht zu überraschen. Das Zusammenkommen ist in der christlichen Heilsordnung begründet. Der Mensch steht nie als einzelner für sich. Er existiert sowohl physisch wie geistig überhaupt nur in Abhängigkeit von anderen, im Zueinander und Miteinander. Auch vor Gott steht der Mensch nicht als einzelner, sondern das Heil wird ihm durch die Zugehörigkeit zu einer Gemeinschaft geschenkt; das Heil ist auch in der Welt präsent wegen einer solchen Gemeinschaft im Glauben. Wo dieser Aspekt des Christseins überhaupt nicht im Bewußtsein steht, haben wir es sehr schwer, „Kirche" begreiflich zu machen und zu erklären, warum wir Gottesdienst feiern, warum wir Versammlungen halten und Versammlungen brauchen. Doch scheint mir, daß wir gerade hier einen Ansatz haben, der für die heutigen Menschen einen Zugang zum gottesdienstlichen Handeln und überhaupt zur „Kirche" erschließen kann. „Aufeinanderangewiesen zu sein" ist dem technischen

---

* Instruktion „Eucharisticum mysterium", Nr. 9 (EDIL/DEL 1, 907); vgl. SC 7.

Menschen der heutigen Zeit durchaus verständlich. Daß auf dem weihnachtlichen Gabentisch Früchte aus Algerien und Brasilien liegen und so viele hundert Hände mitgewirkt haben, ehe sie an diese Stelle gekommen sind, daß also einer auf den anderen angewiesen ist, ist eine alltägliche Erfahrung, an die die Verkündigung über die Kirche und über den Gottesdienst als Handeln der Kirche anknüpfen könnte. Die Versammlung macht ja deutlich, daß einer des anderen bedarf, und zwar wegen seiner einmaligen Besonderheit. Jeder hat etwas beizusteuern, das nur er und kein anderer bringen kann. Denn jeden Menschen gibt es nur einmal und gibt es nicht wieder. Sein Dienst in der Versammlung ist nicht etwas, was nur funktional erfüllt werden muß; die ihm verliehenen Gnadengaben ermöglichen ihm vielmehr gerade seinen Beitrag zum gemeinsamen Handeln.

Doch wäre es eine Einseitigkeit, die gottesdienstlichen Versammlungen nur nach dem Wert ihrer mitmenschlichen Kommunikation zu beurteilen. Es kann zwar keine gottesdienstliche Versammlung ohne diese Kommunikation geben, aber die Liturgie erschöpft sich nicht darin, die Mitmenschlichkeit zu fördern. Das einzige Kriterium [36] des Gottesdienstes ist nicht, ob wir durch ihn besser werden oder ob wir den anderen besser verstehen oder uns engagierter einsetzen. Wer das zum einzigen Kriterium machen wollte, würde den Gottesdienst köpfen.

Aus dem gegenseitigen Dienst aller erwächst auch jenes Element des Gottesdienstes, das wir die Mehrung der Ehre Gottes nennen. Die „Gloria Dei" ist freilich nicht eine Anhäufung von Zeremonien o. ä. [...], um damit Gottes Ehre zu mehren. Im Bewußtsein nicht weniger Katholiken – befürchte ich – wird der Gottesdienst unter dem Gesichtspunkt gesehen: „Wir ehren Gott, damit wir seine Gnade erlangen, und je höher der Aufwand, um so größer sind dann auch die geistlichen Zinsen." Es wäre eine Verkürzung des Wesens der Liturgie, sie einseitig unter dem Gesichtspunkt einer so verstandenen Gottesverehrung anzusehen.

Eine weitere Mißdeutung des Wesens des christlichen Gottesdienstes läge jedoch auch vor, wenn wir ihn einfach als eine von Jesus von Nazareth eingeführte Spielart des religiösen Kultes begründen würden. Dies zu betonen scheint deshalb wichtig, weil der Mensch heute im Kontakt mit anderen Religionen überall ähnliche Phänomene feststellt: Da wird Räucherwerk gebrannt, die haben ihre Tempel, die haben ihre Priester, die haben ihre heiligen Bücher und ihre heiligen Tage; das ist ja ganz selbstverständlich, daß die Christen auch so etwas haben. Hier würde im Ansatz der Zugang zum christlichen Gottesdienst verfehlt, weil das gottesdienstliche Handeln – wenn auch mit christlichem Vorzeichen – im Grunde nur als Variante eines naturreligiösen Kultus angesehen würde. [...]

Mit dem Begriff Versammlung ist schließlich ausgedrückt, daß es sich um ein kirchlich-öffentliches Geschehen handelt. Denn Zusammenkommen als Christen zum gemeinsamen Tun der gottesdienstlichen Versammlung ist nie eine private Sache. Damit ergibt sich aber, daß die jeweils sich versammelnde Gemeinschaft in ihrem kirchlich-öffentlichen Handeln nicht losgelöst ist von der Gesamtheit der Gemeinden. Sie kann zum mindesten – um die unterste Grenze abzustecken – keinen Gottesdienst gegen die Gesamtheit der Gemeinden halten. Die Gesamtheit der Gemeinden ist konkret in einem größeren Verbund zu sehen (Bistum) und natürlich in der Universalkirche. Die lokale Versammlung kann darüber hinaus aber nicht ohne positive Bezogenheit auf die Gesamtheit handeln. In der frühchristlichen Zeit wurde das ausgedrückt in dem Prinzip, daß man in Frieden und in Kommunion mit der Kirche von Rom stehen müsse, um zur Kirche zu gehören. Die regionalen Kirchen waren weithin sehr selbständig in bezug auf gottesdienstliche Formen, Kirchendisziplin usw.; aber man wußte, wir existieren nicht als isolierte Gruppe oder Freischärler, sondern wir sind eben nur Glied, wenn wir in einer solchen Verbindung stehen. Meiner Meinung nach ergibt sich aus dieser Überlegung ein Ansatzpunkt, um zu verstehen, daß es eine amtskirchliche Ordnungsbefugnis bezüglich der Liturgie gibt. Diese Ordnungsbefugnis darf nicht verwechselt werden mit einer autoritären Obrigkeit, die nur auf die Einhaltung der [37] Vorschriften pocht und darüber wacht, daß die liturgischen Verkehrszeichen nicht übertreten werden. Es ist vielmehr eine unerläßliche Aufgabe des kirchlichen Amtes, die Bezogenheit der gottesdienstlichen Versammlungen der einzelnen Feiergemeinschaften auf die Gesamtheit der Gemeinden zu wahren und sicherzustellen. Es besteht die Gefahr, daß wir diesen inneren Sinn der amtskirchlichen Leitungsbefugnis nicht mehr sehen und sie angesichts der vorhandenen Schwierigkeiten einfach beiseiterücken und damit etwas Wichtiges verlieren würden. Damit will ich nicht auf jeden Fall die bestehende Verteilung der Ordnungszuständigkeiten rechtfertigen. Man kann bezweifeln, ob die gegenwärtige Aufteilung der Kompetenzen der liturgischen Ordnungsbefugnis optimal ist, und mit Recht wünschen, daß die lokale Gemeinde größere Freiheit erhält, um ihre Versammlungen situationsgerecht halten zu können. Bedenkt man beispielsweise das Verhältnis der Bischöfe bzw. der Bischofskonferenzen zu dem Nachfolger Petri, ist es kaum begreiflich, in wieviel kleinen Dingen ein Bischof oder eine Bischofskonferenz sich nach den geltenden Ordnungen noch an den Apostolischen Stuhl wenden muß. [...] Ist eine derartige Beschränkung der bischöflichen Kompetenz mit den Erklärungen des 2. Vatikanischen Konzils vereinbar?

Aber es geht bei der liturgischen Ordnungsbefugnis nicht nur um das Verhältnis der Bischöfe zum Papst, sondern auch um die Ordnungsbefugnis für die Versammlungen der Gemeinden und einzelnen Gruppen. In welchem Ausmaß eine größere Selbständigkeit notwendig ist, müßte unter

Beachtung der Erfahrungen aus der Praxis entschieden und als Notwendigkeit öffentlich vorgetragen werden. Notwendige Änderungen, die man nach gewissenhafter Prüfung für richtig und gut hält, sollten nicht im geheimen praktiziert werden müssen. Was soll aus einer Gottesdienstreform werden, die der geistlichen Erneuerung des christlichen Lebens dienen will, wenn sie in der Atmosphäre des Vertuschens, des Unrechten und des Unaufrichtigen vonstatten geht?

Vom Sinn der gottesdienstlichen Versammlungen

Die Kirche ist sehr lange ohne den Ausdruck Liturgie (im heutigen Verständnis) ausgekommen, der erst von den Humanisten als wissenschaftlicher Terminus ein-[38]geführt wurde und im Volk nie heimisch geworden ist. Man benutzt daher heute lieber das Wort „Gottesdienst". Dabei müssen wir uns allerdings bewußt bleiben, daß dieses Wort der Gefahr des Mißverständnisses ausgesetzt ist, als sei nur die Liturgie Gottesdienst und als sei nur das, was wir in den Zusammenkünften tun, gottesdienstliches Handeln. In Wirklichkeit ist es aber die befreiende Botschaft des Neuen Testamentes, daß die gesamte Existenz des Christen gottdienend sein kann. Es gibt keinen Bereich des menschlichen – individuellen und sozialen – Lebens, der prinzipiell von der Möglichkeit ausgeschlossen wäre, heilbringende und gottdienende Begegnung mit Christus und durch ihn und mit ihm mit dem Vater zu sein. Es muß unsere Sorge sein, diese fundamentale Aussage des Neuen Testamentes zur Geltung kommen zu lassen: daß unser Gottesdienst nicht begrenzt ist auf einige Stunden der Versammlung, sondern unsere gesamte Existenz betrifft. Daran knüpft sich aber die Frage, ob dann nicht der Gottesdienst der Liturgie überhaupt überflüssig sei. Wenn unser ganzes Leben kraft der uns durch Christus geschenkten Mächtigkeit gottdienend und heilbringend ist, wozu dann noch zusätzliche liturgische Veranstaltungen? Genügt es dann nicht für den Christen, daß sein Gottesdienst eben der sachgemäße Umgang mit seinem Leben und den Dingen ist? Warum beispielsweise ein Morgengebet, wenn ich den Morgen richtig handhabe [...]? Ist das Morgengebet dann nicht ein im Grunde überflüssiges Vorzeichen, da das Tun selbst ja schon gottesdienstlich ist? Kann dann nicht die Demonstration gegen die Rassentrennung die Fronleichnamsprozession ersetzen? Welchen Sinn hätte es noch, Versammlungen zu halten?

Bei der Antwort auf diese Frage suchen wir nicht so sehr nach allen möglichen theologischen Ansatzpunkten, die es geben mag, sondern nach einer Begründung, die uns heutigen Menschen es nicht als einen überflüssigen Luxus erscheinen läßt, gottesdienstliche Zusammenkünfte zu halten, daß wir sie vielmehr als etwas Sinnvolles und Unerläßliches verstehen.

Die Antwort sei als These vorgetragen. Der Sinn der gottesdienstlichen Versammlungen kann darin gesehen werden, die Tatsache ins Wort und Zeichen zu heben, daß prinzipiell die gesamte Existenz der Christen gottdienende und heilbringende Begegnung mit Christus und durch ihn mit dem Vater sein kann.

Das liturgische Handeln der Kirche ist damit zunächst vom Sein und Handeln der Kirche überhaupt her bestimmt, insofern die Kirche und ihre Lebensvollzüge wirksame Zeichen der gnadenhaften Annahme der Welt und der Menschheit sind. Durch Jesus Christus ist uns unwiderruflich zuteil und bestätigt worden, daß unsere eigene und die Geschichte der Menschheit „Gott-bei-uns-Geschichte" ist. Die Kirche und ihre Lebensvollzüge artikulieren auf vielfältige Weise diese Heilstatsache. Eine solche Artikulation in Wort und Zeichen ist nicht etwas Zusätzlich-Überflüssiges, sondern ist in der sakramentalen Struktur der Schöpfung begründet. Wir stoßen auf sie auch bei einer Reflexion unserer menschlichen Verhaltensweisen. Die Liebe einer Mutter zu ihren Kindern beispielsweise wird sich nicht nur darin äußern, daß sie für die Kinder Kartoffeln schält, wäscht, näht, bügelt. Irgendwann nimmt sie das Kind auf den Schoß, sie küßt es und sagt ihm: „Mein Schätzchen." Es wäre eigenartig, wenn ihre Existenz für das Kind sich nicht auch so aussprechen und greifbar werden würde. Und umgekehrt wiederum lebt auch ihr gesamtes anderes Tun für das Kind von solchen Worten und Zeichen. Die Artiku-[39]lierung und das Artikulierte sind nicht voneinander zu trennen. Wenn ein Mann die Liebe zu seiner Frau nur dadurch bekunden würde, daß er sagte, wie schön sie sei und wie gern er sie habe, und sie immerzu nur liebhalten und darüber Arbeiten und Sorgen für sie vergessen würde, wären Worte und Zeichen isoliert. Im Sinn der sakramentalen Struktur bedarf die Tatsache des gottesdienstlich-heilbringenden Charakters des gesamten christlichen Lebens stets neu der wort- und zeichenhaften Artikulation. Liturgie soll uns in der Begegnung der Zusammenkunft die Geschichte der Menschheit und unsere persönliche Geschichte als Gott-bei-uns-Geschichte aufhellen. Im Hinhören auf Gottes Wort soll uns diese Eigentümlichkeit unseres Christenlebens je neu entdeckt werden. Der Christ erfährt dies durch Gottes Wort als Befreiung und Freude in den wechselnden Situationen seines Lebens, in Schuld und Hoffnungslosigkeit, in Trauer und Erfolg, in Gesundheit und Krankheit, am Beginn seines Lebens und am Ende. In der Versammlung bezeugen sich die Teilnehmer in Wort und Zeichen, daß auch diese Situationen von Gott angenommen sind. Die gottesdienstliche Versammlung artikuliert insofern, zugleich als Wort und Gebärde, die Antwort unseres gesamten Lebens auf Gottes So-Sein und So-Verhalten.

Dieses Handeln ist wesentlich ein kommunitäres Geschehen; es kann nicht von dem einzelnen allein getan werden. Es ist ein Vorgang der Deutung und der Zusage, der gegenseitigen Vergewisserung und des Zeugnisses darüber auch aus der eigenen Erfahrung. Als Geschehen, das sich im – anfechtbaren und gefährdeten – Glauben vollzieht und auf ihn gründet, leistet der Gottesdienst einen erheblichen Beitrag zur Stärkung eben dieses Glaubens.

Aus den Hinweisen dürfte deutlich werden, daß gottesdienstliches Handeln in seinem vollen Sinn etwas für den Gläubigen ist. Es wäre eine Überforderung und ein falscher Versuch, mit Halbgläubigen, Ungläubigen, Nichtgläubigen oder Nochnichtgläubigen gottesdienstliche Versammlungen in ihrem Vollsinn halten zu wollen. Für solche kann und muß es andere Formen der Zusammenkünfte geben. Niemand kann einen anderen im Glauben stärken, den er selbst nicht hat. Ich kann nicht Gott als den Sinn in der Sinnlosigkeit und die Antwort in den Fragwürdigkeiten bekennen, wenn ich nicht an ihn glaube. Gewiß ist es in der Praxis schwer abzugrenzen, wann man von einem Gläubigen sprechen kann und wie oft und welche Art von Liturgie er mitfeiern kann. Das ist ja auch eines der Probleme unserer sogenannten Verpflichtung zur Sonntagsmesse. Diese Verpflichtung geht von der Annahme aus, jeder Getaufte sei in jenem vollen Sinn ein Glaubender, daß er jede Woche an der gottesdienstlichen Zusammenkunft – sogar der eucharistischen – teilnehmen könnte und müßte. Sinnvoll an jedem Sonn- und Festtag an der Meßfeier teilnehmen zu können, verlangt ein hohes Maß an Gläubigkeit. Kann von einer schweren Verpflichtung gesprochen werden, wo dieser Glaube nicht vorhanden ist?

Die kurzen Bemerkungen zur Aufgabe der Liturgie – eine weitere Folgerung – lassen erkennen, daß das gottesdienstliche Handeln einem bloß auf Zweckmäßigkeit, auf Ertrag und Produktion ausgerichteten Denken als fragwürdig und sinnlos erscheinen muß. Liturgie ist gerade nicht wägbar und nicht zählbar und nicht unmittelbar ausmünzbar. Nicht wenige unserer Mitmenschen scheinen für ein solches zweckfreies Tun kein Verständnis mehr zu haben, sagt man. Können wir da mit [40] „Liturgie“ überhaupt ankommen? Ich meine, die Erfahrung wird nicht ausbleiben, daß sich das Leben des Menschen nicht im Planbaren und Produzierbaren erschöpfen kann. Ist die Sehnsucht nach „Sinnlosem“ nicht auch in unseren Tagen vorhanden? Eine Reihe von Phänomenen unseres kulturellen Lebens dürfte doch in dieser Richtung zu deuten sein. Dürfen wir nicht da einen Ansatzpunkt auch für das Verständnis des Gottesdienstes sehen? Könnte es nicht gerade in einer verplanten Gesellschaft ein Dienst am Menschen sein, ihm Räume der Freiheit für „zweckloses“ Tun auszusparen? [...] Kann ein Mensch nicht dazu gebracht werden zu begreifen, daß solches Nichts-davon-haben ein notwendiges Element seines Lebens und jedes menschlichen Lebens ist? Insofern das Handeln der gottesdienstlichen Versammlungen so gedeutet wird, kommen wir dem nahe, was gemeint ist, wenn man von der Liturgie als Feier, Fest oder auch „Spiel“ spricht. Doch scheint es mir bedenklich, die gottesdienstlichen Versammlungen unbesehen diesen Kategorien zuzuordnen. Nicht so sehr, weil ich Sorge hätte, wir könnten nicht mehr feiern und darum könnten wir auch nicht mehr Liturgie halten, oder weil eben Feste anders gworden sind, sondern weil mir scheint, daß das, was wir als gottesdienstliches Handeln bezeichnen, durchaus auch in einer so schlichten Weise getan werden kann, daß die Teilnehmenden kaum auf den Gedanken kommen, das sei ein Fest oder eine Feier.

Aus unseren Überlegungen zum Sinn der gottesdienstlichen Versammlungen ergibt sich als weitere Folgerung ein Kriterium für die heute viel diskutierte Frage, was denn nun eigentlich als Liturgie bezeichnet werden könne und was nicht. Wir wollen jedoch den zahlreichen Definitionsversuchen der Liturgie keinen neuen hinzufügen und können in diesem Zusammenhang auch von den verschiedenen Klassifizierungen der Gottesdienste absehen, die für das liturgische Recht aufgestellt wurden und zunächst in diesem Bereich Bedeutung haben.

Nehmen wir das Beispiel einer Gruppe von Gläubigen, die sich zu einem gemeinsamen Essen zusammensetzt. Es handelt sich um eine Zusammenkunft; es ist eine menschliche Begegnung; es wird dabei gebetet. Es ist ohne Zweifel ein Tun, das wie unser gesamtes Leben als gottdienend und heilbringend bezeichnet werden kann. Aber um als liturgisches Handeln gelten und damit etwa Eucharistiefeier sein (oder sie ersetzen) zu können, fehlt Entscheidendes, auch wenn ein Priester anwesend ist. Es fehlt in dem vorausgesetzten Fall erstens das, was wir wort-zeichenhafte Artikulation nannten, und zweitens die damit für „Liturgie“ konstitutive, ausdrückliche Bezugnahme auf Jesus Christus als dem „Ur-Wort“ und „Ur-Zeichen“. Liturgie ist ja eben gerade nicht das stillschweigende Tun des zu Artikulierenden, sondern die bewußte, reflexe Bezugnahme auf den, in dessen Namen man sich versammelt. Ob eine derartige Bezogenheit bei einem gemeinsamen Essen, das Eucharistiefeier werden soll, notwendigerweise in einer Präfation und in den Wandlungsworten besteht oder vielleicht das explizite Gedächtnis dessen, was der Herr uns zu tun geheißen hat, auch auf andere Weise ausgedrückt werden könnte, ob immer der ganze Umfang dessen, was den gesamten Bestand der Riten bei unseren Eucharistiefeiern darstellt, vollständig vorhanden sein müßte, sind wieder Fragen für sich. Die Versuche der Dogmatiker, bei den Sakramenten [41] wesentliche und akzidentelle Elemente anzugeben, zeigen die Berechtigung unterschiedlicher Wertungen.

Das Kriterium der ausdrücklichen Bezugnahme als liturgie-konstitutives Element (wenn auch nicht als einziges) muß ebenfalls für andere gottesdienstliche Zusammenkünfte beachtet werden. Man kann beispielsweise durchaus eine Katechese mit Gebetselementen verbinden; das ist gewiß etwas Wertvolles. Es kann eine Gruppe einen Skatabend veranstalten, was auch christlich etwas Gutes sein kann. Es stünde nichts im Wege, auf Wunsch bei diesem Skatabend eine Platte mit Orgelmusik ablaufen zu lassen. Aber warum in aller Welt soll eine solche Veranstaltung Liturgie genannt werden? Eine Diskussion kann mit frommen Ermahnungen verbunden werden. Muß das aber unbedingt „Wortgottesdienst“ heißen? Wenn einer das unbedingt Liturgie nennen möchte, sollte er sich bewußt sein, daß damit eine derartige Veranstaltung nicht zu einem gottesdienstlichen Handeln in dem Sinne wird, wie wir es oben beschrieben haben, und eigentlich ein irreführendes Etikett aufgeklebt wird. Es ist das keineswegs ein bloßer Streit um Worte, sondern es geht darum, die Sache selbst klar zu erkennen und auseinanderzuhalten. Es besteht zur Zeit ein gewisser Reiz darin, in der Liturgie Dinge zu tun, die man früher im Kirchenraum nicht für angebracht hielt. Das ist sensationell! Da wird in der Messe diskutiert, da sollen im Gottesdienst Aktionsprogramme entwickelt werden u. ä. Sie kennen den alten Scherz, der die Situation illustriert, wonach es nicht erlaubt sei, beim Breviergebet zu rauchen, wohl aber beim Rauchen zu beten. Wir würden dem Gottesdienst und den Gläubigen trotz aller zunächst vermeintlichen Vorteile durch eine willkürliche Vermischung der Genera der Zusammenkünfte letztlich keinen Dienst erweisen.

Das schließt selbstverständlich nicht aus, daß auch im genuinen gottesdienstlichen Handeln Elemente einen Platz finden können, die wir bisher darin nicht gehabt haben. So würde ich beispielsweise es für durchaus vereinbar mit dem Sinn des wirklichen liturgischen Handelns halten, während eines Wortgottesdienstes einige Dias zu zeigen, um daran eine Meditation anzuschließen. Aber deshalb ist ein Lichtbilderabend mit einem Gebet noch keine Liturgie! Desweiteren gibt es gewiß Elemente des Gesprächs, die innerhalb der gottesdienstlichen Versammlung Platz haben können. Das ist ja keineswegs neu. Die katechetische Predigt, bei welcher der Priester die Kinder fragt, hat immer unbeanstandet ihren Platz sogar in der Messe gehabt. Wenn sich das insofern ändert, daß die Teilnehmer an dem Gespräch keine Kinder, sondern Erwachsene sind, und wenn es nicht nur ein Zwiegespräch, sondern ein Gruppengespräch wird, kann man darin keine „Entsakralisierung“ sehen. Daß dabei auch ein Nichtordinierter sprechen kann und spricht, ist in der Geschichte der Liturgie ebenfalls nichts Neues und mit dem Wesen des Gottesdienstes keineswegs unvereinbar.

Unser Handeln bei den Versammlungen weist eine Fülle von Tätigkeiten und Verhaltensweisen („Zeichen-Material“) auf. Man kommt zusammen, man steht, man sitzt, man geht. Es gibt etwas zu sehen, wenn einer Brot reicht oder ein Buch nimmt, wenn einer sich verneigt oder aufsteht, um vorzutragen oder etwas [42] zu sagen. Da gibt es das Hören in seinen verschiedenen Weisen, z. B. als Aufnehmen einer Information [...]. Eine andere Funktion hat das Hören beim Vortrag eines Textes, der allen bekannt ist. Hier geht es nicht um die Mitteilung einer Neuigkeit, sondern darum, daß dieses Wort gerade in der Situation gesagt wird und sich zu einem neuen Verständnis anbietet. Zu den Elementen gehört weiter das Sehen und Schauen, Singen und Schweigen. In der römischen Liturgie kommt beispielsweise vor: Zeigen (des konsekrierten Brotes), ein Musikinstrument zu spielen; es wird eingesammelt und ausgeteilt, es werden Personen bekleidet und Sachen gemischt (Wasser, Wein, Öl), es werden Gegenstände berührt. Die Teilnehmer begrüßen sich, sie sprechen, danken, loben, meditieren. Es wird gegessen und getrunken. Das alles ist gemeint, wenn von den „Handlungselementen“ gesprochen wird.

Es sind elementare menschliche Vorgänge, die auch innerhalb des gottesdienstlichen Handelns als solche erkennbar und vollziehbar sein müssen; warum sollten sie sonst in der Liturgie verwendet werden? Wenn daher den Teilnehmern etwas gezeigt wird, müssen sie es sehen können; wenn ihnen etwas gesagt wird, müssen sie es hören können; wenn ihnen etwas mitgeteilt wird, muß es ihnen verstehbar sein. Es verstößt gegen jeden Sinn der menschlichen Kommunikation, einem anderen etwas mitteilen zu wollen und sich dafür eines Vokabulars oder solcher Mitteilungsformen zu bedienen, die dem anderen absolut unbegreiflich sind und zu denen er auch gar keinen Zugang haben kann. Liturgie verlangt also zunächst, daß der Vorgang seiner eigenen Sinnhaftigkeit gemäß getan wird. Die Tatsache, daß es Handlungselemente innerhalb des Gottesdienstes sind, verändert nicht die Natur des Vorgangs. Es gibt kein spezielles sakrales Essen oder sakrales Singen. Es gibt kein sakrales Sehen, das sich vom profanen Sehen dadurch unterscheiden würde, daß ich eben doch nicht so richtig sehe oder gar überhaupt nichts sehe; ein im Gottesdienst zu verwendendes Brot sollte eben tatsächlich ein Brot sein und nicht zu einem „Eßpapier“ sakralisiert werden (wobei es natürlich ein Unterschied ist, ob eine Mahlzeit eine eigentliche Sättigungsmahlzeit oder eine andere Art von Essen oder Trinken; guten Wein trinkt man nicht gegen Durst).

Wenn schon viel erreicht ist, wenn die Vorgänge des gottesdienstlichen Handelns gemäß ihrem Sinn vollzogen werden, so genügt das doch noch nicht. Sofern sie Worte und Zeichen dieser Versammelten sein sollen, dann müssen sie im Verstehens- und Erfahrungshorizont der Versammlung liegen. Es gibt eine Geschichte der Liturgie gerade deshalb, weil man bemüht war, gottesdienstliche Handlungselemente zu finden, die den je eigenen Ausdrucksweisen der Menschen in den verschiedenen Kulturen und Zeiten entsprachen. Es sei erinnert an die Zeichen, die aus dem antiken Staatswesen und dem Hofzeremoniell oder beispielsweise aus den germanischen Lehnsbräuchen übernommen wurden. Das waren Elemente, die man in der damaligen Zeit eingeführt hat, weil sie in jenen Verhältnissen als geeignete Zeichen erschienen. Viele Handlungselemente haben sich infolge der Erstarrung der Liturgie in späteren Jahrhunderten durchgehalten, auch als sie den Menschen fremd geworden waren. Einige Elemente hält man wegen ihres direkten Bezuges zum Tun Jesu für unaufgebbar, so etwa Brot und Wein für die Feier des Herrengedächtnisses auch in jenen kulturellen Verhältnissen, in denen Wein und Brot keine Rolle spielen.

Wir müssen aber damit rechnen, daß nicht nur die Handlungselemente sich ändern [43] können (was Ziel der Liturgiereform ist), sondern daß auch das Ausmaß der Ausdrucksfähigkeit variieren kann. Wenn z. B. tatsächlich in einer bestimmten Kulturgruppe nicht gesungen würde, wäre es nicht erste Aufgabe der Missionare, Gesangskurse einzurichten, damit man eine gesungene Liturgie halten kann! Sofern es eine solche Kultur wirklich gäbe, würde ich sagen: Verkündet das Evangelium richtig, dann fangen die Menschen von selbst an zu singen. Wenn gewisse Elemente als unveränderbar erscheinen, so sind doch die meisten variabel. Deshalb hat man nicht das Recht, sie so zu verabsolutieren, daß es ohne sie keine Liturgie geben könnte. Sie festzuhalten und den Versammlungsteilnehmern abzufordern, wenn sie nicht mehr im Verstehenshorizont liegen, steht dem Sinn der Liturgie entgegen. Wir müssen Umschau halten nach geeigneten Wort- und Gebärdezeichen aus dem Erlebensbereich der Menschen, die die Versammlung bilden.

Die Elemente des gottesdienstlichen Handelns sind auf die Versammlung bezogen

Das, was innerhalb der Zusammenkünfte getan wird, ist auf die Versammlung als ganzes bezogen. Daraus ergibt sich, daß die Teilnehmer dem je spezifischen Charakter der einzelnen Akte entsprechend sich verhalten und mithandeln. Wenn vorgetragen wird, höre ich zu; wenn ich gefragt werde, antworte ich usw. Man müßte eine ganze Geschichte der Kirche und ihrer Liturgie schreiben, um verständlich zu machen, wieso und warum es notwendig wurde, für diese Selbstverständlichkeit einen eigenen Ausdruck zu erfinden, nämlich den Begriff der „tätigen Teilnahme“. Tätige Teilnahme heißt also gerade nicht, die Versammlung müßte um jeden Preis irgendetwas tun und sie müßte pausenlos beschäftigt werden, sondern heißt ganz einfach: Die Gesamtheit der Versammelten vollzieht die jeweiligen gottesdienstlichen Handlungselemente, die auf sie bezogen sind, entsprechend dem Wesen dieser Elemente mit.

Aus diesem seit der Intensivierung der Reformbestrebungen unter Pius X. anerkannten Prinzip des Gottesdienstes ist zu folgern, daß jede Versammlung möglichst auch aus der gemeinsamen Vorbereitung der Teilnehmer hervorgehen soll. Nicht nur unter dem Gesichtspunkt, die Teilnehmer mehr zu interessieren, weil sie an der Vorbereitung mitgewirkt haben! Grundlage für die Mitarbeit ist die Bezogenheit der Handlungselemente auf die Teilnehmer. Der Priester als Leiter und Vorsteher der Versammlung ist nicht der einzig Agierende und hat daher auch nicht das Recht, seine Ideen und Vorstellungen der Versammlung aufzuerlegen. Manche durchaus wohlmeinende Geistliche – so scheint mir – stehen heute gerade bei ihren Erneuerungsversuchen im liturgischen Dienst in der Gefahr eines Klerikalismus. Was sie für gut halten, was sie für schön befinden, den Kanon, den sie gemacht, entdeckt oder importiert haben, setzen sie der Gemeinde vor. Die Versammlung wird nicht gefragt; sie ist nicht informiert worden. Wie bei anderen menschlichen Gemeinschaften mit einer größeren Zahl kann eine solche Mitarbeit natürlich nicht von allen geleistet werden. Aber wie es dort kompetente vertretende Gremien gibt, muß eine Pfarrgemeinde ohne eine Gruppe, die sich um die gottesdienstlichen Zusammenkünfte kümmert, unter den heutigen Verhältnissen als unzureichend strukturiert bezeichnet werden. Ähnlich müßte es bei Tagungen, Konfe-[44]renzen und Werkwochen usw. selbstverständlich werden, zu Beginn einen Ausschuß oder eine Arbeitsgruppe für die Gottesdienste zu bilden [...], und zwar als Organ harmonischer Zusammenarbeit. Wenn ein derartiger sachkundiger Arbeitskreis einer bestimmten Meinung ist – auch wenn sie von der des Vorstehers abweicht –, sollte die Auffassung der vorbereitenden Gruppe maßgebend sein. Daß es Fälle geben kann, in denen ein Priester aus Gewissensgründen einen Beschluß des Arbeitskreises nicht ausführen möchte, ist denkbar; eine derartige Konfliktsituation wäre nach den auch sonst geltenden Normen der christlichen Ethik zu lösen. Dabei ist nicht nur an den Fall zu denken, daß ein Priester „fortschrittlich" und die Gemeinde behutsamer ist; auch der umgekehrte Fall kann eintreten. [...] Der schöpferischen Tätigkeit eines liturgischen Arbeitskreises sind im übrigen keineswegs so enge Grenzen gesetzt, wie manche Unmutsäußerungen zur Liturgiereform vermuten lassen könnten. Die mit dem Sammelbegriff „Wortgottesdienst" gemeinten Arten der Versammlungen bieten eine Fülle von Möglichkeiten, die vielfach noch gar nicht ausgeschöpft werden.

Die Bezogenheit der gottesdienstlichen Handlungselemente auf die jeweiligen Teilnehmer hat notwendigerweise eine Pluralität von Versammlungen, Versammlungsarten und Versammlungselementen zur Folge. Wer die ernsthafte Anpassung will, kann die Pluralität nicht ablehnen. Wer die Pluralität bejaht, kann nicht gleichzeitig die früheren Vorstellungen von gleichförmiger Einheit aufrechterhalten. Andererseits haben die Klagen über die Verschiedenheit aber auch eine berechtigte Grundlage. Die Menschen, mit denen wir Gottesdienst halten, stehen ja nie nur in unserer Gemeinschaft. Sie gehören anderen Gruppen an und werden eingeladen und aufgefordert, an anderen gottesdienstlichen Versammlungen teilzunehmen. Auch dort soll jeweils eine Anpassuung an die Teilnehmer erfolgen. Eine völlige Autarkie des jeweiligen Gottesdienstes darf es daher nicht geben. Eine Auseinanderentwicklung unserer gottesdienstlichen Versammlungen, die zu völlig disparatem Tun führen würde, muß darum unbedingt vermieden werden. Der Pluralismus findet seine Grenze in der „Interpartizipation", d. h. innerhalb der durchschnittlichen Lebensbereiche müssen die verschiedenen gottesdienstlichen Versammlungen ein gewisses Maß konstanter Handlungselemente aufweisen, die den Versammelten eine unmittelbare Teilnahme ermöglichen.

Von der Gestaltung der Feier*

Ob aus einer zur selben Zeit im selben Raum befindlichen Anzahl von Menschen eine „Versammlung im Namen Jesu“ wird, d. h. eine Gottes befreiende Taten feiernde Gemeinde, hängt von vielerlei Bedingungen, Voraussetzungen und Umständen ab. Etwa von der Glaubensintensität der Teilnehmer und dem Vermögen, diesen Glauben ausdrücken zu können; von den verwendeten Zeichen und Worten; von akustischen und optischen Komponenten; von der Identifikationsbereitschaft und der Identifikationsfähigkeit der Versammelten.

Wenn die Liturgiekonstitution des 2. Vatikanischen Konzils das Leitbild der tätigen, bewußten, vollen, inneren und äußeren, leicht zu vollziehenden, gemeinschaftlichen, frommen und geistlichen Gewinn bringenden Teilnahme an den liturgischen Feiern entwirft,[1] leuchtet es ein, daß bei der Verwirklichung dieses Ziels Faktoren theologischer, spiritueller und psychologischer Art – um nur einige zu nennen – zu berücksichtigen sind. Manche auch, die wir Menschen selbst gar nicht in der Hand haben.

Diese Erinnerung an die komplexen Rahmenbedingungen des liturgischen Handelns kann davor bewahren, einen einzelnen Aspekt zu überschätzen. Als hinge alles von ihm ab. Fragen nach der Gestalt der Feier können nur einen der zahlreichen Aspekte hervorheben. Die Gestaltung kann weder den Ausfall noch die Mangelhaftigkeit anderer Faktoren wettmachen. Die Sorge um den rechten Gottesdienst meint daher immer mehr als nur Gestaltungsfragen.

Andererseits bedarf es keiner ausführlichen Begründung, warum bei den Bemühungen um eine Verwirklichung des konziliaren Leitbildes die Gesamtheit der die Feier bestimmenden Faktoren zu beachten ist. Eine „liturgiegemäße Liturgie“ käme nicht zustande, wenn z. B. nur den liturgischen Texten oder nur den liturgischen Vorschriften oder nur der Aufgabenverteilung, nicht aber auch den Gesichtspunkten der Gestaltung Aufmerksamkeit zugewendet würde.

Auf einige von zahlreichen Prinzipien der Feiergestaltung soll im folgenden hingewiesen werden. Es sind solche ausgewählt, die auch in den

---

* Zuerst veröffentlicht in: Gott feiern, 1980, 43–51. – Bibliographie Rennings Nr. 270.

1 Vgl. SC 11. 14. 19. 21. 48. 79.

nachkonziliaren Weisungen zur Liturgie – z. B. den Allgemeinen Einführungen und den Praenotanda – nicht ausdrücklich formuliert sind. Ebensowenig waren sie in den [44] früheren liturgischen Bestimmungen ausgesprochen. Doch wurden sie in der überlieferten Liturgie eingehalten und sind aus ihr selbst zu erheben.

Wenn sie hier als Prinzipien bezeichnet werden, soll damit ausgedrückt sein, daß es sich um solche allgemeinen Regeln und Vorgangsweisen handelt, die ihre Bedeutung nicht verlieren, auch wenn sie im Einzelfall Ausnahmen, Abweichungen und Inkonsequenzen zulassen. Als Prinzipien behalten sie Gültigkeit, mindestens als Perspektive der Liturgie.

Das Prinzip der anlaß- und funktionsbezogenen Gestaltung

Wenn man einmal von Andachten, Betstunden und ähnlichen gottesdienstlichen Feiern absieht, schrieben die liturgischen Bücher bis zur nachkonziliaren Liturgiereform für die meisten und wichtigsten Arten der liturgischen Versammlungen das Verlaufsprogramm vor. Die Texte und Gesänge waren darin ebenso festgelegt wie die Aktionselemente oder etwa auch die Zahl der anzuzündenden Kerzen und die Art der zu tragenden liturgischen Gewandung.

Gewohnheitsrecht und ausdrückliche kirchenamtliche Billigung – sowie ungebilligte Nichtbeachtung – führten bei manchen Elementen zu Ausnahmen. So war es beispielsweise in Teilen des deutschen Sprachgebietes zulässig, bei bestimmten Gottesdiensten von der lateinischen Liturgie abweichende muttersprachliche Gesänge zu verwenden. Kriterium für die Auswahl passender Lieder aus den seinerzeit noch diözesanen Gesangbüchern blieb meist aber der Text des entsprechenden Gesangs aus dem Missale Romanum. Denn dieses bot ja *die* Liturgie des betreffenden Sonntags, wie z. B. das Rituale Romanum bzw. seine deutschen Anhänge und später die Collectio Rituum *die* Liturgie der Tauf-[45]feier oder wie das Breviarium Romanum *die* Liturgie der Vesper boten; genauer gesagt: das Verlaufsprogramm dieser Feiern, wenn man unter Liturgie die durch mancherlei lokale Umstände bedingte konkrete Gestalt der Feier versteht.

Die Liturgiereform ist mit Rücksicht auf die aktive Mitfeier aller Teilnehmer an der Liturgie von den festgelegten Verlaufsprogrammen abgerückt. Sie hat keineswegs der Beliebigkeit Tür und Tor geöffnet. Die neuen liturgischen Ordnungen geben weiterhin Verlaufsprogramme vor. Sie lassen aber durch Einführung variabler Elemente in Form des Austauschs, der Auswechslung und der Ausfüllung einen beträchtlichen Spielraum. Ohne die liturgische Ordnung zu verletzen – davon und dafür ist hier nicht die Rede –, müssen somit bei Beachtung der konziliaren Absichten und können bei Ausschöpfung der variablen Elemente sehr unterschiedliche Meßfeiern an demselben Sonntag und unterschiedliche Tauffeiern entstehen. Es gibt legitimerweise die Litur*gien* der Tauffeier und die Litur*gien* der Vesper mit der Gemeinde. Alle sind kirchliche Liturgie und zugleich geeignet für eine tätige Mitfeier der jeweiligen Gemeinde.

Für alle, die für die Gestalt der Liturgie verantwortlich sind, stellt sich die Frage nach den Kriterien für die Auswahl der variablen Elemente. Neben der grundlegenden Berücksichtigung der tätigen Teilnahme, auf die hier nicht näher eingegangen werden soll, kann das Prinzip der anlaß- und funktionsbezogenen Gestaltung Hilfe bieten.[2]

Die klassische lateinische Liturgie hat es verstanden, in vielen ihrer Gesangs- und Wortelemente beispielsweise in der Meßfeier Bezug zu nehmen auf das Fest des Tages. Nicht irgendein Allerweltsgesang eröffnet die eucharistische Versammlung am Fest Christi Himmelfahrt, sondern ein Gesang, der den Anlaß der Feier einstimmend und einführend nennt: „Viri Galilaei, quid admiramini aspicientes in caelum? – Dieser Jesus, der von euch weg in den Himmel aufgenommen wurde, wird ebenso wiederkommen" (Apg 1,11). Anlaßbezogen sind weiter das Tagesgebet, die Schriftlesungen, die Zwischengesänge, die Gesänge zur Gabenbereitung und zur Kommunion, das Gabengebet und das Schlußgebet, die Präfation und eigene Einschübe in den Hochgebeten, die Einladung zum Friedensgebet und der feierliche Schlußsegen. Nicht so sehr ein „Thema", auch wohl nicht ein „Leitgedanke", wie es bei den Wochentagsmessen zur Auswahl im deutschen Meßbuch heißt, wohl eher ein „Grundmotiv" durchzieht die Feier. Es wird nicht penetrant eingehämmert, sondern enthüllt und entfaltet in den Variationen seine inhaltliche Fülle. Die Lebendigkeit einer Feier lebt von der variierenden Bezugnahme auf ihren Anlaß.

Die lateinische Liturgie verbindet in ihren guten Kompositionen die Anlaßbezogenheit mit der Funktionsgerechtigkeit. Darunter ist die Eignung eines liturgischen Elementes zur Erfüllung des ihm zukommenden Zwekkes innerhalb des liturgischen Handelns zu verstehen. Ein Gabengebet, das nur allgemeine Bitten und keinen Bezug auf die Gaben enthält, ist nicht funktionsgerecht. Eine Einführung am Anfang des Gottesdienstes, zu der die Gemeinde Platz zu nehmen gebeten wird und die sich zu einer ersten Predigt auswächst, ist nicht funktionsgerecht. Eine lange Gebetsstille nach der Konsekration in der Meßfeier, die das Eucharistische Hochgebet auseinanderbrechen läßt, ist nicht funktionsgerecht. Die neuen liturgischen Bücher haben den Blick für diese Sichtweise geschärft, indem sie öfter eine Funktionsbeschreibung eines oder mehrerer Elemente bieten.

---

[2] Vgl. *H. Hucke / H. Rennings*, Die gottesdienstlichen Versammlungen der Gemeinde. Mainz 1973 (Pastorale 2) 61–63. 72–76.

Wirkliche liturgische Gestaltungskraft wird sich daran erweisen, wie für die einzelnen Elemente Anlaß- und Funktionsbezogenheit organisch verbunden werden. Die Gestaltung deutschsprachiger Liturgie hat hier noch große Aufgaben. [46]

Das Prinzip der Verbindung der Elemente

Was mit diesem Prinzip gemeint ist, läßt sich gut am Beispiel des Römischen Meßkanons (Hochgebet I) erläutern. Er hat das erkennbare Bestreben, die einzelnen, teilweise recht unterschiedlichen Textblöcke miteinander zu verbinden. Zu diesem Zweck werden häufig Anknüpfungsworte gebraucht: Te igitur; hanc igitur; … Domini nostri Iesu Christi. Qui, pridie …; unde et; nobis quoque. Die verschiedenen Elemente des Textes sollen nicht beziehungslos nebeneinander stehen.

Das Bestreben zur Verknüpfung ist gewiß nicht bloß ein Relikt formalästhetischen Kriterien genügender spätantiker Rhetorik. Die Verbindungstendenz dient dem geistlichen Mitvollzug; sie hat in der Liturgie eine spirituelle Funktion. Dem hörenden Mitbeter werden keine Sprünge zugemutet. Er wird nicht durch unerwartbare Textkapriolen ge- und verstört und abgehängt. Die ineinander übergehenden Texte des vorbetenden Priesters geben der Gemeinde die Möglichkeit und erleichtern es ihr, zu folgen und sich anzuschließen. Auch dann, wenn der Text zu einem anderen Thema übergeht, kann sie sich das Gebet zu eigen machen.

Das – letztlich dem geistlichen Vollzug der Liturgie dienende – Prinzip der Verbindung der Elemente ist in der klassischen lateinischen Liturgie nicht auf das Hochgebet begrenzt, auch nicht nur auf die Verknüpfung von Wortelementen.

Beispiele für die Verbindung von Aktionselementen mit Wortelementen bieten zahlreiche Gaben- und Schlußgebete des Meßbuches. Diese Gabengebete greifen nicht irgendeine abstrakte Idee auf, die zu einer ganz und gar unmotivierten Gebetsbitte gemacht wird. Sie knüpfen an das an, woran alle beteiligt waren oder was mindestens alle gesehen haben, d. h. an das Aktionselement Gabenbringung, und lassen daher den priesterlichen Leiter der Versammlung sprechen: „Herr, unser Gott, die Gabe, die wir darbringen" (33. Sonntag im Jahreskreis); „Allmächtiger Gott, sieh gnädig auf die Gaben, die wir darbringen" (30. Sonntag im Jahreskreis).

Ähnlich gehen Schlußgebete häufig vom Kommunionempfang, von der Stärkung „durch das lebendige Brot" (22. Sonntag im Jahreskreis) oder z. B. von dem erhaltenen „Anteil am Leib und Blut Christi" (24. Sonntag im Jahreskreis) aus.

Bei den Orationen solcher Art kann man von einem situativen Beten sprechen. Damit ist gemeint, daß die Gebetsthematik bei der dem Verlauf der Liturgie entsprechenden Situation der Feiernden ansetzt, diese Situation ausspricht und durch die Situation motivierte Gebetsthemen anschließt. Vom liturgischen [47] Aktionselement wird eine Brücke zum liturgischen Wortelement geschlagen. Die hörend Mitbetenden werden „abgeholt" und kommen zu einem Beten, das sie mit größerem „geistlichen Gewinn" mitvollziehen können.

Erfreulicherweise sind auch manche der Eigentexte des deutschen Meßbuches nach dem Gestaltungsprinzip der Verbindung der Elemente als situative Gebete formuliert. Das gilt besonders auch für die „Tagesgebete zur Auswahl". Während die Abschlußorationen zur Eröffnung im Römischen Meßbuch oft den Bezug auf die Eröffnungssituation vermissen lassen (was sich aus ihren geschichtlichen Entstehungsbedingungen wohl erklärbar machen ließe), hebt eine Reihe der neugeschaffenen Gebete ihn hervor. Sie greifen das Aktionselement des Zusammenkommens auf: „Gott, unser Vater. Wir sind als deine Gemeinde versammelt und rufen dich an" (Nr. 1); „Gott. Wir danken dir, daß du uns hier zusammengeführt hast" (Nr. 13).

Das Prinzip der Verbindung der Elemente schließt nicht aus, daß die Liturgie Einschnitte kennt, die unüberbrückt bleiben. Meist handelt es sich dabei aber um größere Teilabschnitte, die einen erkennbaren Abschluß haben. Der sich anschließende neue Abschnitt ist durch Orts-, Personen- bzw. Aktionsveränderungen so abgehoben, daß er als solcher deutlich wahrgenommen werden kann. Aus der Verbindung der Elemente einerseits und der Herausbildung von größeren Teilabschnitten („Akten") andererseits ergibt sich die für eine lebendige Feier und Mitfeier so wichtige Gliederung des liturgischen Handelns.

Das Prinzip der Ad-hoc-Präsentation

Ausgangspunkt für das Verständnis dieses Gestaltungsprinzips mit einer etwas rätselhaft klingenden Bezeichnung – eine bessere wäre erwünscht – kann folgende Beobachtung sein. Recht häufig kann man leider erleben, daß bereits vor Beginn einer Meßfeier der Kelch mit Korporale und Kelchtüchlein, Wein- und Wasserkännchen, die Schale für das Wasser und Händewaschung nebst Handtuch auf dem Altar stehen, zudem manchmal auch die Schale mit Hostien. Die Meßordnung der Liturgie sieht das nicht vor. Sie nennt die Gabenbereitung als geeigneten Moment im Verlauf der Feier: Bei der Zurüstung des Altares werden diese Gegenstände gebracht und teilweise nach Verwendung wieder zurückgetragen. Während der Zeit, in der sie nicht gebraucht werden, liegen sie außerhalb des Blickfeldes der Gemeinde. Sobald sie benötigt werden, bringt man sie herbei.

Die Liturgie legt also Wert auf ein – ganz allgemein gesagt – „In-Erscheinung-Treten" zum passenden Moment innerhalb des Feierverlaufes.

Für dieses liturgische Gestaltungsprinzip, das in gewisser Weise auch für die [48] handelnden Personen gilt, lassen sich weitere Beispiele nennen: Beginn und Abschluß der Geldsammlung zum richtigen Zeitpunkt, Beginn und Abschluß der Kommunionspendung, Ort der Bekanntmachung innerhalb der Feier, das Mittragen von Kerzen, Kreuz und Evangelienbuch beim Einzug des Priesters und der Assistenz.

Hat das Prinzip der Ad-hoc-Präsentation etwas mit der tätigen und bewußten Teilnahme zu tun? Ganz sicher! Es möchte die Aufmerksamkeit erst dann auf die betreffenden Gegenstände lenken, wenn sie für das gottesdienstliche Handeln von Belang sind. Jede unzeitige Präsentation lenkt die Aufmerksamkeit ab oder in eine falsche Richtung. Die Präsentation im sinnvollen Augenblick des Verlaufs der Feier ist geeignet, dem folgenden liturgischen Geschehen neue Beachtung zu verschaffen. Die Umstellung vom vorausgehenden Geschehen (im obigen Beispiel ist es das Schlußelement des Wortgottesdienstes) zum nächsten Element (Beginn des Eucharistieteils der Meßfeier) wird erleichtert und die Einstellung auf das nächste Element gefördert. Ohne Zweifel erleichtert das den Teilnehmern, sich dem liturgischen Handeln anzuschließen und es innerlich mitzuvollziehen.

Für die Feier insgesamt erweist sich die Ad-hoc-Präsentation als ein dynamischer Impuls. Statt eines statischen „lebenden Bildes" entstehen bei seiner Beachtung Handlungsabläufe, wie sie kennzeichnend für die echte „actio liturgica" sind.

Das Gestaltungsprinzip der Ad-hoc-Präsentation setzt freilich mehrere mithandelnde Personen voraus. Es entspricht weder der Stellung des Leiters der liturgischen Versammlung, alle erforderlichen Gänge zum Herbeitragen und Wegbringen selbst zu machen – er sollte sich auf anderes konzentrieren können –, noch sind ihm ohne Assistenz bestimmte Arten der Präsentation überhaupt möglich (z. B. Halten des Meßbuches beim Tagesgebet). Die oft gestellte Frage, was denn eigentlich die Ministranten in der „neuen Liturgie" noch für eine Aufgabe hätten, läßt sich aufgrund solcher Überlegungen leicht beantworten. Ohne eine Assistentengruppe für den Leiter der gottesdienstlichen Zusammenkunft kann die Ad-hoc-Präsentation nicht voll verwirklicht werden. Um sie durchzuführen, sind Ministranten unentbehrlich. Wer auf sie verzichten zu können meint, nimmt der Liturgie eine traditionelle Gestaltungsmöglichkeit und der Gemeinde damit eine wertvolle Hilfe für die Mitfeier. [49]

Das Prinzip der buchlosen Mitfeier

Das letzte im Rahmen dieses Beitrags genannte Prinzip zählt zu jenen, die eingangs als eher perspektivisch bezeichnet wurden. Es soll somit mehr langfristige Entwicklungstendenzen andeuten als Postulate kurzfristiger Verwirklichung; doch sollte überlegt werden, ob sie zu fördern oder zu bremsen wären. Mindestens gilt das für unseren Kulturbereich. In anderen Teilen der Kirche ist die buchlose Mitfeier selbstverständlich.

Das Gestaltungsprinzip der buchlosen Mitfeier möchte schlicht und einfach als Frage verstanden sein, ob es nicht anzustreben ist, daß sich die tätige, lebendige, fromme und mit allen anderen Adjektiven versehene Teilnahme der Gemeinde ohne jegliche Benutzung gedruckter Unterlagen vollziehen kann. Kein Meßbuch, kein Gesangbuch, kein Liedheft, keine liturgischen Broschüren, keine vervielfältigten Texte, keine fotokopierten Blätter für die Teilnehmer, folglich auch keine Liedanzeiger und keine Gebetbuchnummerntafeln!

Gemeint ist dabei die Verwendung während der Liturgie. Die Nützlichkeit solcher Unterlagen für die Vorbereitungsgruppen, als häusliche Gebetssammlung, als Meditationshilfen soll damit gar nicht bezweifelt werden.

Das Gestaltungsprinzip würde für die Mitfeier aller jener Teilnehmer gelten, die keine besonderen Dienste ausüben, d. h. für jene, die in Unterscheidung von den Trägern spezieller Aufgaben als Gemeinde bezeichnet werden. Die Forderung nach der Buchlosigkeit wird also nicht erhoben für die Dienste des Leiters, des Lektors, des Kantors, des Sängerchors usw. Ihnen sollen Text-, Gesangs- und Verlaufsunterlagen zur Verfügung stehen. Gewiß könnte für bestimmte Arten von Gottesdiensten auch für sie an einen buchlosen Dienst gedacht werden, wie er z. B. in einer Rosenkranzandacht praktiziert wird. Doch soll dieser Fall der Nichtverwendung gedruckter Unterlagen durch die besonderen Dienste hier außer Betracht bleiben.

Eine erste Gruppe von Gründen für das Prinzip der buchlosen Mitfeier steht im Zusammenhang mit diesen Unterlagen. Zunächst müssen sie ja in den Händen aller Teilnehmer sein. Wer sich in unseren Gemeindegottesdiensten umschaut, wird feststellen, daß selbst bei Auslage von Blättern und Büchern im Kirchenraum dies nicht bei allen Anwesenden der Fall ist. Die herzlichsten Appelle, das Gesang- und Gebetbuch mitzubringen, werden aus verschiedenen Gründen von einem Teil der Mitfeiernden nicht befolgt werden.

Aber auch von jenen, die ein Buch zur Hand haben, wird eine Reihe an seiner Benutzung gehindert: durch die Schwierigkeit, es halten zu können; durch die fehlende Brille; durch die mangelnde Fähigkeit, rechtzeitig die

Seite und Nummer zu finden; durch Probleme mit dem Lesen; durch Verdrossenheit, [50] nun das achte Mal nach einem Lied suchen zu müssen. Je nach Art der gedruckten Unterlage fällt zwar die eine oder andere dieser Behinderungen weg. Es dürfte aber nicht zu leugnen sein, daß eine auf Benutzung gedruckter Unterlagen beruhende Mitfeier fast immer einen kleineren oder größeren Teil der Gemeinde von dem Mitvollzug des betreffenden Elementes ausschließt.

Wichtigster Grund für das zur Diskussion stehende Gestaltungsprinzip dürfte aber eine andere Überlegung sein. Wenn Liturgie als gottesdienstliche Feier verstanden wird, an der die Teilnehmer mit Herz und Sinnen lebendig beteiligt sind, dann schiebt sich ein Buch allzu leicht hindernd und behindernd dazwischen. Wo immer – auch noch in unserem Kulturbereich – eine wirklich dichte Atmosphäre der Freude, der Stimmung oder der spielerischen Begeisterung entsteht, gehört das Singen dazu, aber ohne Buch. Die traditionelle Römische Liturgie hat für die Mitfeier der Gemeinde nie ein Buch vorausgesetzt. War das nur ein Relikt aus einer Kulturepoche, in der die Mitfeiernden keine oder kaum Bücher besaßen? Hat sich darin nicht vielleicht die Überzeugung erhalten, daß die Liturgie zu jenen Kategorien menschlichen Handelns gehören könnte, bei denen man nicht mittelbar, sondern unmittelbar mitmacht?

Es kann und braucht hier nicht im einzelnen dargelegt zu werden, welche Voraussetzungen von Seiten der Liturgie bestehen müßten, um das Prinzip der buchlosen Mitfeier zu realisieren. Doch sei wenigstens der naheliegende Einwand beantwortet, daß dieses Gestaltungsprinzip zu einer sehr großen Eintönigkeit der liturgischen Feiern führen würde. Diese Konsequenz scheint nicht eintreten zu müssen, wenn man das Gestaltungsprinzip der überlieferten Römischen Liturgie beachtet, wonach die wechselnden, d. h. anlaßbezogenen Elemente zu den Aufgaben der besonderen Dienste gehören, während die konstanten Elemente der Gemeinde zufallen. Mit einem begrenzten Repertoire konstanter Elemente ließ sich in Kombination mit den besonderen Diensten durchaus jene Vielfalt liturgischen Feierns erzielen, wie sie der Liturgie zu eigen ist. Dabei wäre zu erwägen, ob nicht dieses begrenzte Repertoire sich viel eher auch geistlich erschließen und aneignen ließe als die immer mehr wachsende Zahl selten verwendeter, variabler Teile, die der Gemeinde zugewiesen werden.

Die Überlegungen zum Prinzip der buchlosen Mitfeier, die hier angedeutet wurden, sind nicht als Imperativ gegenwärtiger Feiergestaltung gedacht. Sollte etwas Berechtigtes an ihnen sein, könnten sie zumindest jedoch für die heutige Liturgie insofern Bedeutung haben, als sich die für die Liturgiegestaltung Verantwortlichen vor einer unnötigen Vermehrung und Verteilung gedruckter Unterlagen hüten sollten. [51]

Die dargestellten Prinzipien der Gestaltung wollten einige grundlegende Kompositionsgesetze der Liturgie erkennen lassen, die nicht ohne Schaden für die Feiern des Gottesdienstes aufgegeben werden können. Es wäre bedauerlich, wenn sie nicht auch in den muttersprachlichen Liturgien berücksichtigt würden, da sie von bleibender Allgemeingültigkeit zu sein scheinen.

II.
Liturgiereform

Unablässiger Auftrag der Kirche

Die Verwirklichung der Liturgiereform in Europa*

Die Verwirklichung der vom Konzil beschlossenen Liturgiereform zeigt in den Diözesen Europas bisher zwei Phasen: 1. eine Periode der Information und Vorbereitung der ersten Teilreformen; 2. die Einführung dieser Reformschritte und erste Erfahrungen.

Orientierungs- und Vorbereitungszeit

Nach der Promulgation der Liturgiekonstitution im Dezember 1963 äußerten viele Konzilsväter – öfter in gemeinsamen Hirtenschreiben an ihre Mitchristen im Priester- und Laienstand – ihre Freude über den erfolgreichen Abschluß und das Ergebnis der konziliaren Beratungen zur Liturgie. Da das Konzilsdokument seine Tragweite nicht einmal dem Klerus (abgesehen von den Spezialisten) leicht erschließt, wählten die bischöflichen Verlautbarungen zentrale Ideen der Konstitution aus und erläuterten sie. Für den Großteil der Gläubigen blieben diese Darlegungen meist reichlich abstrakte Theorie, da sich an der vertrauten Art der Gottesdienste noch nichts änderte; beeindruckend wirkte die Einmütigkeit der Kirchenversammlung bei der Schlußabstimmung über die Konstitution.

Diese Situation wandelte sich auch nicht viel, als im Frühjahr 1964 mehrere Länderepiskopate in Anwendung des Apostolischen Schreibens „Sacram Liturgiam" den Gebrauch der Muttersprache für die Schriftlesungen der Messe vorschrieben bzw. gestatteten (z. B. Schweiz, Frankreich, Österreich, Deutschland, Belgien, Portugal); die volkssprachliche Perikopenverkündigung war in einigen Ländern mit gewissen Einschränkungen schon länger üblich gewesen. Weitere Neuerungen aufgrund des Apostolischen Schreibens erregten in den Gemeinden keine besondere Aufmerksamkeit.

Eine solche wurde erstmals deutlicher spürbar bei der Einführung der neuen Kommunionspendeformel, bei der manche Gläubige das „Amen" anfangs als Störung ihrer Andacht empfanden; verschiedentlich wurde die Meinung laut, die neue Formel hätte mit einer angemesseneren Art der

* Zuerst veröffentlicht in: Conc(D) 2 (1966) 156–158. – Bibliographie Rennings Nr. 88.

Darreichung des Herrenleibes verbunden werden sollen. Die Nachrichten über den Fortgang der Reformvorbereitungen und die eigenen Erfahrungen einer Auflockerung der bisherigen rubrizistischen Verfestigung der Gottesdienste trugen dazu bei, die Realität der beschlossenen Erneuerung weiteren Kreisen bewußt zu machen.

Die zur Vorbereitung der Reformmaßnahmen gebildeten nationalen und regionalen Gremien befaßten sich u. a. mit der Übersetzung liturgischer Texte sowie den neuen Aufgaben der Kirchenmusik und des Kirchenbaus. Bei den Kongressen und zahlreichen Studientagungen standen allgemeinere Erörterungen im Vordergrund, da noch keine konkreten Anhaltspunkte für Art und Ausmaß der ersten Reformen vorlagen.

Mit der Ausführungsverordnung „Inter Oecumenici", die für den 1. Fastensonntag 1965 eine auch für die Gemeinden bedeutsame Teilreform in Aussicht stellte, setzte eine starke Aktivität ein, da nur wenig Zeit für die Vorbereitung verblieb; die schnelle und unbürokratische Arbeitsweise des Consilium ist dabei besonders hervorzuheben. Einige der neuen Meßdirektorien mußten allerdings schon wieder modifiziert werden, als im letzten Moment vor dem Reformtermin noch ein revidierter „Ritus servandus" und „Ordo Missae" erschienen. Das Ende der ersten Phase war gekennzeichnet durch eine ziemlich allgemeine Unsicherheit über das, was nun kommen sollte.

Erste Reformschritte und Erfahrungen

Da die Reformdokumente nachdrücklich die Berücksichtigung der Gegebenheiten der Orts- und Länderkirchen wünschen und das Ausmaß der Änderungen weitgehend den Bischofsversamm-[157]lungen anheimstellen, wird bisher von den Erlaubnissen unterschiedlich Gebrauch gemacht. Für die Meßfeier ist im allgemeinen – mancherorts nicht für die Missa in cantu – die Verwendung der Volkssprache für Ordinarium, Proprium und auch die Orationen zugelassen. Die Zelebration zum Volk wird gestattet und läßt ein Empfinden für das gemeinsame Handeln der gegliederten Versammlung als Merkmal der Liturgie wachsen. Bei der Sakramentenliturgie ist die Verwendung der Muttersprache über den Gebrauch der doppelsprachigen Ritualien hinaus noch nicht so verbreitet. Generell läßt sich feststellen, daß im englischen Sprachgebiet wohl die stärkste Zurückhaltung geübt wird, wohingegen im französischen Sprachgebiet die weitestgehenden Erlaubnisse erteilt sind. Bemerkenswert scheint die Beobachtung, daß die Länder mit einer älteren Tradition liturgischer Reformbestrebungen zwar einzelne günstigere Voraussetzungen aufweisen, aber bei dem Übergang zur nachkonziliaren Entwicklung auch die Belastung dieser liturgischen Traditionen mitschleppen.

Niemand wird erwartet haben, daß die Reform ohne Schwierigkeiten vonstatten gehen würde. Die positiven und negativen Reaktionen und bisherigen Erfahrungen zeigen – bei aller Notwendigkeit eines differenzierenden Urteils – einige Gemeinsamkeiten, deren Beobachtung die zukünftigen Etappen der Reform erleichtern würde.

Die kurze Zeitspanne zwischen der Veröffentlichung der territorialen Direktiven und ihrer Anwendung reichte nicht aus, den Klerus ausreichend zu unterrichten, zumal dessen mangelhafte pastoralliturgische Ausbildung nun erschreckend deutlich ans Licht kommt. Für die von der Instruktion „Inter Oecumenici" (Nr. 4) so betonte erläuternde Unterweisung der Gemeinden reichte die Zeit noch weniger. Es fehlt an Literatur, die den Gemeindemitgliedern die Ziele der Reformen in volkstümlicher Weise nahebringt. Für jene Priester, die nach allen vorausgegangenen geringfügigen Änderungen endlich merklich weiterkommen wollten, entstand die Versuchung, die Gemeinden zu überfordern, was gelegentlich nicht ohne Schock abging. Wo der Klerus in der Erkenntnis, daß die ganze Gemeinde handelndes Subjekt der gottesdienstlichen Versammlung ist (vgl. SC 26), in Gespräch und gemeinsamer Überlegung mit den Laien die Reformen begann, traten kaum Widerstände auf. Die Rücksichtnahme auf die Situation der jeweiligen Gemeinde als einer der Normen des Gehorsams in liturgischen Angelegenheiten ist für viele Seelsorger ein Problem, das ihnen mit den bisherigen Kategorien nicht lösbar scheint.

Gemeinsame Planung von Vorsteher und Gemeinde bietet auch Schutz gegen die größte Gefahr, die nach allen Erfahrungen der Reform droht: sich damit zufriedenzugeben, ein altes Zeremoniell gegen ein vermeintlich moderneres auszuwechseln. Das konziliare Kirchenverständnis, die neu- oder wiedergewonnenen theologischen Erkenntnisse mit ihren praktischen Konsequenzen sowie die geistliche Erneuerung der Gläubigen (vgl. Instruktion „Inter Oecumenici", Nr. 5–8) als Grundlage und Ziel der Wandlungen der gottesdienstlichen Zusammenkünfte müssen nachdrücklich und verstehbar erschlossen werden. Der Wunsch, die ganze Reform möglichst schnell abzuwickeln, übersieht die Einbettung der liturgischen Adaptionen in das Gesamtprogramm der Kirchenreform des Konzils und Papst Pauls VI., die als geistig-geistlicher und eben nicht nur rituell-institutioneller Prozeß wachsen muß. Am schwierigsten ist die Lage in solchen Gemeinden, in denen nur ein einziger, vielleicht älterer Priester den Vorsteherdienst versieht, dem die ganze vom Konzil ausgelöste Entwicklung trotz guten Willens bisher innerlich unverständlich geblieben ist.

Für die muttersprachlichen liturgischen Texte greift man überwiegend noch auf ältere Volksmeßbücher, Ritualien, Bibelausgaben usw. zurück, die provisorisch approbiert sind. Die Unzufriedenheit mit diesen Übertragungen ist weit verbreitet und erstreckt sich auch auf einige – ziemlich hastig – neugeschaffene. Es wird bedauert, daß die Übersetzungen nicht nur sprachlich zu sehr vom lateinischen Original bestimmt sind, sondern auch inhaltlich antiquierte Denk- und Redeweisen der liturgischen Texte übernehmen mußten. Da die jetzigen Texte in absehbarer Zeit definitiven Fassungen weichen sollen, steht man angekündigten teuren doppelsprachigen Missaleausgaben mit den provisorischen Texten skeptisch gegenüber; schon aus ökonomischen Gründen wären Bücher, die nur den Text des jeweiligen liturgischen Dienstes enthalten, vorzuziehen.

Die regelmäßige muttersprachliche Verkündigung der biblischen Lesungen hat schon bald die Dringlichkeit einer reicheren Perikopenauswahl bewiesen. Ein Antrag der deutschen Bischofsversammlung auf vorläufige Benutzung einer erweiterten Perikopenliste an das Consilium wurde [158] von diesem zuständigkeitshalber an die höhere Autorität weitergeleitet und bis jetzt noch nicht genehmigt.* Die Homilie als fester Bestandteil liturgischer Versammlungen stößt weniger auf grundsätzliche als praktische Hemmnisse.

Die großen Probleme, die die Liturgiereform der Kirchenmusik gebracht hat, bestehen in Ländern ohne wie auch in solchen mit Tradition im volkssprachlichen Gesang. In den einen muß völlig neu begonnen werden, was durch die provisorischen Textfassungen erschwert wird; in den anderen entsprechen die Gesänge weitgehend nicht den liturgischen Bedürfnissen, was bei genauer Beachtung der Vorschriften zur Vernachlässigung des Gesanges oder zu sinnwidrigen Ersatzrezitationen führt. Für den rechten Ausgleich zwischen lateinischem und volkssprachlichem Gesang bilden sich bescheidene erste Ansätze aus.

Die neuen Richtlinien für die Innengestaltung der Gotteshäuser sind von den Architekten mit großer Befriedigung aufgenommen worden, da ihnen für Neubauten endlich ein Programm vorliegt. Bei der Herrichtung der bestehenden Kirchen sind vielfach provisorisch eine Sitzgelegenheit, ein näher zur Gemeinde befindlicher Altar und eine Art Ambo aufgestellt worden; öfter führt ihre ungeschickte Anordnung zu einem sinnlosen Hin- und Herlaufen des Altardienstes. Ein Symptom für die tiefe Verwurzelung einseitiger Glaubensunterweisung ist das relativ große Unverständnis vieler Gläubiger für die mögliche Trennung von Tabernakel und Altar.

Ein sehr erfreuliches Zeichen für eine lebendige öffentliche Meinung in der Kirche waren die Diskussionen, die durch die Änderungen ausgelöst wurden und die sich bis in die Spalte „Leserzuschriften" nichtkatholischer Zeitungen niederschlugen. Vereinzelt drückte sich Mißfallen auch in klei-

---

* Vgl. dazu später *H. Rennings*, Erfahrungsbericht zur provisorischen Perikopenordnung für die Wochentage der deutschen Bistümer, in: LJ 19 (1969) 50–52.

neren Protestaktionen und organisierten Zusammenschlüssen aus. Die große Zahl der Gläubigen bejaht die Notwendigkeit von Reformen und nimmt deren Absichten positiv und dankbar an. Die Erörterungen über Umfang und Tempo des Vorgehens greifen alle Überlegungen auf, die auch von den Konzilsvätern bei den Beratungen der 1. Session vorgetragen wurden; der Dialog des Konzils setzt sich fruchtbar in den Gemeinden fort. Es wiederholt sich die Erfahrung, daß die Zahl der ablehnenden Äußerungen nicht repräsentativ gewertet werden darf. Manche Vorbehalte beziehen sich zudem mehr auf übereiltes und ungeschicktes Vorgehen; gelegentlich scheinen die liturgischen Reformen eher Anlaß zu sein, kleingläubige Sorge angesichts des ganzen Wandlungsprozesses der Kirche auszudrükken. Es kann nicht überraschen, wenn alle jene fadenscheinigen Argumente gegen die Liturgiereform vorgebracht werden, mit denen kirchenamtliche Stellen in der Vergangenheit den nun als reformbedürftig anerkannten Zustand der Liturgie zu rechtfertigen versucht hatten.

Wenn zur Zeit Altes und Neues oft beziehungslos nebeneinander herlaufen, ist das eine typische Übergangssituation, die auch ihre Vorteile hat. Die Reform erweist sich nicht als Abspulen eines generalstabsmäßig festgelegten Planes, sondern entwickelt ihre eigene Dynamik als gemeinsames Suchen aller Glieder der Kirche nach den rechten Ordnungen ihrer Versammlungen. Nichts wäre verhängnisvoller, als angesichts von Schwierigkeiten auf halbem Weg stehenzubleiben. B. Fischer bringt dazu einen treffenden Vergleich: „Wer lange in einem Gipsverband gegangen ist und ihn endlich abgenommen bekommt, weiß ganz genau, daß damit wieder der eigentliche und natürliche Zustand eingetreten ist, und doch fühlt er sich zunächst irgendwie unbehaglich. Etwas von dieser Unbehaglichkeit wird die Liturgiereform … für die Gläubigen ohne Zweifel mit sich bringen. Aber bald wird das frohe Gefühl überwiegen, daß der eigentliche und natürliche Zustand wiederhergestellt ist.“

Aus Treue zur Tradition: Reform der Liturgie*

[147] Am 4. Dezember 1963 stimmten vier Konzilsväter des Zweiten Vatikanischen Konzils gegen und 2147 für die Annahme eines Dokumentes mit dem Titel *Constitutio de sacra Liturgia*. In den vorausgegangenen Beratungen war 328mal ein Konzilsvater ans Mikrophon getreten, um seine Meinung zu den Problemen des Gottesdienstes der katholischen Kirche dem Plenum vorzutragen. 334 Konzilsväter hatten schriftlich zu den vorgelegten Entwürfen Stellung genommen. 113mal hatte eine Auswertungsmaschine die Ergebnisse von Einzelabstimmungen über Änderungsanträge, bestimmte Formulierungen und ganze Absätze des Textes ausgerechnet.

Zuvor hatte zwei Jahre lang eine vom Papst berufene Fachkommission an dem Entwurf des Dokumentes gearbeitet; sechs Monate war er von einer Zentralkommission geprüft worden, mehr als ein Jahr hatten ihn die Teilnehmer der Kirchenversammlung in den Händen und unter ihren Augen gehabt, in ihren Gebeten erwogen. Mit den Worten: „Kraft der Uns von Christus übertragenen apostolischen Vollmacht approbieren, beschließen und erlassen Wir im Heiligen Geiste – zusammen mit den ehrwürdigen Vätern – dieses Dokument" ordnete Papst Paul VI. die Promulgation der vom Konzil beschlossenen Konstitution über die heilige Liturgie an.

An diese Tatsachen zu erinnern, erscheint deshalb nicht überflüssig, weil sie beweisen, daß das vor fast vier Jahren verabschiedete Dokument keineswegs Frucht einer Augenblickslaune war oder vom Baum der einsamen Entschlüsse herabfiel. Es wird auch niemand ernstlich behaupten wollen, die Väter der Kirchenversammlung hätten leichtfertig, unüberlegt oder gar unter dem Druck einer „pressure group" gehandelt. Was für eine geheimnisvolle, mächtige Clique müßte das gewesen sein, die über so lange Zeit so viele Wähler so unterschiedlichen Typs veranlassen konnte, gegen ihre Überzeugungen zu stimmen! Die Konzilsväter [148] haben sich ja nicht gefürchtet, wie es bei anderen Dokumenten geschehen ist, ihr fehlendes Einverständnis auch noch in den Schlußabstimmungen zu dokumentieren.

---

* Zuerst veröffentlicht in: Liturgiereform im Streit der Meinungen. Würzburg 1968 (Studien und Berichte der Kath. Akademie in Bayern 42) 145–161. – Bibliographie Rennings Nr. 113. – Der Beitrag stellt die überarbeitete Fassung eines Vortrags auf einer Tagung der Katholischen Akademie in Bayern, München, dar.

Absurd muß schließlich auch der Verdacht erscheinen, ein großer Teil der Stimmberechtigten habe gar nicht recht gewußt, um was es eigentlich gehe. Selbst in einem politischen Parlament, in dessen Sitzungen gewöhnlich mehr Plätze kalt bleiben, als es in den Generalkongregationen des Konzils der Fall war, weiß nach einer solch ausgiebigen Behandlung einer Vorlage doch wohl der letzte Hinterbänkler, was zur Debatte steht. Während der Beratungen über die Liturgiekonstitution hat zusätzlich 23mal ein Ausschußmitglied der zuständigen Konzilskommission dem Plenum die zur Abstimmung stehenden Texte in einer sogenannten „relatio" ausführlich erläutert.

Dieser kurze Rückblick möchte kein Beweis sein, daß die Liturgiekonstitution ein unüberbietbar perfektes Werk ist. Sie hat ihre schwachen Stellen; trotz der langen Redaktionsarbeit gibt es unausgeglichene Partien. Ein scharfer Kritiker wird auch dies oder jenes an modischem Putz aus der „theologischen Boutique" entdecken. Was der Blick auf die Konzilsverhandlungen zu dieser Konstitution jedoch klar und eindeutig zeigt, ist dies: Die *Constitutio de sacra Liturgia* ist ein Dokument, das den ausgiebig und frei diskutierten, in klarer Erkenntnis der Tragweite formulierten Willen der höchsten kirchlichen Autorität nach dem Stand vom Jahre 1963 ausdrückt.

Sich dieser Tatsache zu vergewissern, erschien mir deshalb angebracht, weil mit der Liturgiekonstitution eine Entscheidung von außerordentlich weitreichender und tiefgreifender Bedeutung gefallen ist. Diese Entscheidung ist vielen Katholiken wohl noch nicht genügend bewußt geworden. Keineswegs alles, aber vieles von dem, was die mit der Entwicklung des Gottesdienstes nach dem Konzil Unzufriedenen als Verfälschung des Konzilswillens bezeichnen, ist ja in Wirk-[149]lichkeit tatsächlich die „rechte und ordnungsgemäße Ausführung der Liturgiekonstitution". So zeigen viele Äußerungen der „Mehr-Latein-Gruppen" (Una-Voce mit den unterschiedlichen Richtungen, amerikanische Traditionalisten usw.), daß sie die fundamentale Entscheidung der Liturgiekonstitution nicht begriffen haben.

Worin besteht denn nun diese Entscheidung?

Diese Entscheidung ist – was auf den ersten Blick überraschen könnte – zunächst gar nicht eine liturgische, sondern eine ekklesiologische. Mehrfach ist darauf hingewiesen worden, daß das liturgische Dokument des Konzils zahlreiche Aussagen zur Glaubenslehre über die Kirche enthält, und Joseph Pascher ist dieser Ekklesiologie der Liturgiekonstitution nachgegangen.[1] Die Kirchentheologie der Liturgiekonstitution – wie auch anderer Dokumente der Kirchenversammlung – hat nachdrücklich daran

---

[1] Vgl. seinen Beitrag: Ekklesiologie in der Konstitution des Vaticanum II über die heilige Liturgie, in: LJ 14 (1964) 229–237.

erinnert, daß die Lebensformen der Kirche eine viel größere Variationsbreite haben können, als uns aus der Erfahrung der letzten Generationen bewußt war. Auf der Grundlage des unveränderlich Bleibenden kann es in der Kirche einen erstaunlichen Reichtum von sich ablösenden Formen geben: in der Verteilung der Ämter und Dienste, in der Kirchenzucht und in Kirchenordnungen bis hin zu einer Vielzahl in den theologischen Themen der Verkündigung. Auch die Art und Weise, wie die Kirche ihre gottesdienstlichen Versammlungen hält, unterliegt einem solchen Wandlungsprozeß. Er ist nicht ein bedauerliches Zugeständnis, mit der die Kirche – wohl oder übel – einen Kompromiß eingeht, um sich noch einen Rest Wirksamkeit zu retten. Vielmehr: um ihrer Aufgabe, ihrer Sendung willen kann die Kirche nicht statisch in bestimmten Lebensformen verharren. Sie muß sich immer wieder fragen, welche Gestalt, welche Ordnungen, welche Wirkformen sind mir vom Herrn für diese Zeit aufgegeben. Was die Liturgiekonstitution speziell [150] von der Eucharistiefeier sagt, daß die Teilnehmer durch die Riten und Gebete das eucharistische Mysterium wohl verstehen lernen sollen (vgl. Art. 48), gilt vom gesamten Wirken der Kirche: Durch ihre äußeren Vollzüge soll erkennbar werden, was das Geheimnis „Kirche“ ist. Darum müssen sich diese äußeren Vollzüge – wozu auch die gottesdienstlichen Ordnungen gehören – stets daraufhin prüfen lassen, ob sie die Aufgabe der Hinführung, der Erläuterung, der Verdeutlichung dessen, wofür sie Zeichen sind, auch leisten. Wenn sie das für bestimmte Zeiten und Kulturkreise nicht – nicht mehr – leisten, müssen sie sich wandeln; eben damit die Kirche ihre Sendung erfüllt, das Zeichen zu sein, das aufgerichtet ist unter den Völkern. Es gäbe keine Geschichte der Theologie, der Kirchenverfassung, der Pastoral, des Kirchenrechtes und auch nicht der Liturgie, wenn die Kirche nicht immer wieder auf dem Weg von Ostern zur Parusie nach diesem so verstandenen Grundsatz der „ecclesia semper reformanda“ gehandelt hätte. „Reformanda“ will hier nicht eingeengt auf die bloße Beseitigung von Mißständen verstanden sein, sondern als die je neue Gestaltwerdung des mit verborgener Wachstumskraft und mit der Fähigkeit zur Fülle und Vielfalt ausgestatteten Anfangs.

Die fundamentale Entscheidung – danach hatten wir gefragt – der Liturgiekonstitution besteht nun darin, daß dieses ekklesiale Prinzip auch wieder für die gottesdienstlichen Zusammenkünfte der Kirche gelten soll: „liturgia semper reformanda“.

Mit dem „auch wieder“ ist erstens gesagt, daß es lange Zeit gegolten hat und jenen fast unübersehbaren Reichtum gottesdienstlicher Riten, Gesten, Kompositionen, Texte, Sprachen und so weiter hervorgebracht hat, von denen die Handbücher der Liturgiegeschichte berichten und von deren Überresten sich die Teilnehmer des Konzils überzeugen konnten, als das Herrenmahl vor Beginn der täglichen Beratungen abwechselnd gefeiert wurde: im griechisch-[151]melchitischen Ritus, im Dominikanerritus, im ambrosianischen Ritus, im maronitischen Ritus, nach dem Ritus von Braga, im römisch-glagolitischen Ritus, im armenischen Ritus, im ukrainisch-byzantinischen Ritus, im äthiopischen Ritus, im malabarischen und chaldäischen Ritus, im syrisch-antiochenischen Ritus, im mozarabischen und koptisch-alexandrinischen Ritus, im rumänisch-byzantinischen Ritus, im russisch-byzantinischen Ritus, im syrisch-malankarischen Ritus, im antiochenisch-maronitischen Ritus, im griechisch-byzantinischen Ritus und im römischen Ritus. Wahrhaftig, in vielerlei Stimmen hörten und priesen sie die Großtaten Gottes!

Wenn das in der geschichtlichen Tradition der Kirche wirksame Prinzip der „liturgia semper reformanda" gemäß dem Vatikanischen Konzil auch wieder in unseren Tagen maßgebend sein soll, ist damit zweitens gesagt, daß es eine Zeitlang nicht so war. Es stimmt zwar nicht, daß die Zeit von der Liturgiereform des Trienter Konzils bis zu Pius X. nur eine Periode liturgischer Erstarrung gewesen wäre. Im praktischen Vollzug des Gottesdienstes hat sich zwischen dem 16. und dem Beginn des 20. Jahrhunderts vieles gewandelt. Es sei nur erinnert an die französischen Diözesanliturgien des 17. und 18. Jahrhunderts, an den Zuwachs, den der Thesaurus der Kirchenmusik in dieser Zeit erfahren hat und der in der Liturgie verwandt wurde, an die im deutschen Sprachgebiet seit 200 Jahren sich mehrende Verwendung der Muttersprache. Richtig ist aber, daß all diese Wandlungen nicht in die offiziellen liturgischen Bücher des römischen Ritus aufgenommen wurden. In diesen wurden die von den Reformen des 16. Jahrhunderts fixierten liturgischen Ordnungen tradiert. Obwohl bereits wenige Jahrzehnte nach der Liturgiereform von Trient die ersten Spannungen zwischen diesen Ordnungen und der sich wandelnden kirchlichen Wirklichkeit auftraten und in der Folgezeit sich verschärften, vergingen 300 Jahre, bis ein heiliger Papst [152] mit dem Wahlspruch „Omnia instaurare in Christo" (Alles erneuern, nicht nur einsetzen in Christus!) die eingefrorenen gottesdienstlichen Ordnungen aufzutauen begann und damit den Weg bereitete für eine generelle Wiederanwendung des Prinzips der „lebendigen Liturgie", das heißt der Kongruenz der liturgischen Ordnungen, die Lebensausdruck der Kirche sind, mit der jeweiligen geschichtlichen Gestalt, zu der die Kirche auf ihrer Pilgerschaft von dem ihr verheißenen und geschenkten Geist gerufen wird.

Aus diesen kurz angedeuteten Überlegungen ergeben sich meiner Auffassung nach einige Einsichten, die mir für das rechte Verständnis auch unserer gegenwärtigen Liturgiereform sehr wichtig erscheinen. Sie beruhen auf der dargelegten Überzeugung, daß es zwar eine unveränderbare Sendung der Kirche und unveränderbare Befähigung der Kirche zu dieser Sendung gibt, daß aber die Kirche und ihre gottesdienstlichen Versammlungen um der getreuen Erfüllung dieser Sendung willen unter der Forderung des „semper reformanda“ stehen.

1. Sehen wir einmal von der besonderen Stellung des „Anfangs“ ab, so gibt es keine Periode in der Liturgiegeschichte, die als unüberbietbarer Höhepunkt angesehen werden müßte. Die Behauptungen, bestimmte liturgische Texte der Väterzeit seien das schlechthin gültige Ideal oder ein bestimmter musikalischer Kompositionsstil sei ein ewig geltender Maßstab oder eine bestimmte Sprache allein sei gotteswürdig, erscheinen mir kirchentheologisch unrichtig. So wurde ja mit Überlegung aus dem Entwurf der Liturgiekonstitution jener Passus im jetzigen Artikel 113 gestrichen, der bei der Definition der Hochform der Liturgie die lateinische Sprache als eine der Voraussetzungen für die Hochform erwähnte. Im Sinne der Liturgiekonstitution kann eine Hochform der Liturgie zustande kommen, ganz gleich in welcher Sprache, denn sie ist kein Kriterium dafür. Auch von vielen Formen der Frömmigkeit kann nicht der An-[153]spruch erhoben werden, diese oder jene müßten unverlierbarer Besitz bleiben. Daß man etwa nur stehend oder nur kniend würdig kommunizieren könnte, heißt doch, bestimmte geschichtliche Formen absolut setzen.

2. Das Aufkommen oder die Einführung neuer liturgischer Ordnungen bedeutet nicht im mindesten eine Verurteilung der früheren. Oft kann man im Hinblick auf die heutigen Reformen die Frage hören: War denn alles falsch, was früher gemacht wurde? Waren unsere Vorfahren nicht vielleicht frömmer als wir? Bilden wir uns denn ein, wir hätten den Stein der Weisen gefunden? Fängt die Kirche denn erst mit uns an, wahre Kirche Christi zu sein? Natürlich nicht! Aber es diskriminiert doch auch nicht meinen Urgroßvater, wenn ich heute von Düsseldorf nach Berlin fliege und er damals diesen Weg zu Fuß zurücklegen mußte. Weil den Indianern am Grünen Fluß das gleiche Evangelium anders gepredigt werden muß als den Einwohnern von Stockholm, sind die Begriffe „falsch“ und „richtig“ hier völlig fehl am Platz. Weil den Menschen des 16. Jahrhunderts ein ganz anderes Lebensgefühl erfüllte als den des 2. Jahrhunderts, mußte die Gestalt der Kirche und ihrer Liturgie eine andere werden. Nach der liturgischen Ordnung für die Messe, die vom 16. Jahrhundert bis in die jüngste Vergangenheit galt, hatte der zelebrierende Priester beispielsweise innerhalb der 30 Minuten dauernden Feier alle zwei Minuten eine Kniebeuge zu machen, alle 35 Sekunden ein Kreuzzeichen, alle drei Minuten einen Altarkuß; genau gesagt: 16 Kniebeugen, 52 Kreuzzeichen, 10 Altarküsse. War das falsch? Diese Frage kann man einfach nicht stellen. Aber man kann es einem Menschen von heute nicht verargen, wenn ihm das als eine Häufung erscheint, die seiner Andacht eher schadet, als daß sie ihm nutzt, wie das

vielleicht einmal bei der Einführung der Fall gewesen ist. Bedauerlicherweise wird es bei der Einführung der liturgischen Reformen unter Mißachtung aller pastoralen An-[154]weisung häufig genug unterlassen, die Gründe für die Änderungen darzulegen. Wichtig und hilfreich wäre hier die Arbeit einer Gruppe, die sich an der Liturgie interessiert zeigt und die bekennt, positiv zu den Reformbeschlüssen des Konzils zu stehen. Wenn sie mit einspringen würde, für die Änderungen das Verständnis der Gläubigen wecken zu helfen! Der Abschied von dieser oder jener vertrauten liturgischen Form oder einem liebgewonnenen Brauch mag auch dann noch schmerzlich sein, aber wenn man den Sinn versteht, ist ein Schritt zur Bejahung getan. Und eine sinnlose Änderung hat es in der nachkonziliaren Liturgiereform noch nicht gegeben.

3. Die Verpflichtung der Kirche zur permanenten Reform ihres Gottesdienstes verbietet eine starre Unveränderlichkeit. Gerade weil die Liturgie sich wandelt, wahrt sie den geschichtlichen Zusammenhang. Was uns mit den früheren Generationen der Glaubenden verbindet, ist ja beispielsweise nicht die Zahl der Kreuzzeichen in der Messe, sondern die immerwährende Erfüllung des Auftrags Christi, seine Todeshingabe zu verkünden, seine Liebe zu bezeugen und seinen Auftrag zu erfüllen. Das in je verständlichen Zeichen und Formen zu tun, heißt die Tradition wahren. Wer die Kirche veranlassen wollte, sich für immer unlösbar an geschichtlich bedingte Riten und Ausdrucksformen – seien es solche der Antike, des europäischen Mittelalters oder auch unserer Gegenwart – zu fesseln, würde ihr einen schlechten Dienst erweisen. Ja, er müßte sich die Frage stellen, ob er nicht damit letztlich die Kirche vielleicht zur Untreue gegen ihre Sendung verführen würde. Was Tradition im Sinne der Kirche bedeutet, hätte er nicht verstanden. Denn die Tradition wird in Wirklichkeit nicht dort bewahrt, wo man meint, die aus dem 16. Jahrhundert überlieferte Fixierung gottesdienstlicher Formen sei das Heil der Welt, sondern wo man überzeugt ist, daß das Heil der Welt Gott in Christus ist, dem zu begegnen, den zu bezeugen, zu [155] verehren und anzubeten alle gottesdienstlichen Ordnungen dienen müssen.

Zu welchen Verirrungen es in diesen Fragen kommen kann, zeigt bestürzend ein Brief, der von der sich so bezeichnenden „Una-Voce"-Föderation am Fronleichnamstag dieses Jahres an den Papst gerichtet wurde. Darin wird behauptet: „Ungezählte Stimmen der Gläubigen erklären, daß sie nicht mehr am göttlichen Opfer teilnehmen wollen, wenn es nicht mehr das unserer Väter und Heiligen ist." Weiter heißt es dann: „Ungezählte Priester erklären, daß sie kein anderes Opfer feiern wollen als das, zu dem sie sich weihen ließen aus Liebe zu Gott."[2] Bestürzend erscheint mir nicht die

---

[2] Una-Voce-Rundbrief Juni/Juli 1967, S. 7.

Übertreibung, die in dem „ungezählt" liegt, das nach deutschem Sprachgebrauch ja nicht bloß eine ungezählte, sondern eine unzählbare Schar meint; daß Übertreibungen zum Stil der Auslassungen der verschiedenen konservativen Gruppen gehören, hat Hans Bernhard Meyer in einem instruktiven Überblick belegt.[3] Man muß sich vielmehr fragen: Sollte es wirklich gläubige Christen, Laien oder Priester, geben, die meinen, wegen des Wegfalls einiger Kreuzzeichen und Kniebeugen und weil der Priester nach der Wandlung nicht mehr Daumen und Zeigefinger geschlossen halten muß, sei die heilige Messe nicht mehr die gleiche Gedächtnisfeier des Todes und der Auferstehung des Herrn, die unsere Väter und Vorfahren gefeiert haben? Wäre das nicht ein massiver Einbruch von heidnischem Aberglauben, der zeremoniellen Riten eine Bedeutung zumißt, die ihnen gar nicht zukommt? Auch wenn in dem Brief, wie ich vermute, diese Sätze anders zu interpretieren sind, wäre es einmal eine Untersuchung wert festzustellen, inwieweit sich bei dem überaus starken Interesse an rituellen Details und sprachlichen Fragen, das in einigen der traditionalistischen Gruppen anzutreffen ist, christliche und – selbstverständlich unbewußte – pagane Vorstellungen mischen. [156]

Wenn der erwähnte Brief an den Papst die Verwendung der Muttersprache beim eucharistischen Hochgebet der Messe als „Vulgarisation der heiligen Formeln des Kanon" bezeichnet und zusammen mit der Einführung neuer Kanonfassungen „als schwerster Schlag für das Empfinden für das Heilige" genannt wird, ist doch offensichtlich die Unterscheidung des Christlichen, hier also des christlichen Gottesdienstes als der Versammlung im Namen Jesu, noch gar nicht vollzogen worden.

4. Eine weitere Folgerung aus unserer Auffassung von der Kongruenz zwischen der Gestalt der Kirche und ihrer Liturgie: Eine Gottesdienstreform kann nur Sinn und Erfolg im Rahmen einer Gesamtreform der Kirche haben. Weil der Gottesdienst nämlich Spiegelbild des gesamten kirchlichen Lebens ist, weil im Gottesdienst die Kirche ihre Darstellung findet, muß der Gottesdienst auch den tatsächlichen Verhältnissen der Kirche entsprechen. Eine liturgische Reform, die nur versucht, bestimmte Riten auszuwechseln, ein Zeremoniell durch ein anderes zu ersetzen, muß scheitern, weil sie nicht von einer Gesamtreform begleitet wird. Es ist unsinnig, vom priesterlichen Dienst in der Meßfeier als einem Vorsteherdienst zu sprechen, wenn diese Charakterisierung des Priesters als Vorsteher nur für den Gottesdienst gilt, aber außerhalb des Gottesdienstes andere Formen priesterlichen Wirkens herrschen. Hier spüren wir, wie der Gottesdienst unlösbar mit dem gesamten außerliturgischen Lebens ver-

---

[3] Vgl. den Beitrag: Una voce – Nunc et semper? Konservative Bewegungen nach dem Konzil, in: StZ 92 (1967) 73–90; Ndr. in: BiLi 40 (1967) 330–348.

knüpft ist. Es ist unbillig zu erwarten, daß alle Glieder der Kirche als Glieder der Kirche sprechen, sich verantwortlich fühlen, wenn ihnen innerhalb des Gottesdienstes diese Verantwortlichkeit nicht gegeben wird, wenn sie draußen ihren Mund auftun, im Gottesdienst aber schweigen sollen. Darum ist es notwendig, daß das, was jetzt im Gottesdienst als Anfang tätiger Teilnahme versucht wird, auch im gesamten Leben der Kirche verwirklicht wird und umgekehrt; was im gesamten Leben der Kirche sich voll-[157]zieht, muß sich widerspiegeln im Gottesdienst. Es erscheint mir darum notwendig, daß jeder, der sich heute mit der Liturgiereform befaßt, nicht mit Scheuklappen versehen auf die Liturgie allein schaut, sondern die Gesamtkonzeption der Kirchenreform, wie sie vom Konzil entworfen und beschlossen wurde, berücksichtigt.

Die amerikanische Traditionalistenbewegung unter De Pauw hat das – neben der Münchener „Una-Voce-Gruppe Maria" – am klarsten erkannt. De Pauw, dem Una-Voce Berlin zunächst freundlich verbunden war und dessen Thesen in den Una-Voce-Rundbriefen abgedruckt wurden, von dem man sich jedoch heute distanziert, lehnt nicht nur die Liturgiereform ab. Nach einer KNA-Meldung vom 7.9.1967 hat er an den Papst geschrieben, er und seine Bewegung verdammten die konziliare Kirche und wiesen sie zurück.

5. Weil eine Kirchenreform kein Vorgang ist, der organisiert werden kann, kann auch die Liturgiereform nicht dekretiert werden. So wichtig alle Äußerungen der amtlichen kirchlichen Stellen sind, letztlich ist diese Reform ein geistlicher Prozeß, ein Vorgang der religiösen Erneuerung, der wachsen muß. Es erscheint mir darum ausgesprochen unangebracht, jetzt nach vier Jahren seit Veröffentlichung der Liturgiekonstitution über Erfolg und Mißerfolg der Reform Umfragen zu veranstalten. Wir stehen ja noch in den allerersten Anfängen dieses Prozesses. Von einer abschließenden Beurteilung sind wir weit entfernt, sollen wir weit entfernt sein, weil sie noch gar nicht möglich ist.

Etwas anderes ist der Versuch, durch Umfragen festzustellen, wie die bisherige Liturgiereform von der Mehrheit der Gläubigen aufgenommen worden ist. Nicht um daraus eine Verpflichtung für die Leitung der Kirche abzuleiten, sondern um ein klares Bild zu gewinnen für das, was erwartet und vorausgesetzt werden kann. Denn die Liturgiereform ist nicht die Vollstreckung des Volkswillens – eine solche Art von Demokratie gibt es in der Kirche nicht –, sondern [158] sie ist ein Werk des Geistes, das nicht über die Köpfe des Kirchenvolks hinweg vollzogen wird, das aber unter Umständen gegen diese oder jene Meinung und Voreingenommenheit wegen der Sendung der Kirche in die Zukunft hinein geleistet werden muß. Die Internationale Una-Voce-Föderation hat unter Aufwendung erheblicher finanzieller Mittel – das sei hier anerkennend und mit Hochachtung hervorgehoben – durch das Allensbacher Institut eine derartige Meinungsumfrage veranstalten lassen. Freilich, der Tabellenband mit den Ergebnissen ist selbst den Fachleuten vorenthalten worden. Warum? Die Ergebnisse sind nur in einer Auswahl zusammen mit einer sehr subjektiven Interpretation zugänglich.[4] Jede Möglichkeit eines Verdachtes, es käme Una-Voce mehr auf eine Bestätigung der eigenen Ideen als auf die Wahrheit an, wäre aus dem Weg geräumt und ein Beispiel guter Zusammenarbeit gegeben worden, wenn man von vornherein etwa die Liturgischen Institute des deutschen Sprachgebietes um Mitarbeit bei der Aufstellung des Fragebogens gebeten hätte. Zugleich wäre damit eine fachlich kompetente Mitarbeit bei der Auswertung gewährleistet worden, die jetzt leider fehlt. Die Auswertung zeugt mehrfach von Unkenntnis der Verhältnisse in Deutschland und stellt den Wert des ganzen Unternehmens in Frage.

6. Zu dem Punkt Liturgiereform als Teil einer Gesamtkirchenreform schließlich noch eine letzte Folgerung. Die Notwendigkeit und Dringlichkeit einer Erneuerung der Kirche ist vom Konzil anerkannt und bejaht worden. Markierungen für den Weg in die Zukunft sind aufgestellt worden. Das müssen wir zur Kenntnis nehmen, daß tatsächlich das Konzil die Absicht hatte zu reformieren und der Auffassung war, daß Dinge da sind, die reformiert werden müssen. Bei allen Beteuerungen, zu der Liturgie[159]konstitution des Konzils zu stehen, die man auch den Vertretern der Mehr-Latein-Gruppen gerne abnimmt, würde man sich doch sehr freuen, in deren Publikationen ein bejahendes Wort – wie in dem Referat von Dr. De Saventhem[5] – zu finden und auch Hinweise an die Leser und Bezieher dieser Blätter, was nun an konkreten Einzelheiten der Liturgiereform zu begrüßen sei. Ein solches Wort, das sich doch bei einer grundsätzlichen Anerkennung der Liturgiekonstitution ergeben müßte, ist bisher noch nicht gesagt worden. Ist denn die ganze Ausführung der Liturgiekonstitution nur eine Verfälschung, nur ein Entartung? Vollzieht sich da im Einverständnis und unter den Augen des Papstes eine solche Verfälschung des Konzilswillens? Kann man nicht, was den Kanon angeht, die Schlußformel der zweiten Instruktion lesen, wo ausdrücklich steht, daß diese Instruktion, die den Gebrauch der Muttersprache für den Kanon gestattet, vom Papst gebilligt, bestätigt und zu veröffentlichen angeordnet wurde? Steht der Papst unter Druck? Gibt es eine Gruppe von Experten, gegen die sich nicht

---

[4] Vgl. *E. M. De Saventhem*, Die deutschen Katholiken und das Konzil, in: WuW 22 (1967) 249–262. [S. dazu auch *H. Rennings*, Umfragen zur pastoralen Auswirkung der Liturgiereform in Deutschland, in: LJ 19 (1969) 42–50.]

[5] Vgl. *E. M. De Saventhem*, Una voce – nunc et semper?, in: Liturgiereform im Streit der Meinungen (s. Anm. *) 111–144.

einmal der Papst wehren kann, denen er sich beugen muß? Gemäß der kirchentheologischen Konzeption, wie sie im vorangegangenen Referat vorgetragen wurde,[6] wäre sogar in dem Falle, wo das Konzil ausdrücklich die Zulassung der Muttersprache für den Kanon verboten hätte – was es ja nicht getan hat –, der Papst berechtigt, sich darüber hinwegzusetzen. Was also auch immer in der Liturgiekonstitution steht (und aus den Verhandlungsakten geht eindeutig hervor, daß die Väter es abgelehnt haben, einen Passus aufzunehmen, in dem die Veränderung des Kanons untersagt werden sollte): in dem Augenblick, wo eine Instruktion vom Papst gebilligt wurde, ist ihre rechtliche Zulässigkeit nicht zu bezweifeln; das gilt für die Präfationen, die nicht ausdrücklich bei den muttersprachlichen Texten aufgezählt waren, und auch bezüglich der Hochgebete. Daß das Konzil aber eine generelle Erneuerung der [160] Liturgie in die Wege leiten wollte, zeigt, daß nach Meinung der Väter Reformbedürftiges da war. Bei aller Kontinuität der kirchlichen Entwicklung, die mit Recht abrupte Brüche vermeidet, hat aber jetzt wirklich eine neue Phase begonnen. Darum ist es sinnlos, amtskirchliche Äußerungen, die aus anderen Zeitverhältnissen und Situationen stammen, gegen die Erneuerung ausspielen zu wollen. Es gibt tatsächlich eine Reihe Äußerungen und Anweisungen der Dienststellen des Apostolischen Stuhles, der Ritenkongregation, des Heiligen Offiziums und wie sie alle heißen, wie auch der Päpste selbst bis zum Vorabend des Zweiten Vatikanischen Konzils, die jetzt nicht mehr gelten. Es scheint also ein sehr müßiges Unterfangen, auf die Suche zu gehen und solche Worte aus dem Zusammenhang, aus den Zeitverhältnissen herauszuklauben und dann auf Plakate zu drucken und an Wände zu kleben. Es gibt viele solcher Stellungnahmen, mit denen man gegen die heutige Entwicklung polemisieren könnte. Aber hier wird verkannt, daß tatsächlich in der Kirche eine Reform möglich ist und auch ein Wandel in solchen doch peripheren Dingen wie in der Ausstattung des Gotteshauses oder in der Verwendung dieser oder jener Paramente. Auch etwa die kirchenmusikalischen Dokumente Pius X. sind im Lichte der konziliaren Stellungnahmen zu lesen und nicht umgekehrt. Es wäre unehrlich, solche Wandlungen gewissermaßen mit einem Trick zu überspielen.

Wir brauchen nicht in Verlegenheit zu geraten, wenn wir eine Entwicklung zugeben und uns zu den Veränderungen bekennen. Denn wir müssen sie sehen als Phasen in dem gesamten Wandlungsprozeß, den die Kirche notwendigerweise aus Treue zu ihrer Sendung und Stiftung stets durchmachen muß. Daß eine solche Wandlung mit Gefahren, mit Schmerzen, mit Sorge verbunden ist, erscheint selbstverständlich. Aber nicht das Heraufbeschwören und Herbeireden einer Krise löst diese Schwierigkeiten,

---

6 S. Anm. 5.

sondern das gläubige, [161] demütige Mitanpacken an diesem Werk, das der Kirche vom Heiligen Geiste aufgegeben ist. Die Kirche ist jeder Generation neu aufgegeben, auch ihr Wirken im Gottesdienst. Die Stiftung der Kirche durch Christus garantiert, daß in diesem Entfaltungsprozeß der eigentliche Sinn der Kirche nicht verlorengehen kann. Denn auch die Gemeinschaft der Glaubenden des Neuen Bundes hört – wie Abraham, der Glaubende – von Zeit zu Zeit den Gott, der ruft und sagt: „Nimm deine Habe und ziehe aus in das Land, das ich dir zeigen werde." Diese Wanderung in Wagnis, im Vertrauen auf die Verheißung des Herrn allein, in Vertrauen auf ihn, der den Weg kennt, ist heute vom Christen und von der gesamten Kirche verlangt.

Eine „Dritte Instruktion“ zur Liturgiereform*

Unter dem Datum des 3.9.1970 veröffentlichte die für die Liturgie zuständige römische Kongregation eine Stellungnahme zu einigen aktuellen Fragen des Gottesdienstes. Das Dokument (mit dem Initium „Liturgicae instaurationes“) trägt den Titel „Dritte Instruktion zur ordnungsgemäßen Durchführung der Konstitution über die Liturgie“.[1] Es soll damit als eine Sammlung von Ausführungsbestimmungen zu den Reformbeschlüssen des 2. Vatikanischen Konzils verstanden werden. Derartige Verlautbarungen sind seit 1963 in großer Zahl erschienen. Mit der Kennzeichnung des neuen Dokumentes als „Dritte Instruktion“ wollte man an die damals nicht als erste bezeichnete Instruktion „Inter Oecumenici“ vom 26.9.1964 und an eine zweite Instruktion „Tres abhinc annos“ vom 4.5.1967 anknüpfen.[2]

Jedoch unterscheidet sich der neue Erlaß in mancher Hinsicht von den beiden früheren, die den Weg zu bedeutenden Reformschritten im Sinne des Konzils freilegten. Die Instruktion von 1964 brachte beispielsweise den Wegfall der Verdoppelungspflicht bei den Gesängen der Meßfeier; der Erlaß von 1967 ermöglichte den Gebrauch der Muttersprache auch für das Hochgebet der Messe. Demgegenüber beschränkt sich die Dritte Instruktion weithin auf eine Wiederholung früherer römischer Äußerungen. Sie will keine bedeutenden neuen Regelungen bringen, was u. a. auch daraus hervorgeht, daß der Schlußparagraph keine Terminangabe über das Inkrafttreten enthält.

Wenn die neue römische Verlautbarung trotzdem eine gewisse Verwirrung und Beunruhigung hervorrief, so können dafür mehrere Gründe angeführt werden.

---

* Unveröffentlicht. Der Beitrag wurde Anfang 1971 fertiggestellt. – Alle Anmerkungen stammen vom Herausgeber.

1 EDIL/DEL 1, 2171–2186, dort auch weitere Literatur zur Instruktion. In DEL ist der revidierte Text nach NKD (s. Anm. 3) wiedergegeben.

2 EDIL/DEL 1, 199–297 und 808–837.

Ungenaue Ausdrucksweise

Bei der Veröffentlichung der Instruktion war von der Gottesdienstkongregation eine deutsche Textfassung der Presse übergeben worden. Der kritische Vergleich mit dem lateinischen Text ergab, daß die deutsche Fassung eine Reihe sinnentstellender Übersetzungsfehler enthielt. So liest man beispielsweise in dieser Fassung, die Homilie sei „ausschließlich" Aufgabe des zelebrierenden Priesters (Nr. 2). Demnach dürfte in einer Meßfeier niemand anderes predigen als der Zelebrant. Im authentischen lateinischen Text steht jedoch weder „ausschließlich" noch „zelebrierend". Aber auch das ist nicht zutreffend. In dem maßgeblichen Dokument über die liturgische Ordnung der Meßfeier, der Allgemeinen Einführung in das Römische Meßbuch von 1969, wird die Predigt – übereinstimmend mit einer langen Tradition der römischen Liturgie – bei den Aufgaben genannt, die ein Diakon ausüben kann. Da die Dritte Instruktion die Berechtigung und den Auftrag des Diakons zur Verkündigung ohne Zweifel nicht antasten wollte, kann es sich nur um eine ungenaue Ausdrucksweise handeln, die auf eine flüchtige redaktionelle Bearbeitung schließen läßt.

Eine ähnliche Feststellung drängt sich auch bei einer näheren Prüfung der Aussagen über das Eucharistische Hochgebet auf. Von ihm wird gesagt: „Es ist verboten, daß irgendein Teil desselben von einem Kleriker niedrigeren Grades, von der Gemeinde oder einem Gläubigen vollzogen wird" (Nr. 4). Nun sind aber sowohl ihrem Sinn nach wie auch in der Ausdrucksweise der Allgemeinen Einführung das Sanctus, die Akklamationen nach dem Einsetzungsbericht und das Amen nach der Schlußdoxologie Teile des Hochgebetes, die von der Gemeinde gesprochen oder gesungen werden sollen (AEM 55. 108 und Rubriken im Ordo Missae). Daran wollte die Verlautbarung vom 3.9.1970 gewiß nichts ändern. Wer die liturgische Praxis kennt, wird erraten können, was die Instruktion eigentlich meint: Die in den Hochgebeten dem Priester (bzw. den Konzelebranten) zukommenden Teile sollen von ihm (bzw. den Konzelebranten) selbst und nicht von anderen Teilnehmern oder auch nicht im Wechsel zwischen ihm und anderen Teilnehmern vorgetragen werden. Die Instruktion wendet sich mit Recht gegen eine derartige Aufteilung, für welche die römischen Hochgebete nicht geeignet sind. Der Verfasser der Instruktion ist aber offensichtlich mit den neueren liturgischen Dokumenten und ihrer Terminologie nicht genügend vertraut oder will sie nicht beachten.

Bezeichnend dafür ist auch Nr. 3f der Stellungnahme. Sie befaßt sich mit den kurzen Hinweisen auf die Liturgie und ihre Mitfeier, die der Priester im Verlauf der Messe geben kann. Die Liturgiekonstitution des Konzils hatte solche Admonitionen gefordert (Art. 35,3); die Allgemeine Einführung hat dafür geeignete Stellen angegeben (Nr. 11), u. a. auch „vor der

Präfation". Die neue Instruktion wiederholt diese Angaben, fügt dann aber einschränkend hinzu: Während des Eucharistieteils der Messe (liturgia eucharistica) soll der Priester solche Hinweise nicht geben. Also vor der Präfation doch nicht? Anschließend heißt es dann: „Falls jedoch noch weitere Hinweise erforderlich sind, sollen sie vom ‚Moderator' der gottesdienstlichen Versammlung gesprochen werden".

Wer ist dieser „Moderator"? Der Ausdruck kommt in den geltenden Dokumenten zur Bezeichnung eines liturgischen Dienstes nicht vor. Die „Leitung" der Versammlung obliegt dem zelebrierenden Priester, der insofern als „Moderator" anzusehen ist. In diesem Sinne verwendet die Allgemeine Einführung (Nr. 47) das Wort „moderari" bei der Beschreibung der Fürbitten und sagt, es sei die Aufgabe des Priesters, dieses Gebet zu leiten („precationem moderari"). Wenn mit „Moderator" der zelebrierende Priester gemeint ist, wird der Absatz der Instruktion jedoch widersinnig. Von der Instruktion könnte der in der Allgemeinen Einführung (Nr. 68) bei den besonderen Diensten erwähnte „Sprecher" gemeint sein, der allerdings dort „commentator" heißt und nie „moderator" genannt wird und seinen Aufgaben gemäß auch nicht so genannt werden dürfte.

Da der „Kongregation für den Gottesdienst" genügend Fachleute angehören, die ein Dokument genau und klar redigieren könnten, liegt die Vermutung nahe, daß die Instruktion in manchen Partien außerhalb dieser Kongregation aufgesetzt oder bearbeitet wurde und der an sich zuständigen Kongregation die undankbare Aufgabe zufiel, ihren Namen dafür herzugeben; das wäre nicht das erste Mal in der nachkonziliaren Liturgiereform.

Zentralistische Tendenzen

Zur Beunruhigung über die Instruktion trugen eine Reihe Äußerungen bei, die als Rückkehr zu einem liturgischen Zentralismus verstanden werden konnten. Um den Eigenarten der verschiedenen Völker im Gottesdienst Rechnung tragen zu können, hatte das Konzil eine Dezentralisierung beschlossen. So hatte beispielsweise die Liturgiekonstitution ausdrücklich festgelegt, daß für die im Rituale enthaltenen liturgischen Ordnungen (u. a. Taufe, Trauung, Begräbnis) die Bischofskonferenzen die römischen Modellriten den Bedürfnissen der einzelnen Länder anpassen sollten (Art. 63b und Art. 39). Eine Approbation solcher Anpassungen durch Rom wurde nicht verlangt. Sie erscheint nun in der Instruktion als beinahe selbstverständlich. Dazu wird die Erwartung ausgesprochen, in die volkssprachlichen liturgischen Bücher die vollständigen Übersetzungen der – eventuell nie gebrauchten – lateinischen Vorlagen aufzunehmen und jede Abweichung im Druck eigens zu kennzeichnen.

Eine Einschränkung der Zuständigkeit der Bischofskonferenzen liegt weiter in den Äußerungen der Dritte Instruktion über das Material der liturgischen Geräte vor. Das Konzil hatte den Bischofskonferenzen eindeutig die Vollmacht erteilt, „hinsichtlich von Material und Form der heiligen Geräte und Gewänder ... Anpassungen ... vorzunehmen" (SC 128). Eine Verpflichtung, solche Änderungen in Rom genehmigen zu lassen oder den Apostolischen Stuhl darüber auch nur in Kenntnis zu setzen, war vom Konzil nicht ausgesprochen worden.

Manche weiteren Detailregelungen der Instruktion sind auf der Ebene der einzelnen Länder besser zu treffen. Der Versuch, sie für die gesamte Weltkirche in gleicher Weise vorzuschreiben, kann den unterschiedlichen kulturellen Voraussetzungen gar nicht gerecht werden. Ein gewisses Mißtrauen, das die Instruktion den Bischofskonferenzen gegenüber an den Tag zu legen scheint, dürfte umso weniger gerechtfertigt sein, als die Konferenzen im bisherigen Stadium der Reform noch selten Gelegenheit hatten, in wirklich bedeutenden liturgischen Angelegenheiten von ihren Vollmachten Gebrauch zu machen.

Wiederaufleben des Rubrizismus?

Verwunderung rief die Instruktion auch durch manche kleinlich erscheinenden Reglementierungen hervor, die eher dem Stil früherer Liturgiegesetze entsprachen. So wird etwa versucht, in fünf Unterpunkten die liturgischen Dienste aufzuzählen, die Personen weiblichen Geschlechts ausüben können: Schriftlesungen vortragen (das Evangelium ausgenommen), Fürbitten sprechen, Chor- und Volksgesang dirigieren sowie die Orgel und erlaubte Musikinstrumente spielen, Admonitionen lesen, den Gläubigen Plätze zuweisen und kollektieren. Der in vielen Ländern mit ausdrücklicher Genehmigung Roms eingeführte Dienst der Kommunionspendung durch Frauen wird nicht erwähnt. Die Bischofskonferenzen sollen entscheiden, ob Frauen bei der Verkündigung der Schriftlesungen dies wie jugendliche und erwachsene männliche Laien, Diakone und Priester vom Ambo aus tun dürfen oder ihnen der Zutritt zum Ambo verwehrt bleibt und sie einen anderen Platz im Kirchenraum einnehmen müssen.

Durch die Allgemeine Einführung überholte Einteilungen der Meßfeier klingen in dem Gebrauch des Ausdrucks „Missa in cantu" an. Nach der geltenden Ordnung der Meßfeier gibt es keine Gesangsteile mehr, für die im Einzelfall das Singen vorgeschrieben oder verboten wäre (Nr. 19).

Zu kirchenmusikalischen Fragen nimmt die Instruktion – außer in den schon erwähnten Punkten – in Nr. 3 Stellung.

Für die Auswahl des Eröffnungs- und Kommuniongesangs wird auf das Graduale Romanum, Graduale Simplex, das Römische Meßbuch und auf die von den Bischofskonferenzen gebilligten Textsammlungen hingewiesen. Was die letzteren betrifft, hat 1967 die Deutsche Bischofskonferenz zugelassen: die Texte der Lieder und Gesänge aus den Diözesangesangbüchern, die Texte anderer Lieder und Gesänge, soweit die Sammlungen ein kirchliches Imprimatur haben, Lied- und Gesangstexte, die wörtlich der Heiligen Schrift entnommen sind. Im Zusammenhang damit wird wiederholt, daß diese Gesänge nicht nur den liturgischen Zeiten und der Funktion innerhalb der Feier, sondern auch den Erfordernissen der Gläubigen, die sie verwenden, entsprechen sollen.

Über das Singen der Gemeinde erklärt die Instruktion: „Der Volksgesang ist nach besten Kräften zu fördern, auch dadurch, daß neue Formen verwendet werden, die der Eigenart der Völker und der Mentalität des heutigen Menschen entsprechen" (Nr. 3c). Den Bischofskonferenzen wird nahegelegt, zum Gebrauch bei Meßfeiern mit besonderen Gruppen wie z. B. Kindern und Jugendlichen, Verzeichnisse geeigneter Gesänge aufzustellen. Die Gesänge sollen nicht nur textlich, sondern auch in Melodie, Rhythmus und in Bezug auf die benutzten Instrumente des Gottesdienstes würdig sein. Man muß sich freilich fragen, ob dem an sich berechtigten Bemühen, ungeeignete Gesänge vom Gottesdienst fernzuhalten, durch Listen der Bischofskonferenzen gedient ist – auch wenn diese Aufstellungen andere Kompositionen und Arrangements nicht ausschließen. Die Fülle der Neuerscheinungen läßt eine systematische Erfassung gar nicht zu, die außerdem in ganz kurzer Frist veraltet wäre. Da es sich zudem um Fragen des Geschmacks und der Kunst handelt, wird die konkrete Entscheidung für oder gegen eine Komposition sehr schwer zu fällen sein. Man hat sich ja auch wohlweislich davor gehütet, Gebots- oder Verbotslisten für polyphone Messen einzuführen. Sollte man eine Besserung nicht vernünftigerweise mehr von einer Intensivierung der liturgischen und kirchenmusikalischen Bildung als vom Eingreifen des Gesetzgebers erwarten?

Bezüglich der Musikinstrumente wird an die Äußerungen der Liturgiekonstitution und die Ausführungen der Musikinstruktion vom 5.3.1967 erinnert. Wo die Bischofskonferenzen keine Regelungen getroffen haben, soll der einzelne Bischof Normen angeben.

Wenig hilfreich

Daß eine Liturgiereform von der Tragweite, wie sie das Konzil beschlossen hatte, mancherlei Gefährdungen ausgesetzt ist, haben die vergangenen Jahre gezeigt. Sicher hat es Überschreitungen gegeben und ist manchmal mit – zu Unrecht erfolgter – Berufung auf die Reform liturgischer Unfug getrieben worden. Nach dem Ausmaß und nach den Gründen soll hier nicht gefragt werden. Eine Stellungnahme des Apostolischen Stuhls, die in dieser Situation eine wirkliche Hilfe bringen wollte, hätte aber am allerwenigsten in einer Aneinanderreihung kleinlich und restriktiv wirkender Details bestehen dürfen. Die Dritte Instruktion hat es sich selbst erschwert, wenn nicht unmöglich gemacht, als Impuls zur Behebung tatsächlich vorhandener und bedauerlicher Mißstände wirksam zu werden.

Anwendung im deutschen Sprachgebiet

Die Kontaktsitzung der Liturgischen Kommissionen des deutschen Sprachraums hat sich in Zürich vom 24.–26. November 1970 auch mit der Dritten Instruktion über die Durchführung der Liturgiekonstitution befaßt und folgende Stellungnahme verabschiedet:

1. Die Kontaktkommission teilt die Besorgnis der Gottesdienstkongregation hinsichtlich mancher Mißstände, die im Zuge der Liturgieerneuerung verschiedentlich festzustellen sind und den wirklichen Zielen der Erneuerung des Gottesdienstes widersprechen. Nicht weniger als das Überschreiten der geltenden Ordnungen gibt auch das Verzögern und Ablehnen der Erneuerung Anlaß zur Sorge.

2. Die vorliegende deutsche Übersetzung, die in Rom der Presse übergeben wurde, weist gegenüber dem authentischen lateinischen Text eine Reihe von Unrichtigkeiten auf und gibt verschiedentlich den Inhalt sinnentstellt wieder. Aus diesem Grunde wird der lateinische Text von den Liturgischen Kommissionen des deutschen Sprachraumes übersetzt. Wie üblich, werden der lateinische und deutsche Text der Instruktion für eine Veröffentlichung in den Amtsblättern zur Verfügung stehen und in der Reihe „Nachkonziliare Dokumentation" des Paulinus-Verlages Trier herausgegeben werden.[3]

3. Eine Reihe von Ausführungen der Instruktion setzt die Verwendung des gesamten neuen Römischen Meßbuches voraus. Angesichts der umfangreichen Übersetzungsarbeit wird im deutschen Sprachraum das Meßbuch nicht vor einem Jahr erscheinen können. Im Zusammenhang damit werden alle für unseren Sprachraum geltenden liturgischen Richtlinien für

---

[3] Erschienen in NKD 31 (1972) 9–53.

die Meßfeier bearbeitet und von den Bischofskonferenzen neu herausgegeben. Bis dahin bleiben die verschiedenen von den Bischofskonferenzen erlassenen liturgischen Bestimmungen in Geltung.

4. Vorschläge, die für diese Neubearbeitung als nützlich erachtet werden, sind den Liturgischen Kommissionen und Instituten des deutschen Sprachgebietes sehr willkommen.

Liturgiereform – Enttäuschung oder Hoffnung?*

Als am 4. Dezember 1963 vier Konzilsväter des 2. Vatikanischen Konzils gegen und 2147 Stimmberechtigte für die Annahme eines Dokumentes mit dem Titel „Constitutio de sacra Liturgia“ votierten, setzten sie damit einerseits einen Schlußpunkt für einen jahrhundertelang höchst wechselvollen und manchmal geradezu dramatisch verlaufenen Prozeß kirchlichen Lebens. Da ich bezweifle, daß man die Liturgiereform des 2. Vatikanischen Konzils ohne ihre Vorgeschichte wirklich verstehen und ohne Erinnerung an ihre großen Intentionen würdigen kann, soll das 1. Kapitel der Beschreibung der Ausgangsposition dienen.

Der Beschluß des Konzils war andererseits jedoch ein Neuanfang. Er liegt mittlerweile fast zwanzig Jahre zurück. Es liegt nahe zu fragen, ob die Reform nun mehr Hoffnungen erfüllt oder Erwartungen enttäuscht hat: Hat sie die Botschaft Christi hörbarer, die Kirche liebenswerter, die Gläubigen engagierter, die Welt erträglicher und die Zukunft heller gemacht?

Im Sinne einer Bilanzierung halte ich ein abschließendes Urteil über die Liturgiereform für unmöglich aus Gründen, die ich später erläutern werde. Wohl halte ich es für angebracht und notwendig, die Frage zu stellen, wo wir mit der Reform nach fast zwanzig Jahren Ausführung stehen. In diesem Sinne tragen das 2. und 3. Kapitel den Titel „Versuche einer Standortbestimmung“ und behandeln eine Reihe ausgewählter Themen. Bei diesen mehr als Beispielen ausgesuchten, einzelnen Themen werden sich gewisse durchgehende Beurteilungsstandpunkte ergeben. Sie sollen im 4. Kapitel als „Perspektiven“ ausdrücklich genannt und behandelt werden.

1. Ausgangspositionen

1.1 Die Trienter Notstandsmaßnahmen

Es ist immer schwierig zu sagen, wann eine Vorgeschichte beginnt. Beginnt meine Vorgeschichte mit der Geburt? Sicher nicht! Mit meiner Zeu-

* Unveröffentlicht. – Vorlesungsreihe bei den Salzburger Hochschulwochen 1981. Der Vortragsstil wurde beibehalten und auf Belege verzichtet.

gung? Auch nicht! Mit der Geburt meiner Eltern? Früher! Also wann? Die Neigung der Theologen, jede Geschichte bei Adam und Eva beginnen zu lassen (und analog der Historiker bei ihren Anfängen), ist darum weniger eine Berufskrankheit als vielmehr der Versuch, möglichst die Kette der Wirkfaktoren historischer Prozesse bis zum ersten Glied zurückzuverfolgen und damit die durchgehende Bedingtheit – das je Voneinander-abhängig-Sein – in den Blick zu bekommen. So hat man z. B. den Beginn der liturgischen Erneuerungsbestrebungen auf das Jahr 1909 datiert, als auf dem belgischen Katholikentag von Mecheln Lambert Beauduin, ehemaliger Arbeiterpriester und danach Mönch der Abtei Kaisersberg (Mont César), in einem Referat „über das wahre Gebet der Kirche" sein Programm „Il faut démocratiser la liturgie" („Die Liturgie muß Gottesdienst der Gemeinde werden") vortrug. Andere nennen das Jahr 1903, in dem Papst Pius X. in seiner Enzyklika „Tra le sollecitudini" das revolutionierende Wort von der „participatio actuosa" der Gläubigen an den hochheiligen Mysterien der Kirche prägte. Als frühere Ausgangspunkte werden das Wirken des französischen Benediktiners Prosper Guéranger (1805–1875), Abt von Solesmes, oder z. B. das der großen Theologen der Tübinger Schule Johann Baptist Hirscher oder Johann Adam Möhler genannt. Früher aber fand noch die Synode von Pistoia in der Toscana unter dem Großherzog Leopold, einem Bruder des Kaisers, statt – nämlich 1786 – mit einem detaillierten liturgischen Reformprogramm.

Aber auch das war nicht das erste! Denn im ganzen 17. Jahrhundert gab es in Frankreich eine bedeutende liturgische Bewegung, die zu zahlreichen eigenen Diözesanliturgien führte, also nicht bloß bei theoretischen Programmen blieb. All diese Erneuerungsversuche gingen letztlich auf die Regelungen zurück, die im Anschluß an das Konzil von Trient für den Gottesdienst getroffen wurden. Insofern scheint es mir legitim, hier eine Vorgeschichte beginnen zu lassen, ohne damit zu leugnen, daß man sicher noch weiter zurückgehen kann.

Worin bestanden die nachtridentinischen Regelungen und wie kam es dazu?

Der Niedergang der kirchlichen Verhältnisse im Spätmittelalter und am Vorabend der Reformation hatte auch den Gottesdienst erfaßt. Auf dem Konzil von Trient wurden in verschiedenen Denkschriften die Mißstände genannt. Periphere Elemente drangen in das gottesdienstliche Handeln ein und machten sich breit; abergläubische Praktiken breiteten sich aus; eine Kluft zwischen Gottesdienst und dem Volk, eine Kluft zwischen dem Gottesdienst und einer neuen Zeit des städtischen Bürgertums, des Humanismus und der Renaissance, ein neues Weltgefühl nach der Entdeckung unbekannter Erdteile! Viele Versuche zu einer Reform der Liturgie und der gottesdienstlichen Verhältnisse auf der Ebene der Diözesen, Kirchenprovinzen und Länder wurden unternommen. Sie und die nicht unbedeutenden pastoralen Bemühungen zur Erschließung der Liturgie (z. B. Chr. Flurheym, G. Witzel, J. Leisentritt) erzielten keinen durchschlagenden Erfolg. So kamen auf dem Konzil von Trient die ersten Überlegungen zur Sprache, nun auf radikale Weise – von oben – eine Reform zu versuchen. Drei Stichworte lassen sich für die – damals unerhört neuen und ungewöhnlichen – Maßnahmen nennen.

1.1.1 Fixierung der Liturgie

Wenn für die ganze lateinische Kirche – von einigen Ausnahmen abgesehen – eine einheitliche Liturgie eingeführt würde, was es bis dahin nicht gab, müßten Mißstände mindestens in den liturgischen Büchern ausgeschlossen werden. Niemals mehr sollte an den gottesdienstlichen Ordnungen, die nun eingeführt wurden, etwas geändert werden dürfen. Gewiß, ein wirksames Heilmittel! Aber um welchen Preis erkauft! Um den Fluß, der Hochwasser führte, davor zu bewahren, über die Ufer zu treten, friert man ihn ein! Vielleicht zu rechtfertigen als vorübergehende Notstandsmaßnahme, aber als Dauerzustand unvorstellbar. Was früher einmal wirksamster Faktor der Liturgiegeschichte gewesen war – den Menschen in neuen und anderen kulturellen Situationen in ihrer Sprache und in ihrer Weise das Evangelium zu verkünden und sie in ihrer Sprache und ihrer Weise antworten zu lassen, wurde unmöglich. Josef Andreas Jungmann hat dies einmal in das Wort gefaßt, daß die Seelsorge der Schlüssel der Liturgiegeschichte sei. Und nun brach man den Schlüssel ab und niemand konnte mehr öffnen. War nicht abzusehen, daß man sich bald damit nicht zufrieden geben würde?

1.1.2 Vereinheitlichung

Das zweite Stichwort kennzeichnet – wieder mit einigen Ausnahmen – die Notstandsmaßnahme einer Uniformität des gottesdienstlichen Handelns in der ganzen lateinischen Kirche. Während die Vielfalt der gottesdienstlichen Formen – bei Wahrung der Einheit im Glauben – grundsätzlich als berechtigte und bereichernde Eigenart der Teilkirchen und als pastorale Notwendigkeit angesehen worden war, wurde nun die Liturgie der Diözese von Rom, der „mater et magistra omnium ecclesiarum“, als die für alle verpflichtende Liturgie vorgeschrieben. Pius V. erklärte: „Unum in ecclesia Dei psallendi modum, unum Missae celebrandae ritum esse maxime deceat.“ Das bedeutete, das neben vielem Unkraut, das mit Recht ausgerissen wurde, auch nicht wenige gute Pflanzen lokaler Eigentradition entfernt und vor allem das neue Wachstum von Eigengut, d. h. lokaler und regionaler Ausdrucksformen des Glaubens, unterbunden wurde.

1.1.3 Zentralisierung

Ein weiteres Kennzeichen der Trienter bzw. der nachtridentinischen Maßnahmen war die Zentralisierung der liturgischen Ordnungsbefugnis. Den Ortskirchen, den Bischöfen, den Teilkirchen und Provinzialsynoden wurde die Zuständigkeit für den Gottesdienst entzogen. Zuständig wurde nun allein der Apostolische Stuhl. Bis zum 2. Vatikanischen Konzil galt, was das kirchliche Gesetzbuch von 1917 in can. 1257 so formulierte: „Unius Apostolicae Sedis est tum sacram ordinare liturgiam, tum liturgicos approbare libros". Eine eigene Behörde für die Überwachung der Liturgie und Auslegung der liturgischen Vorschriften wurde 1588 von Papst Sixtus V. eingerichtet: die Ritenkongregation. Nun mußte für jede als erwünscht oder gar notwendig angesehene liturgische Änderung die oberste Instanz der Kirche angegangen werden.

Darf ich nochmals betonen: Wahrscheinlich gab es in der damaligen Situation keine andere Möglichkeit, als durch Fixierung, Vereinheitlichung und Zentralisierung zu einer Reform zu kommen. Notstände rechtfertigen Notstandsmaßnahmen. Die Problematik beginnt dort, wo die Notstandsmaßnahmen nicht mehr als nur vorübergehende Ausnahmen gewertet werden, sondern als normale Verhältnisse.

1.2 Der lange Weg zum 2. Vatikanischen Konzil

Die letzten im Auftrag des Trienter Konzils herausgegebenen Bücher, die die neue Liturgie enthielten und das neue Liturgieverständnis spiegelten, waren noch nicht erschienen, da wurden schon die ersten Proteste laut. So wurde etwa – zum Stichwort Zentralismus – bestritten, daß dem Bischof die Ordnungsbefugnis über die Liturgie überhaupt gänzlich genommen werden könne. Wenn diese Frage mehr unter ihrem kanonistischen Aspekt erörtert wurde und im französischen Erneuerungsbestreben des 17. und 18. Jahrhunderts teilweise mit gallikanistischem Kirchenverständnis vermischt war, so darf man die pastoralen Folgen nicht unterschätzen: Ein nur von der Zentrale geordneter Gottesdienst kann nicht jene Flexibilität aufweisen, dessen ein lebendiger Lebensvorgang einer lebendigen Kirche bedarf. Eine stärkere Verwendung der Bibel, eine zweihundert Jahre nach dem Konzil von Trient erheblich geänderte Kenntnis der Liturgiegeschichte prägen sich in den französischen Diözesanliturgien aus, die bis zum Anfang des 19. Jahrhunderts in 80 von 130 Diözesen verwendet wurden. Ebenso eine kritische Einstellung gegenüber vermeintlichen oder tatsächlich legendären Zügen. Eine Reduzierung universaler Heiligenfeste zugunsten der Feier von ortskirchlichen Heiligen unterstreicht die Bedeutung des Bistums. Vor allem ist es aber immer wieder die Verwendung der Muttersprache, wenigstens in dem Versuch, durch Übersetzungen den Inhalt der liturgischen Gebete zugänglich zu machen. Nachdem es bereits übersetzte Meßbücher zu Beginn des 16. Jahrhunderts gegeben hatte, sogar als Ausgaben im Taschenformat, reagierte die Zentrale nun restriktiver. Die Übersetzung des Missale ins Französische von Joseph de Voisin wurde 1661 verboten. Die 1615 den Missionaren in China gestattete Feier der Liturgie in chinesischer Sprache wurde 1659 widerrufen. Dafür durften Chinesen zu Priestern geweiht werden, auch wenn sie kein Latein verstanden. Es genügte, daß sie Latein lesen konnten. Erschreckender konnte das Mißverständnis davon, was der Gottesdienst der Kirche eigentlich ist, nicht zum Ausdruck kommen!

Die Forderung nach der Muttersprache im Gottesdienst, daß in jeder Kirche nur ein Altar stehen solle, daß die Gläubigen an der Kommunion teilnehmen sollten, gehörten zum Reformprogramm der Synode von Pistoia, die freilich aus unterschiedlichen Gründen abgelehnt wurde, teils wegen ihrer aufklärerisch-moralistischen Begründungen, teils wegen ihrer kirchenpolitischen Implikationen. Aber auch die Vertreter einer theologisch ausgeglicheneren und realistischeren Richtung der deutschen Aufklärung Ende des 18. und Anfang des 19. Jahrhunderts erkennen die Notwendigkeit von Reformen und machen sich Gedanken darüber. Bischof Johann Michael Sailer (1751–1832) schreibt: „Wenn die deutschen Priester einst in deutscher Sprache Gottesdienst halten werden, dann wird das deutsche Wort, von der Grund- und Muttersprache des Gottesdienstes belebt, den Sinn und den Verstand, die Vernunft und das Gemüt des Volkes zugleich erheben, und es werden Priester und Volk ein liebendes Herz und eine betende Seele sein.“ Dabei ist „Grund- und Muttersprache“ des Gottesdienstes für ihn der vom Glauben durchdrungene, geprägte Mensch. Die mehr als hundert Jahre, die nach einer solchen Zukunftsperspektive bis zum 2. Vatikanischen Konzil noch folgen mußten, brachten eine Anzahl Beiträge zu einer Reform teils in theologischer Klärung der Voraussetzungen, teils in gründlichen historischen Studien, teils in praktischen Erprobungen, auf der Basis der geltenden Ordnungen, vor allen Dingen seit Beginn des 20. Jahrhunderts. Mit Pius X., besonders aber seit Pius XII. wurden erste Teilreformen unternommen (z. B. Reform der Osternacht und der ganzen Karwoche sowie beim Stundengebet). Ein langer Weg, ein mühsamer Weg bis zur endgültigen Aufhebung der Trienter Notstandsmaßnahmen.

1.3 Die große Vision

Wenn man fragt, warum die früheren Bestrebungen zu einer Liturgiereform nicht zum Zuge kamen, über begrenzte Auswirkungen hinaus nicht für die gesamte Kirche fruchtbar wurden, es so lange nur bei charismatischen Ansätzen blieb, gibt es mehrere Erklärungen. Der wichtigste Grund des Scheiterns der Reformen scheint mir darin zu liegen, daß sie nicht eingebettet waren in eine umfassende Kirchenreform, vielleicht noch in das Konzept einer solchen Reform, aber ohne Chance auf eine Durchsetzung. Wenn der Gottesdienst Lebensausdruck der Kirche ist, kann eine Veränderung der Liturgie nur erfolgen im Rahmen einer Veränderung der Kirche insgesamt. Darin kommt die eminent ekklesiale Bedeutung des Gottesdienstes zum Ausdruck. Er ist ja nicht irgendein Tun in der Kirche, sondern jenes, in dem die Kirche sich am deutlichsten aussagt, Gestalt gewinnt, als geschichtlich wahrnehmbare Realität in Erscheinung tritt, hörbar, sichtbar, greifbar wird.

Erstmals seit Trient bot sich für eine Reform der Liturgie mit dem 2. Vatikanischen Konzil die Chance an, dieser Korrespondenz zu entsprechen, denn die Zielsetzung des 2. Vatikanischen Konzils war ja die einer umfassenden Reform der Kirche, oder besser, den Prozeß einer „ecclesia semper reformanda" wieder in Gang zu setzen. So kann es nicht verwundern, daß die Konstitution über die heilige Liturgie sich zwar zunächst thematisch mit Fragen des Gottesdienstes befaßt und den Notstand als beendet erklärt sowie viele Reformimpulse, die sich angesammelt hatten, aufgreift, aber doch zugleich die Umrisse einer bestimmten Kirchenkonzeption erkennbar werden läßt. Manche späteren Dokumente des Konzils haben diese Umrisse verdeutlicht.

Was ist in diesem Umriß zu erkennen? Welche Vision hat die Liturgiekonstitution von der Kirche?

Ich beschränke mich auf einige wenige Aspekte und verzichte im einzelnen auf die Nachweise.

1. Es ist das Bild einer vielfarbigen, den mannigfachen Charismen des Geistes Raum gewährenden Kirche. Sie rühmt sich nicht der Einheit in Belanglosigkeit, sondern der Vielfalt im Wandelbaren. Sie trägt nicht die graue Uniform im weltweiten „Einheitslook". Sie freut sich über die vielen Stimmen ihres Gesangs mehr als über die Klarheit der Einstimmigkeit.

2. Es ist das Bild einer menschlichen Kirche, menschlich, weil in ihr das Antlitz Jesu aufleuchtet, der Bild des unsichtbaren Gottes ist. Eine Kirche, in der freie Brüder und Schwestern wie Brüder und Schwestern miteinander reden und sich nicht mit dem Grundgesetz unter dem Arm zu Tische setzen müssen. Eine Kirche, in der die Vorsteher um ihrer Berufung willen respektiert werden, nicht aber aufgrund ihres Ranges, ihrer Ornamente und Abzeichen auftreten.

3. Es ist das Bild einer Kirche, die unübersehbar, unüberhörbar über sich selbst hinausweist, mehr Zeigefinger Johannes des Täufers als hinhaltende Hand ist, mehr Anbruch des kommenden Reiches als Platzhalterin dieses Reiches, mehr Magd als Herrin.
4. Es ist das Bild einer Kirche, die sich dem Menschen unserer Zeit zuwendet. Die nicht bloß immer erzählt von dem Martin, der einmal einem Bettler die Hälfte seines Mantels gab, sondern die Martin ist, die heute dem Bedürftigen ihren halben Mantel gibt. Eine Kirche, die nicht nur einmal verstehbar war, sondern die verstehbar ist. Eine Kirche, die zwar von gestern bleibt – da sie geschichtlich gestiftet ist –, die aber nicht im Gestern verbleibt. Die z. B. nicht über abhandengekommene Liturgiefähigkeit der Menschen klagt, sondern nach einem Gottesdienst mit diesen angeblich liturgieunfähigen Menschen sucht.
5. Es ist das Bild einer suchenden Kirche, die nicht schon alles weiß und auf alles eine Antwort hat.
6. Dieses in der Liturgiekonstitution angedeutete Bild der Kirche, diese Ekklesiologie der Liturgiekonstitution sollte schrittweise verwirklicht werden.

1.4 Prinzipien der Umsetzung

Visionen in die Realität umzusetzen ist nie ein leichtes Unterfangen. Für die Ausführung der Liturgiereform ergaben sich drei Leitlinien:
1. Es sollte ein Prozeß in Gang gesetzt werden. Es konnte nicht darum gehen, lediglich die früheren liturgischen Bücher gegen neue einzutauschen. Maßgebend sollte der Grundsatz der Liturgie als „semper reformanda" sein, d.h. einer Liturgie, die ständig der Anpassung an die jeweiligen Bedürfnisse bedarf. Liturgische Erneuerung, das sollte hinfort ein permanenter Prozeß sein.
2. Die Liturgiereform sollte als ein Prozeß von oben her eingeleitet werden. Es konnte nicht darum gehen, plötzlich alles in die Beliebigkeit der einzelnen Gemeinden zu stellen, nachdem nun einmal jahrhundertelang eine Zentralisierung bestanden hatte. Von der Zentrale her sollten die einzelnen Schritte festgelegt und umschrieben werden.
3. Die Erneuerung sollte sich schrittweise, stufenweise vollziehen, und zwar Hand in Hand mit einer Erneuerung der gesamten Kirche. Dabei konnte man hoffen, daß auch die liturgische Bildung in dieser Phase der schrittweisen Reform vertieft würde und damit auch eine sinnvolle und verstandene Ausführung der Reformanstöße von oben erfolgen würde.

4. Dezember 1563. In Trient sind die Koffer der Konzilsväter gepackt, die Rechnungen für Unterkunft und Verpflegung bezahlt. Alles drängt zum Aufbruch. Manche Bischöfe und Berater sind schon abgereist. In seiner letzten Sitzung beschließt das Konzil, die Reform der Liturgie, zu der manche Vorschläge in den langen Jahren der konziliaren Beratungen vorgetragen worden waren, in die Hand des Papstes zu legen.

Auf den Tag genau 400 Jahre später. 4. Dezember 1963. Das 2. Vatikanische Konzil verabschiedet eine Konstitution zur Erneuerung der Liturgie als Bestandteil einer umfassenden Kirchenreform. Die Vorgeschichte dieses Reformbeschlusses läßt sich bis zum Konzil von Trient zurückverfolgen und hängt mit ihm zusammen, hängt von ihm ab.

Es stellt sich nun die Frage. Was ist bisher aus dem Beschluß vom 4.12.1963 geworden? Die Antwort will keine erschöpfende, umfassende Bilanz ziehen. Vielmehr sollen einzelne Punkte des Reformprogramms herausgegriffen und nach ihrer Verwirklichung gefragt werden, um so eine Art Standortbestimmung zu erreichen.

2.1 Die Regionalisierung der Ordnungsbefugnis

Die nachtridentinische Reform hatte die Zuständigkeit für alle wichtigen mit dem Gottesdienst zusammenhängenden Fragen dem Apostolischen Stuhl reserviert. Abweichungen, Ausnahmen, auch in nebensächlichen Dingen, konnten nicht mehr auf der Ebene eines Bistums oder eines Landes geregelt werden, sondern waren Rom vorzulegen. Es handelt sich dabei keineswegs um müßige Rechtsstreitereien um Zuständigkeiten oder gar um Rechthabereien. Damit die Liturgie lebendig sein kann und mit den Bedürfnissen und Möglichkeiten des Lebens konkreter Gemeinden und Bistümer in Einklang steht, bedarf sie einer beständigen Anpassung. Die wird aber kaum gewonnen werden können, wenn zu jeder Veränderung erst ein relativ umständlicher Antragsapparat in Bewegung gesetzt werden muß. So wollte man beispielsweise vor einigen Jahren – nach dem Konzil – in einer Bischofsstadt eine neue Ordnung der Fronleichnamsprozession einführen. In verschiedenen zentral gelegenen Pfarrkirchen sollten gleichzeitig Wortgottesdienste gehalten werden, nach deren Beendigung alle Teilnehmer in einer Art „Gabenprozession" aus den Pfarrkirchen zum Domplatz zogen. Dort sollte unter Leitung des Bischofs die Meßfeier gemeinsam fortgesetzt werden. Bei den Überlegungen stellte sich heraus, daß der Bischof dazu eine Genehmigung von Rom einholen mußte: dieses Programm enthielt einen Verstoß gegen die geltenden Bestimmungen, wonach die Meßfeier am gleichen Ort begonnen und beschlossen werden muß. Man wird nicht leicht einsehen können, daß der Bischof nicht die Vollmacht hat, eine solche Ausnahme zu gestatten, und nicht eigens dafür eine Erlaubnis in Rom einholen muß.

Dieses kleine Beispiel verdeutlicht, wie notwendig es im Sinne einer anpassungsfähigen Liturgie war, die Zuständigkeit für den Gottesdienst wieder zu dezentralisieren. Es entsprach auch der gesamten konziliaren Tendenz zur Aufwertung der Ortskirche und ihres Vorstehers, den Bischöfen einen Teil ihrer liturgischen Ordnungsbefugnis zurückzugeben. Freilich wäre es im Zeitalter großer Mobilität zwischen den Diözesen anachronistisch, jedes einzelne Bistum in die völlige Unabhängigkeit und liturgische Selbständigkeit zu entlassen. So lag es nahe, bestimmten Bistumsverbänden, z. B. eines Landes oder eines regionalen Kulturbereichs, liturgische Zuständigkeiten zu übertragen. Es boten sich dazu die teilweise bestehenden, teils neuzubildenden Bischofskonferenzen als Instanzen der Ordnungsbefugnis an, zumal in ihnen die konziliare Konzeption des Bischofsamtes als Mitgliedschaft im Kollegium der Apostelnachfolger verdeutlicht wurde.

Da das Bedürfnis eines angepaßten Gottesdienstes sich aber auch auf der Ebene der einzelnen Pfarrei oder Lokalgemeinde stellte, wurde ihr ebenfalls in nicht unbeträchtlichem Ausmaß ein Teil der Ordnungsbefugnis übertragen. Damit ergaben sich insgesamt vier Ebenen liturgischer Zuständigkeiten: der Apostolische Stuhl, die Bischofskonferenz, der Ortsbischof, die Lokalgemeinde.

Daß eine solche weitreichende Neuregelung einer Zeit des Eingewöhnens bedarf, wird niemanden überraschen. Offensichtlich am wenigsten Schwierigkeiten bereiteten die beiden mittleren Ebenen: die Bischofskonferenzen und die Ortsbischöfe. Gerade die Bischofskonferenzen haben sich in der relativ kurzen Zeit in ihren neuen Aufgaben, die über die bloße „Konferenz“ als Beratungs- und Aussprachegremium in ihre neue Zuständigkeit hinausgeht, eingewöhnt, ein sicher hoffnungsvoller Vorgang.

Was den Apostolischen Stuhl betrifft, so war er in der nicht sehr leichten Situation, nicht neue Rechte zu erhalten – wie die Bischofskonferenzen –, sondern alte Rechte abzugeben. Wem fällt das nicht schwer? So kann es nicht verwundern, daß es bei allen Bekenntnissen zur Regionalisierung der Ordnungsbefugnis doch einige eklatante Fälle ihrer Mißachtung bzw. Einschränkung gab. Ein erstes Beispiel ergab sich schon während des Konzils, als römische Dienststellen anfingen, nicht nur das rechtmäßige Zustandekommen der Beschlüsse der Bischofskonferenzen im sogenannten Konfirmierungsverfahren zu überprüfen – was durchaus im Einklang mit den Konzilsbeschlüssen war –, sondern auch inhaltliche Korrekturen vornehmen wollten, z.B. bei den muttersprachlichen Texten des ersten Hochgebetes, dem Römischen Kanon, auf einer Übersetzung des lateinischen

Wortes „enim" bestanden. Schwerwiegender war dann eine Entscheidung Papst Pauls VI. in den Litterae circulares vom 25.10.1973, die das Recht der Bischofskonferenzen im Bezug auf Übersetzungen dahingehend wieder einschränkte, daß die sakramentalen Worte bei den Sakramenten nicht von der Bischofskonferenz, sondern vom Papst zu approbieren seien. Wie also z. B. die sakramentalen Worte bei der Krankensalbung im Deutschen lauten sollten, konnten nicht die über hundert Bischöfe des deutschen Sprachgebietes entscheiden, sondern wollte – wer in ? – Rom entscheiden! Ein anderes gravierendes Beispiel fand sich im Entwurf für das neue kirchliche Gesetzbuch. Darin wurde das unbezweifelbare Recht der Bischofskonferenzen, die muttersprachlichen liturgischen Bücher gemäß Art. 36,4 der Liturgiekonstitution zu approbieren, ihnen wieder entzogen und dem Apostolischen Stuhl zugewiesen. Der auf zahlreiche Einsprüche gestoßene Entwurfstext des neuen can. 792 § 2 sollte lauten: „Apostolicae Sedis est, sacram liturgiam Ecclesiae universae ordinare, libros liturgicos edere eorumque versiones in linguas vernaculas approbare ...".*

Der Wille zur Akzeptanz eines neuen Kirchenbildes und einer ihm entsprechenden Regionalisierung der liturgischen Ordnungsbefugnis scheint sich auf dieser Ebene nur mit Einschränkungen durchsetzen zu können.

Auf der Ebene der Lokalgemeinden, dort, wo für die meisten Mitglieder der Kirche die Reform konkret erfahren wird, sind wohl die weitesten Ausschläge des Pendels zu bemerken. Gewiß gibt es eine große Gruppe von Gemeinden, in denen Priester und Laien sich redlich bemühen, unter Wahrung und Ausschöpfung aller den Gemeinden rechtmäßig zustehenden Möglichkeiten einen lebendigen, erfreulichen, ergreifenden, erfüllenden Gottesdienst zu halten. Der gute Wille bewahrt nicht vor Mißgriffen, auch nicht vor Torheiten, aber er sollte anerkannt werden. Hier stehen wir vor der großen Aufgabe eines Lernprozesses! Nicht zu übersehen ist aber auch eine Gruppe von Pfarreien, in denen zwar die neue Liturgie praktiziert wird, aber doch schnell wieder zu einer fixen Form erstarrt ist und viele Möglichkeiten, Menschen zur Christusbegegnung in der Liturgie zu führen, ungenutzt bleiben. Die Freiheit ist anspruchsvoll. Leichter ist es, ihr auszuweichen.

Am meisten ins Gespräch kamen selbstverständlich jene Gemeinden, in denen das Pendel der Akzeptanz der neuen Ordnungsbefugnis am weitesten ausschlägt, dort also, wo die Grenzen der örtlichen Zuständigkeit überschritten wurden. Meistens werden sie faktisch nicht eingehalten, gelegent-

* Die definitive Fassung im CIC 1983, can. 838 § 2 heißt jetzt: „Apostolicae Sedis est sacram liturgiam Ecclesiae universae ordinare, libros liturgicos edere eorumque versiones in linguas vernaculas recognoscere, necnon advigilare ut ordinationes liturgicae ubique fideliter observentur."

lich auch theoretisch bestritten. Für diese letzte Einstellung ein Beispiel. So schreibt der Holländer Huub Oosterhuis in einem Aufsatz mit ansonsten vielen wertvollen Einsichten in das Wesen des Gottesdienstes zu unserer Frage etwa: „Unter diesen Umständen wird es keine Meßbücher mehr geben, keine feststehenden Meßformulare für jeden Sonntag des Jahres, keine gleichlautenden Texte für alle Gemeinden auf der ganzen Welt."[1]

Das war nie und ist nie die Absicht der kirchlichen Liturgiereform gewesen. Generell wird man sagen müssen, daß in manchen Gemeinden unter dem Etikett „neue Liturgie" gepanschte Weine verkauft wurden, wenig schmackhafter Eigenbräu serviert wurde. Das kann durchaus auch im Rahmen der bestehenden Ordnung der Fall sein und braucht nicht immer auf der Mißachtung der lokalen Ordnungsbefugnis zu beruhen. Generell darf man aber sicher feststellen, daß die allgemeine Tendenz eher in Richtung einer Respektierung der Ordnung weist, wie z. B. die stark zurückgegangene Verwendung privater Hochgebete in der Meßfeier erkennen läßt.

Wenn es Rom gelegentlich schwerfällt, die neue Verteilung der Ordnungsbefugnis einzuhalten, wird man auch den lokalen Gemeinden zubilligen müssen, daß sie damit manchmal ihre Schwierigkeiten haben.

2.2 Die Wiedergewinnung gemeindlicher Verantwortung für den Gottesdienst

Daß der Gottesdienst nicht Sache des Priesters allein sei, sondern Sache von Priester und Gemeinde, war ein immer wiederkehrender Ruf in den Jahrhunderten liturgischer Erneuerungsbestrebungen seit Trient. Das 2. Vatikanische Konzil hat diesen Ruf bestätigt, sich zu eigen gemacht, ihn theologisch zu begründen und zu vertiefen versucht, vor Mißverständnissen und falschen Auslegungen geschützt und vor allem die Reformen angestoßen, damit die Liturgie auch wieder das Tun und Mittun aller zum Volke Gottes Gehörenden werden könne, eben nicht bloß in der frommen Anwesenheit etwa bei der Zelebration eines Priesters, sondern im konkreten Vollzug der Feier. Die Liturgiekonstitution hat in Artikel 14 das Prinzip vom „ius et officium" der Mitfeier formuliert, von dem durch Taufe (und Firmung) gegebenen Recht der Mitfeier und der Verpflichtung dazu.

Eine Standortbestimmung dazu wird feststellen dürfen, daß in einem wohl kaum erwarteten und geahnten Ausmaß die Laien ihnen zukommende Aufgaben im gottesdienstlichen Handeln und für das gottesdienstliche Handeln übernommen haben. Die Mitwirkung von Laien als Lektoren, Kommunionhelfer, Kantoren, Organisten und Instrumentalisten bis hin zum Glaubenszeugnis in der Form der Laienpredigt ist möglich und wird auch

---

[1] Im Vorübergehn. Wien 1969, 148.

praktiziert. In manchen Teilen der Kirche nehmen Laien auch Aufgaben der Gottesdienstleitung wahr, beispielsweise in Sonntagsgottesdiensten ohne Priester, bei Begräbnissen, Tauffeiern und Trauungen. Es gibt beeindruckende Zeugnisse dazu, wie durch die Übernahme derartiger liturgischer Dienste die Betreffenden selbst einen neuen Bezug zum Gottesdienst und zur Gemeinde gefunden haben.

Zur Vorbereitung der Gottesdienste und ihrer Programmgestaltung haben sich vielerorts Gruppen gebildet, die besonders Kinder-, Jugend- und Familiengottesdienste vorbereiten. Institutionalisierte Gemeindemitwirkung für den Gottesdienst liegt in den Liturgieausschüssen oder liturgischen Arbeitskreisen der Pfarrgemeinderäte vor, die den gesamten Bereich der gottesdienstlichen Gemeindeversammlungen beobachten und reflektieren. Ob jemals in der Geschichte der Kirche so viele Laien so intensiv mit Fragen der Liturgie befaßt waren?

Für den Gottesdienst von Bedeutung ist auch die gemeindliche Verantwortung in Form der Gemeindekatechese, der Vorbereitung auf den Sakramentenempfang der Erstkommunion und der Firmung.

2.3 Die Vielfalt der Dienste

Den vielfältigen Charismen – den Gaben des Geistes – Platz zu geben, war in der konziliaren Kirchenkonzeption Voraussetzung für die Vielfarbigkeit der Kirche. Im vorausgehenden Abschnitt wurde eine Reihe der Dienste genannt. Ich möchte auf zwei Dienste hinweisen, die mir zum gegenwärtigen Zeitpunkt besonders Gegenstand von Enttäuschungen und Hoffnungen zu sein scheinen: der Dienst des priesterlichen Leiters der gottesdienstlichen Versammlung und der liturgische Dienst der Frau.

2.3.1 Der Dienst des Priesters

Zunächst Betroffene der Wiedergewinnung gemeindlicher Verantwortung für den Gottesdienst waren die Priester. Aus mancherlei Gründen hatte ihnen die neuzeitliche Entwicklung nach dem Konzil von Trient eine Rolle zugewiesen, die sie zum eigentlichen, entscheidenden Träger des gottesdienstlichen Handelns gemacht hatte. Sie lasen ihre Messe, sie lasen ihr Brevier, sie spendeten die Taufe, sie absolvierten im Bußsakrament, sie führten die Kinder zum Tisch des Herrn. Die wachsende Mitwirkung der Laien am gottesdienstlichen Tun mußte den Priester an seiner überkommenen Rolle als Liturgen zweifeln lassen. Nicht wenige Priester wurden unsicher, was nun eigentlich ihr „Berufsbild“ sei. Doch fängt das nicht erst mit dem Konzil an, sondern bezeichnenderweise schon mit den ersten größeren Reformschritten noch unter Papst Pius XII. In seiner Reform der

Osternacht von 1951 findet sich eine kleine Rubrik, von der ich meine, daß sie sehr bezeichnend ist, auch wenn sie zunächst unbedeutend erscheint. Da heißt es nämlich von den Schriftlesungen, daß sie von einem Lektor vorgetragen werden sollen. Von den anderen Altardienern und dem Priester wird gesagt: „sedentes auscultant", sie sollen bei den Lesungen sitzen und zuhören. Da ist ein neuer Ton. Die Verlesung der Schrift, des Gotteswortes in der gottesdienstlichen Versammlung ist nicht mehr ureigene Aufgabe des Priesters, sondern es wird auch ihm – wie der ganzen übrigen Gemeinde – vorgelesen. Er erscheint als Hörer des Wortes, was er selbstverständlich auch immer geblieben war, aber im gottesdienstlichen Geschehen kaum erkennbar wurde.

Natürlich ist der Priester nicht überflüssig geworden, natürlich ist er nicht bloß geweihtes Instrument in den Händen der Gemeinde, deren Willen und Wollen er auszuführen hätte. Die Aufgabe, die ihm die Liturgiereform anvertraut, ist die eines Leiters der gottesdienstlichen Versammlungen. Die römischen Dokumente sprechen von seinem Dienst als einem „praeesse, praesidere, moderari". Die Weihe des Priesters wird nicht verleugnet, sie ist Voraussetzung seiner Leitungsfunktion. Aber sein Tun in der Gemeindeversammlung wird von seiner Funktion als Leiter abgeleitet, die klar zu umschreiben ist.

Für nicht wenige unter den Priestern und nicht die schlechtesten unter den Priesteramtskandidaten ist das Hoffnung auf ein neues theoretisches und praktisches Verständnis ihres Berufs geworden. Anderen fällt eine solche Umorientierung schwer, ist ihnen unmöglich. Unsicherheit zeigt sich auch in der Wahrnehmung dieser Rolle im Gottesdienst selbst und im gottesdienstlichen Raum. Da gibt es Kirchen ohne Priestersitz, Priesterhökkerchen irgendwo an die Seite gedrückt, da werden die Begrüßungen und das Tagesgebet am Ambo oder am Altar gesprochen. Kleine, doch wohl verräterische Zeichen eines noch nicht wiedergefundenen Rollenbildes des Priesters, übrigens auch nicht beschränkt auf den liturgischen Bereich seiner Aufgaben.

2.3.2 Liturgischer Dienst der Frau

Was den liturgischen Dienst der Frau angeht, so mischen sich auch hier oft Hoffnung und Enttäuschung. An theoretischen Deklarationen zur Gleichwertigkeit der Frau in der Kirche und im kirchlichen Dienst fehlt es nicht (was nicht unbedingt auch Gleichstellung in allen kirchlichen Ämtern bedeuten muß). Auch gibt es eine erfreulich weitreichende Aufarbeitung von Diskriminierungen der Frau seit dem Konzil. Doch bestehen in den liturgischen Regeln nach wie vor manche Merkwürdigkeiten und in der

Praxis oft noch hindernde Einstellungen, um zu allseits befriedigenden und der Liturgie gerecht werdenden Lösungen zu kommen.

Alle heute ausgeübten liturgischen Dienste der Frau gründen im gemeinsamen Priestertum der Getauften und Gefirmten. Die auf der sakramentalen Teilhabe am Ordo beruhenden Aufgaben sind für die Frau nicht zugänglich. (Die Frage nach dem Diakonat und Presbyterat der Frau können hier nicht erörtert werden).

Von den liturgischen Regeln her sind derzeit folgende liturgische Dienste der Frau möglich: im Bereich der Glaubensverkündigung die Laienpredigt, das gottesdienstliche Glaubenszeugnis und die liturgische Katechese; im Bereich der Leitung von Gottesdiensten die Übernahme des Vorsteherdienstes in Wortgottesdiensten, bei Begräbnissen, bei der Eheschließung, bei Segensfeiern und beim Stundengebet. Weiterhin sind Frauen zugelassen als Kommunionhelferinnen (nach „Ministeria quaedam" aber nicht mit einer Beauftragung zum Akolythen) und Lektorinnen (vgl. AEM 70; auch hier gemäß „Ministeria quaedam" nicht mit einer Beauftragung zur Lektorin). Im Bereich der kirchenmusikalischen Dienste können Frauen – wie alle getauften und gefirmten Christen – mitwirken als Kantorinnen und Instrumentalistinnen sowie in einem Sängerchor. Schließlich steht ihnen die Übernahme von Assistenz- und Hilfsdiensten in der Liturgie offen. Daß in diesem Bereich zukünftig sowohl in den Gemeinden als auch bei den kirchlichen Verantwortungsträgern weitere Aufarbeitungen nötig sind, liegt allerdings auf der Hand.

2.4 Die Taten Gottes in vielerlei Stimmen hören und preisen

Eine Wiedergewinnung verlorenen Reichtums war auch die Einführung der Muttersprachen in den Gottesdienst, genauer gesagt die über das bisherige Maß hinausgehende Verwendung der Volkssprachen in der Liturgie. Denn auch in der römischen Liturgie hatte es immer einzelne Gebiete gegeben, in denen sehr umfassend von der Muttersprache Gebrauch gemacht wurde, und in zunehmendem Maße waren für einzelne Arten von Gottesdiensten in den letzten Jahrzehnten, speziell für die Sakramentenfeiern, muttersprachliche Ritualien herausgegeben worden.

Die Einführung der Muttersprache hatte ohne Zweifel vor allem pastorale Gründe. Nicht nur die Auslegung des Wortes Gottes, sondern auch seine Verkündigung sollte in den vielerlei Sprachen den Gläubigen unmittelbar zugänglich gemacht werden. Der Gottesdienst sollte im muttersprachlichen Gebet wieder jene Schule der Gebetserziehung werden, die er lange Zeit gewesen war.

Wenn die Verwendung der Muttersprache in der Meßfeier hier und dort auf Ablehnung gestoßen ist, so ist bemerkenswerterweise dies bei anderen gottesdienstlichen Feiern kaum der Fall. Noch nie hat man Proteste gegen die Muttersprache bei der Taufe, bei der Eheschließung, bei einer Priester- oder Bischofsweihe gehört! Aber auch für die Meßfeier sollte nach Meinung des Konzils das Latein keineswegs völlig abgeschafft werden. So wird ausdrücklich gewünscht, daß alle Gläubigen das Ordinarium der Messe auch lateinisch zu beten oder zu singen vermöchten. Tatsächlich ist aber die vom Konzil avisierte Koexistenz von Muttersprache und Latein vielerorts zugunsten einer Exklusivität der Muttersprachen geworden. Vielleicht kann man das verstehen aus der neuentdeckten Freude an der Muttersprache, die zur Folge hatte, daß Latein ungebührlicherweise zunächst zurücktrat. Die Koexistenz hatte ja auch ohne Zweifel gewisse sachliche Schwierigkeiten, so wenn beispielsweise geplant war, die Orationen und das Hochgebet der Meßfeier lateinisch zu belassen. Es zeigte sich sehr bald, daß diese Regelung zu einem Bedeutungsverlust der Orationen und des Hochgebetes beitrug und sie deshalb nicht zu halten war.

Als sinnvolles Kriterium für die Verwendung einer der beiden Sprachen dürfte die Unterscheidung zwischen den gleichbleibenden und den wechselnden Teilen gelten. Die gleichbleibenden Teile der Meßfeier sind den meisten Teilnehmern nach ihrem Inhalt bekannt, sie wollen keine neuen Informationen vermitteln. Das Gloria, das Sanctus, das Agnus Dei kennt jeder regelmäßige Teilnehmer am Gottesdienst, und es erscheint durchaus denkbar, dafür auch regelmäßig die lateinischen Fassungen zu verwenden. Anders ist es jedoch etwa bei den Schriftlesungen, bei den Orationen und den Fürbitten. Sie setzen unmittelbares Verständnis voraus, und man kann sich nur sehr seltene Ausnahmefälle vorstellen, in denen diese Teile dem Verständnis der Zuhörer und Mitbetenden entzogen werden sollten.

Das Hören und Preisen der Taten Gottes in vielerlei Stimmen bezieht sich aber nicht nur auf die muttersprachlichen liturgischen Texte, insofern sie Übersetzungen der lateinischen Texte sind. Form und Inhalt vieler lateinischer Gebete sind weit entfernt vom echten christlichen Beten in vielen zeitgenössischen Kulturen. Eine lebendige Liturgie wird nicht darauf verzichten können, auch Texte zu verwenden, die aus der zeitgenössischen christlichen Spiritualität entstanden und für den gottesdienstlichen Gebrauch geeignet sind. Eine römische Instruktion, die sich mit Fragen der Übersetzung liturgischer Texte befaßt, bezeichnet denn auch das bloße Übersetzen bzw. Übertragen der lateinischen Texte in die Muttersprache als einen ersten Schritt, dem ein zweiter folgen müßte: Neuschöpfungen aus der jeweiligen Sprach- und Kulturmentalität eines Volkes. Das neue deutsche Meßbuch enthält einige Beispiele für diese noch zu leistende Aufgabe.

Unmittelbar vor der Verabschiedung der Liturgiekonstitution durch das 2. Vatikanische Konzil im Jahre 1963 bat ein deutscher Kardinal einen der führenden, international sehr angesehenen Berater, einen deutschen Liturgieexperten zu sich und fragte ihn: „Was meinen Sie nun, wenn wir dieses Programm zur Reform endgültig beschließen und es durchführen, wie lange wird es dauern, bis wir wieder eine schöne Liturgie, eine deutsche Liturgie haben werden?“ Der Gefragte überlegte und antwortete dann: „Eminenz, vielleicht siebzig Jahre!“

Ich weiß nicht, ob diese Zeitangabe zu lang oder zu knapp angesetzt war, aber sicher erscheint mir, daß in einem Entwicklungsprozeß wie dem der liturgischen Erneuerung im gegenwärtigen Zeitpunkt sicher noch keine Schlußbilanz gezogen werden kann.

3.1 Zeichen, die eine Botschaft bringen

Die katholische Kirche hat sich immer mit Vehemenz dagegen verwahrt, in die Rolle einer unsichtbaren Gemeinschaft gedrängt zu werden. Die Sichtbarkeit der Kirche wurde biblisch begründet mit dem Hinweis auf Semeia, die Zeichen- und Wunderhandlungen Jesu, der so die Tatsache des in ihm gekommenen Reiches Gottes anzeigte, erkennbar und erfahrbar werden ließ. Die Sichtbarkeit wurde ebenfalls christologisch gestützt, da das menschgewordene Wort Gottes auch das Bild, das Eikon, Ikone des unsichtbaren Gottes ist. Sichtbare Kirche, das heißt aber auch Kirche des sichtbaren Tuns, Kirche der Zeichen, Kirche der Sakramente. Die Sichtbarkeit und Zeichenhaftigkeit wurde etwa auch heilsgeschichtlich als adäquat dargestellt, da die Kirche der Zeit zwischen der Auferstehung und der Wiederkunft Christi zuzuordnen ist, da das Heil zwar endgültig gekommen, aber noch verborgen ist, verbürgt, aber noch nicht erlangt, wirksam, aber noch nicht faßbar, verhüllt, aber doch auch schon enthüllt ist.

Diese Eigentümlichkeit der Kirche drückt sich in der vielfältigen Verwendung von Zeichen und zeichenhaftem Tun im liturgischen Wirken aus. Vom biblisch begründeten Zeichen des Brotes, Weines, des Öls, der Handauflegung bis zu altchristlichen Bräuchen mit dem Kreuzzeichen und der Kniebeuge hin zu neuzeitlichen wie der Autosegnung und dem Handgeben zum Friedensgruß.

Es lag der Liturgiereform des Konzils absolut fern, die Zeichen zu disqualifizieren oder abzuschaffen. Es war aber die Absicht des Konzils, die Zeichen

1. zu straffen, wo sie ausgewuchert waren;
2. zu stärken, wo sie verblaßt waren;

3. ihren Bezug zum Glauben zu betonen;
4. auch die Einführung neuer Zeichen zu ermöglichen.

3.1.1 Nach der liturgischen Ordnung für die Messe, die vom 16. Jahrhundert bis in die jüngste Vergangenheit galt, dem Ordo Missae des Missale Pius V., hatte der zelebrierende Priester innerhalb einer etwa dreißig Minuten dauernden sogenannten stillen Messe alle zwei Minuten eine Kniebeuge zu machen, alle 35 Sekunden ein Kreuzzeichen, alle drei Minuten einen Altarkuß; also 16 Kniebeugen, 52 Kreuzzeichen, 10 Altarküsse. Nun wird man nicht bestreiten wollen, daß eine solche Häufung von Zeichen unter bestimmten Umständen durchaus auch Ausdruck der Frömmigkeit und Verehrung sein kann. Aber man wird auch nicht bestreiten, daß diese Häufung auch zur Verunklarung beitragen und eine gegenseitige Entwertung mit sich bringen kann. Dürfen wir für unsere Zeit in Anspruch nehmen, eher durch weniger Zeichen als durch deren Anhäufung zur wirklichen Andacht und Frömmigkeit geführt zu werden? Oder man denke etwa an bestimmte Formen des Pontifikalamtes, bei denen wesentliche Vorgänge durch mancherlei Nebensächlichkeiten (z. B. Auf- und Absetzen der Mitra des Bischofs) überlagert wurden.

3.1.2 Eine Stärkung und Verdeutlichung der Zeichen wurde deshalb gewünscht, weil sie eine Botschaft bringen sollen. Waren nicht manche Zeichen sprachlos geworden? Waren sie nicht verkommen? Das eucharistische Brot zu einer hauchdünnen, fast papierenen Oblate? War beim eucharistischen Mahl nicht das Trinken, das doch zum Mahl gehört, für den allergrößten Teil der Teilnehmer am Gottesdienst entfallen?

3.1.3 Von den sakramentalen Zeichen sagt die Liturgiekonstitution, sie setzen den Glauben nicht nur voraus, sondern nähren ihn und stärken ihn (vgl. Art. 59). Zeichen ohne Glauben sind leer, sinnlos, wie eine Verkehrsampel auf dem Mond.

3.1.4 Mit der spätestens seit dem Konzil von Trient erfolgten Festlegung der Liturgie war es nicht mehr möglich, neue Zeichen in sie aufzunehmen. Wohl bildeten sich neue zeichenhafte Bräuche heraus, aber sie blieben gewissermaßen im Vorfeld des eigentlichen Gottesdienstes, sie blieben „Volksbräuche“. Die sich in relativer Freiheit entfaltende Volksfrömmigkeit brachte aber auch die Gefahr einer theologisch ungezügelten Entwicklung mit sich. Besonders bedauerlich erwies sich die Ablehnung neuer Zeichen in den Missionsländern mit ihren völlig anderen Kulturen.

Wenn in der nachkonziliaren Zeit auch im gottesdienstlichen Bereich sich anfangs eine Ablehnung oder ein Verzicht auf zeichenhaftes Tun bemerkbar machte, ist diese Entwicklung nicht der Liturgiereform zuzuschreiben, sondern eher einer verbreiteten, wenigstens in den westlichen Ländern vorherrschenden Kulturströmung zuzurechnen.

3.2 „Ein Fest ist es, wenn die Liebe sich freut"

Mit diesem Wort, daß eine freie Wiedergabe des Satzes des heiligen Chrysostomus ist („ubi caritas gaudet, ibi festivitas"), soll auf den Aspekt der Liturgie als Feier und Fest hingewiesen werden.

Immer wieder hört man Klagen, durch die Reform habe der Gottesdienst seinen festlichen und feierlichen Charakter verloren. Enttäuscht sind offensichtlich vor allem zwei Gruppen: diejenigen, die ihren Maßstab für das, was sie unter Fest und Feier verstehen, den überlieferten gottesdienstlichen Feierformen entnehmen. Enttäuscht sind aber auch manche Jugendliche, denen dieser Maßstab fehlt, die aber den Maßstab ihres Feierns aus ihrem gesellschaftlichen Leben anlegen. Für sie sind die äußeren Formen weniger wichtig, aber wohl die Spielräume für die eigene Kreativität, die Begegnung und Kommunikation.

Feiern in Gemeinschaft hängt immer auch mit dem kulturellen Umfeld zusammen. Haben wir das Problem mit dem Feiern nicht auch sonst: in Familienfeiern, in staatlichen Feiern? Haben wir nicht sehr unterschiedliche Feierformen in den verschiedenen subkulturellen Gruppen?

Ohne Zweifel gibt es auch Gottesdienste nach den neuen liturgischen Ordnungen, die etwas von der Freude und der Begeisterung, der Nicht-Alltäglichkeit und des Gelöstseins einer feiernden Gemeinschaft ausstrahlen. Andererseits wird man zugeben müssen, daß viele Gottesdienste davon zu wenig spüren lassen und auf der Suche bleiben.

3.3 Das neue Lied

Besonders von der Liturgie betroffen waren Gesang und Musik in der lateinischen Kirche. Bestimmte Kreise der Kirchenmusik haben das längst vor dem Konzil gesehen und sich bis zuletzt gegen die Liturgiekonstitution und auch danach gegen ihre Verwirklichung gewandt.

Wollte die Liturgiereform dem Gesang und der Musik im Gottesdienst wirklich den Garaus machen? Mitnichten! Sie hat mit der Anerkennung der Musik als liturgischem Handeln und der Einstufung des Dienstes der Sänger als eines wirklichen liturgischen Dienstes ganz neue Bewertungen von Gesang und Musik gebracht. Aber richtig ist, daß ein großer Teil des kirchenmusikalischen Repertoires unter anderen liturgischen Voraussetzungen geschaffen worden war. Ein großartiges Sanctus-Benedictus für die Zeit eines still gebeteten Hochgebetes, viele deutsche Kirchenlieder als frommer, gesungener Kommentar zur Zelebration des Priesters, ganze Ordinarien für eine stumme Gemeinde, große Teile für eine nur lateinische Liturgie, ein gregorianischer Gesangszyklus für eine hohe Gesangskultur fähiger Sänger. Die neue Konzeption des Gottesdienstes warf somit für die Kirchenmusik vor allem zwei Probleme auf:

Wie ist der Schatz der Kirchenmusik, der erhaltenswerte Teil der bisherigen Musica sacra – nicht alles war und ist erhaltenswert – in der neuen Liturgie verwendbar? Und die andere Frage: Wo ist die liturgische Musik, die von vornherein den Bedürfnissen und Chancen der neuen Liturgie entsprechend komponiert ist?

Zur ersten Frage möchte ich darauf hinweisen, daß es überwiegend ein typisch zentraleuropäisches Problem ist; die Einrichtung ständiger Kirchenchöre, die Anstellung hauptamtlicher Kirchenmusiker ist in weiten Teilen der Kirche unbekannt. Antworten auf die erste Frage finden sich in verschiedensten Schattierungen: Es gibt Gemeinden, in denen die neue Liturgie sich der überlieferten Kirchenmusik kompromißlos beugen muß. Es gibt immer noch Gemeinden, die nicht zu Wort kommen, deren participatio actuosa auf das Hören beschränkt bleibt, das gewiß auch tätige Teilnahme ist, aber eben nur mittels eines der Sinne des Menschen. Das Hochgebet wird leise rezitiert, damit der Chor singen kann, und von der Beachtung der liturgischen Funktion der einzelnen Elemente der Liturgie kann kaum die Rede sein. Vor allem an den Hochfesten des Kirchenjahres oder in repräsentativen Gottesdiensten kann die Gemeinde sich nur hörend, nicht aber auch selbstjubelnd freuen.

In anderen Gemeinden bemüht man sich um Verbindung von überlieferter Musik und überlieferter Aufführungspraxis mit dem neuen Konzept. Theoretisch sind dafür gute Vorarbeiten geleistet worden. Der Mangel scheint öfter darin zu bestehen, daß man die Erfordernisse und Möglichkeiten der neuen liturgischen Ordnung noch zu wenig kennt. Als Eröffnungsgesang bei einer Eucharistiefeier beispielsweise eignet sich deshalb nicht schon ein beliebiges Lied, weil es gerne gesungen wird oder weil der Text einen Bezug zum Anlaß des Gottesdienstes hat. So ist z. B. der Hymnus „Veni creator spiritus“ sicher kein geeigneter Eröffnungsgesang für eine Meßfeier.

Die zweite Frage bezog sich auf die Musik und den Gesang für die neue Liturgie. Hier muß man wohl zunächst feststellen, daß in vielen Teilen der Kirche eine unerhört schöpferische Phase eingesetzt hat, vor allem in jenen Ländern und Sprachen, die keinen liturgischen Gesang in der Muttersprache kannten. Vieles entbehrt sicher der künstlerischen Qualität, auch wenn man nicht hochmütig die Maßstäbe zentraleuropäischer Musikhochschullehrer anlegt. Vieles sind Lieder für den Tag, nicht für die Ewigkeit, und solche zu schaffen und zu verwenden gilt in kirchenmusikalischen Kreisen oft genug noch als liturgieunwürdig. Sollte nicht auch für solche Geschöpfe Gottes im liturgischen Paradiesgärtlein ein Plätzchen freigehalten werden? Das dürfte auch für die zahlreichen Musikinstrumente gelten, die neben der Pfeifenorgel erstmalig oder in höherem Ausmaß als vorher in der Liturgie gebraucht werden.

Größer müßte das Bedauern darüber sein, daß oft genug neue Kompositionen zu wenig im Einklang stehen mit dem Sinn und Zweck der jeweiligen gottesdienstlichen Handlungselemente, für die sie gedacht sind.

Insgesamt besteht aber berechtigter Anlaß zur Hoffnung. Der Geist Gottes, der seiner Kirche die Lieder schenkt, wird in Zukunft gewiß neue Lieder einbringen von Gotteserfahrung, Gottessehnsucht, die bleibendes Zeugnis sein können.

3.4 Zelte der Zusammenkünfte

Wenn das Zusammenkommen im Namen Jesu eine Grundkategorie der Liturgie ist, dann können dafür geeignete Räume das Handeln sehr fördern, auch wenn die Gemeinde Jesu grundsätzlich nicht ausgesparter, geweihter oder sakraler Orte für ihre Versammlung bedarf. Die Gemeinde Jesu selbst ist der lebendige Tempel, er der Eckstein und das Heiligtum.

Kirchenbauten haben für den Gottesdienst daher keine konstitutive Bedeutung – er kann an allen Orten und in allen Räumen stattfinden, wenn sie dafür geeignet sind. Die Gestaltung der Räume, in denen sich die Christen zum Gottesdienst versammeln, ist aber deshalb nicht nebensächlich. Immer hat sich im Laufe der Geschichte der Wandel im Verständnis und Vollzug der Liturgie auch in der Anlage und Ausstattung der Kirchenbauten niedergeschlagen.

Ähnlich wie in der Kirchenmusik haben wir großartige, beeindruckende, künstlerisch wertvolle Werke, Meisterwerke, Räume, die einen den Himmel ahnen, die Welt vergessen und das Leben ertragen lassen. Ähnlich wie in der Kirchenmusik haben wir aber auch die Frage: Eignen sich die Räume für unseren Gottesdienst? Was für die Liturgie des Barocks taugen mochte, muß nicht deshalb auch für unsere Liturgie taugen. Die Bedürfnisse eines Raumes nach der konziliaren Konzeption sind in der Allgemeinen Einführung des Meßbuchs umrissen. Es sind Räume sichtbarer und hörbarer Kommunikation, es sind gegliederte Räume, die die verschiedenen Dienste in Erscheinung treten lassen: die *eine* Gemeinde, nicht getrennt in Schiff und Presbyterium, sondern mit unterschiedlichen Aufgaben; Räume, in denen sichtbar wird, daß der Chor und der Priester zur Gemeinde gehören; Räume nicht für Zuschauer, sondern für Mitwirkende; Räume für Bewegungsabläufe, nicht für statisches Verharren; Räume, die zum gottesdienstlichen Handeln inspirieren und keineswegs nur leere

Höhlen sein müssen; Räume aus dem Empfinden, dem Material und der Baukunst unserer Zeit.

Nicht wenige Kirchenbauten, auch aus den letzten zwanzig Jahren, lassen erkennen, daß sich Bauherren und Architekten für das, was in diesen Räumen geschehen soll, nicht recht im klaren waren. Zu der anderen Frage, wie die vorhandenen Bauten möglichst den neuen Bedürfnissen angepaßt werden könnten, kann man feststellen, daß häufig Gesichtspunkte der Denkmalpflege wichtiger erschienen als die Erfordernisse des liturgischen Geschehens.

4. Perspektiven

Wie ein Blitz aus dem sprichwörtlich heiteren Himmel ist die Liturgiereform nicht in die Kirche eingeschlagen. Vielmehr lassen die seit dem Konzil von Trient verstärkt, vom Beginn des Jahrhunderts an immer intensiver auflebenden Erneuerungsbestrebungen erkennen, daß die Kirchen- und Liturgiekonzeption der nachtridentinischen Kirche sehr einseitig war, eine zu starke „Anti"-Schlagseite und mancherlei Verengungen aufwies. Überwindung der Engführung, Wiedergewinnung der katholischen Weite und Fülle im Bereich des gottesdienstlichen Handelns waren das große Ziel der Konzilsbeschlüsse.

Was bisher daraus geworden ist, haben wir an einer Art von Probebohrungen – sehr kurz freilich nur – untersuchen können. Gewichtung der Ordnungsbefugnis im Hinblick auf eine Stärkung der Teilkirchen, Erweiterung des Verantwortungsbereiches der Gemeinden für ihren Gottesdienst, Freisetzung der Charismen für das gottesdienstliche Handeln, Verkündigung und Lobpreis in allen heiligen Sprachen. Dann sind wir eingegangen auf die Erneuerung der Zeichen, auf die Liturgie als Fest und Feier, auf Fragen der Kirchenmusik und des Kirchbaus.

Es bleiben noch zahlreiche andere Einzelthemen, die hier nicht mehr aufgegriffen werden können. Im letzten Kapitel möchte ich unter dem Stichwort „Perspektiven" aus der großen Zahl von möglichen lediglich zwei umfassendere Wertungen vorlegen und auf einige Einsprüche eingehen.

4.1 Die Liturgiereform als missionarischer Impuls in den jungen Kirchen

Das Recht und die unbezweifelbare Verpflichtung der Jünger Jesu vorausgesetzt, allen Geschöpfen das Evangelium zu verkünden und sie für die Jüngerschaft Jesu zu gewinnen, ist die Feier des Gottesdienstes nicht der Anfang der missionarischen Verkündigung, aber die Versammlung im

Namen Jesu unersetzlicher Bestandteil des Lebens derer, die Jünger geworden sind. Denn für die, die den Glauben annehmen, gilt: Tauft sie! Für die Getauften gilt: Lehret sie alles halten und dankt dem Vater jederzeit, singt Hymnen und Lobgesänge, und vor allem tut dies zu seinem Gedächtnis! All dies ist ja nicht nur vom einzelnen privat zu realisieren, sondern als gemeinsames Handeln von zwei oder drei oder mehreren oder vielen, die im Namen Jesu versammelt sind, ist also Liturgie.

Die Gründung von christlichen Gemeinden und Orts- und Teilkirchen in geographischen und kulturellen Gebieten, in denen es noch keine gegeben hatte, war in den ersten Jahrhunderten der christlichen Mission mit der selbstverständlichen Praxis verbunden gewesen, die vorgefundenen Kulturen und Sprachen, Ausdrucksformen und Mentalitäten, Gesangs- und Musikformen, geistiges Erbe und Brauchtum – soweit sie mit dem christlichen Glauben vereinbar waren – für das gottesdienstliche Handeln zu verwenden. Hätten die ersten Gemeinden am Aramäischen festgehalten, wäre das Christentum wohl eine jüdische Sekte geblieben.

Für dieses altchristliche Missionsprinzip gab es in den nachtridentischen Kirchen und Liturgiekonzeptionen keinen Platz mehr. Einige Ausnahmen wurden schon erwähnt. Daß nach 44jähriger Dauer im Jahre 1659 die Erlaubnis zur Verwendung der chinesischen Sprache bei der Meßfeier wieder zurückgenommen wurde, ist kennzeichnend genug. Die Liturgie der jungen Kirchen wurde die römisch-lateinische Liturgie, eine Mischung aus römischer Spätantike und frühmittelalterlicher, germanischer Frömmigkeit, Produkt einer total anderen Zeit und Kultur als der eines Stammes im Norden von Kamerun oder der Bergbewohner auf Java. Nichteuropäische Christen wurden verpflichtet, das Tiefste ihres Christseins in Formen auszudrücken, die ihnen in keiner Weise natürlich, oft sogar verwunderlich waren. Welch eine Belastung für die Mission, für die Inkulturation des Christentums!

Wie eine Befreiung gegenüber der nachtridentinischen Uniformierung mußten die Aussagen der Liturgiekonstitution klingen: „In den Dingen, die den Glauben oder das Allgemeinwohl nicht betreffen, wünscht die Kirche nicht eine starre Einheitlichkeit der Form zur Pflicht zu machen, nicht einmal in ihrem Gottesdienst; im Gegenteil pflegt und fördert sie das glanzvolle geistige Erbe der verschiedenen Stämme und Völker; was im Brauchtum der Völker nicht unlöslich mit Aberglauben und Irrtum verflochten ist, das wägt sie wohlwollend ab, und wenn sie kann, sucht sie es voll und ganz zu erhalten. Ja, zuweilen gewährt sie ihm Einlaß in die Liturgie selbst, sofern es grundsätzlich mit dem wahren und echten Geist der Liturgie vereinbar ist“ (SC 37).

Nicht nur auf den schon erwähnten Gebieten des Gesangs und der Musik hat die Liturgiereform des 2. Vatikanischen Konzils in den jungen Kirchen gewaltige schöpferische Kräfte freigesetzt, und viele Menschen vieler Kulturen haben erfahren, daß sie nicht ihre eigene Kultur aufgeben mußten, um Christen zu sein, daß ihr vorchristliches kulturelles Erbe nicht auf dem Nebengeleis „schwarze“, „gelbe“ Volksfrömmigkeit abgedrängt wird, daß sie nicht „Stille Nacht“ mit untergelegten einheimischen Texten zu singen brauchten, sondern Liturgie ihrer Kultur und zugleich Liturgie der Kirche zu werden begonnen hat.

Es kann nicht überraschen, daß diese geänderte Einschätzung nach Jahrhunderten einer entgegengesetzten Missionsstrategie nicht in ein paar Jahren allseitige Auswirkungen zeitigen kann. Oft genug begnügt man sich bisher damit, die neuen römischen Ordnungen lediglich zu übersetzen, statt ihre Prinzipien der Entwicklung eigener liturgischer Handlungsformen zugrundezulegen. Von der in der Konzilskonstitution angedeuteten Möglichkeit, daß aus dem Schoß der römisch-lateinischen Kirche vielleicht einmal römisch-japanische Kirchen oder römisch-indische Kirchen sich entwickeln könnten mit ihren eigenen Liturgien, ist bis jetzt noch wenig zu verspüren. Beachtlich ist aber z. B., was in dieser Hinsicht sich in machen Teilen Afrikas, in ethnologischen Vorstudien im Hinblick auf einheimische Liturgien schon geleistet worden ist. Wenn oft genug eher die ausländischen Missionskräfte auf eine Inkulturation drängen als die einheimischen Bischöfe, Priester und Laien selbst, sieht man daran, wie stark die überkommenen Konzepte noch nachwirken. Wie lange werden wir noch brauchen, den nachtridentinischen Starrkrampf zu überwinden? Gewaltige Kräfte, die Großes hoffen lassen, wenn sie einmal anfangen, sich zu regen!

4.2 Die ökumenische Dimension

Es bedarf keines ausführlichen Beweises, daß das nachtridentinische Liturgieverständnis stark geprägt war vom Schock der Reformation. Die von den Reformatoren in Frage gestellten, bestrittenen und abgelehnten Glaubensaussagen und Glaubensvollzüge in der Liturgie rückten in verständlicher Defensive in den Vordergrund, wurden besonders hervorgehoben, galten als katholisch. Andererseits wurden von den Reformatoren betonte theologische Aussageformen des christlichen Lebens als protestantisch zurückgedrängt, abgewertet und gemieden. Das griff auch auf solche Formen über, die keineswegs irrigen theologischen Lehren entsprangen und entsprachen, sondern eigentlich unangefochtene Bestandteile des katholischen Lebens jahrhundertelang gewesen waren.

Der Bibel zu viel Bedeutung zuzumessen, galt nun als protestantisch – als wenn die Bibel nicht immer Quelle des christlichen Lebens gewesen wäre und bei den Konzilien der alten Kirche einen Ehrenplatz eingenommen hätte. Den Kelch für die Gläubigen beim Herrenmahl zu wünschen, galt als protestantisch – als wenn nicht jahrhundertelang die Kelchkommunion selbstverständlicher Bestandteil der eucharistischen Liturgie der Kirche gewesen wäre. Die Verwendung der Muttersprache in der Liturgie galt als protestantisch – als wenn nicht jahrhundertelang Muttersprachlichkeit in allen katholischen Kirchen bestanden hätte.

Der Beispiele genug. Sie mögen erläutern, daß der gegen die nachkonziliare Liturgiereform erhobene Vorwurf, er habe zu einer „Protestantisierung" der katholischen Kirche geführt, nicht zutrifft. In Wirklichkeit handelt es sich um einen Vorgang, den man als Rückgewinnung der katholischen Fülle bezeichnen muß. Die nachvatikanische Kirche schreitet heraus aus der Enge nachtridentinischer Konfessionalität in die Weite ihrer ganzen umfassenden Tradition. Daß damit größere Nähe zu anderen Kirchen gefunden wird, die ihrerseits bestimmte andere Schwerpunkte beibehalten und entwickelt haben, ist nicht überraschend. So entdecken die protestantischen Kirchen z. B. freudig ihnen vertraute und wichtige Züge aus der Reformation: die Bedeutung der Schriftlesung im Rahmen des gottesdienstlichen Handelns, die Aussagen zur Gegenwart Christi in seinem Wort, den Nachdruck, der auf die Predigt gelegt wird, die Taufe als Grundlage der liturgischen Gemeindebeteiligung, das Ziel, Gottesdienst *der* Gemeinde, nicht *für die* Gemeinde zu feiern, die gemeindliche Feier der Eucharistie als der Normalfall, nicht die Messe eines einzelnen Priesters. Für die getrennten östlichen Kirchen ist das epikletische Element in den neuen Hochgebeten ein ihnen vertrautes und willkommenes liturgisches Handeln.

Wenn sich so Annäherungen zwischen den einzelnen Kirchen ergeben, sind sie zudem zu begrüßen, da sie dem Konzilswillen entsprechen – wie es die Liturgiekonstitution ausdrückt – alles „zu fördern, was immer zur Einheit aller, die an Christus glauben, beitragen" könne (SC 1).

Die Vorwürfe einer Protestantisierung oder Orthodoxisierung sind jedenfalls sachlich unbegründet. Sie gehen letztlich auf eine falsche Vorstellung von der Ökumene aus. Ökumene will ja nicht eine uniforme Gleichschaltung der Liturgien: nicht *eine* Liturgie für *alle* Kirchen! Vielmehr soll in der Vielfalt die Einheit deutlicher werden. So wie es innerhalb der römisch-katholischen Kirche ja eine Vielfalt der Liturgien gibt, wird es auch in der Ökumene eine Pluralität von gottesdienstlichen Traditionen und Akzenten geben, damit die vielen Stimmen in dem einen Chor zur Geltung kommen.

4.3 „Liturgia semper reformanda"

Manche der Einsprüche, die in den letzten 20 Jahren gegen die Liturgiereform erhoben wurden und auch heute noch begegnen, sind aus der Sorge um den Verlust tradierter Werte geäußert worden. Wir können nicht im Detail auf die Vorwürfe und die zugrundeliegenden Motive eingehen. Zweifellos sind solche Einsprüche in einzelnen Punkten berechtigt. Zurückzuweisen sind sie aber, wenn sie die Liturgiereform – und meistens mit ihr das vom Konzil erneuerte Angesicht der Kirche – pauschal ablehnen, wie es vor allem aus stark traditionsorientierten und traditionalistischen Kreisen geschehen ist und geschieht. Solche Einsprüche sind oft gekennzeichnet von ahistorischem Denken, obwohl sie sich gerade auf die Geschichte berufen, aber eben nur auf einen bestimmten Stand der Geschichte, und durch eingeschränkte Dialogfähigkeit und Gesprächsbereitschaft. Zudem ist die Liturgie meist nur der Exponent, an dem die Kontroversen um das Kirchenbild ausgetragen werden.

Wo läge die Aufgabe all derer, die Sorge um den Verlust tradierter Werte haben? Jede Reform verlangt, daß etwas vom Herkömmlichen aufgegeben wird. Mit aller Ernsthaftigkeit ist jeweils zu fragen, wo etwas aufgegeben werden soll und darf und welche Verluste zu verantworten sind. Solche kritischen Fragen zu stellen, ist berechtigt und auch für die, die die Reform verantworten, hilfreich. Aber Voraussetzung dafür ist die prinzipielle Anerkennung der Reformbedürftigkeit und der konziliaren Reformbeschlüsse. Nur dann haben die Hinweise auf möglicherweise gefährliche Verluste und die Mitwirkung zu ihrer Vermeidung ihre Berechtigung und ihren Sinn.

Einsprüche gegen die Liturgiereform, wie sie real durchgeführt wurde und wird, erwachsen aber nicht nur im Namen der Vergangenheit, sondern auch aus der Sorge um den Verlust der Gegenwart. Denn vielen scheint die Liturgiereform angesichts der drängenden Fragen unserer Zeit nicht weitgehend genug, mehr eine Schönheitsreparatur und kosmetische Operation denn eine zukunftsweisende Erneuerung. Wie verhält sie sich zum schnellen Pulsschlag unserer Zeit? Wo finden sich vor allem die jungen Menschen wieder? Wo ist Platz für ihre Kreativität und Spontaneität? Wo läßt man Raum für neue Gesänge und Musik? Für die Vorstellungen von solidarischer Mahlgemeinschaft im Namen Jesu? Für die Verkündigung eines Christentums nach offeneren Vorstellungen?

Diese Sorge um den Verlust der Gegenwart in der Liturgie ist sehr ernstzunehmen und muß als eine permanente Anfrage im Blick behalten werden. Ohne daß hier auf die genannten und viele andere berechtigte Fragen eingegangen werden kann, muß aber als Desiderat genannt werden, daß die liturgischen Reformen – bei aller Bindung an die Vorgaben der Überlieferung und bei aller Verpflichtung gegenüber den konziliaren Weisungen – immer die nötige Offenheit und Transparenz aufweisen müssen, um auch den sorgenvollen Fragen hinsichtlich des Verlustes der Gegenwart das nötige Gehör schenken zu können.

Auf jeden Fall steht fest: Solange es Christen geben wird, werden sie sich im Namen Jesu versammeln. Wo der Geist lebt, wird auch der Gottesdienst der Christen in eben diesem Geist lebendig sein. Ob die Kirche aber zu dem nötigen permanenten Erneuerungsprozeß der Liturgie bereit ist – „liturgia semper reformanda“ –, hängt davon ab, inwieweit sie sich zukünftig versteht und betätigt als eine „ecclesia semper reformanda“.

Zur Vorgeschichte und zum Echo des „Direktoriums für Meßfeiern mit Kindern" vom 1.11.1973*

Nachdem die Liturgiekonstitution des Zweiten Vatikanischen Konzils von einer Differenzierung der tätigen Teilnahme der Gläubigen an der Liturgie „je nach deren Alter, Verhältnissen, Art des Lebens und Grad der religiösen Entwicklung"[1] gesprochen und berechtigte Vielfalt und Anpassung des Römischen Ritus – unter Wahrung seiner wesentlichen Einheit – u. a. auch an die „verschiedenen Gemeinschaften"[2] gefordert hatte, konnte es nicht verwundern, daß schon bald nach einer Verwirklichung dieser Prinzipien für das Mittun der Kinder und Jugendlichen am liturgischen Handeln gefragt wurde. Insofern es sich bei dieser Frage nur um einen Teilbereich innerhalb der gesamten Reform handelte, lag es nahe, zunächst einmal die genauere Konkretisierung der konziliaren Reformpläne abzuwarten. Es würde sich dann zeigen, ob in den neuen liturgischen Ordnungen selbst genügend Anpassungsmöglichkeiten für die Teilnahme „je nach Alter" und den „verschiedenen Gemeinschaften" enthalten sein würden oder ob es ratsam und nötig werden würde, für einzelne liturgische Feiern zusätzliche, d. h. in den liturgischen Ordnungen und ihren Praenotanda nicht vorgesehene Partizipationsmöglichkeiten zu eröffnen.

In diesem Sinne erkannte denn der seinerzeitige Vorsitzende des „Rates zur Ausführung der Liturgiekonstitution" auf der Bischofssynode 1967 die Notwendigkeit einer Anpassung an die Bedürfnisse bestimmter Gruppen ausdrücklich als dringlich an und nannte als Beispiele u. a. Kinder und Jugendliche.[3] Kardinal Lercaro betonte dabei jedoch auch das methodische Prinzip „erst die allgemeinen liturgischen Ordnungen, dann die speziellen Anpassungsmöglichkeiten" und begründete diese Reihenfolge einleuchtend mit dem Hinweis, bei den Anpassungen gehe es ja nicht darum, „irgendeinen völlig anderen Ritus zu entwickeln, sondern vielmehr um [354] die

* Zuerst veröffentlicht in: Liturgia opera divina e umana. Studi sulla riforma liturgica offerti a S. E. Mons. Annibale Bugnini in occasione del suo 70° compleanno, hg. v. *P. Jounel [u. a.]*. Rom [1982] (BEL.S 26) 353–361. – Bibliographie Rennings Nr. 294.

1 SC 19.

2 SC 38.

3 Not. 3 (1967) 368.

Beibehaltung, Abkürzung oder Auslassung bestimmter Elemente, um die Auswahl geeigneterer Texte usw.“[4]

Direktorium für Meßfeiern mit Kindern

Tatsächlich wurde mit dem sechs Jahre später veröffentlichten „Direktorium für Meßfeiern mit Kindern“ (DMK) auch dieser Weg gewählt.[5] Nach der Fertigstellung des Ordo Missae und des gesamten Meßbuches beschloß die Gottesdienstkongregation im März 1971 bei der ersten Sitzung ihres Sekretariates unter dem damals neuen Präfekten Kardinal Tabera, auf Anregung ihres Sekretärs Bugnini, das Thema „Meßfeier mit Kindern“ in Angriff zu nehmen. Sie entsprach damit einem immer wieder laut gewordenen Verlangen, denn – so sagte Kardinal Tabera im Dezember des gleichen Jahres – kaum eine andere Frage werde so häufig von Bischöfen und Priestern aus der ganzen Welt an die Kongregation gerichtet wie die: Wann geschieht etwas für die Meßfeier mit Kindern?

Weitere Etappen auf dem Weg der Entstehung des Direktoriums waren: eine Umfrage an 109 Liturgiekommissionen der Bischofskonferenzen in aller Welt, die Errichtung einer eigenen Studiengruppe, erste Textentwürfe, ihre Begutachtung durch zahlreiche Fachleute in den verschiedensten Ländern, Beratung der Entwürfe durch die Konsultoren und die Vollversammlung der Gottesdienstkongregation, Begutachtung durch andere römische Kongregationen, Approbation durch Papst Paul VI. am 22.10.1973 und Veröffentlichung am 20.12.1973.[6] [355]

---

4 Ebd. 368.

5 Vgl. zum Folgenden den höchst instruktiven Arbeitsbericht von *R. Kaczynski*, Direktorium und Hochgebetstexte für Meßfeiern mit Kindern. Ein Arbeitsbericht, in: LJ 29 (1979) 157–175.

6 Neben in EDIL/DEL 1, 3115–3169 genannten Textausgaben und Kommentaren seien noch folgende genannt: Liturgische Kommission für Österreich, Richtlinien für Kindermessen und Meßfeiern kleiner Gemeinschaften. Salzburg 1974 (Text); NKD 46. Trier 1976 (lateinischer und deutscher Text); Mit Kindern Eucharistie feiern, hg. v. *R. Sauer*. München [u. a.] 1976 (Text und Kommentare); *H. Rennings*, Ermunterung zu neuen Wegen. Kirchenmusikalische Anregungen im römischen Direktorium für Kindermessen, in: Musik in der feiernden Gemeinde. Hilfen zur Orientierung in der kirchenmusikalischen Theorie und Praxis, hg. v. *H. Hucke [u. a.]*. Einsiedeln [u. a.] 1974 (PLR-Gd) 83–88; *B. Fischer*, Meßfeiern mit Kindern, in: Gemeinde im Herrenmahl 97–106; *A. Haquin*, Le Directoire romain pour les messes d'enfants, in: MD 119 (1974) 112–123; *E. Matthews*, Celebrating Mass with children. London 1975 (Text und Kommentar); *A. Cuva*, Celebrazione eucaristica e fanciulli, in: Sal. 37 (1975) 731–764; *G. Spaggiari*, Celebrare l'eucaristia con i fanciulli. Bologna 1976 (Text und Kommentar); *M. Paternoster*, Messa con i fanciulli, in: RivLi 64 (1977) 98–129; *E. Mazza*, Messa dei fanciulli o Messa con i fanciulli, in: RivLi 64 (1977) 624–630.
[Neuere deutsche Textausgaben: Die Meßfeier. Dokumentensammlung für die Praxis. Bonn [5]1995 (Arbeitshilfen 77); Gottesdienst mit Kindern. Direktorium für Kindermessen. Überle-

Nach seinem Vorwort, das die Notwendigkeit der Anpassungen begründet, und dem 1. Kapitel, mit sehr wichtigen Bemerkungen zur Einbettung der Liturgiepastoral in den Gesamtrahmen der Pastoral, behandelt das 2. Kapitel die „Meßfeiern für Erwachsene mit Teilnahme von Kindern". Innerhalb des 3. Kapitels, das sich mit „Meßfeiern für Kinder mit Teilnahme weniger Erwachsener" befaßt, beschäftigen sich die Nummern 38–54 mit speziellen Anpassungsmöglichkeiten. Wiederholt ist darauf aufmerksam gemacht worden, daß gerade diese Abschnitte eine gewisse Übereinstimmung mit einem regionalen kirchlichen Dokument aufweisen,[7] nämlich mit den vor dem Römischen Direktorium im deutschsprachigen Gebiet erschienenen bischöflichen Richtlinien für Gottesdienste mit Kindern.

Bevor auf einige Unterschiede und Gemeinsamkeiten der beiden Dokumente aufmerksam gemacht wird, dürfte es nützlich sein, die Verlautbarung aus den deutschsprachigen Bistümern zu erläutern.

Die Richtlinien aus dem deutschen Sprachgebiet

Da es in vielen Bistümern dieses internationalen Sprachgebietes teilweise seit mehreren Jahrzehnten die Praxis eigener Meßfeiern mit Kindern gab, z. B. als Schulmesse an Werktagen, als Kindermesse an Sonn- und Feiertagen, äußerten sich hier die Wünsche nach baldiger Realisierung der vom Konzil in Aussicht gestellten Anpassungen besonders nachdrücklich. So beauftragte beispielsweise 1966 die Liturgiekommission der Deutschen Bischofskonferenz eine Arbeitsgruppe mit der Zusammenstellung aller damals für den Kindergottesdienst zulässigen Partizipationsmöglichkeiten.

1969 erhielt eine vom Deutschen Katechetenverein und dem Liturgischen Institut Trier getragene „Kommission für Fragen der Kinder- und Jugendliturgie", der Vertreter aus allen Ländern des [356] Sprachgebietes angehörten, den Auftrag, Überlegungen zu einer den Mitvollzug von Kin-

gungen und Anregungen für die Meßfeier, bearb. v. *H. Rennings [u. a.]*, hg. vom Deutschen Katecheten-Verein e. V. u. vom Deutschen Liturgischen Institut. Korr. Neuaufl. München 1993. – Kommentar: *J. Hermans*, Eucharistie feiern mit Kindern. Eine liturgiewissenschaftliche Studie über die Teilnahme des Kindes an der Eucharistiefeier in Vergangenheit und Gegenwart. Kevelaer 1991 (mit Literatur).]

[7] So etwa *L. Brinkhoff*, Het duitse directorium voor kindermissen, in: TLi 58 (1974) 183–190, hier 184; *R. Sauer*, Bilanz der Bemühungen um eine Kinderliturgie, in: Mit Kindern Eucharistie feiern (s. Anm. 6) 9–17, hier 12f. – Die Bemerkungen von *P. Boekholt* (s. Anm. 10) 89 sind dementsprechend zu korrigieren.

dern und Jugendlichen erleichternden Gestalt der Eucharistiefeier sowie Modelle kind- und jugendgemäßer Liturgie vorzulegen.[8]

Als erstes Ergebnis wurde von der Vollversammlung der deutschen Bischöfe im September 1969 die von der Kommission erarbeiteten und von der Arbeitsgemeinschaft der Liturgischen Kommissionen des Sprachgebietes beratenen „Richtlinien und Anregungen für den Wortgottesdienst im Rahmen der Meßfeier" angenommen. Die Bischöfe berufen sich dabei auf den Artikel 6 der Institutio Generalis des Missale Romanum sowie auf die in den deutschen Bistümern seit langem übliche Gewohnheit, den Wortgottesdienst der Meßfeier mit Kindern – unter Wahrung seiner Grundstruktur – in einer der Fähigkeit des Kindes angepaßten Weise zu feiern.

Der sich mit dem Eucharistieteil der Messe befassende 2. Teil der Richtlinien und Anregungen erschien 1972.[9] Die Erlaubnis zur Gestaltung der Meßfeiern gemäß seinen Regelungen wurde auf eine Erprobungszeit von drei Jahren beschränkt, die nach Ablauf der Frist nicht verlängert wurde.[10] Inzwischen lag nämlich das römische Direktorium vor, das an die Stelle der teilkirchlichen Bestimmungen trat. Gingen damit dringend erwünschte Anpassungen für das deutsche Sprachgebiet verloren? Wie ist das Verhältnis der beiden Dokumente zueinander?

Unterschiede zwischen den beiden Dokumenten

Zunächst ist auf die offensichtlich unterschiedliche Zielsetzung der beiden Verlautbarungen hinzuweisen. Die „Richtlinien und Anregungen" des deutschen Sprachgebietes (RuA) behandeln ein [357] relativ eng abgestecktes Gebiet: Anpassungen und Gestaltungsmöglichkeiten für die Liturgie der Meßfeier. Dem Verlauf der Messe folgend, werden Hinweise auf

---

[8] Vgl. *R. Sauer*, Hoffnungen für unsere Kinder im Gottesdienst, in: KatBl 94 (1969) 302–304; *F. Kolbe*, Eigene liturgische Feiern für Kinder und Jugendliche, in: LJ 19 (1969) 246f; *R. Sauer*, Fortschritte bei der Arbeit an der Kinderliturgie, in: KatBl 95 (1970) 249f.

[9] Nachdem der 1. Teil (Wortgottesdienst) 1970 erschienen war, wurden beide Teile zusammen veröffentlicht unter dem Titel: Gottesdienst mit Kindern, hg. v. Deutschen Katecheten-Verein e. V., München, und vom Liturgischen Institut, Trier. München 1972, ^{2}1976. Das Geleitwort des 1. Teils ist vom Vorsitzenden der Liturgischen Kommission der Deutschen Bischofskonferenz, Bischof Stein, und dem Präsidenten a. i. der Liturgischen Kommission der Schweiz, Bischof Hänggi, unterschrieben. Der 2. Teil wurde gebilligt durch Beschluß der Deutschen Bischofskonferenz vom Februar 1972, durch die Rahmenverordnung der Schweizer Bischofskonferenz über die Meßfeiern für bestimmte Personenkreise und in Gruppen vom 22.9.1971 sowie durch Verordnung des Bischofs von Luxemburg vom 17.10.1972.

[10] Zur Einführung in einzelnen Diözesen vgl. *P. Boekholt*, Das Geheimnis der Eucharistie in der kirchlichen Rechtsordnung. Grundriß der partikularen Gesetzgebung für die Bistümer in der Bundesrepublik Deutschland. Rom 1981 (Biblioteca di scienze religiose 36) 88–93.

die Funktion der liturgischen Elemente gegeben und ihr entsprechende Formen der Mitfeier der kindlichen Teilnehmer beschrieben. Einzelne konkrete Beispiele dienen der Erläuterung und Veranschaulichung. Es war nicht die Absicht der RuA, die pastorale und liturgische Thematik „Kinder und Liturgie" zu entfalten.

Demgegenüber holt das DMK weiter aus. Sowohl das Vorwort wie auch das 1. Kapitel „Die Hinführung der Kinder zur Meßfeier" lassen – mindestens in Umrissen – die Aufgaben und Ziele der gesamten religiösen Unterweisung des Kindes erkennen, die wiederum eingebunden in den umfassenden Prozeß der Erziehung erscheint. Dabei werden die verschiedenen Träger der religiösen Sozialisation mit ihren Einflußmöglichkeiten aufgezählt. Erwähnung finden auch andere Arten gottesdienstlicher Versammlungen, die keine Meßfeiern sind und in der voreucharistischen Erziehung ihren Platz haben.

Zudem geht das DMK auf die Frage nach der Berücksichtigung der Kinder in solchen Messen ein, die keine eigentlichen Kindermessen, sondern Gemeindegottesdienste sind, bei denen aber neben den Erwachsenen nicht wenige Kinder teilnehmen. Damit wird einer Situation Rechnung getragen, die innerhalb der gesamten Kirche wohl häufiger ist als die spezieller eigener Kindermessen, die inzwischen auch im deutschsprachigen Gebiet zugunsten sogenannter „Familienmessen" seltener geworden sind. Als sehr offen erweist sich das DMK mit seiner Erlaubnis, daß in solchen Meßfeiern für Erwachsene, an denen auch Kinder teilnehmen, außer den im Ordo Missae selbst vorgesehenen Anpassungen „die eine oder andere der … besonderen Anpassungen" vorgenommen werden darf (Nr. 19). Soweit wollten und konnten die RuA von ihrer Zielsetzung her nicht gehen.

Einige weitere Differenzen beziehen sich auf Einzelheiten des liturgischen Handelns und der liturgischen Ordnung der Meßfeier.

Hinsichtlich der Verwendung von Schallplatten und Tonbändern innerhalb der Meßfeier hatten die RuA zu Recht einschränkend festgestellt, das Anhören der Musik von Tonträgern sei nur dann sinnvoll, „wenn diese Musik den Kindern zugänglich ist und keine nach Inhalt und Form bessere Möglichkeit" gefunden wird. Das DMK fügt als Kriterium die Wahrung der Funktion hinzu, erinnert an die gebührende besondere Umsicht und überläßt die Zulassung technisch reproduzierter Musik den Bischofskonferenzen (Nr. 32). Damit kann den unterschiedlichen soziokulturellen Verhältnissen Rechnung getragen werden. [358]

Schwieriger erwies sich die Frage nach der Verwendung technisch reproduzierter Bilder. Die RuA erwähnen Wandbilder, Dias oder aktuelle Bilder unter dem Gesichtspunkt einer Situationsschilderung, die zum besseren Verständnis der Schriftlesungen hinführen kann. Die Verwendung von Bildern wird auch vom DMK für nützlich gehalten, doch beschränkt auf solche, die von den Kindern selbst hergestellt werden (Nr. 36). Dies könnte in einem gewissen Sinn in manchen Ländern heute gewiß auch von Diapositiven gelten; doch zeigt der Werdegang des DMK, daß daran nicht gedacht war.[11] Hier muß man wohl berücksichtigen, daß viele der an der Begutachtung – nicht Erstellung – des Direktoriums Beteiligten kaum über einschlägige Erfahrungen verfügten. Wäre es nicht angemessen gewesen, ebenfalls in dieser Frage die Entscheidung den Bischofskonferenzen zu überlassen?

Bezüglich der drei Orationen der Meßfeier und ihrer kindgemäßen Formulierung unterscheiden sich beide Dokumente nur unwesentlich. Die RuA gestatten: „Wo die im Meßbuch vorgesehen Texte das kindliche Fassungsvermögen übersteigen, sollten sie durch kindgemäße Formulierungen ersetzt werden". Nach dem DMK steht nichts im Wege, „die Texte der Orationen des Römischen Meßbuches dem Verständnis der Kinder anzupassen" (Nr. 50. 51).

Größere Freiheit gibt das DMK für die Auswahl der biblischen Lesungen, die beliebig aus dem Lektionar oder aus der Heiligen Schrift ausgewählt werden dürfen, wenn die Tageslesungen für die Kinder wenig geeignet erscheinen (vgl. Nr. 43). Die RuA verweisen für den Regelfall auf die approbierten Perikopenordnungen, lassen jedoch auch mit Einschränkung andere Lesungen zu. Wenn nur eine einzige Schriftlesung verwendet wird, kann diese nach den RuA beliebig aus der Bibel ausgewählt werden. Das DMK läßt ebenfalls eine einzige Perikope zu, doch muß diese dann den Evangelien entnommen sein (vgl. Nr. 42). Es waren wohl liturgiehistorische Gründe, die diese Beschränkung veranlaßten, da andere überzeugende Argumente dafür kaum beigebracht werden können. Zusätzlich zur Schriftlesung, nicht als Ersatz, erwähnen die RuA die Möglichkeit einer nichtbiblischen Lesung. Davon ist im DMK keine Rede; doch ist die Möglichkeit genannt, in Meßfeiern von Tagesheiligen nicht nur in der Predigt vom Leben des Heiligen zu erzählen, „sondern auch vor den biblischen Lesungen nach der Weise einer Kurzansprache" (Nr. 47). Mit der Auslegung des biblischen Textes können nach den RuA „Eltern, Katecheten, Kindergärtnerinnen und andere Erzieher" vom Vorsteher der Eucha-[359]ristiefeier beauftragt werden, weil sie oft einen engeren Kontakt zum Kind haben und auf diese Weise das Glaubenszeugnis der Laien für Kinder anschaulich und erfahrbar wird. Das DMK sieht ebenfalls die Möglichkeit einer Ansprache durch Laien vor, bindet die Praxis aber an – wie später in

[11] Vgl. *Kaczynski* (s. Anm. 5) 166f.

den Text Nr. 24 eingefügt wurde – noch zu erlassende Weisungen der Kongregation für den Klerus.[12]

Schließlich sind noch zwei kleinere, den Ritus betreffende Unterschiede zu notieren. Nach den RuA können die Kinder auf Einladung des Zelebranten aktuelle Dankmotive innerhalb des Dialogs vor der Präfation nennen. Das DMK ordnet solche Zusätze, die die Teilnahme fördern, vor dem Dialog ein (Nr. 22). Bei den Elementen vor der Kommunion, die nie ausfallen dürfen, zählen die RuA u. a. das „Gebet des Herrn mit Einleitung und Weiterführung" auf; das DMK erwähnt nur das Vaterunser ohne Einleitung und Weiterführung.

Die vorstehende kurze Aufzählung der Unterschiede zwischen den beiden Dokumenten zeigt deutlich den Vorteil, den das römische Direktorium durch seinen ausgreifenderen Ansatz aufweist und der weltweit dort als starker Impuls wirken konnte, wo pastoralliturgische Überlegungen zu Fragen der Kinderliturgie noch wenig in Gang gekommen waren. Was die Einzelheiten des liturgischen Handelns und die liturgische Ordnung selbst betrifft, können die Differenzen nicht als sehr gravierend angesehen werden. Auch wo das Direktorium engere Grenzen zieht, wird den Bedürfnissen einer notwendigen Anpassung weitgehend und mutig Rechnung getragen.

Übereinstimmungen zwischen den beiden Dokumenten

Besonders auffällig ist jedoch, daß in sehr wesentlichen Punkten der konkreten Anpassung beide Dokumente weithin sinngemäß übereinstimmen.

Das gilt beispielsweise hinsichtlich der Wahrung der Funktion der einzelnen Elemente, die sich an der Gemeindemesse orientieren und zur eucharistischen Versammlung der Gemeinde der Erwachsenen hinzuführen helfen.

Beide Dokumente empfehlen bzw. ermöglichen eine kindgemäße Gestaltung des in der Gemeindemesse überlasteten Eröffnungsteiles [360] durch die Entlastung in der Form einer wechselnden Auswahl. Das gilt auch für den Kommunionteil, für den gleichfalls das Prinzip der wechselnden Auswahl eingeführt wird. In beiden Fällen sind jedoch auch unverzichtbare Elemente erhalten. Als unerläßlich wird die Lesung der Schrift bezeichnet, die nicht ausfallen darf, wobei kindgemäße Übersetzungen,

---

[12] Für die deutschen Bistümer wurde durch den Beschluß „Die Beteiligung der Laien an der Verkündigung" die Laienpredigt unter bestimmten Voraussetzungen gestattet. Vgl. die Einleitung von *K. Lehmann*, in: Gemeinsame Synode der Bistümer in der Bundesrepublik Deutschland, Offizielle Gesamtausgabe 1. Freiburg/Brsg. [u. a.] ^{2}1976, hier 162–166.

aber keine Bibelparaphrasen verwendet werden sollen.* Die Lesungen können mit verteilten Rollen vorgetragen werden.

Admonitionen (Kurzansprachen, Hinweise) werden empfohlen, doch müssen sie zur liturgischen Teilnahme führen und dürfen nicht bloß erklärende Belehrungen sein. Beide Dokumente stimmen in der Empfehlung der Stille und meditativer Momente überein, für die den Kindern freilich anleitende Hilfe gegeben werden muß. Kindgemäße Bewegungsformen werden gewünscht.

Die Kinder sollen möglichst an der Vorbereitung der Gottesdienste beteiligt und im Gottesdienst mit Aufgaben betraut werden. Auf die Eignung des Raumes (Kirche oder anderer würdiger Raum) ist bei Kindern besonders Wert zu legen. Übereinstimmung findet sich auch in den Bedenken, die gegenüber einer zu großen Häufigkeit von Kindermessen geltend gemacht werden.

Ohne Übertreibung darf man wohl feststellen, daß die Erkenntnisse und Erfahrungen aus verschiedenen Teilkirchen, die sich in den RuA niedergeschlagen hatten, durch das Direktorium für die ganze lateinische Kirche fruchtbar wurden.

Zum Echo des Direktoriums

Eine Woche vor der Vorstellung des Direktoriums am 20.12.1973 in Rom erschien in Deutschland – offensichtlich unter Mißachtung der Sperrfrist – eine Inhaltsangabe und Kommentierung, die in sehr negativer Weise Stellung nahm.[13] Der Verfasser rühmt zwar die pastorale Weisheit des Dokumentes, in dem „wichtige pädagogische und psychologische Einsichten ausgesprochen" würden. Wenn er freilich erklärt, durch das Direktorium würde eine „neue Liturgie der Kinder" eingeführt und „wie es einst eine gallikanische Liturgie gab, so gibt es jetzt eine Liturgia puerorum", dann muß man fragen, wie er das aus dem Dokument herauslesen konnte. Tatsächlich wird ja fortwährend und immer wieder der Bezug auf die Gemeindemesse und die Normierung an ihr herausgestellt. Die vorwurfs-

---

* Für das deutsche Sprachgebiet wurde zu diesem Zweck das Lektionar für Kindermessen erarbeitet: Lektionar für Gottesdienste mit Kindern. Studienausgabe für die katholischen Bistümer des deutschen Sprachgebietes, im Auftrag der Internationalen Arbeitsgemeinschaft der Liturgischen Kommissionen im deutschen Sprachgebiet hg. v. den Liturgischen Instituten Salzburg, Trier, Zürich. Bd. 1: Kirchenjahr und Kirche. Einsiedeln [u. a.] 1981 (PLR-Gd); Bd. 2: Lebenswelt des Kindes, Lebensordnung des Christen, biblische Gestalten als Zeugen des Glaubens. 1985 (PLR-Gd). – Dazu erschien das Handbuch zum Lektionar für Gottesdienste mit Kindern. 2 Bde. München [u. a.] 1981/1985.

13 *Th. Schnitzler*, Das Römische Direktorium über die Kindermesse, in: Am Weg der Zeit (KNA), Nr. 18 vom 12.12.1973.

volle Frage des Verfassers, ob „das Direktorium für die [361] Kindermesse zu einem Stein auf dem Grab des Missale Romanum“ werden würde, ist durch die bisherige Entwicklung verneinend beantwortet worden. Seine Behauptung, die Gottesdienstkongregation habe mit dem Direktorium dem „Druck der Liturgie-Institute der verschiedenen Länder“ nachgegeben, ist durch die Berichte über die Entstehung des Dokumentes als völlig unzutreffend widerlegt worden.

Wenn dies im deutschen Sprachgebiet auch die einzige derart ablehnende Stellungnahme war, so kann doch allgemein festgestellt werden, daß die Kenntnis des Direktoriums sich nur langsam ausbreitete. Dazu mögen die Verzögerungen in der Publikation der Übersetzungen und der einschlägigen Zusatzverlautbarungen der Bischofskonferenzen beigetragen haben. So datiert etwa eine entsprechende Instruktion der italienischen Bischofskonferenz vom 16.1.1975. Auch im deutschsprachigen Raum erschienen Jahre nach der Veröffentlichung des Direktoriums noch Werkbücher und Modelle für Kindergottesdienste, die von der Existenz des römischen Dokumentes nichts zu wissen schienen.

Eine sehr positive Wertung des Direktoriums nimmt die „Gemeinsame Synode der Bistümer in der Bundesrepublik Deutschland“ in ihrem Beschluß „Gottesdienst“ vor. Er sieht im Direktorium eine „wichtige Hilfe für die Einführung in den Gottesdienst der Kirche“[14] und nimmt einige Zitate in seinen Text auf, die er so einführt: „Unter den vielen Anregungen sollen einige besonders hervorgehoben werden“. Im gleichen Beschluß wird für die Gestaltung von Jugendmessen auf das Direktorium hingewiesen, das Kriterien gäbe, „die entsprechend auch für die Eucharistiefeier mit Jugendlichen angewendet werden können“.[15]

Daß in zahlreichen Gemeinden von den Gestaltungsmöglichkeiten des Direktoriums Gebrauch gemacht wird, zeigt eine Umfrage, die von der Zeitschrift „Gottesdienst“ 1978 veranstaltet wurde. Die Auswertung kommt zu dem Ergebnis, daß dies in über 60% der Gemeinden der Fall ist.[16]

Auch die Sichtung der nicht wenigen Kommentare und Arbeitshilfen zum Direktorium bestärkt den Eindruck: Für keine Altersgruppe und keine Art der gottesdienstlichen Versammlungen hat die bisherige Liturgiereform solche Anpassungs- und Partizipationsmöglichkeiten gebracht wie das Direktorium vom 1.11.1973 für die Kinder und ihre lebendige Mitfeier der Eucharistie.

---

[14] Vgl. Offizielle Gesamtausgabe (s. Anm. 12) 208.

[15] Ebd. 210f.

[16] Vgl. *R. Sauer*, Die gegenwärtige Situation des Kindergottesdienstes, in: LJ 29 (1979) 65–74, hier 73; *P. M. Zulehner*, „Gottesdienst“-Umfrage, in: LJ 29 (1979) 75–94.

Fünfundzwanzig Jahre „Herbergssuche“ der Liturgie in der römischen Kurie*

Der Beschluß des Zweiten Vatikanischen Konzils zu einer tiefgreifenden Erneuerung der Liturgie beinhaltete nicht nur eine Revision der liturgischen Bücher, sondern forderte auch die Gründung bzw. wirksamere Gestaltung von Einrichtungen, die den umfassenderen Zielen der Reform dienen konnten. So waren beispielsweise auf der Ebene der Bischofsvereinigungen Liturgische Komissionen und – nach Möglichkeit – sie unterstützende Pastoralliturgische Institute zu errichten; auch in den einzelnen Diözesen sollten unter Leitung des Bischofs Liturgische Kommissionen zur Unterstützung und Führung der Liturgiepastoral bestehen.[1]

Es lag die Frage nahe, ob die von der Konzilskonstitution entwickelten Perspektiven vom Rang des Gottesdienstes innerhalb des gesamten kirchlichen Handelns nicht auch Auswirkungen auf die Wahrnehmung der liturgischen Verantwortung des Apostolischen Stuhls haben mußten.[2] Würde nicht hier ebenfalls eine den konziliaren Einsichten entsprechende Umgestaltung angestrebt werden müssen? Konnte bei den mit gottesdienstlichen Angelegenheiten befaßten Dikasterien der Römischen Kurie alles beim alten bleiben?

Um so mehr berechtigt erschienen solche Überlegungen, als weder die Vorbereitungskommission noch die Konzilskommission daran gedacht hatte, die zu beschließende Erneuerung des Gottesdienstes der Lateinischen Kirche könne allein von und in den Teilkirchen und ohne die Inanspruchnahme des Petrusdienstes an der Einheit oder gar an Petrus vorbei durchgeführt werden. Im Gegenteil geht die Liturgiekonstitution ganz selbstverständlich und mit Recht davon aus, daß dem Apostolischen Stuhl wichtige

---

* Zuerst veröffentlicht in: LJ 39 (1989) 37–48. – Bibliographie Rennings Nr. 348.

[1] Vgl. SC 44. 45. 46.

[2] Der Wunsch nach einer generellen Reform der Kurie wird vom Konzil im Dekret „Christus Dominus“, Art. 9, ausgesprochen: „Die Väter des Heiligen Konzils wünschen jedoch, daß diese Behörden ... eine neue Ordnung erhalten, die den Erfordernissen der Zeit, der Gegenden und der Riten stärker angepaßt ist, besonders was ihre Zahl, Bezeichnung, Zuständigkeit, Verfahrensweise und die Koordinierung ihrer Arbeit angeht“ (LThK.K 2, 163); weitere Wünsche ebd. 10; vgl. *G. Cereti / L. Sartori*, Die Kurie im Dienst eines erneuerten Papsttums, in: Conc(D) 11 (1975) 580–587.

Aufgaben im Reformprozeß zufallen.[3] Konkrete Anhaltspunkte, von welchem Gremium und wie nun innerhalb der Kurie die gewaltigen neuen Aufträge des Konzils zu bearbeiten seien, finden sich in der Konstitution allerdings nicht, abgesehen von einem kleinen Hinweis in Art. 25, von dem später noch zu sprechen sein wird. Warum dieses Schweigen? Das anfänglich eher schüchterne Selbstbewußtsein des Konzils und mehr noch die realistische Einschätzung der Verhältnisse ließen es wohl nicht geraten erscheinen, Vorschläge zu einer Kurienreform in bezug auf liturgische Kompetenzen von Gremien machen zu lassen, die dafür als nicht zuständig angesehen werden konnten. Bei den [38] Reformen ging man von der Hoffnung aus, daß – wäre erst einmal das Reformprogramm vom Konzil verabschiedet – sich auch Wege zu seiner Ausführung finden würden.

Tatsächlich setzte dann freilich mit der Promulgation der Konstitution 1963 eine Periode des Suchens und Experimentierens in der Kurie ein. Wer kümmert sich in welchen Perspektiven in der weltweiten Verantwortung des Bischofs von Rom um das gottesdienstliche Handeln der Lateinischen Kirche und der Gesamtkirche? Wo hat die Sorge um die betende und feiernde Kirche ihren Platz in der römischen Verwaltung? Wird es eine Art „Hauptabteilung Seelsorge" und in ihr ein „Referat für Liturgie" geben? Nach 25 Jahren hat ein wechselvoller Prozeß der Herbergssuche der Liturgie innerhalb der Kurie, zu dem im folgenden ein Überblick gegeben werden soll, einen neuen Abschluß gefunden; für wie lange und für wie gut, wird abzuwarten sein.

Gottesdienstliche Kompetenzen in der Kurie zu Beginn des Konzils

Am Vorabend des Konzils waren die Zuständigkeiten innerhalb der Kurie hauptsächlich nach den im Gesetzbuch von 1917 umschriebenen Ordnungen geregelt, die in den Jahrzehnten danach jedoch noch verschiedentlich verändert wurden.[4]

Dabei fiel einer als „Congregatio Sacrorum Rituum" (deutsch meist mit „Ritenkongregation" wiedergegeben) bezeichneten Dienststelle besondere Kompetenz in liturgischen Angelegenheiten zu.[5] Nach can. 253 hatte sie die Pflicht, alle die heiligen Riten und Zeremonien im engeren Sinn betreffenden Angelegenheiten der Lateinischen Kirche zu beaufsichtigen und zu

---

[3] Vgl. SC 13. 22. 36. 40. 55. 63. 87.

[4] Vgl. CIC 1917, can. 242–264; *N. Del Re*, La Curia Romana. Lineamenti storico-giuridici. Rom [3]1970 (Sussidi Eruditi 23); *K. Mörsdorf*, Art. Kardinalskongregationen, in: LThK[2] 5, 1344–1349. Den Stand von 1983 beschreibt das Handbuch des Katholischen Kirchenrechts, hg. v. *J. Listl [u. a.]*. Regensburg 1983, 281–294.

[5] Vgl. *A.-G. Martimort*, Handbuch der Liturgiewissenschaft. Deutsche Übers. hg. v. Liturgischen Institut Trier. 2 Bde. Freiburg/Brsg. [u. a.] 1963–1965, 1, 81–83.

regeln. Ihrer Wachsamkeit war die Sorge für die treue Einhaltung der einschlägigen Bestimmungen für die Meßfeier, die Sakramente sowie für das Stundengebet anvertraut. Ferner konnte sie von bestimmten Vorschriften dispensieren und „Privilegien" gewähren. Für die seinerzeit als erwähnenswert angesehenen Fragen der Präzedenz – Regelung des Vorrangs und Vortritts zwischen den Trägern verschiedener kirchlicher Ämter und Titel – war die Ritenkongregation nach ausdrücklicher Erklärung des Gesetzbuches nicht zuständig. Wohl gehörten aber die Selig- und Heiligsprechungen und Reliquienangelegenheiten zu ihrem Geschäftsbereich.

Die Vorstellungen vom Gottesdienst der Kirche, die dieser Aufgabenbeschreibung der Ritenkongregation im Codex von 1917 zugrunde lagen, standen im Einklang mit einem lange gängigen, allerdings äußerst unzureichenden Liturgieverständnis. Innerhalb der Römischen Kurie war jedoch die Ritenkongregation keineswegs allein für liturgische Fragen zuständig. Die „Kongregation des Heiligen Offiziums", der die Sorge um die Wahrung des Glaubensgutes anvertraut war, hatte beispielsweise Entscheidungen zu treffen bezüglich der Nüchternheit des zelebrierenden Priesters, [39] des Ritus der Konzelebration oder des Gebrauchs der Muttersprache in der Liturgie.[6]

Außerdem war eine eigene „Kongregation für die Ostkirche" zuständig für die östlichen Liturgien. Seit Pius X. gab es auch eine kuriale Behörde für das Sakramentenrecht, die „Congregatio de disciplina sacramentorum", die mit rechtlichen Aspekten der Sakramente befaßt war, vor allem hinsichtlich des Ehesakramentes. Ferner konnten für die ihr unterstellten (Missions-)Gebiete die „Congregatio de Propaganda Fide" wie auch die Religiosenkongregation für ihre Untergebenen bestimmte liturgische Fragen entscheiden. Nicht ohne Kompetenz in liturgischen Angelegenheiten – wenigstens in einem weiteren Sinn – waren auch die „Konzilskongregation" und die „Kongregation der Seminare und Universitäten"; speziell mit den päpstlichen Gottesdiensten befaßte sich die Zeremonienkongregation.

Man wird in dieser historisch gewachsenen Struktur gewiß nicht ein Muster systematisch einleuchtender Abgrenzungen sehen können; doch wurden die Aufsplitterung und der Wirrwarr wohl kaum als anstößig empfunden, da der ganze Bereich des Gottesdienstes fast ausschließlich unter zeremoniellen, rubrizistischen und juridischen Gesichtspunkten Beachtung fand und die Ideen der seit Beginn des 20. Jahrhunderts sich verstärkenden liturgischen Reformbestrebungen zu dieser Zeit noch keine Auswirkungen auf die kurialen Aufgabenbereiche und Organisationsformen hatten und

---

6 Vgl. CIC 1917, can. 247 § 5; zur Konzelebration vgl. das Dubium vom 23.5.1957, in: AAS 49 (1957) 370; *Martimort* (s. Anm. 5) 80f.

auch nicht haben konnten; das Konzept eines weltkirchlichen Seelsorgeamtes war noch nicht vorhanden.

Es darf allerdings nicht übersehen werden, daß die liturgischen Reformimpulse Pius X. keineswegs völlig vergessen waren und Pius XII. 1946 den Auftrag erteilte, im Rahmen der Historischen Abteilung der Ritenkongregation die Probleme einer allgemeinen Liturgiereform zu studieren; die zuständige Kommission hielt von 1948 bis 1960 insgesamt 82 Sitzungen ab und bereitete die in dieser Zeit eingeführten, teilweise sehr weitreichenden und für die konziliare Erneuerung bahnbrechenden Reformen vor.[7]

Ritenkongregation und Consilium: 1964–1967

Wer sollte nun aber nach der Verabschiedung der Liturgiekonstitution 1963 die Reformarbeit in die Hand nehmen? Die Konstitution enthielt sich hinsichtlich der Ausführung ihrer Beschlüsse jeder näheren Bestimmung, mit Ausnahme des erwähnten Hinweises in Art. 25, wonach bei der Revision der liturgischen Bücher aus verschiedenen Gegenden des Erdkreises Fachleute herangezogen und Bischöfe konsultiert werden sollten. Das mußte nicht unbedingt heißen, daß eine eigene neue Kommission zu errichten gewesen wäre, sondern hätte etwa – naheliegend – im Rahmen einer der Ritenkongregation übertragenen Ausführung der liturgischen Reformbeschlüsse berücksichtigt werden können.[8] [40]

Doch konnte man eine gewisse gegenteilige Vorentscheidung darin sehen, daß die Vorbereitung der Konzilsbeschlüsse seinerzeit schon nicht den bestehenden, fachlich zuständigen Kongregationen übertragen worden war, sondern eigenen, unabhängigen Kommissionen. Diese waren zwar personell mit den jeweiligen Kongregationen verbunden, aber nicht einfach identisch. Direkt dem Papst unterstellt, waren sie in ihrer Arbeit nicht von den Kongregationen abhängig;[9] freilich war diese gewisse Duplizierung der kurialen Behörden nur für eine begrenzte Zeit gedacht und konnte auch nicht von Dauer sein. Ähnlich erhofften sich jedoch jene, die die konzilia-

---

[7] Vgl. *A. Bugnini*, La riforma liturgica 1948–1975. Rom 1983 (BEL.S 30), hier zitiert nach der deutschen Ausgabe *Bugnini*, Liturgiereform; zur Arbeit der sogenannten „Pius-Kommission“ vgl. ebd. 27–30.

[8] E.J. Lengeling und J.A. Jungmann setzen in ihren Kommentaren zu SC 25 die Errichtung einer von der Ritenkongregation unterschiedenen, eigenen Kommission als ausgemacht voraus, wozu der Text von SC 25 selbst keine Grundlage zu bieten scheint. Vgl. *E. J. Lengeling*, Die Konstitution des 2. Vatikanischen Konzils über die heilige Liturgie. Münster ^{2}1965 (rlg 5/6) 58f; *J. A. Jungmann*, Konstitution über die Heilige Liturgie, in: LThK.K 1, 34f; *Bugnini*, Liturgiereform 93 meinte: „Wieder zu den Methoden, der Enge und dem Geist der Ritenkongregation zurückzukehren, war unmöglich.“

[9] Vgl. *Bugnini*, Liturgiereform 92.

ren Reformbeschlüsse für die Liturgie entworfen und sich für sie eingesetzt hatten, daß auch die Umsetzung dieser Beschlüsse einem neuen Gremium übertragen würde, und eben nicht der Ritenkongregation.[10] Diese Kongregation, so J. A. Jungmann, „die sich in den Jahren vor dem Konzil durch die ersten Schritte in der Reform unzweifelhaft große Verdienste erworben hatte, schien doch für das gewaltige Werk eine zu schmale Basis zu sein".[11]

So waren die reformorientierten Kreise hoch erfreut, als Papst Paul VI. bei seiner Ansprache zur Verabschiedung der Liturgiekonstitution am 4.12.1963 ein eigenes nachkonziliares Gremium für die Reform der Liturgie ankündigte.[12] Bald folgte die Tat: Schon im Januar 1964 wurde die Errichtung eines „Consilium ad exsequendam Constitutionem de sacra Liturgia" gemeldet.[13] Präsidenten des Consilium waren Kardinal Lercaro vom 2.3.1964 bis 9.1.1968, Kardinal Gut vom 9.1.1968 bis 8.5.1969; Sekretär dieses „Rates" oder dieser „Kommission" – beide Worte wurden im gleichen Sinne gebraucht – „zur Verwirklichung der Liturgiekonstitution" wurde A. Bugnini.[14] Dem Consilium wurde die Aufgabe übertragen, Mitglieder für die Studiengruppen vorzuschlagen, die die Reform der liturgischen Bücher ausarbeiten sollten, die Arbeit der Studiengruppen zu organisieren und zu koordinieren, die Anträge der Bischofskonferenzen zu bearbeiten und alle für die Erprobung der neuen liturgischen Ordnungen notwendigen Maßnahmen zu treffen.[15] Innerhalb weniger Jahre wurde von diesem Gremium mit größter Kraftanstrengung ein [41] äußerst umfangreiches Arbeitspensum bewältigt. Das Sekretariat des Consilium – dem nie mehr als 10 Mitarbeiter angehörten und das bis 1969 in recht beengten räumlichen Verhältnissen untergebracht war – suchte die Mitarbeit der Ortskirchen und verstand sich als Bindeglied zwischen diesen und eher als Umschlagplatz von Erfahrungen denn als Aufsichtsbehörde oder gottesdienstliches Designbüro. Das war unverkennbar ein neuer kurialer Stil, der anderen Dikasterien nicht unbedingt nachahmenswert erschien. Innerhalb der Kurie gab es jedenfalls nun ein weiteres, in gottesdienstlichen Belangen zuständiges und tätiges Ressort. Damit stellte sich die Frage nach der Abgrenzung der Zuständigkeiten der verschiedenen Dikasterien, besonders

---

[10] Vgl. ebd. 93.

[11] *Jungmann* (s. Anm. 8) 35.

[12] Vgl. EDIL/DEL 1, 136.

[13] Vgl. *Bugnini*, Liturgiereform 72–76; EDIL/DEL 1, 179; *V. Noè*, Storia della Costituzione Liturgica. Punti di referimento, in: Costituzione liturgica „Sacrosanctum Concilium". Studi, hg. v. der Congregazione per il Culto Divino. Rom 1986 (BEL.S 38) 9–24, hier 19–23; *C. J. C. Isnard*, Le „Consilium", in: Mens concordet voci (FS A. G. Martimort). Paris 1983, 404–410.

[14] Vgl. *G. Pasqualetti*, Una vita per la liturgia, in: Liturgia opera divina e umana. Studi sulla riforma liturgica (FS A. Bugnini), hg. v. *P. Jounel [u. a.]*. Rom 1982 (BEL.S 26) 13–41.

[15] Vgl. EDIL/DEL 1, 191. 379.

im Bezug auf das Verhältnis zwischen Consilium und Ritenkongregation. Daß Spannungen nicht ausblieben, kann nicht überraschen, da alle Voraussetzungen für einen Streit um Kompetenzen gegeben waren, der dann – besonders in der ersten Phase – auch nach den klassischen Gesetzmäßigkeiten ausgetragen wurde.[16]

Die „neue" Ritenkongregation: 1967–1969

Die für eine möglichst reibungslose und zielstrebige Durchführung der Liturgiereform störenden und bedauerlichen Verhältnisse ließen Wünsche und Hoffnungen für bessere und neue Regelungen wach werden. So wurde etwa schon 1965 von einer Teilung der Ritenkongregation gesprochen.[17] Alle die Liturgie betreffenden Zuständigkeiten sollten in einem „Dicasterium sacrae Liturgiae" zusammengefaßt werden. Für die Selig- und Heiligsprechungen, die als juridische Prozesse nichts mit der Liturgie zu tun haben, wäre eine eigene kuriale Behörde einzurichten.

Dazu kam es aber bei der von Paul VI. mit der Konstitution „Regimini Ecclesiae"[18] bekanntgegebenen – von vielen als halbherzig gewerteten – Kurienreform von 1967 nicht. Es blieben nicht nur eine Reihe die Liturgie betreffende Kompetenzen auf verschiedene Kongregationen verteilt, sondern es blieben auch die bisherigen Zuständigkeiten der Ritenkongregation bestehen. Allerdings wurde dieses Dikasterium neu gegliedert und in zwei Sektionen geteilt: Der einen Sektion wurden die Selig- und Heiligsprechungsprozesse zugeordnet, die andere hieß „Sectio liturgica seu de cultu". Diese für die Liturgie zuständige Sektion sollte aus drei Abteilungen bestehen. Die erste Abteilung war für pastorale und rituelle Fragen des Gottesdienstes zuständig. Eine zweite Abteilung sollte Kontaktstelle zu den Bischofskonferenzen und liturgischen Organisationen sein, liturgische Veröffentlichungen sammeln und begutachten. Die dritte Abteilung schließlich sollte sich mit den als nicht streng liturgisch verstandenen Formen des Gottesdienstes befassen, wie beispielsweise den sogenannten „frommen Übungen". Diese Aufgabenstellung, die mit ihren Worten von der pastoralen Bedeutung der Liturgie, den Bischofskonferenzen als Partnern aufhorchen ließ, entsprach ohne Zweifel besser dem neuen Liturgieverständnis,

---

[16] Vgl. *Bugnini*, Liturgiereform 93–96. So wird von dilatorischer Behandlung berichtet, Verzögerung von Stellungnahmen, Mitteilungen an andere Instanzen über ihre möglicherweise verletzten Rechte, gleiche Warnung an höhere Autoritäten, Weitergabe von Informationen an Medien, Einladungen an Außenstehende zu intervenieren.

[17] Vgl. *Bugnini*, Liturgiereform 102.

[18] Vgl. EDIL/DEL 1, 989–1007; *Bugnini*, Liturgiereform 101–103; *H. Schmitz*, Kommentar zur Apostolischen Konstitution „Regimini Ecclesiae", in: Kurienreform. Trier 1968 (NKD 10) 17–61, hier 39.

[42] auch wenn sie insgesamt recht vage und weithin Papier blieb. Die Konzeption einer überwiegend aufsichtführenden und Privilegien erteilenden Dienststelle war jedenfalls überwunden.

Was war nun aber mit dem Consilium bei der Kurienreform von 1967? Daß die dem „Rat zur Durchführung der Liturgiekonstitution" nicht wohlgesonnenen Kreise versuchen würden, den ungeliebten Nachkömmling möglichst einzugrenzen, war zu erwarten. Noch in den Druckfahnen der Konstitution „Regimini Ecclesiae" sei das Consilium – wird berichtet[19] – nur als „simples Anhängsel der Ritenkongregation" aufgeführt gewesen. Erst Beschwerden beim Papst führten im definitiven Text der Konstitution zur Erwähnung dieses kurialen Organs als zeitlich – bis zum Abschluß der liturgischen Erneuerung – befristete Einrichtung der Kurie.

Die Bemühungen von seiten des Consilium um eine insgesamt befriedigendere Beheimatung liturgischer Belange in der Kurie hielten auch nach der Kurienreform von 1967 an. Als im Januar 1968 Kardinal Lercaro als Präsident des Consilium zurücktrat, bat der Papst auch den Präfekten der Ritenkongregation, Kardinal Larraona, um Verzicht auf sein Amt und ernannte Kardinal Gut zum Nachfolger der beiden. Das diente dazu, die Beziehungen zwischen Ritenkongregation und Consilium zu entspannen. „Das Verhältnis wurde wirklich herzlich, und man arbeitete glänzend miteinander."[20]

Die erste Kongregation für den Gottesdienst: 1969–1975

Es waren noch keine zwei Jahre seit der Kurienreform von 1967 vergangen, als die Apostolische Konstitution „Sacra Rituum Congregatio" vom 8.5.1969 wieder eine neue Regelung einführte.[21] Die beiden Sektionen der bisherigen Ritenkongregation wurden in zwei selbständige Kongregationen geteilt: eine „Kongregation für Heiligsprechungsprozesse" („Pro Causis Sanctorum") und eine andere „Kongregation für den Gottesdienst" („Pro Cultu Divino"). Die der Reform zugeneigten Kreise waren begeistert. Im Konsistorium vom 28. April 1969 hatte Papst Paul VI. die Trennung begründet; er hielte es für angebracht, daß nach der umfassenden Förderung, die die Liturgie durch das 2. Vatikanische Konzil erfahren habe, auch ein zentrales Organ geschaffen werden müsse, das einzig und allein dazu

[19] Vgl. *Bugnini*, Liturgiereform 102.

[20] Ebd. 104.

[21] Vgl. EDIL/DEL 1, 1761–1773; *Bugnini*, Liturgiereform 104–109; *H. Schmitz*, Die Reform der Römischen Kurie, in: Kurienreform 2. Trier 1976 (NKD 47) 11–61, hier 22–25; *E. J. Lengeling*, Die neue Ordnung der Eucharistiefeier. Münster [2]1971 (rlg 17/18) 452f; *D. Balboni*, La S. Congregazione del Culto Divino e la riforma della Curia Romana in un libro recente, in: EL 86 (1972) 80–83; Not. 5 (1969) 133.

bestimmt sei, sich mit dem Beten und dem Gottesdienst der Kirche zu befassen und dieses kirchliche Tun zu fördern.[22]

Die drei Abteilungen der früheren Ritenkongregation blieben in der Gottesdienstkongregation bestehen, wenn auch mit etwas veränderten und vor allem genauer umschriebenen Aufgaben. Sie ließen – wenigstens auf dem Papier – die Umrisse einer „Zentralstelle Liturgie" für die Lateinische Weltkirche im römischen Pastoralamt erkennen. Wie sah dieses Projekt aus? [43]

Die Aufgabe der 1. Abteilung sollte in der Abfassung und Verbesserung liturgischer Texte bestehen, in der Überprüfung der Eigenfeste und -texte der Diözesen und klösterlichen Gemeinschaften; ferner sollte sie die in den liturgichen Büchern enthaltenen Bestimmungen authentisch interpretieren und sich mit der Reliquienverehrung, den Schutzpatronen und der Verleihung des Titels „Basilica minor" befassen. Die zweite Abteilung sollte die Beschlüsse der Bischofskonferenzen bezüglich des Gebrauchs der Muttersprache prüfen und bestätigen und Anpassungsvorschläge gemäß Artikel 40 der Liturgiekonstitution bearbeiten. Außerdem war sie für den außerliturgischen Gottesdienst zuständig.

Der dritten Abteilung innerhalb der neuen Kongregation wurden als Aufgaben zugewiesen: Kontakte zu den nationalen und internationalen Liturgiekommissionen sowie zu den Instituten und Arbeitsstellen für Liturgie, Musik und Gesang und kirchliche Kunst; Sammeln von Nachrichten und Materialien über das liturgische Leben der Kirche und deren statistische Auswertung; Bearbeitung der Fragen zum Thema „Liturgie und Medien"; Förderung des liturgischen Apostolats in seinen verschiedenen Formen.

Das „Consilium ad exsequendam Constitutionem de sacra Liturgia" beendete seine Existenz als eigenständige Heimat für die liturgische Erneuerung innerhalb der Kurie. Es wurde in die neue Gottesdienstkongregation eingegliedert, deren Personal weitgehend aus dem bisherigen Consilium rekrutiert wurde und deshalb große Hoffnungen weckte.[23]

Die neue Liturgiekongregation hatte es nicht leicht, sich im Kreis der etablierten Dikasterien zu behaupten.[24]. Sie bemühte sich, den von anderen römischen Behörden oft abweichenden Arbeitsstil des früheren Consilium beizubehalten. In den Diskussionen spielte Sachkompetenz eine größere Rolle als hierarchische Rangstufen. Liturgie war für die junge Kongrega-

---

[22] Vgl. Not. 5 (1969) 128.

[23] Der bisherige Präsident des Consilium und Präfekt der Ritenkongregation, Kardinal B. Gut, war Präfekt der neuen Gottesdienstkongregation bis zu seinem Tod am 8.12.1970. Seine Nachfolger waren Kardinal Tabera vom 20.2.1971 bis 15.9.1973 und Kardinal Knox vom 25.1.1974 bis 11.7.1975; zur weiteren personellen Zusammensetzung vgl. Not. 5 (1969) 133.

[24] Vgl. *Bugnini*, Liturgiereform 109–113.

tion mehr als nur „Riten und Zeremonien". Sie verstand den Gottesdienst als Schnittpunkt der Glaubenslehre und des Glaubenslebens, als Begegnung mit dem Wort Gottes, als Heilsgeschehen für den Menschen und Gottesverehrung, als „actio" und „contemplatio". Damit setzte sich die Kongregation dem Verdacht aus, überall mitreden und für alles zuständig sein zu wollen. Zugleich wurde sie immer wieder beschuldigt, „Ursache für Mißstände in der Kirche zu sein, den Ungehorsam zu fördern, der Arroganz und dem Druck einiger Gebiete und Länder nachzugeben und unfähig zu sein, die Mißbräuche abzustellen".[25] Daß die Kongregation überhaupt erfolgreich arbeiten konnte, lag nach dem Zeugnis ihres Sekretärs A. Bugnini entscheidend an dem Interesse, dem Vertrauen und der Unterstützung Papst Pauls VI. „Sein persönliches Eingreifen förderte die Arbeiten und räumte jeweils die Hindernisse aus dem Weg, auch die hinterlistigsten."[26] [44]

Ab dem Jahre 1974 scheint in der Einstellung des Papstes vor allem zum Sekretär der Kongregation ein Wandel eingetreten zu sein, der im Sommer 1975 eine neue tiefgreifende Veränderung brachte. Die Ereignisse, die schließlich zum Ende der ersten Liturgiekongregation führten, entbehrten nicht der Dramatik und sind bis heute nicht geklärt.[27] Die Widerstände gegen die liturgische Erneuerung, die sich in den Angriffen gegen den Sekretär der Kongregation, Erzbischof A. Bugnini, personalisierten,[28] zeigten, daß es Kreise gab, die ihre Niederlagen bei den Konzilsentscheidungen nicht annehmen wollten. Etliche unkluge Verhaltensweisen der Angehörigen der Gottesdienstkongregation mögen zur Verschlechterung der Situation beigetragen haben. Papst Paul VI. entzog seine Gunst der von ihm geschaffenen Kongregation bzw. den von ihm in diese Kongregation berufenen Personen. In einer von manchen Beobachtern so empfundenen „Nacht- und Nebel-Aktion" wurde die Kongregation für den Gottesdienst neu organisiert und mit einer anderen Kongregation zusammengelegt, diesmal jedoch nicht wieder mit der Kongregation für Heiligsprechungen.

Die Kongregation für die Sakramente und den Gottesdienst: 1975–1984

Durch die Apostolische Konstitution „Constans Nobis Studium" vom 11.7.1975 hörte die selbständige Kongregation für den Gottesdienst nach

[25] Ebd. 112.

[26] Vgl. ebd. 113; *W. von Arx*, Der Anteil Papst Pauls VI. an der Liturgiereform des 2. Vatikanischen Konzils. St. Ottilien 1987 (Fuldaer Hochschulschriften 2); *G. Danneels*, Paulus VI en de liturgiehervorming, in: TLi 69 (1985) 122–131.

[27] Vgl. *Bugnini*, Liturgiereform 113–119.

[28] Auf ein makabres Echo dieser Feindseligkeiten macht aufmerksam *B. Kleinheyer*, „Sacrosanctum Concilium 1986". Eine Relecture der Liturgiekonstitution, in: LJ 38 (1988) 4–29, hier 19 Anm. 58.

6 Jahren auf zu existieren.[29] Sie wurde mit der „Congregatio de disciplina sacramentorum“ vereinigt. Als – im Hinblick auf die tatsächlichen Zuständigkeiten der Sakramentenkongregation – wenig überzeugende Begründung wurde angeführt, die liturgisch-kultisch-pastoralen Aspekte ließen sich von den kanonisch-juridischen nicht trennen. Die neue Kongregation erhielt den etwas seltsamen Namen „Congregatio pro Sacramentis divinoque Cultu“. Während im bisherigen Namen der Kongregation für die „Disziplin“ der Sakramente zutreffend deutlich wurde, daß sie nicht mit den Sakramenten insgesamt, sondern mit einem ihrer Aspekte zu tun hatte, brachte der Wegfall der „disciplina“ in der Bezeichnung der neuen Kongregation und die Verbindung mit dem Gottesdienst eine theologisch fragwürdige Kombination. Eine „Kongregation für die Sakramente und den Gottesdienst“ ließ fragen, ob denn die Sakramente nicht zum Gottesdienst zählen. Hier hatte man nicht nur das konziliare Verständnis vom Gottesdienst übergangen, sondern wurde sogar z.B. Pius XII. nicht gerecht, der in seinem Rundschreiben „Mediator Dei“ die Sakramente zur Liturgie gezählt hatte.[30]

An der schon im Namen der Kongregation zum Ausdruck kommenden Hintanstellung des Gottesdienstes, die sich in der Zuweisung von Personal und Räumen [45] fortsetzte, konnte auch die Tatsache von zwei Sektionen nichts ändern und die Bestimmung, daß die Sektion „Pro Cultu Divino“ mit einem eigenen Subsekretär alle Aufgaben weiterführen sollte, die 1969 der damals neu errichteten Gottesdienstkongregation übertragen worden waren.[31] Daß die kleine und geschwächte Gruppe der Sektion „Gottesdienst“ dies bei allem Einsatz und gutem Willen nicht leisten konnte, wird jeder verstehen.

Ein großes Unternehmen – die Liturgiereform – war vom Konzil wagemutig in Gang gesetzt worden. Verweigerte man nun den Nachschub? War in der kurialen Herberge kein Platz für die Liturgie? Erst nach 9 weiteren Jahren setzte sich wieder die Erkenntnis in die Tat um, daß so die konziliare Bewertung der Liturgie nicht genügend zum Tragen kommen konnte.

---

[29] Vgl. EDIL 2, 3403–3409; *Bugnini*, Liturgiereform 114 hat die Zeit der ersten Gottesdienstkongregation gezählt: „6 Jahre, 2 Monate und 13 Tage.“ Vgl. *H. Haug*, Constans nobis studium, in: Gd 9 (1975) 127f; *P.M. Gy*, La nouvelle Congrégation pour les sacrements et le culte divin, in: MD 124 (1975) 7–13; *S. Marsili*, Dovo va la Liturgia?, in: RivLi 62 (1975) 622–625; *J. M. Bernal*, Documentación Liturgica 1975, in: Phase 15 (1975) 417–419; *A. Verheul*, Reorganisatie van het kerkelijk beleid voor de godde-lijke eredienst, in: TLi 60 (1976) 153–155; Not. 11 (1975) 213–215; zur personellen Besetzung ebd. 211.

[30] Vgl. „Mediator Dei“, in: AAS 39 (1947) 522.

[31] Präfekt der Doppelkongregation war vom 11.7.1975 bis 5.8.1981 Kardinal Knox, Subsekretär der Sektion für den Gottesdienst V. Noè, der 1977 Adjunktsekretär wurde und 1982 Sekretär und Erzbischof; seine Stelle als Subsekretär übernahm A. Alessio. Nachfolger von Kardinal Knox war Erzbischof J. Casoria als Propräfekt vom 26.8.1981 bis 2.2.1983, als Kardinalpräfekt bis zur Auflösung der Doppelkongregation 1984.

Durch das Handschreiben Papst Johannes Pauls II. „Quoniam in celeri" wurde am 5.4.1984 die Vereinigung der beiden Kongregationen wieder rückgängig gemacht. Der Papst schrieb: „Im schnellen Fluß der Zeit verlangen auch pastorale Angelegenheiten neue Überlegungen und neue Wege."[32] Ein kenntnisreicher Experte meinte, „daß nach dem Urteil des Papstes im Rahmen der Doppelkongregation die Wahrnehmung der drängenden weltweiten pastoralliturgischen Aufgaben in einer ‚Sektion für den Gottesdienst' nicht genug gefördert werden konnte".[33] Die beiden neuen Kongregationen „pro Sacramentis" und „pro Cultu Divino" behielten unverändert die Aufgaben der zwei Sektionen der bisherigen Kongregation. Neu war die Verbindung zwischen den beiden Kongregationen in der Weise, daß Titularerzbischof A. Mayer OSB in Personalunion Leiter der beiden Behörden wurde, zunächst als Propräfekt, von Mai 1985 bis Mai 1988 als Kardinalpräfekt. Hervorstechendes Ereignis dieser Phase war ohne Zweifel der Kongreß im Oktober 1984, der zu einem beeindruckenden Zeugnis für die bisher gereiften Früchte der Liturgiereform, aber auch die noch ausstehenden Bedürfnisse wurde; als Vermittlerin der Erfahrungen der verschiedenen Teilkirchen trat die Kongregation in Erscheinung.[34]

Wichtige Projekte der Erneuerung wurden von der Kongregation fortgeführt, abgeschlossen oder auch neu in Angriff genommen. Erwähnt seien etwa der Ritualeteil „De Benedictionibus" (31.5.1984), das „Caeremoniale Episcoporum" (14.9.1984) und das „Martyrologium Romanum".

Die zweite selbständige Gottesdienstkongregation hat sich, ähnlich wie die erste – das zeigen alle Berichte z. B. in dem Informationsblatt „Notitiae" – um engen Kontakt [46] mit den Orts- und Teilkirchen bemüht, sei es durch Besuche bei deren Beratungen, sei es durch die Einladungen zu Gesprächen mit der Kongregation.[35] Allerdings ging damit Hand in Hand auch das Selbstverständnis als Kurienorgan, das neben dem Führungsstil des Dialogs, der beratenden, vermittelnden und teilnehmenden Mitsorge stärker auch den Stil des Einschärfens von Vorschriften und behördlicher Eingriffe pflegte.[36]

---

[32] Not. 20 (1984) 237.

[33] *B. Fischer*, Deutscher Erzbischof – neuer Pro-Präfekt der Gottesdienstkongregation, in: Gd 18 (1984) 73–75.

[34] Congregazione per il Culto Divino, Atti del Convegno dei Presedenti e Segretari delle Commissioni nazionali di Liturgia. Padua 1986.

[35] Vgl. Not. 20 (1984) 1028; 21 (1985) 740; 22 (1986) 982f.

[36] So wurden beispielsweise aus dem englischen Sprachgebiet entsprechende Erfahrungen bei der Konfirmierung der Begräbnisliturgie gemeldet.

Freilich sollte auch diese zweite selbständige Gottesdienstkongregation die Vollendung des siebten Lebensjahres nicht erreichen.[37] Mit der Apostolischen Konstitution „Pastor bonus" vom 28.6.1988 wurde nach vier Jahren wieder eine Vereinigung vollzogen.[38] Es entstand eine „Congregatio de Cultu Divino et Disciplina Sacramentorum". Die Liturgie steht an erster Stelle und die Sakramente werden dann nicht noch angehängt, als hätten sie mit der Liturgie nichts zu tun. Es wird vielmehr ausdrücklich die Zuständigkeit für die „disciplina" der Sakramente, deren rechtliche Aspekte also, hervorgehoben, was aus der wörtlichen Übersetzung „Disziplin der Sakramente" nicht unmittelbar herausgehört werden kann. Daß juridische Fragen nicht einfach identisch mit den liturgischen Gesichtspunkten sind, leuchtet ein und rechtfertigt den Namen.

Die Umschreibung der Aufgaben der neuen Kongregation ist – wie bei den anderen Kongregationen, Räten und Einrichtungen – in der Konstitution „Pastor bonus" (Art. 62–70) knapp. Die Kongregation, seit der Reform Pauls VI. 1967 in der Reihenfolge nach der Glaubenskongregation und der Kongregation für die Ostkirchen an die 3. Stelle gerückt, habe sich, „unbeschadet der Kompetenz der Glaubenskongregation mit allem zu befassen, was dem Apostolischen Stuhl in bezug auf die Leitung und Förderung der Liturgie, besonders der Sakramente zukomme" (Art. 62). Mit der „promotio" tritt neben der „moderatio" deutlich die Aufgabe der Kongregation als Impulsgeber und Initiator in den Blick. Ferner soll sie sich der Disziplin der Sakramente annehmen, vor allem hinsichtlich deren Gültigkeit und Erlaubtheit und Dispensen[39] gewähren, zu denen die Diözesanbischöfe nicht berechtigt sind (vgl. Art. 63). Diese Formulierung hebt zwei Aspekte hervor, deren Einseitigkeit seit dem Konzil als überwunden gelten konnte, da die Liturgiekonstitution ausdrücklich fordert, die Seelsorger sollten bei liturgischen Feiern darum bemüht sein, „daß nicht bloß die Gesetze des gültigen und erlaubten Vollzugs beachtet werden, sondern auch, daß die Gläubigen bewußt, tätig und mit geistlichem Gewinn daran teilneh-[47]men".[40] Der Auftrag an die Kongregation, die Liturgie zu fördern, umfaßt gewiß die Sorge um die Einhaltung dieser Forderung des Konzils.

---

[37] Vgl. CIC 1983, can. 11.

[38] Vgl. AAS 80 (1988) 841–912. Die Konstitution tritt am 1.3.1989 in Kraft. Ab 1.7.1988 war Kardinal E. Martínez Somalo Präfekt der Kongregation für den Gottesdienst und Präfekt der Kongregation für die Sakramente.

[39] Es wäre zu fragen, welche Indulte und Dispensen noch durch den Apostolischen Stuhl zu gewähren sind in dieser Angelegenheit, nachdem der CIC 1983 den Diözesanbischöfen entsprechende Rechte übertragen hat. Die eigentlichen Probleme der heutigen Sakramentenpastoral liegen auf anderen Gebieten.

[40] SC 11.

Weiterhin soll das neue Dikasterium alle pastoralliturgischen Bestrebungen fördern, besonders jene, die sich auf die Eucharistiefeier beziehen, und den Diözesanbischöfen zu Hilfe kommen, damit alle Gläubigen in wachsendem Maß die Liturgie lebendig mitfeiern (vgl. Art. 64).

Als weitere Zuständigkeit der Kongregation werden genannt: Abfassung und Verbesserung der liturgischen Texte, Überprüfung der Eigenkalender und Eigentexte der Teilkirchen und Ordensgemeinschaften sowie der muttersprachlichen Fassungen (und deren Anpassungen) der von den Bischofskonferenzen ordnungsgemäß erstellten liturgischen Bücher (vgl. Art. 64). Die von der Liturgiekonstitution des Konzils dem Apostolischen Stuhl zugedachte Aufgabe der „probatio seu confirmatio" (Art. 36 § 3) wird wie im Kirchengesetzbuch von 1983 (can. 838 § 3) als „Überprüfung" bezeichnet.[41] Es fällt auf, daß von einer Aufgabe der Kongregation als Kontaktstelle zu den Bischofskonferenzen im Unterschied zu den Aufgabenbeschreibungen von 1967, 1969, 1975 und 1984 nicht mehr die Rede ist. Bedürfen die Konferenzen keiner Hilfe mehr oder sind die Verbindungen zu ihnen in Art. 26 global abgedeckt? Auch die Liturgiekommissionen der Bischofskonferenzen werden nicht mehr genannt. Als „Kommissionen" ohne nähere Kennzeichnung werden sie im gleichen Atemzug mit den Einrichtungen des liturgischen Apostolats, der Kirchenmusik und der kirchlichen Kunst erwähnt, die von der Kongregation gefördert werden sollen (vgl. Art. 65). Soweit solche Einrichtungen international organisiert sind, ist die Kongregation für deren Statuten zuständig. Ein Vergleich mit früheren Kompetenzbeschreibungen zeigt, daß in Art. 66 der Kongregation ausdrückliche Aufsichts- und Eingriffspflichten zugewiesen werden. Sie hat nämlich sorgfältig darüber zu wachen, daß alle liturgischen Vorschriften genauestens eingehalten, Mißbräuche verhindert und so – festgestellt – ausgemerzt werden.

Als Zuständigkeitsbereiche werden dann Kompetenzen aus dem Sakramentenrecht genannt, die mit der Feier des Gottesdienstes selbst weniger zu tun haben: nichtkonsumierte Ehen, Ehedispensen (vgl. Art. 67), Ungültigkeit von Weihen (vgl. Art. 68), Reliquienverehrung, Patronate und Bestätigungen des Titels einer „Basilica minor" (vgl. Art. 69). Eine Kompetenz wird der Kongregation schließlich hinsichtlich der „preces necnon pia populi christiani exercitia" übertragen (Art. 70).[42] [48]

---

[41] Dieser Ausdruck war von der Liturgiekommission des Konzils ausdrücklich abgelehnt worden, die ihre Vorstellung vom Verfahren in den Worten „probare seu confirmare" besser ausgedrückt sah. Vgl. *Lengeling* (s. Anm. 8) 85.

[42] SC 13 hatte bekanntlich unterschieden zwischen „pia populi christiani exercitia", die in der deutschen Übersetzung als „Andachtsübungen des christlichen Volkes" bezeichnet werden, und andererseits „sacra Ecclesiarum particularium exercitia", was mit „gottesdienstliche Feiern der Teilkirchen" wiedergegeben wurde. Der CIC 1983 nimmt diese Unterscheidung nicht auf und spricht in can. 839 § 2 von „pia et sacra exercitia populi christiani".

Ermutigende Hoffnungen

Überblickt man die doch recht disparaten Aufgaben, für deren Trennung 1969 und 1984 durchaus einleuchtende Begründungen vorgetragen worden waren, so können Zweifel aufkommen, ob in „Pastor bonus" ein den pastoralen Bedürfnissen der heutigen Kirche gerechtwerdendes Organ der Kirchenleitung für den Bereich der Liturgie beschrieben wird. Könnte man sich vorstellen, daß es eine der Aufgaben einer weltkirchlichen „Zentralstelle Liturgie" wäre, die Bischofskonferenzen zu ermutigen, mit den Anpassungen nach Art. 37–40 der Liturgiekonstitution ernst zu machen?* Könnte man meinen, die große Aufgabe der Inkulturation der Kirche und ihrer Liturgie seien in einer Aufgabenbeschreibung mindestens so nennenswert wie die „Konfirmierung kirchlicher Patrone"? Könnte es angebracht erscheinen, die Förderung der Bildung und Fortbildung aller liturgischen Dienste für mindestens so der ausdrücklichen Erwähnung wert zu halten wie die Reliquienverehrung? Ist das „matrimonium ratum et non consummatum" – bei aller Anerkennung der im Nichtvollzugsverfahren liegenden Problematik – eine in der Kompetenzbeschreibung einer Kongregation erwähnenswerte Aufgabe angesichts der realen Verhältnisse mit unehelichen, eheähnlichen und eheunähnlichen Verhältnissen auch getaufter Katholiken in allen christlichen Ländern? Es stellt sich somit grundsätzlich die Frage, ob „Pastor bonus" für die betende und feiernde Kirche und ihren Dienst der Verherrlichung Gottes und Heiligung der Menschen eine

---

Die lateinisch-deutsche Ausgabe übersetzt: „die frommen und heiligen Übungen des christlichen Volkes". Die Erwähnung der gottesdienstlichen Feiern der Teilkirchen ist entfallen. Mit den „preces" sind ganz allgemein Gebete gemeint; der Codex spricht in gleichem Zusammenhang von „orationes".

* Eine Instruktion zu dieser Thematik erschien am 25.1.1994 unter dem Titel „Varietates legitimae". Sie versteht sich als Vierte Instruktion zur Ausführung der Liturgiekonstitution. Deutscher Text in: VAS 114 (1994). Vgl. die Kommentare von *H. B. Meyer*, Die Instruktion „Varietates legitimae" über die römische Liturgie und Inkulturation, in: HlD 48 (1994) 186–192; *H. Rennings*, In vielen Kulturen. Die Instruktion über Inkulturation vom 25.1.1994, in: Gd 28 (1994) 65–67; *[ders.]*, Vision einer vielgestaltigen Römischen Liturgie, in: LJ 44 (1994) 65f. – Im übrigen ging Papst Johannes Paul II. in seinem Apostolischen Schreiben zum 25. Jahrestag der Liturgiekonstitution „Vicesimus quintus annus" vom 4.12.1988, das jedoch erst am 14.5.1989 (Pfingsten) veröffentlicht wurde (und damit nach dem Erscheinen dieses Artikels von H. Rennings), auf die Aufgabe der Inkulturation sowie auf die nachfolgend von Rennings genannte liturgische Bildung ein; deutscher Text in: VAS 89 (^{2}1989); vgl. dazu die Kommentare von *H. Rennings*, Fünfundzwanzig Jahre. Apostolisches Schreiben zur Liturgiereform, in: Gd 23 (1989) 81–83; *ders.*, Zur deutschen Übersetzung des Papstschreibens, ebd. 82; *A. Häußling*, Nachkonziliare Paradigmenwechsel und das Schicksal der Liturgiereform, in: ThG 32 (1989) 243–254; *M. Klöckener*, 25 Jahre Liturgiekonstitution und Liturgiereform. Ein Bericht über Veranstaltungen und Publikationen zu diesem Anlaß, in: Gottesdienst – Kirche – Gesellschaft. Interdisziplinäre und ökumenische Standortbestimmungen nach 25 Jahren Liturgiereform, hg. v. *H. Becker [u. a.]*. St. Ottilien 1991 (PiLi 5) 429–459, hier 455–459 (dort auch weitere Literatur und Editionen in anderen Sprachen).

Dienststelle geschaffen hat, mit der die Kirche getrost ihren Weg ins dritte Jahrtausend antreten kann. Wird da nicht vielleicht noch einiges zuviel aus der Vergangenheit mitgeschleppt? Offen muß zunächst noch bleiben, wieweit tatsächlich eine Zentrierung gottesdienstlicher Angelegenheiten bei der neuen Doppelkongregation gelingen wird. Zwar fallen erhebliche Bereiche der Liturgie in die Kompetenz der Kongregation, doch sind auch weiterhin andere Dienststellen mit gottesdienstlichen Angelegenheiten befaßt.[43] Erfreulich ist festzustellen, daß das bisherige päpstliche Zeremonienamt eine Umbenennung in „Amt für die liturgischen Feiern des Papstes" erhalten hat (vgl. Art. 182), d. h. Feiern unter Leitung des Papstes.

Die insgesamt häufig – fast hektisch anmutenden – wechselnden gottesdienstlichen Zuständigkeiten in der Kurie zwischen 1964 und 1988 ermutigen zu der Hoffnung, daß auch für die zukünftigen Aufgaben des Petrusdienstes an der Liturgie als „Höhepunkt, dem das ganze Tun der Kirche zustrebt", und zugleich „Quelle, aus der all ihre Kraft strömt",[44] weiter flexible und effiziente kuriale Organisationsformen gesucht werden.

---

[43] In „Pastor bonus" sind beispielsweise erwähnt: Glaubenskongregation (vgl. Art. 52); Kleruskongregation (vgl. Art. 95 § 3); Kongregation für die Evangelisation (vgl. Art. 86); Kommission für die Erhaltung der Kunstschätze und Archivalien (vgl. Art. 103); Rat für die Laien (vgl. Art. 133 § 2). Unverändert bleiben die liturgischen Zuständigkeiten der Kongregation für die Ostkirchen (vgl. Art. 58 § 1).

[44] Vgl. SC 10.

Kirchenamtliche Beiträge zur nachkonziliaren liturgischen Erneuerung in der Bundesrepublik und im deutschen Sprachgebiet*

Wie in den Bestrebungen zu einer Erneuerung der Liturgie in den Jahrzehnten vor dem Zweiten Vatikanischen Konzil Ströme aus verschiedensten Quellen zusammengeflossen waren, so verlangte auch die Ausführung der vom Konzil beschlossenen Reform des Gottesdienstes das Zusammenwirken vieler. An diesem großen Werk, das den gottesdienstlichen Versammlungen im Leben der Kirche wieder den gebührenden Stellenwert geben und sie zu lebendigen Feiern des Glaubens machen wollte, waren ja nicht nur einige Fachleute zu beteiligen, sondern alle Teilnehmer an Gottesdiensten, alle, die Liturgie mitfeiern.

Tatsächlich sind in den 25 Jahren seit Verabschiedung der konziliaren Reformbeschlüsse zahlreiche Aktivitäten zu ihrer Verwirklichung in Gang gesetzt worden: auf verschiedenen Ebenen kirchenleitender Instanzen, aber auch aus privater Initiative, manche mit wissenschaftlichen, andere stärker mit pastoralen oder spirituellen Schwerpunkten. Der folgende Bericht befaßt sich mit dem Beitrag einiger offizieller Einrichtungen, keineswegs aller. Auch räumlich ist er begrenzt, insofern er sich nur auf den Bereich der Deutschen Bischofskonferenz und – soweit erforderlich – das deutsche Sprachgebiet erstreckt.[1]

---

* Zuerst veröffentlicht in: Gottesdienst – Kirche – Gesellschaft. Interdisziplinäre und ökumenische Standortbestimmungen nach 25 Jahren Liturgiereform, hg. v. *H. Becker [u. a.]*. St. Ottilien 1991 (PiLi 5) 47–58. – Bibliographie Rennings Nr. 362.

[1] Zu einzelnen Berichtsperioden vgl. etwa: Acht Jahre Liturgiereform. Situationsbericht der Liturgischen Kommissionen des deutschen Sprachgebietes, in: Gd 6 (1972) 1–4; *R. Berger*, Der Stand der liturgischen Erneuerung in unseren Gemeinden, in: LJ 29 (1979) 193–211; *A. Hänggi*, Zwanzig Jahre danach, in: Gd 17 (1983) 177–179. 182; *E. J. Lengeling*, Zum 20. Jahrestag der Liturgiekonstitution, in: LJ 34 (1984) 114–124; *A. Gerhards*, Form als Aufgabe, in: Gd 19 (1985) 113–115; *M. Probst*, Die Liturgiereform des II. Vaticanums – eine Reform gegen die Frömmigkeit?, in: LJ 36 (1986) 222–237; Congregazione per il Culto Divino, Atti del Convegno dei Presidenti e Segretari delle Commissioni Nazionali di Liturgia. Padua 1986, 688–722.

In dem von der Konstitution „Sacrosanctum Concilium" des Zweiten Vatikanischen Konzils intendierten Prozeß der liturgischen Erneuerung spielten die [48] – zunächst so bezeichneten – „Bischofsvereinigungen" eine große Rolle.[2] Ein Teil der von den Bischöfen zum Apostolischen Stuhl abgewanderten liturgischen Rechte sollte diesem Gremium übertragen werden, das als orts- und problemnahe Institution leichter die notwendigen pastoralen Entscheidungen treffen konnte. Wichtig war daher, wie die damaligen drei Bischofskonferenzen im deutschen Sprachgebiet zur Reform standen.

Am 4.12.1963 schrieben die deutschen und schweizerischen Bischöfe an die Priester: „Wir Bischöfe (sind) entschlossen, alles zu tun, damit die Constitutio De Sacra Liturgia nicht nur auf dem Papier stehen bleibt."[3] Dabei gehe es – so heißt es in dem Schreiben weiter – erstlich nicht um eine bloße Änderung äußerer Formen, sondern um „Erneuerung und Stärkung des religiösen Lebens durch die liturgische Erneuerung".[4] Doch macht der Brief, genau wie das Pastoralschreiben der Erzbischöfe und Bischöfe Österreichs vom gleichen Tag,[5] darauf aufmerksam, daß eine solche Erneuerung längere Zeit brauche und gewiß nicht ohne Schwierigkeiten vor sich gehen werde. Am gleichen Tag erschien auch bereits eine erste Fassung einer deutschen Übersetzung des Konzilsdokumentes, die im Auftrag der deutschen, österreichischen und schweizerischen Bischöfe von den Liturgischen Kommissionen der Bischofskonferenzen Deutschlands, Österreichs und der Schweiz herausgegeben wurde.[6]

Die deutschen Bischöfe haben auch in den folgenden Jahren in verschiedener Weise gemeinsam Stellung zu Fragen der Reform genommen. So heißt es etwa in einem Schreiben der in Fulda versammelten deutschen Bischöfe vom 30.9.1966: „Die bisherigen Erfahrungen bei der Liturgiereform lassen bereits den segensreichen Beitrag erkennen, den die gottesdienstliche Erneuerung für die Vertiefung des christlichen Lebens in der Kirche unserer Tage leisten kann."[7] Zwanzig Jahre nach Verabschiedung

---

2 Vgl. SC 22.

3 Pastorale der deutschsprachigen Bischöfe an ihren Klerus vom 4.12.1963, in: Die Konstitution des Zweiten Vatikanischen Konzils über die heilige Liturgie. Lateinisch-deutscher Text mit einem Kommentar v. *E. J. Lengeling*. Münster ^{2}1965 (rlg 5/6) 7*–12*, hier 8*.

4 Ebd. 9*.

5 Pastoralschreiben der Erzbischöfe und Bischöfe Österreichs an den Klerus: ebd. 17*–23*.

6 Konstitution über die heilige Liturgie. Druckerei Sankt Peter. Rom 1963. Eine überarbeitete – freilich auch noch nicht voll befriedigende – Übersetzung enthält das LThK.K 1, 15–109; zur Entstehung der Übersetzung vgl. ebd. 10. Eine Literaturliste deutschsprachiger Untersuchungen zur Liturgiekonstitution findet sich in DEL 1, 38–40.

7 Schreiben der in Fulda versammelten deutschen Bischöfe an die Geistlichen über gottesdienstliche Fragen vom 30.9.1966, in: LJ 16 (1966) 255f.

der Liturgiekonstitution schauen die Bischöfe mit Dankbarkeit „auf all das Gute, das durch dieses [49] große Reformwerk in den vergangenen zwei Jahrzehnten angestoßen worden ist". Sie stellen allerdings auch fest, daß nicht schon alle Hoffnungen in Erfüllung gegangen sind, die mit diesem Dokument verbunden waren. „Niemand konnte 1963 z. B. wissen, daß die im Sinne größerer Durchsichtigkeit und Verständlichkeit sich an den Ursprüngen orientierende Erneuerung bei ihrer Verwirklichung in den Gemeinden zeitlich mit einer neuen Welle der Aufklärung in unserer Gesellschaft und einer sprunghaft anschwellenden allgemeinen Reformeuphorie zusammenfallen würde."[8]

Nach der Präzisierung der Zuständigkeit der „Bischofskonferenz" für die Zulassung der Muttersprache im Motuproprio „Sacram Liturgiam" vom 25.1.1964[9] und in der Instruktion „Inter Oecumenici" vom 26.9.1964[10] faßte die Plenarkonferenz der deutschen Diözesanbischöfe erstmals am 18. Februar 1964 in Hofheim und danach am 6.11.1964 in der Anima in Rom alle in ihrer Kompetenz liegenden Beschlüsse in bezug auf die Verwendung der Muttersprache.[11] Die Erlaubnisse bezogen sich auf die Meßfeier, die Feiern der Sakramente und Sakramentalien und das Stundengebet.

Im Rahmen des nachkonziliaren Prozesses der liturgischen Reform erschienen den Bischofskonferenzen einige weitere Initiativen notwendig oder hilfreich. So gestatteten sie z. B. im Rahmen der ihnen vom Apostolischen Stuhl zuerkannten Möglichkeiten neben der überlieferten Form der Kommunionspendung auch die Darreichung der eucharistischen Gabe in die Hand. Auf Antrag der Deutschen Bischofskonferenz erteilte die Ritenkongregation erstmals am 6. Juli 1968 im Auftrag des Papstes die Erlaubnis, daß die Deutschen Bischöfe – wenn sie es für angebracht hielten – die Handkommunion zulassen könnten.[12] Noch vor Veröffentlichung dieser Erlaubnis kam jedoch von der Kongregation die Bitte, zunächst von dieser Erlaubnis keinen Gebrauch zu machen, da der Papst noch Bedenken habe. Um ein sicheres Urteil zu gewinnen, ließ der Papst bei den Bischofskonferenzen der ganzen Kirche eine Umfrage veranstalten, deren Ergebnis am 29.5.1969 veröffentlicht wurde (Instruktion „Memoriale Domini").[13] Die Mehrheit der Bischofskonferenzen war gegen die Einführung der Hand-

---

[8] Deutsche Bischofskonferenz, Zwanzig Jahre Liturgiekonstitution, in: Gd 17 (1983) 159.

[9] Lateinischer und deutscher Text sowie Kommentar in *Lengeling*, Konstitution (s. Anm. 3) 253–268, hier 267f.

[10] Die Instruktion vom 26. September 1964 zur Liturgiekonstitution. Lateinisch-deutscher Text mit Kommentar v. *H. Rennings*. Münster 1965 (rlg 7), hier 51–68.

[11] Abgedruckt in *Lengeling*, Konstitution (s. Anm. 3) 12*.

[12] Vgl. etwa *H. Rennings*, Zwei Formen der Kommunionspendung, in: Gd 3 (1969) 110–112.

[13] DEL 1, 811–818.

kommunion. Doch wollte der [50] Papst auch den Bischofskonferenzen, die für die Zulassung der Handkommunion waren, entgegenkommen. Deshalb ordnete er durch die erwähnte Instruktion an, über die Zulassung der Handkommunion sollten die einzelnen Bischofskonferenzen für ihr Land entscheiden; der Beschluß müsse mit Zweidrittelmehrheit gefaßt sein und bedürfe der Genehmigung durch Rom. Gemäß den Bestimmungen der Instruktion wurde die Zulassung der Handkommunion von Rom für Deutschland am 6.6.1969 genehmigt.

Die pastoralen Bedürfnisse der Gemeinden mit einer großen Zahl von Kommunikanten und nur einem Priester ließen es geraten erscheinen, den Kreis der zur Kommunionspendung Bevollmächtigten zu erweitern und Laien mit diesem Dienst in der Meßfeier oder zur Überbringung an Kranke zu beauftragen. Der Beschluß wurde im September 1967 gefaßt und im März 1968 mit Ausführungsbestimmungen veröffentlicht. Weibliche Personen konnten zunächst nur beauftragt werden, wenn sie Ordensschwestern waren; diese Einschränkung wurde aber nach einem Jahr aufgehoben.[14]

Um das Glaubenszeugnis der in der christlichen Unterweisung oder in der wissenschaftlichen Theologie Tätigen oder durch andere Voraussetzungen qualifizierten Laien auch innerhalb der gottesdienstlichen Versammlung zu ermöglichen, befaßten sich bischöfliche Weisungen mit der Laienpredigt. Nachdem 1970 eine entsprechende Regelung von der Deutschen Bischofskonferenz verabschiedet worden war, ferner die Gemeinsame Synode der Bistümer in der Bundesrepublik Deutschland mit der Frage befaßt worden und ein römisches Reskript ergangen war,[15] datiert nach Erscheinen des Kirchengesetzbuches von 1983 die gegenwärtig gültige „Ordnung des Predigtdienstes von Laien" vom 24. Februar 1988. Sie sieht vor, daß unter bestimmten Voraussetzungen katholische Laien (Männer und Frauen) mit dem Predigtdienst beauftragt werden können: bei Wortgottesdiensten am Sonntag ohne Priester, sofern keine Eucharistie gefeiert werden kann; bei anderen Wortgottesdiensten; im Rahmen der katechetischen Unterweisung der Gemeinde oder bestimmter Personengruppen.[16]

Der immer wieder an die Bischöfe herangetragene Wunsch vieler Eltern, Katecheten und Priester, die Grundsätze der Liturgiereform bezüglich der [51] „tätigen Teilnahme" auch bei Meßfeiern mit Kindern verwirklichen zu können, führte zu entsprechenden Initiativen der Bischöfe. 1970 erschienen „Richtlinien und Anregungen für den Wortgottesdienst im Rahmen der

---

[14] Vgl. beispielsweise Kommunionspendung durch Laien, in: KA Trier 114 (1970) 57f.

[15] Vgl. Die Beteiligung der Laien an der Verkündigung, in: Gemeinsame Synode der Bistümer in der Bundesrepublik Deutschland, Beschlüsse der Vollversammlung. Offizielle Gesamtausgabe 1. Freiburg/Brsg. ^{2}1976, 153–185.

[16] Vgl. beispielsweise Ordnung des Predigtdienstes von Laien, in: KA Münster 122 (1988) 77–79; HerKorr 42 (1988) 164f. 452f.

Meßfeier“ und zwei Jahre später „Richtlinien und Anregungen“ auch für den Eucharistieteil.[17] Mehrere Bischofskonferenzen des Sprachgebietes sowie einzelne Bischöfe, die keiner Konferenz angehörten, approbierten die „Richtlinien und Anregungen“ und gestatteten, sie innerhalb eines festgesetzten Zeitabschnittes anzuwenden und zu erproben. In erheblichem Maße beeinflußte dieses im deutschen Sprachgebiet entstandene Dokument auch das „Direktorium für Kindermessen“, das die römische Kongregation für den Gottesdienst 1973 herausgab.[*] Dieses bedeutsame Direktorium des Apostolischen Stuhls stellt die Meßfeier mit Kindern in einen größeren pastoralen, liturgischen und religionspädagogischen Zusammenhang. Hinsichtlich der konkreten Anpassungsmöglichkeiten unterscheidet es sich nur in sehr wenigen Punkten von den „Richtlinien und Anregungen“ des Sprachgebietes. Weil mit dem Erscheinen des römischen Dokumentes die Notwendigkeit für eigene Regelungen im Sprachgebiet entfiel, wurden die Erlaubnisse zur Anwendung der „Richtlinien und Anregungen“ von den zuständigen Bischofskonferenzen und Bischöfen nicht mehr verlängert.[18]

Wichtige Hilfen für eine umfassende Information über die Ziele der liturgischen Erneuerung und die einzelnen Schritte der Reform wurden die verschiedenen Publikationen, in denen die Dokumente des Apostolischen Stuhls veröffentlicht wurden, um allen Priestern und Laien die Möglichkeit zu geben, diese Texte selbst zu studieren. Ab 1967 erschien eine Sammlung „Nachkonziliare Dokumentation“, die die lateinischen und deutschen Texte auch vieler, die Liturgie betreffender Dokumente brachte.[19] Nach

---

[17] Gottesdienst mit Kindern, hg. v. Deutschen Katechetenverein, München, u. v. Liturgischen Institut, Trier, erarb. im Auftrag der Deutschen Bischöfe von der Kommission für Fragen der Kinder- und Jugendliturgie. München 1970, 2. erg. Aufl. (mit den „Richtlinien und Anregungen“) 1972; Das Geleitwort des 1. Teils ist vom damaligen Vorsitzenden der Liturgiekommission der Deutschen Bischofskonferenz, Bischof Stein, und dem Präsidenten a. i. der Liturgischen Kommission der Schweiz, Bischof Hänggi, unterschrieben. Der 2. Teil wurde gebilligt durch den Beschluß der Deutschen Bischofskonferenz vom Februar 1972, durch die Rahmenverordnung der Schweizer Bischofskonferenz über die Meßfeiern für bestimmte Personenkreise und in Gruppen vom 22.9.1971 sowie durch Verordnung des Bischofs von Luxemburg vom 17.10.1972.

[*] Vgl. dazu in diesem Band den Beitrag S. 101–109.

[18] Eine ergänzte und überarbeitete Neuauflage von „Gottesdienst mit Kindern“ wurde 1988 vom Deutschen Katecheten-Verein und vom Liturgischen Institut unter dem Titel: Gottesdienst mit Kindern. Direktorium für Kindermessen. Überlegungen und Anregungen für die Meßfeier. Erg. u. überarb. Neuaufl., bearb. v. *H. Rennings, R. Sauer u. R. Trottmann*. München 1988, korr. Neuaufl. 1993 (Auslieferung DKV-Buchdienst, Preysingstr. 83c, D-81667 München).

[19] In NKD 1 wurde die „Instruktion über die Musik in der Liturgie“ vom 5. März 1967 veröffentlicht. Weitere Bände brachten folgende Dokumente: NKD 5: Zweite Instruktion zur Konstitution über die Liturgie (1967); NKD 6: Instruktion über die Eucharistie (1967); NKD 19: Dokumente zum römischen Meßbuch (1970, ^{2}1974); NKD 20: Der römische Kalender (1969); NKD 29: Instruktion über die Neuordnung der Eigenkalender und der Eigentexte von Stundengebet und Messe (1975); NKD 31: Dritte Instruktion zur ordnungsgemäßen Durch-

Einstel-[52]lung dieser Reihe erschienen weitere die Liturgiereform betreffende Dokumente in verschiedenen, vom Sekretariat der Deutschen Bischofskonferenz herausgegebenen Serien, wie z. B. in den „Verlautbarungen des Apostolischen Stuhls“[20] und in der Serie „Arbeitshilfen“,[21] besonders hilfreich darunter das Heft 41 mit einer Sammlung von Dokumenten zur Meßfeier [in erweiterter und korrigierter Auflage als Heft 77]. Als Stellungnahmen der Liturgiekommission wurden in der Serie „Die Deutschen Bischöfe“ Hefte zur Konzelebration und zum liturgischen Dienst des Diakons herausgegeben.[22]

Die Veränderungen im Verhältnis der Konfessionen untereinander im deutschen Sprachgebiet machten es möglich, ökumenische Fassungen des „Vaterunser“, der Ordinariumstexte der Meßliturgie und des „Ehre sei dem Vater“ zu vereinbaren und in den christlichen Kirchen einzuführen.[23]

---

führung der Liturgiekonstitution (1972); NKD 34: Dokumente zum römischen Stundengebet (einschl. der AES; 1975, ^{2}1979); NKD 46: Dokumente zur Liturgiereform (1976).

[20] Heft 16: Instruktion „Inaestimabile donum“ der Kongregation für die Sakramente und den Gottesdienst über einige Normen zur Feier und Verehrung des Geheimnisses der heiligsten Eucharistie (1980); H. 24: Instruktion über die Kindertaufe der Kongregation für die Glaubenslehre (1980); H. 43: Pastorale Einführung in das Meßlektionar (1981); H. 58: Variationes. Die Änderungen, die in den liturgischen Büchern gemäß den Normen des neuen Codex Iuris Canonici einzuführen sind (1983); H. 81: Erklärung über „Konzerte in Kirchen“. Rundschreiben „Über die Feier von Ostern und ihre Vorbereitung“ (1988); H. 89: Apostolisches Schreiben von Papst Johannes Paul II. zum XXV. Jahrestag der Konzilskonstitution Sacrosanctum Concilium über die heilige Liturgie (1989, 2. verb. Aufl. 1989). [Inzwischen zu ergänzen: H. 94: Direktorium „Sonntäglicher Gemeindegottesdienst ohne Priester“ (1989); H. 114: Römische Liturgie und Inkulturation. 4. Instruktion zur ordnungsgemäßen Durchführung der Konzilskonstitution über die Liturgie (Nr. 37–40) (1994).]

[21] In der Serie „Arbeitshilfen“ insbesondere H. 7: Hilfen zur Arbeit mit der neuen Bußordnung (1975); H. 9: Beten mit der Kirche. Hilfen zum neuen Stundengebet (1976, ^{2}1978); H. 25: Stufen auf dem Glaubensweg. Handreichung zu Fragen des Katechumenats in der BRD (1982, 3. veränd. Aufl. 1989); H. 41: Dokumente zur Meßfeier (1985); H. 72: Leitlinien für die mediale Übertragung von gottesdienstlichen Feiern (1989). [Inzwischen zu ergänzen: H. 77: Die Meßfeier – Dokumentensammlung. Auswahl für die Praxis (1990, 5. korr. u. erg. Aufl. 1995); H. 81: Unter dem Zeichen des Herzens. Handreichung der Liturgiekommission der Deutschen Bischofskonferenz zum Herz-Jesu-Fest (1990).]

[22] In der Serie „Erklärungen der Kommissionen“ publizierte die Liturgiekommission H. 4: Die Feier der Eucharistie in Konzelebration (1984) und H. 5: Der liturgische Dienst des Diakons (1984, 3. aktualis. Aufl. 1992) sowie H. 9: Leitlinien für den Bau und die Ausgestaltung von gottesdienstlichen Räumen (1988, 4. erg. Aufl. 1994).

[23] *W. Beinert [u. a.]*, Glaubensbekenntnis und Gotteslob der Kirche. Apostolisches und Nizänisches Glaubensbekenntnis, Gloria, Sanctus, Agnus Dei, Gloria Patri. Eine Handreichung zu den ökumenischen Neuübersetzungen. Einsiedeln [u. a.] 1971 (PLR-Gd).

II. Weisungen der Gemeinsamen Synode der Bistümer in der Bundesrepublik Deutschland

Neben dem schon erwähnten Beschluß „Laienverkündigung" verabschiedete die Synode zwei Vorlagen mit liturgischen Themen: den Beschluß „Gottesdienst" im November 1975 und den Beschluß „Sakramentenpastoral", der im November 1974 von der Synode angenommen wurde.[24] Unter der Überschrift „Der Sonntag des Christen" ist in ersterem vor allem auf den Abschnitt „Sonntäglicher Gemeindegottesdienst ohne Priester" hinzuweisen, [53] der ein Thema aufgriff, das damals in einzelnen Diözesen bereits aktuell zu werden begann. Pastoralliturgisch von großer Bedeutung war ferner die vielfach gar nicht zur Kenntnis genommene Erlaubnis, wonach die im Direktorium für Kindermessen zugelassenen Anpassungen unter bestimmten Voraussetzungen auch für die Eucharistiefeier mit Jugendlichen angewendet werden können.[25]

III. Die Liturgiekommission der Deutschen Bischofskonferenz

Mit dem Ziel einer Förderung der pastoralliturgischen Bestrebungen hat die Liturgiekonstitution es als zweckmäßig bezeichnet, daß bei den Bischofskonferenzen eine Liturgische Kommission eingerichtet wird, die Fachleute der Liturgiewissenschaft, Kirchenmusik, sakralen Kunst und Pastoral zur Unterstützung heranziehen soll.

„Dieser Kommission soll im Rahmen des Möglichen", heißt es in Art. 44 weiter, „ein Pastoralliturgisches Institut zur Seite stehen, das sich aus sachverständigen Mitgliedern, gegebenenfalls auch Laien, zusammensetzt". Hinter diesen Empfehlungen standen die Erfahrungen mit Modellen, wie sie besonders auch im deutschsprachigen Gebiet vor dem Konzil bereits entwickelt worden waren. So gab es für den Bereich der Fuldaer Bischofskonferenz seit 1940 zwei Bischöfe als „Referenten für Liturgische Fragen", die sich von einer Gruppe von Fachleuten beraten ließen, die „Liturgische Kommission" genannt wurde. Das Sekretariat der Kommission hatte seinen Sitz im Liturgischen Institut in Trier, das 1947 von Mitgliedern dieser Beratergruppen gegründet worden war. Nach einem Beschluß der Plenarsitzung der Deutschen Bischöfe vom 31.8.–2.9.1965 in Fulda wurde das Liturgische Institut Trier Arbeitsstätte der Liturgischen

[24] Vgl. Gemeinsame Synode (s. Anm. 15) 187–275.

[25] Ebd. 202–205. 210f.

Kommission der Deutschen Bischofskonferenz; mit einigen Modifizierungen wurde der Beschluß 1985 bestätigt.[26]

IV. Die Zusammenarbeit im Sprachgebiet

Eine Zusammenarbeit innerhalb der Sprachgebiete war von der Liturgiekonstitution (vgl. Art. 23 und 36) empfohlen worden, damit innerhalb ein [54] und desselben Sprachgebietes keine zu unterschiedlichen Entwicklungen sich anbahnten, sofern sie nicht durch echte Unterschiede in der pastoralen Situation begründet waren. Die Rolle, die die Muttersprache im Gottesdienst spielen sollte, ließ die Sprachgebiete auch zu einer neuen kirchlichen Organisationsebene werden.

Als Instrument dieser Zusammenarbeit bildete sich die „Internationale Arbeitsgemeinschaft der Liturgischen Kommissionen im deutschen Sprachgebiet" (IAG).[27] Nachdem seit 1966/67 die Sitzungen der Liturgiekommission der Deutschen Bischofskonferenz in die Schweiz bzw. nach Österreich verlegt werden mußten, um den Vertretern aus dem Gebiet der – späteren – Berliner Bischofskonferenz die Teilnahme zu ermöglichen, nahmen auch Beauftragte Österreichs und der Schweiz daran teil. Nach zunächst formlosen Kontakten erweiterte sich der Kreis. 1972 gab sich die IAG eine Geschäftsordnung. In der Arbeitsgemeinschaft sind vertreten: die Deutsche Bischofskonferenz, die Berliner Bischofskonferenz, die Österreichische Bischofskonferenz, die Schweizer Bischofskonferenz, das Erzbistum Luxemburg, das Bistum Bozen-Brixen, das Bistum Lüttich, das Erzbistum Straßburg und in einem gewissen Maße auch das Bistum Metz.

Die Arbeitsgemeinschaft hat ein Präsidium und einen Geschäftsführenden Ausschuß. Nachdem sie anfänglich zweimal im Jahr zu Sitzungen zusammengetreten war, findet jetzt nur noch jährlich eine mehrtägige Sitzung statt. Für bestimmte Aufgaben bildet die IAG eigene Arbeitsgruppen oder Kommissionen, der auch Sachverständige angehören können, die nicht Mitglieder sind. Die IAG ist kein Gremium, das Entscheidungen – wie etwa die Approbation liturgischer Bücher – treffen kann. Sie erarbeitet vielmehr gemeinsam Vorschläge, die den Bischofskonferenzen und

---

[26] Die Modifizierungen bezogen sich vor allem auf die Organisation des Sekretariates der Liturgiekommission. [Vgl. zur Liturgiekommission *B. Fischer*, Auf dem Wege zum Konzil. Die Sitzungen der Liturgischen Kommission der Deutschen Bischofskonferenz von der ersten Sitzung nach Gründung des Liturgischen Instituts (1.–3.6.1948 [sic!]) bis zur letzten Sitzung vor dem Konzil (1.–5.4.1962). Ein Durchblick, in: LJ 40 (1990) 164–177; *H. Rennings*, Aus der Arbeit der Liturgiekommission der Deutschen Bischofskonferenz in den Jahren 1963–1970, ebd. 178–191.]

[27] Vgl. *H. Rennings*, in: Not. 25 (1989) 183–185. [Vgl. neuerdings *E. Seiler*, Internationale liturgische Zusammenarbeit im deutschen Sprachgebiet, in: LJ 40 (1990) 192–210.]

Bischöfen vorgelegt werden. Insgesamt darf man feststellen, daß die Zusammenarbeit in der IAG ausgezeichnet ist und die Organisationsform sich bewährt hat. Schwierigkeiten sind gelegentlich aufgetreten, wenn bei der Approbation durch die Bischofskonferenzen noch Änderungswünsche bei einer Konferenz geäußert wurden zu einem Text, der von einer anderen Konferenz bereits definitiv verabschiedet war. Nur ein einziges Mal kam es zu einer großen Versammlung aller Bischöfe des deutschen Sprachgebietes: am 23. September 1974 in Salzburg, als das Deutsche Meßbuch approbiert wurde.

Die Veröffentlichung gemeinsamer muttersprachlicher liturgischer Bücher in verschiedenen Ländern des deutschen Sprachgebietes machte die Gründung noch zweier weiterer Gremien erforderlich. Einer Verlegergemeinschaft, [55] der Verlage aus der Bundesrepublik, der Schweiz und Österreich angehören, übertrugen die drei Bischofskonferenzen und der Bischof von Luxemburg das Verlagsrecht an den neu herauszugebenden gemeinsamen liturgischen Büchern in einem vom 30. April 1970 datierten Vertrag. Gleichzeitig errichteten die Bischöfe zur Wahrnehmung ihrer Rechte eine „Ständige Kommission für die Herausgabe der gemeinsamen liturgischen Bücher im deutschen Sprachgebiet". Seit Gründung ist der Bischof von Luxemburg Vorsitzender dieses aus 10 Mitgliedern bestehenden Gremiums. Während die redaktionellen Fragen der liturgischen Bücher von der IAG bearbeitet werden, liegt die Verwaltung der Rechte sowie die finanzielle Abwicklung der gemeinsamen Projekte bei der Ständigen Kommission. Auch diese Kooperation hat sich bewährt.

Eine Frucht der Zusammenarbeit innerhalb des Sprachgebietes war weiter die Erarbeitung eines gemeinsamen Regionalkalenders durch die Arbeitsgemeinschaft der Liturgischen Kommissionen im deutschen Sprachgebiet. Nach den erforderlichen Approbationen durch die Bischöfe und die Konfirmierung durch die Gottesdienstkongregation wurde der neue Kalender zum 1. Januar 1973 zur Verwendung zugelassen; seit dem 1. Januar 1974 ist er vorgeschrieben. Die Bistümer des deutschen Sprachgebietes haben neben ihren jeweiligen einzelnen Diözesankalendern damit zum ersten Mal einen gemeinsamen Heiligenkalender. Er besteht aus den Eigenfeiern des gesamten Sprachgebietes, die in den Römischen Generalkalender in einer für das Sprachgebiet adaptierten Form eingefügt sind. Mit dem Regionalkalender wollte man die Verehrung der zahlreichen Heiligen des deutschen Sprachgebietes fördern und die weitere Pflege der lebendigen Tradition ermöglichen. „Aus der fast unübersehbar großen Zahl der Heiligen, die im deutschen Sprachgebiet gewirkt haben oder daraus hervorgegangen sind, hebt der Regionalkalender jene hervor, die als Glaubensboten und Märtyrer, als Seelsorger und Lehrer, als Vorbilder christlichen Lebens in verschiedenen Ständen der Gesellschaft und aus verschiedenen

Epochen oder die wegen ihrer besonderen Verehrung von großer Bedeutung für das gesamte Sprachgebiet oder für große Teile desselben sind."[28] [56]

V. Die deutschen liturgischen Bücher[*]

Mit der Veröffentlichung der im Sinne der konziliaren Reformbeschlüsse überarbeiteten liturgischen Bücher begann ein neuer Abschnitt in der Durchführung der Liturgiekonstitution. Die Liturgischen Kommissionen des Sprachgebietes entwickelten dabei die Methode der „Studienausgaben". Es handelt sich dabei um deutsche Fassungen der lateinischen liturgischen Bücher, die noch nicht im Sinne der pastoralen Erfordernisse und der liturgierechtlichen Bestimmungen überarbeitet worden sind. Bei der längerfristigen Erprobung der Studienausgaben sollen die Bedürfnisse nach Verbesserungen erkannt werden. Die Bischofskonferenzen fanden dafür Verständnis bei der Gottesdienstkongregation, die diese Vorgangsweise billigte.[29]

1. Meßbuch

Verschiedene Publikationen sollten nach Erlaubnis zum erweiterten Gebrauch der Muttersprache in der Meßfeier dies ermöglichen. Auf der Grundlage des noch nicht erneuerten Missale Romanum erschien 1965 ein dreibändiges lateinisch-deutsches Altarmeßbuch, das von den Bischöfen Deutschlands und der Schweiz herausgegeben wurde. In Österreich erschienen zwei Ausgaben eines deutschen Altarmeßbuches. Die folgenden Ergänzungsfaszikel wurden dann gemeinsam für das Sprachgebiet erarbeitet. Um schon vor Abschluß der notwendigerweise länger dauernden Arbeiten an der neuen römischen Perikopenordnung den Gläubigen die Reichtümer der Heiligen Schrift zu erschließen, wurden verschiedene provisorische Perikopenordnungen erstellt und vom Apostolischen Stuhl

---

[28] Die Neuordnung der Eigenkalender für das deutsche Sprachgebiet, hg. u. übers. v. den Liturgischen Instituten in Salzburg, Trier u. Zürich, erl. u. komm. von *Ph. Harnoncourt*. Trier 1975 (NKD 29) 12.

[*] Vgl. die neueste Zusammenstellung der gegenwärtigen liturgischen Bücher in der vom Deutschen Liturgischen Institut, Trier, herausgegebenen Reihe „Pastoralliturgische Hilfen" (H. 9): *M. Klöckener*, Die liturgischen Bücher im deutschen Sprachgebiet. Kommentiertes Verzeichnis. Trier 1995.

[29] Schreiben der Gottesdienstkongregation vom 16. März 1971 (Prot. Nr. 645–71).

approbiert, so beispielsweise für die Meßfeier an Wochentagen und bei besonderen Anlässen.[30]

Als in den Jahren 1969 und 1970 die verschiedenen Teile des aufgrund der Konzilsbeschlüsse überarbeiteten Missale Romanum erschienen, standen die Bischofskonferenzen des Sprachgebietes und ihre Liturgischen Kommissionen vor der Aufgabe, auf dieser Grundlage das deutsche Meßbuch zu erarbeiten. Innerhalb von zwei Jahren erschienen nun im Sinne der Erprobung „Ausgewählte Studientexte für das künftige deutsche Meßbuch" in mehreren Faszikeln. 1975 konnte dann das definitive „Meßbuch für die Bistümer des deut-[57]schen Sprachgebietes" erscheinen. Eine zweite Auflage im Jahre 1988 brachte Ergänzungen gemäß der Editio typica altera des Missale Romanum von 1975, dem kirchlichen Gesetzbuch von 1983 und dem ergänzten Regionalkalender.

2. Stundenbuch

Für die Feier der Stundenliturgie wurde im Auftrag der Deutschen Bischöfe 1970 das „Neue Stundenbuch" geschaffen: „Zur Milderung der Schwierigkeiten, die dadurch entstanden sind, daß das bisherige Brevier durch den Fortgang der Liturgiereform zum Teil veraltet ist."[31] An die Stelle dieser vorläufigen Ausgabe trat 1978 das dreibändige Stundenbuch [mit 16 Lektionarsfaszikeln] für die katholischen Bistümer des deutschen Sprachgebietes.

3. Andere liturgische Bücher

Was die weiteren liturgischen Bücher in deutscher Sprache betrifft, so liegen für einige liturgische Feiern bisher erst noch Studienausgaben vor, wie beispielsweise „Die Feier der Buße".[32] Von anderen gibt es definitive

---

[30] Perikopenordnung für die Meßfeier an Wochentagen. Im Auftrag der deutschen und schweizerischen Bischöfe hg. v. den Liturgischen Instituten in Trier und Freiburg/Schweiz. Trier 1966, [3]1966; Perikopenordnung für die Meßfeier bei besonderen Anlässen. Im Auftrag der deutschen und schweizerischen Bischöfe hg. v. den Liturgischen Instituten Trier und Zürich. Trier 1968.

[31] Neues Stundenbuch. Ausgewählte Studientexte für ein künftiges Brevier, hg. v. den Liturgischen Instituten Salzburg, Trier, Zürich. Bd. 1: Tagzeiten. Einsiedeln [u. a.] 1970 (PLR-Gd) V; Bd. 2: Geistliche Lesung. 1971. [Dazu erschienen 16 Faszikel: Ergänzungshefte zu Band 2 mit Väterlesungen. 1972–1974.]

[32] Weitere Studienausgaben, alle hg. von den Liturgischen Instituten Salzburg, Trier, Zürich: Kommunionspendung und Eucharistieverehrung außerhalb der Messe (1976); Die Feier der Kirchweihe und Altarweihe. Die Feier der Ölweihen (1981) [inzwischen ersetzt durch die Neuausgabe des Pontifikale für die katholischen Bistümer des deutschen Sprachgebietes, Bd. 4, 1994]; Benediktionale (1978); Die Feier der Eingliederung Erwachsener in die Kirche nach dem neuen Rituale Romanum (1975, 2. nach CIC 1983 korr. Aufl. 1991); Die Eingliederung

Ausgaben, wie etwa „Die Feier der Kindertaufe" (1971) oder „Die kirchliche Begräbnisfeier" (1973).[33] [58]
Überarbeitete Fassungen werden vorbereitet für „Die Feier der Krankensakramente" und „Die Feier der Trauung".[34]

25 Jahre sind für einen letztlich theologisch-geistlichen Umbruch, wie ihn die Liturgiereform darstellt, kein langer Zeitraum. Zweifellos bleiben noch viele Aufgaben zur Verwirklichung der vom Zweiten Vatikanischen Konzil beschlossenen Erneuerung der Liturgie, die in der Konstitution „Sacrosanctum Concilium" der Höhepunkt genannt wird, „dem das Tun der Kirche zustrebt, und zugleich die Quelle, aus der all ihre Kraft strömt" (SC 10).

---

von Kindern im Schulalter in die Kirche (1986); Die Feier der Krönung eines Marienbildes (1990). – Noch keine deutsche Ausgabe gibt es vom Caeremoniale Episcoporum.

[33] Weitere definitive Ausgaben, alle hg. im Auftrag der Bischofskonferenzen Deutschlands, Österreichs und der Schweiz und der Bischöfe von Bozen-Brixen und von Luxemburg: Die Feier der Aufnahme gültig Getaufter in die volle Gemeinschaft der katholischen Kirche in den Bistümern des deutschen Sprachgebietes (1974); Die Feier der Ordensprofeß in den katholischen Bistümern des deutschen Sprachgebietes (1974); Die Feier der Abts-, Äbtissinnen- und Jungfrauenweihe in den katholischen Bistümern des deutschen Sprachgebietes (1975) [die beiden letzten Titel inzwischen ersetzt durch die Neuausgabe des Pontifikale, Bd. 2, 1994]; Die Feier der Firmung in den katholischen Bistümern des deutschen Sprachgebietes (1973); Die Beauftragung von Lektoren, Akolythen und Kommunionhelfern. Die Aufnahme unter die Kandidaten für Diakonat und Presbyterat. Das Zölibatsversprechen in den katholischen Bistümern des deutschen Sprachgebietes (1974) [ersetzt durch die Neuausgabe des Pontifikale, Bd. 3, 1994]; eine für besondere pastorale Situationen bestimmte Auswahl aus Studienausgaben und definitiven Ausgaben ist das „Kleine Rituale" (1980). – Für liturgische Feiern mit Behinderten steht die Studienausgabe „Gottesdienst mit Gehörlosen" (1980) zur Verfügung. [Weitere Titel bei Klöckener, Liturgische Bücher (s. o. Anm. *).]

[34] [Die verbesserten Auflagen sind inzwischen erschienen: Die Feier der Trauung, 1992; Die Feier der Krankensakramente. Die Krankensalbung und die Ordnung der Krankenpastoral, 1994.] Eine Ordnung der kirchlichen Trauung für konfessionsverschiedene Paare unter Beteiligung der Pfarrer beider Kirchen wurde von der Deutschen Bischofskonferenz und dem Rat der Evangelischen Kirche in Deutschland unter dem Titel „Gemeinsame kirchliche Trauung" herausgegeben (Regensburg/Kassel 1971). – Für die Diakonen-, Priester- und Bischofsweihe liegt eine lateinisch-deutsche Ausgabe (1968) vor, die in mehrfacher Hinsicht von den späteren liturgischen Büchern des Sprachgebietes abweicht und nach einer zu erwartenden Bearbeitung der lateinischen Riten auch eine neue deutsche Fassung erhalten wird. [Inzwischen erschienen in der Neuausgabe des Pontifikale, Bd. 1, 1994.]

III.
Eucharistie

Lobpreisende Danksagung und Dankhandlung bis zum Ende der Zeiten

Der Priester als Vorsteher der Eucharistiefeier*

Keine Textstelle aus den liturgischen Büchern läßt in wenigen Worten so deutlich den Wandel in der kirchlichen Auffassung vom Dienst des Priesters in der Meßfeier erkennen, wie ein Vergleich zwischen den Anfangsworten der vorkonziliaren und nachkonziliaren Meßordnung. Das nach dem Konzil von Trient herausgegebene Missale Romanum begann seinen „Ritus servandus" mit den Worten: „Sacerdos celebraturus ..." Im Meßbuch Pauls VI. heißt es an der entsprechenden Stelle: „Die Gemeinde versammelt sich. Darauf tritt der Priester an den Altar." Im nachtridentinischen Missale steht der Priester im Vordergrund; er ist es, der agiert und „zelebriert". Die Gemeinde ist nur sehr verschwommen und schemenhaft im Hintergrund wahrzunehmen. Das nach dem 2. Vatikanischen Konzil erschienene Meßbuch rückt die zum Gottesdienst versammelte Gemeinde in den Vordergrund, denn die „liturgischen Handlungen sind nicht privater Natur, sondern Feiern der Kirche" (SC 26).

Der Priester in der Eucharistiefeier

Wenn die Perspektive des neuen Meßbuches auch nicht plötzlich vom Himmel gefallen, sondern in langen theologischen und pastoralen Entwicklungen gereift war – ohne deshalb wie selbstverständlich allgemein akzeptiert zu sein –, so ließ sie – Bestandteil der offiziellen Liturgiebücher geworden – schärfer die Frage stellen, wie denn eigentlich die Rolle des Priesters im eucharistischen Handeln zu beschreiben sei.

In Übereinstimmung mit dem Prinzip, daß die Gottesdienste Feiern der Kirche, gemeinschaftliches Tun, Handeln einer Versammlung sind, lag es nahe, als Grundansatz den – neutestamentlichen und frühchristlichen – Begriff des Vorstehers oder Vorsitzenden, eines, der den Leitungsdienst versieht, wiederaufzugreifen: gibt es doch keine Feier, kein gemeinsames Handeln, kein gemeindliches Treffen ohne Wahrnehmung einer Leitungsfunktion. So spricht die Allgemeine Einführung des Römischen Meßbuches denn folgerichtig auch von den Aufgaben des Priesters als einem „praesi-

* Zuerst veröffentlicht in: LS 33 (1982) 238–240. – Bibliographie Rennings Nr. 296.

dere“ oder „praeesse“ (vgl. etwa AEM 7. 11. 59. 60), nennt sie die dem Priester zukommenden Gebete „orationes praesisidiales“ (Nr. 10) und zählt sie seine weiteren Aufgaben in der Meßfeier unter der Begründung „der Priester als Vorsteher“ auf (vgl. Nr. 10–13).

Es ist gelegentlich befürchtet worden, die Ablösung des nachtridentinischen Priesterbildes vom „sacerdos celebraturus“ zugunsten des „Vorsitzenden der eucharistischen Versammlung“ bedeute eine Verdunkelung oder gar Leugnung der Priesterweihe. Die Sorge ist unberechtigt. Ist doch die Aufnahme in das Presbyterium einer Orts- oder Personalkirche – die Priesterweihe – unabdingbare Voraussetzung für den Leitungsdienst in der ka-[239]tholischen Eucharistiefeier, der ohne die Bevollmächtigung des Ordo gar nicht ausgeübt werden kann. Die Allgemeine Einführung unterstreicht das, wenn sie den entsprechenden Abschnitten (Nr. 59–61) die Überschrift gibt: Aufgaben und Dienste auf Grund des Weihesakramentes.

Andererseits ist aber nicht zu übersehen, daß auch dort, wo die konziliare Liturgiekonzeption als Überwindung einer nachtridentinischen Verengung bejaht und begrüßt wird, in der Praxis der Meßfeier und in der Spiritualität der Priester das Leitbild vom Vorsteher der eucharistischen Zusammenkünfte weithin noch nicht die gebührende Deutlichkeit gefunden hat. Was verlangt es vom Priester, Vorsteher der im Namen Jesu zum Herrenmahl Versammelten zu sein, und welche geistliche Eignung muß er dafür aufweisen?

Moderation

Eine Reihe von Aufgaben des Leitungsdienstes lassen sich im Einklang mit einem traditionellen liturgischen Sprachgebrauch mit dem Stichwort „Moderation“ kennzeichnen. Gemeint ist damit die Verantwortung des Vorstehers für die Aufstellung und Durchführung des Programms des gottesdienstlichen Handelns, das, was häufig als „Gestaltung der Meßfeier“ bezeichnet wird. Je mehr ein Priester überzeugt ist, daß die gesamte Gemeinde Träger des Gottesdienstes ist, umso mehr wird er sich darum bemühen, die Gemeinde sowohl an der Vorbereitung (Liturgischer Arbeitskreis, Liturgieausschuß) wie auch am liturgischen Tun selbst (Rollenverteilung) zu beteiligen. Die Allgemeine Einführung weist auf die gemeindliche Mitwirkung auch schon bei der Vorbereitung hin (vgl. Nr. 73. 313). Mit einem dem Organisten fünf Minuten vor Beginn der Messe zugesteckten Zettel, auf dem der Priester die Lieder notiert hat, wird dieser Pflicht wohl kaum genügt. Der Leitungsdienst des Priesters tritt ja nicht dadurch hervor, daß er alles selbst und allein macht, sondern dadurch, daß er die anderen Charismen und liturgischen Dienste gelten läßt.

Von wirklicher Zusammenarbeit kann andererseits auch nicht die Rede sein, wo eine Gruppe – vielleicht mit viel gutem Willen, aber geringer Sachkenntnis – ein sehr eigenwilliges Programm für eine Eucharistiefeier entwirft und vom Priester erwartet, daß er es unbesehen übernehme.

Bei der Feier selbst obliegt dem Moderator die Eröffnung und die Beendigung der Versammlung insgesamt, aber auch ihrer einzelnen Elemente. Der Leiter gibt somit – in den für das gottesdienstliche Tun spezifischen Formen – den Übergang von einem Akt des Handelns zum nächsten an. So wird z. B. das Fürbittgebet durch ein Einleitungswort des Vorsitzenden eröffnet und durch ein Abschlußgebet beendet; das Grußwort „Der Herr sei mit euch" wird als Markierung für den Beginn eines neuen Elementes verwendet; die vom Leiter gebetete Oration dient als Abschluß einer Elementengruppe (z. B. schließt mit dem Tagesgebet der Eröffnungsteil).

Der wichtigste Dienst des Leiters in der Moderation der Meßfeier besteht im Vollzug der spezifischen Amtsgebete, als welche die Allgemeine Einführung das Eucharistische Hochgebet und die drei Orationen nennt (Nr. 10). Im bevollmächtigten Sprechen des Großen Lob- und Dankgebetes und in der in ihm geschehenden eucharistischen Konsekration nimmt der Vorsteher eine Aufgabe wahr, in der er unersetzlich ist, auch wenn die Gemeinde an diesem Gebet keineswegs unbeteiligt ist.

Da das gottesdienstliche Tun sich aus unterschiedlichen Handlungselementen und verschiedenartigen Texten zusammensetzt, ist die Beachtung ihres Schwergewichtes und ihrer Eigenart für eine gute Moderation unerläßlich. Das Erheben der Gaben zur Schlußdoxologie des Hochgebetes z. B. hat ein anderes Gewicht als die Händewaschung bei der Gabenbereitung. Sie in gleicher Ausdrücklichkeit zu vollziehen, hieße ihre jeweilige Wichtigkeit verwischen. Begrüßungsworte sind einer anderen Textsorte zuzuordnen als Gebetsworte; Augenkontakt zur Gemeinde wird dem Genus der Oration – als Anrede Gottes – kaum gerecht, für eine Begrüßung ist er unerläßlich. Eine Evangelienlesung verlangt einen anderen Vortrag als eine Predigt, beide wiederum unterscheiden sich von einem Grußwort.

Wenn das Handeln der Eucharistieversammlung sich auch keineswegs auf innergemeindliche Kommunikationsvorgänge beschränkt oder sich darin erschöpft, so enthält es doch zahlreiche Elemente dieser Art, besonders für den Dienst des Vorstehers.

Um seine Aufgaben zu erfüllen, muß der Moderator die ihm von der Meßordnung übertragene Kommunikation wollen und zu ihr fähig sein. [240]

Zu den Aufgaben der Moderation gehört es ferner, die Ausübung der verschiedenen liturgischen Dienste (Lektoren, Kantoren, Ministranten, Kommunionhelfer, Instrumentalisten, Sängergruppen, Sprecher der Fürbitten usw.) durch Mitglieder der Gemeinde zu sichern. Für den moderierenden Priester bringt die Mitwirkung dieser Dienste nicht nur eine Entlastung und bessere Konzentration auf seine eigentlichen Aufgaben, sondern auch die bereichernde Erfahrung, nicht nur Verkünder, sondern selbst Hörer des Wortes, nicht einziger Beter, sondern Vorbeter in der betenden Gemeinde, nicht „Allesmacher", sondern „Mitmacher" in der feiernden Versammlung zu sein.

Integrierung

Neben den als Moderation bezeichneten Augaben des priesterlichen Leitungsdienstes in der Eucharistiefeier lassen sich andere unter dem Gesichtspunkt der „Integrierung" zusammenfassen.

Aus den verschiedenen Teilnehmern, die zum Gottesdienst kommen und die sich nach Alter, Herkunft, religiösen Erfahrungen und Erwartungshaltungen oft sehr unterscheiden, soll eine liturgiefeiernde, d. h. gemeinsam handelnde Versammlung werden. Das setzt die Bereitschaft jedes Anwesenden voraus, den anderen zur Kenntnis zu nehmen und auf ihn einzugehen, aufeinander zu hören, gemeinsam zu hören und zu antworten, gemeinsam zu danken und zu empfangen. Eine solche Bereitschaft zu wecken, die Verbundenheit zu fördern und so aus den Anwesenden Versammlung werden zu lassen, muß das Bemühen des Leiters sein. Damit ist seine Fähigkeit gefordert, integrierend wirken zu können. Denn die Identifikation des einzelnen mit dem Handeln der Versammlung hängt zu einem nicht geringen Teil von seiner Identifikation mit dem Verhalten des Leiters ab.

Praktisch bedeutet dies, daß der Leiter sich nicht in überzogener oder gar aufreizender Weise als Vertreter einer bestimmten religiösen oder spirituellen Gruppe darstellen darf. Die Gebete, die er im Namen aller Anwesenden spricht und zu denen alle im Amen ihre Zustimmung geben sollen, dürfen daher z. B. nicht ein bestimmtes Gruppendenken ausdrücken, das für andere Teilnehmer nicht mitvollziehbar ist. Aus den Worten der Begrüßung, bei einzelnen Anreden u. ä. ist zu erkennen, daß er sich der anwesenden Kinder, Jugendlichen, Gäste, Ausländer, Touristen bewußt ist. Darüber hinaus läßt sein ganzes Verhalten bei möglichst vielen das Gefühl aufkommen, willkommen und angenommen zu sein.

Bedeutungstransfer

Wie die mit Integrierung gemeinten Aufgaben des priesterlichen Leiters bei der Meßfeier hängt auch der von ihm erwartete Bedeutungstransfer stark mit seiner Person und seiner Spiritualität zusammen.

Gelingt es ihm – das ist mit Bedeutungstransfer gemeint – durch sein ganzes Verhalten, durch die Art und Weise, wie er sein Amt ausübt, den anderen Teilnehmern am eucharistischen Handeln das Bewußtsein zu vermitteln, an einem sinnvollen, sich lohnenden, sie fordernden und ihnen etwas gebenden, an einem heiligen Tun mitzuwirken? Verbale Beteuerungen von der Bedeutung des Gottesdienstes, von der Eucharistie als Mitte des kirchlichen und christlichen Lebens usw. richten nichts aus, wenn sie nicht von der eigenen Überzeugung gedeckt sind. Wenn ein Leiter z. B. das Beten in seinem innersten Herzen für Zeitverschwendung, die Preisung Gottes für unangebracht, einen Dankgesang für unangemessen, die Liturgie insgesamt doch eher für einen überflüssigen Luxus halten würde, könnte er keine „Bedeutung“ vermitteln. Wo kein Funke ist, kann auch keiner überspringen. Nur beteuerte Wertschätzung entlarvt sich schnell. Kein Leiter kann seine eigene Gläubigkeit aus seinem Dienst ausklammern.

Unter diesem Gesichtspunkt erweisen sich manche Forderungen einer priesterlichen Spiritualität aus der Tradition als gar nicht so unberechtigt. Freilich waren sie in der Zeit des „sacerdos celebraturus“ stark von einem individualistischen und eher eine rein private Frömmigkeit bevorzugendem Denken geprägt. Der priesterliche Vorsteher der gemeindlichen Eucharistiefeier wird nach einer umfassenderen Spiritualität suchen, die seiner Aufgabenbeschreibung im neuen Meßordo entspricht. Seine eucharistische Frömmigkeit wird vor allem darauf abzielen, bestmöglich die Eucharistiefeier zu leiten. Sie wird eine Leitungsspiritualität sein.

Das Eucharistische Hochgebet der Meßfeier als Dankgebet*

Die folgenden Überlegungen zum Danken und seinen Ausdrucksformen in der Meßfeier, besonders im Eucharistischen Hochgebet, verstehen sich als eine theologische und spirituelle Grundlage für den Kommunionhelferdienst, erschließen aber auch darüber hinaus das Hochgebet als das Dankgebet der Christen.

Messe ist Dankfeier

Ausgangspunkt einer solchen Überlegung kann die ganz einfache Feststellung sein, daß die wichtigste und zentrale Veranstaltung der Jünger Jesu, die Eucharistiefeier, eine Dankfeier ist. Vielmals jeden Tag und allsonntäglich ruft ein [7] Christ seinen Mitchristen zu: „Laßt uns danken dem Herrn, unserem Gott – Gratias agamus Domino Deo nostro". Und sie bestätigen dem priesterlichen Vorsteher ihrer Zusammenkunft, daß sie das für sinnvoll, für wichtig, für nützlich, für unerläßlich halten. Wenn ein solches Sprechen und Tun – Danksagen und Dankhandeln – nicht bloß ein Ritus ist, wenn die Dankversammlung mein Leben ausdrücken soll, dann stellt sich die Frage, ob tatsächlich denn die Haltung des Dankens so zentral ist, ob sie Mitte unseres Lebens sein kann. Ist christliche Existenz – so könnte man fragen – eine Dankexistenz? Sind Christen ganz einfach Dankmenschen?

Ich möchte die Überlegungen zu diesen Fragen in fünf Schritten vorlegen und zunächst sprechen von einigen Belastungen, denen das Danken ausgesetzt ist.

---

* Zuerst veröffentlicht in: Tag der Kommunionhelfer. 30. August 1987, Kloster Untermarchtal, hg. v. Pastoralliturgischen Institut, Rottenburg. Rottenburg 1987, 6–18. – Bibliographie Rennings Nr. 318. – Der Beitrag wurde ursprünglich als Referat bei der genannten Tagung, die unter dem Leitgedanken „Gebt ihr ihnen zu essen (Mt 14,16)" stand, gehalten. Einige Abschnitte wurden früher schon auf dem Katholikentag 1986 in Aachen vorgetragen und sind unter dem Titel: Eucharistie – gefeierter Lebenssinn inmitten konkurrierender Sinnangebote, in der Katholikentagsdokumentation Dein Reich komme, hg. v. Zentralkomitee der Deutschen Katholiken, red. v. *H. Czarkowski.* Paderborn 1987, 782–785 abgedruckt (Bibliographie Rennings Nr. 319).

In unserem öffentlichen Leben fehlt es nicht an Beteuerungen und Bekundungen des Dankes. Ein Dankeschön für das Geburtstagsgeschenk, Dankanzeigen in den Zeitungen für die zahlreichen Glückwünsche, für die Teilnahme am Tode des lieben Mannes, Dankansprachen bei Verabschiedungsfeiern für den verdienten Beamten, der in den Ruhestand geht. Aber man könnte sich vorstellen, daß auch ein gewisses Unbehagen dabei ist. Einer der Anwesenden sagt: „Was soll das ganze Gerede vom Dank? Er hat viele Jahre seinen Dienst getan, er ist viele Jahre dafür bezahlt worden, jetzt bekommt er auch für den Rest seines Lebens noch die Pension." Hinter einer solchen Äußerung steht offensichtlich die Überzeugung, daß der Dank dort überflüssig ist, wo Leistung durch entsprechende Gegenleistung abgegolten wird. Du gibst mir, ich gebe dir, dann sind wir quitt. Einer hat etwas getan, er hat etwas dafür bekommen, da bleibt keiner dem anderen etwas schuldig. Wo Geben und Empfangen sich das Gleichgewicht halten, könnte man sagen, bleibt für den Dank kein Platz auf der Waage. [8]

Stimmt das wirklich? Zweifellos verführt uns auch unsere Leistungs- und Gegenleistungsgesellschaft zu einem solchen Denken; Schwierigkeiten für die Mitfeier in der Dankversammlung können dadurch entstehen, daß solche Vorstellungen unser Denken mit beeinflussen. Man muß aber fragen, ob es überhaupt eine gerechte Entlohnung dort geben kann, wo das Tun einer Person, eines Menschen im Spiel ist. Was ein Mensch tut, der in personaler Freiheit und Würde handelt, läßt sich nie durch Geld entgelten. Die Benutzung einer Waschmaschine kann ich bezahlen. Ich kann ausrechnen, was sie kostet. Aber eine menschliche Arbeitsstunde kann ich – letztlich gesehen – nie bezahlen. Wenn wir den Menschen ernst nehmen, bleibt immer ein Rest, der durch materielle Güter und Geld nicht abgegolten werden kann. Personale Leistung kann nie adäquat verrechnet werden. Es bleibt immer ein Rest an Gegenverpflichtung, eine Schuld.

Könnte man sagen, diese Anerkenntnis wird durch das Danke, das ich sage, ausgedrückt? Nicht abgegolten, aber ich bekenne mich dazu, daß mir mehr gegeben ist, als ich jemals dafür gutmachen kann. Vielleicht könnte man auf diesem Weg einen Zugang zum Danken finden.

Doch wird die Sache vielleicht noch etwas komplizierter, wenn wir einen weiteren Aspekt ins Spiel bringen. Wir haben bisher von Fällen gesprochen, wo gewissermaßen Leistung und Gegenleistung sich einigermaßen ausgeglichen gegenüberzustehen scheinen. Was ist aber da, wo Leistung ohne Gegenleistung geschenkt wird? Oder – wenn wir diese Begriffe einmal beiseite lassen – wo unverdiente und unverdienbare Zuwendung geschieht? Was wird hier mit dem Danken? Wird es hier nicht vielleicht sogar gefährlich? Denn unverdiente Zuwendung, auf die man keinen Anspruch hat, stellt leicht die Selbständigkeit des Menschen in Frage. Wer von anderen etwas braucht, ist eben nicht selbständig, sondern andersständig, unselbständig, und wer dankt, bekennt damit seine Abhängigkeit. Der auf [9] Selbständigkeit bedachte Mensch wird hier Schwierigkeiten finden. Denn es ist eine immerwährende Versuchung des Menschen, niemandem etwas verdanken zu müssen. Ich bin einmal einem erfolgreichen Unternehmer begegnet, der mir vier große Hallen zeigte und dazu sagte: „Sechzig Menschen arbeiten hier. Was hier steht, habe ich aufgebaut. Keiner hat mir dabei geholfen. Keinem bin ich etwas schuldig geblieben. Keinem brauche ich zu danken." Er sagte das mit allem Stolz und aller Selbstüberzeugung. Und ich habe denken müssen: So reich du bist an materiellen Dingen, wie arm bist du als Mensch. Einem anderen etwas verdanken zu müssen, siehst du als Infragestellung deines Selbstwertgefühls an. Aber könnte es nicht auch anders sein? Es gibt sicher auch im Menschen eine Entwicklungsstufe, in der er sich schwertut, seine Unselbständigkeit zu erkennen, sein Angewiesensein auf andere auszudrücken und zu akzeptieren. Das erwachende Gefühl der Selbständigkeit eines Kindes, der Unabhängigkeit eines Jugendlichen kann da getroffen sein. Zu meinem Glücklichsein brauche ich keinen anderen. Diese oft geheime oder offene Verweigerung des Dankens hat aber vielleicht noch eine andere Ursache. Beruht die Verweigerung oder Ablehnung etwa auf einem Mißtrauen? Wem ich etwas verdanke, der ist mir überlegen. Wozu wird der Überlegene seine Überlegenheit benutzen? Soll ich – weil ich annehme – in ein Netz gelockt werden? Gibt es sogar nicht auch einen Terror, einen Mißbrauch des Gebens und Schenkens und Danksagen-Müssens? Jenes Mißtrauen könnte freilich entfallen, wenn man von vornherein wüßte, daß das, was mir gegeben wird, ohne jede Forderung gegeben wird, ohne daß mir irgendeine Kette angelegt werden soll, ohne daß dafür etwas wieder zurückgefordert wird. Wenn mir einer etwas geben würde, von dem ich weiß, der gibt mir das, weil er es gut mit mir meint, einzig und allein, weil er gut ist, dann könnte ich aus freiem Herzen, unbeschwert, annehmen und danken. [10]

Dank an Gott, der aus reinem Wohlwollen gibt

Dazu im zweiten Punkt ein kurzes Wort zum unbelasteten, befreiten Danken der Christen.

Wir Christen glauben, daß Gott, der uns Gutes schenkt, aus reinem Wohlwollen handelt, ohne Hintergedanken, ohne Nebenabsichten, ohne Erwartung einer Gegenleistung, ja sogar ohne die Möglichkeit einer

Gegenleistung. Wo solches absichtsloses Wohlwollen am Werk ist, da wird der Empfänger weder beschämt, noch erniedrigt, noch in seinem Selbststand in Frage gestellt. Solches Wohlwollen, mit der einzigen Absicht, nur unser Wohl zu wollen, absolutes Wohlwollen ist nach christlicher Auffassung die Einstellung Gottes zum Menschen. Vielleicht gibt es in den menschlichen Beziehungen eine solche Haltung nicht, kann es sie nicht geben, oder jedenfalls immer nur als Versuch. Aber Jesus und die Jünger Jesu sind überzeugt, daß die Einstellung Gottes zum Menschen in solchen Begriffen des absichtslosen Gutseins beschrieben werden muß. Gottes Umgang mit uns entspringt seinem absoluten Wohlwollen. Gott schreibt keine Werke und Gewerke aus. Gott schafft sich keine Dank-Sklaven. Man kann von ihm annehmen, ohne in Abhängigkeit zu geraten, außer der einen Abhängigkeit eben, geliebt zu werden. Die Christen sind überzeugt, daß Gott Entscheidendes für sie in dieser Einstellung getan hat. Sie wissen sich von ihm erwählt zu seinen Partnern, zu seinem Volk berufen, gerettet und befreit, und darum verstehen sich die Christen nicht bloß privat als dankbare Menschen, sondern als eine solidarische Dankgemeinschaft. Sie sind die, denen Gott sich geoffenbart hat, denen er dies gesagt und mitgeteilt hat und die er gerufen hat, Antwort zu geben, ihre eigene und stellvertretend die der ganzen Menschheit. Sie sehen ihre Aufgabe darin, die Gründe für diesen Dank aufzuspüren in ihrem Leben, im Leben der menschlichen Gemeinschaft, in der Weltgeschichte und wo sie dieses Wirken Gottes, sein wohlwollendes Handeln entdecken, zu staunen und mit diesem Stau-[11]nen ihren Dank zu verbinden. So hat die Christenheit alle Danklieder, Dankgebärden und Dankopfer der ganzen Menschheit, aller Völker der Erde aufgegriffen, besonders des alttestamentlichen Bundesvolkes, und singt ihre Dankgesänge weiter. Mission der Kirche heißt nichts anderes, als Menschen zu gewinnen, die auf ihre Weise, in ihrer Sprache, in ihren Melodien dieses Danklied mitsingen, damit von der ganzen Schöpfung ein solcher Dank zu Gott emporsteige.

Eine Form, in der sich dieses Danken vollzieht, ist die Meßfeier, die Eucharistie, und innerhalb der Meßfeier besonders der Teil, der ausdrücklich als Dankgesang bezeichnet wird, das Eucharistische Hochgebet.

Das überlieferte große Dankgebet

Eucharistie heißt ja soviel wie danken, Danksagung und Dankhandlung. Hochgebet heißt ein besonders wichtiges Gebet; das Wort „hoch" unterstreicht die Bedeutung; es gibt neben dem „Amt" ein „Hochamt", neben dem „Fest" ein „Hochfest" und eine „Hohe" Domkirche. Dem entspricht auch der Ausdruck „Eucharistisches Hochgebet", ein ganz besonders wichtiges Gebet, dessen Inhalt die Danksagung ist. Was damit inhaltlich gemeint ist, ließe sich wiedergeben, wenn man vom „großen Lob- und Dankgebet“ der Christen spräche.

Sie haben es nicht selbst erfunden. Sie haben es in seiner Grundform von denen übernommen, die vor ihnen als „Kontaktadresse“ Gottes in der Welt auserwählt waren, dem alttestamentlichen Bundesvolk. Im Beten Israels hat es eine Form gegeben, die beim feierlichen Tischgebet verwendet wurde, ein Gebet, das vom Hausvater gesprochen wurde. Nicht das jüngste Kind oder die Mutter sprach ja das Tischgebet, sondern der Vater als „Priester“ der Familie. Das Gebet war Männersache. Bei festlichen Anlässen war dieses Tischgebet nicht nur ein kurzer Spruch, sondern ein [12] längeres Gebet mit einer festen Struktur. Es begann mit einer feierlichen Anrede Gottes. Im Alten Testament hätte sie lauten können: „Allmächtiger Gott, ewiger Gott, du Gott Abrahams, Isaaks und Jakobs, du Gott unserer Väter, du Gott, der uns herausgeführt hat aus Ägypten.“ Nach der feierlichen Anrede Gottes folgte dann eine Aufzählung seiner Heilstaten, wofür ihm zu danken war. Das fing an bei der Schöpfung: „Du hast die Welt aus dem Nichts geschaffen, du hast sie mit Leben erfüllt, mit dem unsichtbaren und dem sichtbaren. Du hast den Morgen geschaffen und den Abend, den Tag und die Nacht, das Meer und was darin ist, die Erde mit all ihren Schönheiten und Gefahren.“ Dann fuhr man fort, Gottes Wirken an seinem Volk zum Inhalt der dankenden Preisung zu machen: „Du hast dein Volk im Lande Ägypten groß werden lassen, du hast es befreit von der Sklaverei, herausgeführt durch das Rote Meer in das verheißene Land, du hast ihm das verheißene Land in Besitz gegeben.“ Dann kam die Aufzählung alles dessen, was Gott weiter getan hat. Jeder wußte: Wir stehen in einem Traditionszusammenhang mit denen vor uns, denn was wir sind, sind wir geworden als Teil unseres Volkes. Und darum beziehen wir alles, was geschehen ist, ein in unseren Dank. Denn das Vergangene ist nicht untergegangen, ist nicht abgesunken, sondern ist ein Stück unserer Gegenwart. Unser Leben ist so, wie es ist, weil du das an unseren Vätern und Müttern getan hast, und dafür danken wir dir.

Nach der Aufzählung der Taten Gottes folgte die Bitte. Man bestürmt nicht zuerst Gott mit seinen Nöten und Sorgen, sondern in dieser Art des Betens steht zunächst Gott mit seinem Handeln im Blick, und dann kommt der Mensch. In diese Geschichte Gottes mit den Menschen, mit seinem Volk fügt sich der einzelne Mensch mit seiner Bitte ein: „Laß uns nicht im Stich,“ gewissermaßen mit dem Hintergedanken, das wäre ja alles sinnlos gewesen, was geschehen ist, wenn jetzt unsere Feinde uns besiegen würden, wenn wir jetzt verhungern würden, wenn wir jetzt untergingen. [13] Schenke uns weiter deine Nähe, deine Hilfe, deine Zuwendung.

Die Bitte – und damit kommt dann das Gebet zum Schluß – mündet in eine letzte Lobpreisung, eine Doxologie, wie wir das heute liturgisch nennen: „Denn du bist der Gott, der sich uns offenbart hat, der große, den wir preisen und ehren, heute und immerdar."

Das Eucharistische Hochgebet der Christen

Wir haben vom jüdischen Tischgebet gesprochen, weil es der Hintergrund für das Eucharistische Hochgebet der Meßfeier ist. Christus hat nach den Berichten der Bibel am Gründonnerstag im Abendmahlssaal das Amt des Hausvaters wahrgenommen und ein großes Lob- und Dankgebet gesprochen. Das haben die Apostel und Jünger übernommen, und bis heute hat die Kirche den Aufbau des Hochgebetes bewahrt. Der feierlichen Anrede „Allmächtiger, ewiger Gott, es ist wahrhaft würdig und recht, dir zu danken und dich zu preisen", folgt eine Aufzählung der Heilstaten Gottes; die Christen haben sie erweitert. Denn für sie war ja eine neue Aktion im Handeln Gottes geschehen, nämlich daß er Jesus, seinen Sohn, gesandt und durch ihn gehandelt hat: „Du hast ihn gesandt, dein Volk zusammenzurufen, aus allen Teilen der Welt zusammenzuführen. Du hast uns in ihm dein Wort geschenkt. In ihm haben wir dich sehen dürfen. Durch ihn haben wir gehört, wie du denkst." Die Aufzählung dessen, was in Christus und durch Christus geschehen ist, war ein Schritt über das Alte Testament hinaus.

Dieses Hochgebet hat sich nun im Laufe der Zeit entfaltet. Die lateinische Kirche hat lange Jahrhunderte hindurch nur eine einzige Grundform gekannt, die Kanon genannt wurde. Die katholischen Ostkirchen haben immer wieder eine größere Anzahl von Hochgebeten verwendet. Nach dem Zweiten Vatikanischen Konzil ist dann auch in der lateinischen Kirche die Zahl dieser Hochgebete erweitert worden. Grund dafür war die Hoffnung, es könnte das Beten [14] bereichern, wenn man nicht immer nur auf denselben Text zurückgreifen müsse, sondern abwechseln könne.

Dazu kam in der nachkonziliaren Reform ein weiterer Schritt. Während man lange Jahrhunderte hindurch dieses Gebet still gebetet hatte, wurde nun eingeführt, daß das Hochgebet auch hörbar und vernehmlich in der Muttersprache gesprochen oder gesungen werden konnte. Hier und dort hat man damit gewisse Schwierigkeiten gehabt, aber ich meine, grundsätzlich ist leicht einzusehen, daß ein Dankgesang, die Preisung Gottes, durch den Priester als Stimmführer der Gemeinde, als beauftragten, geweihten Sprecher, nicht leise und unhörbar gesungen werden kann.

Es bleibt die Möglichkeit, unter Umständen gelegentlich kleinere Teile leise zu sprechen. Der Grund sollte freilich nicht sein, weil die Leute mehr

Ruhe haben wollen. Da muß man andere Möglichkeiten überlegen, wie mehr Ruhe in die Meßfeier kommen könnte. Natürlich brauchen wir die Ruhe in der Liturgie, aber an der richtigen Stelle.

Wofür die Christen danken

Lassen Sie mich nun in einem weiteren Punkt noch ein wenig mehr vom Inhalt des Hochgebetes sprechen. Wofür danken wir denn? Wir haben in einer Reihe der neuen Hochgebete den Dank für die Schöpfung. Dieses Danken – um das noch einmal ausdrücklich zu betonen – lebt von der Bejahung Gottes und dem Ja zu dem, was Gott getan hat. Davon lebt jedes Feiern. Wenn Sie nicht zufrieden sind, daß es Sie gibt, dann können Sie auch nicht Ihren Geburtstag feiern. Wer mit seiner eigenen Existenz hadert, wer daran leidet, daß es ihn gibt, kann eigentlich nicht den Tag bejahen, an dem er zur Welt kam.

Die Christen sind mit dem Tun Gottes einverstanden. Sie danken dafür, daß Gott die Welt geschaffen hat. Im Vierten Hochgebet heißt es: „Alles hast du erschaffen, denn du bist die Liebe und der Ursprung des Lebens." Ein Präfations-[15]text aus dem Dritten Hochgebet für Meßfeiern mit Kindern lautet: „Die Sonne gibt uns Licht und Wärme, sie läßt das Korn und die Früchte reifen. Blumen und Tiere, Wälder und Wiesen – alles ist für uns da." Auch wenn wir mit Gottes Gaben nicht immer richtig umgehen, ist das kein Grund, das Danken einzustellen. Wir können nicht Gott anlasten, was wir selbst verschuldet haben.

Gegenstand des Dankens ist auch die Existenz des Menschen. In demselben Hochgebet heißt es: „Wir danken dir, Gott. Denn du hast uns erschaffen, damit wir für dich leben und füreinander da sind. Wir können miteinander sprechen, zusammen arbeiten und feiern."

Wir danken natürlich auch, in erster Linie und vor allem, aber eben doch nicht nur für das, was Gott in seinem Heilshandeln an uns getan hat. Im Vierten Hochgebet wird die ganze Geschichte des Heils vom Sündenfall des Menschen, vom Bund Gottes, von den Propheten bis hin zu Tod und Auferstehung Christi und der Geistsendung aufgezählt.

In einem der neueren Hochgebete ist auch der Text enthalten, in dem nicht nur für das gedankt wird, was in der Vergangenheit geschehen ist. Das ist wichtig, ohne Zweifel, wir können nicht genug davon erzählen, was Gott getan hat, aber es ist da auch die Rede vom Dank für das, was Gott heute wirkt. Im „Hochgebet Versöhnung" heißt es: „Wir danken dir, Gott, allmächtiger Vater, und preisen dich für dein Wirken in dieser Welt durch unseren Herrn Jesus Christus: Denn inmitten einer Menschheit, die gespalten und zerrissen ist, erfahren wir, daß du Bereitschaft zur Versöhnung schenkst." Es wird also nicht das Bild einer heilen Welt gemalt – die Menschheit ist gespalten, zerrissen, das erleben wir alle. Jede Nachrichtensendung bestätigt uns das aufs Neue! Aber von der Welt und der Menschheit zu sagen, daß sie zerrissen ist, im Krieg liegt, Grenzen gesperrt und Übergänge geschlossen sind, das ist das eine, aber es ist nicht alles. Muß der Christ nicht davon sprechen, daß es etwas anderes gibt? Der Text fährt fort: „Dein Geist bewegt [16] die Herzen, wenn Feinde wieder miteinander sprechen, Gegner sich die Hände reichen und Völker einen Weg zueinander suchen." Auch das gibt es im kleinen Kreis, im Dorf, in der Stadt und in der Gemeinschaft der Nationen. „Dein Werk ist es, wenn der Wille zum Frieden den Streit beendet, Verzeihung den Haß überwindet und Rache der Vergebung weicht." Es ist das eine Weise des Betens, die sicher auch jüngere Menschen heute ansprechen kann: Gottes Wirken in unserer Zeit, bei uns, zu entdecken, aufzuspüren und Gott dafür zu danken. Das Feld ist unendlich weit. Es gibt nichts in unserem Geschehen, für das wir nicht Gott auch in dieser Weise innerhalb der Eucharistiefeier unseren Dank darbringen könnten. Freilich wird hier vielleicht auch noch einmal deutlich, daß der Mitvollzug der Eucharistiefeier nicht nur etwas ist, was sich auf die halbe oder dreiviertel Stunde der Messe selbst beschränkt, denn Eucharistie feiern heißt ja, in der Liturgie den Dank zum Ausdruck bringen, der unser ganzes Leben erfüllt, der nicht nur in diesem Moment vorhanden ist, sondern der Grundhaltung unseres Lebens ist. Hier ist die Nahtstelle von Liturgie und Leben. Wo ein Mensch als dankender Mensch lebt, da geht ihm auch das Dankwort der Eucharistie über die Lippen. Da kann er einstimmen, ja, es ist würdig und recht, allezeit zu danken. Und umgekehrt erfährt das Danken des Lebens immer wieder seine Vertiefung durch die Danksagung in der Dankversammlung.

So könnte man fragen, ob es nicht vielleicht doch gelegentlich wünschenswert sei, die Möglichkeit zu haben, auch seinen privaten Dank in der Meßfeier auszudrücken. Das ist durchaus möglich. Etwa im Rahmen einer Gruppenmesse am Beginn der Präfation kann den einzelnen Gelegenheit gegeben werden, sich einzubringen mit dem Dank, den sie Gott darbringen. [17]

Danken in der Bedrängnis

Lassen Sie mich zum Schluß noch in einem kurzen, letzten Punkt sprechen vom christlichen Danken in der Bedrängnis, in der Not.

Wir müssen uns darüber im klaren sein, daß das Danken, von dem ich hier gesprochen habe, nicht einer Weltsicht entspricht, in der wir nur die Schokoladenseite des Lebens und der Erde zur Kenntnis nehmen. Wir brauchen unsere Augen vor der Realität nicht zu verschließen; wir dürfen sie nicht verschließen, auch nicht, wenn wir als Christen danken. Man könnte ja fragen, ob jemand denn angesichts des Elends der Welt und der Menschen, des Mordens, des Raubens, des Unterdrückens und des Schmerzes, der Vernichtung und des Todes, überhaupt noch an Gott glauben, geschweige ihm danken könne. Diese Frage ist so alt wie der Gottesglaube selbst und auch für uns Christen sicher immer neu ein Problem. Vielleicht müßte man die Frage so stellen: Kann man nach Golgota noch danken? Denn alles, auch Auschwitz und Hiroshima, alle Not aller Zeiten verblaßt für mich hinter dem unsagbaren Geschehen der Tötung des Gottessohnes. Nach Golgota hätte man nicht mehr danken können, es wäre für immer dunkel geblieben, wenn nicht die Auferstehung gefolgt wäre. Die Einheit von Tod und Auferstehung wird von der Liturgiekonstitution des Zweiten Vatikanischen Konzils das Österliche Geheimnis genannt. Damit ist nicht nur das persönliche Schicksal des Jesus von Nazaret gemeint, sondern eine bleibende Bestimmung der Welt, eine neue Qualifikation alles dessen, was in der Welt geschieht, der ganzen Schöpfung, nämlich die Qualifikation zur Hoffnung. Manche Stunde wird unser Dank ein Dank aus Hoffnung sein müssen. Ja, aber es darf ein Dank sein. Die nächtlichen Lieder, auch die Lieder unter Tränen, den Dank unter Tränen können wir singen wegen des Sonnenaufgangs, wegen des Ostermorgens. Das Danke auch in der persönlichen Nacht, in der Nacht der Weltgeschichte, das manchmal nur gehauchte, das vertrauende, das ge-[18]glaubte, das manchmal stumme Danke, es bleibt die Chance christlichen Lebens.

Laßt uns danken dem Herrn, unserm Gott. Könnte das nicht die unvergängliche Melodie eines Lebens werden, das seinen Sinn darin findet, für den Dank und vom Dank zu leben?

Zur Diskussion über neue Hochgebete

Aus der Arbeit einer Studiengruppe im deutschen Sprachgebiet[*]

Etappen der nachkonziliaren Entwicklung

Für die neuere Liturgiegeschichte der römischen Messe war die sogenannte „Zweite Instruktion" zur ordnungsgemäßen Durchführung der Liturgiekonstitution" von 1967 von historischer Bedeutung; gab sie doch in Nr. 10 den Priestern die Erlaubnis, den Kanon mit vernehmlicher Stimme vorzutragen und in Nr. 28 den Bischofskonferenzen die Vollmacht, die Verwendung der Muttersprache „etiam in canone missae" zu gestatten. Der Apostolische Stuhl reagierte damit relativ schnell auf die ersten Erfahrungen, die die Gemeinden mit der schrittweisen Zulassung der Muttersprache[1] gemacht hatten. Sie hatte nämlich gezeigt, daß innerhalb einer überwiegend in der Volkssprache gehaltenen eucharistischen Versammlung sich der noch lateinisch vorzutragende Teil des Hochgebetes als Barriere für die Kommunikation und Identifikation der Versammlungsteilnehmer auswirkte.

Der Abbau der Kommunikationssperre „lateinische Sprache" ließ nun freilich – wie in der gesamten Liturgie auch beim römischen Kanon noch deutlicher und für viele bedrückend – andere Barrieren der altehrwürdigen Texte spürbar werden: des Inhalts, der theologischen Aussageweisen, des Aufbaus und der Form. Als beachtliche pastorale Erleichterung wurde daher 1968 die Einführung von drei neuen eucharistischen Hochgebeten begrüßt.[2] Eine Straffung erfuhr schließlich auch der römische Kanon, als er 1970 als erstes Hochgebet in das neue Missale aufgenommen wurde.[3] [4]

Vorgängig zu diesen kirchenamtlichen Reformen und nicht ohne Einfluß

* Zuerst veröffentlicht in: LJ 23 (1973) 3–20. – Bibliographie Rennings Nr. 209.

1 Instruktion vom 26.9.1964 [EDIL/DEL 1, 199–297] für Lesungen, Fürbitten, Ordinarium und Proprium, Akklamationen, Gruß- und Dialogworte, Vaterunser; Erlaubnis vom 27.4.1965 [EDIL/DEL 1, 395] für Präfation mit Dialog und Sanctus.

2 Vgl. beispielsweise *B. Kleinheyer*, Erneuerung des Hochgebetes. Regensburg 1969; Die eucharistischen Hochgebete II–IV. Ein theologischer Kommentar, hg. v. *O. Nußbaum*. Münster 1970 (rlg 16); *Th. Schnitzler*, Die drei neuen eucharistischen Hochgebete und die neuen Präfationen in Verkündigung und Betrachtung. Freiburg/Brsg. [2]1969.

3 Zu den konziliaren Diskussionen über eine Reform des Kanons vgl. *E. J. Lengeling*, Die Konstitution des II. Vatikanischen Konzils über die heilige Liturgie. Münster [2]1965 (rlg 5/6).

auf ihr Zustandekommen hatte jedoch bereits früher eine Entwicklung eingesetzt, die ihre Impulse ebenso auf die Liturgiekonstitution des Konzils zurückführte. Wenn es erklärtermaßen (Art. 48) Aufgabe der Riten und Gebete ist, daß die Gläubigen durch sie – per ritus et preces – das eucharistische Mysterium recht verstehen lernen und so das liturgische Geschehen bewußt, fromm und tätig mitfeiern, mußte die Frage gestellt werden, ob mit dem Römischen Kanon und auch den drei anderen offiziellen Hochgebeten dieses Ziel erreicht werden könnte.

Bereits vor Beginn der sechziger Jahre waren erste Stimmen laut geworden, die sich mit einer Reform des Hochgebetes beschäftigten.[4] „Neben der konsekratorischen Aufgabe", wünschte K. Amon 1961, möge das Hochgebet „auch wiederum die betende und verkündende wirklich erfüllen."[5] Sein Vorschlag sieht den fakultativen Gebrauch des Kanons von Hippolyt in der Landessprache vor. Etwa 1963 setzte dann eine verstärkte wissenschaftliche Erörterung des Problems eines oder mehrerer neuer Hochgebete ein.[6]

Zu diesen Untersuchungen mehr wissenschaftlicher und theoretischer Art kamen praktische Reformschritte aus privater Initiative, die ebenfalls die Forderungen von Art. 48 der Liturgiekonstitution in den amtlichen Texten nicht verwirklicht fanden. In erheblichem Umfang verbreiteten sich ab 1966 von Holland und Indonesien neue Hochgebetstexte in den Muttersprachen, die in den Gemeindegottesdiensten Verwendung fanden. Ab 1967 ließ sich in unterschiedlichem Ausmaß das gleiche Phänomen in verschiedenen anderen Sprachgebieten beobachten.[7] [5]

Der Apostolische Stuhl, der im gottesdienstlichen Gebrauch privater Hochgebetstexte nicht zu Unrecht eine Verletzung des geltenden liturgischen Rechtes sah, reagierte zunächst durch die Einschärfung der bestehen-

---

4 Vgl. *J. Bonell*, Restauration der heiligen Opferfeier, in: HlD 13 (1959) 90–95; *F. X. Arnold*, Subjekt und Gestalt christlicher Liturgie, in: Kirche und Überlieferung (FS J.R. Geiselmann), hg. v. *J. Betz/H. Fries*. Freiburg/Brsg. [u.a.] 1960, 263–265.

5 *K. Amon*, Reformwünsche zum innersten Bereich der eucharistischen Feier, in: BiLi 35 (1961/62) 103–110, hier 110; *E. J. Lengeling*, Die Meßfeier als Eucharistie, in: LJ 11 (1961) 65–80, hier 77.

6 Vgl. *H. Küng*, Das Eucharistiegebet. Konzil und Erneuerung der Meßliturgie, in: WuW 18 (1963) 106; *K. Gamber*, Die ökumenische Liturgie, in: HlD 18 (1964) 29–34; *K. Amon*, Gratias agere. Zur Reform des Meßkanons, in: LJ 15 (1965) 79–98; *C. Vagaggini*, Il canone della messa e la riforma liturgica. Problemi e progetti. Turin 1966; *J. A. Jungmann*, Um die Reform des Römischen Kanons, in: LJ 17 (1967) 1–17; Table ronde sur les projets de réforme du Canon, in: ParLi 49 (1967) 219–259; *C. Berti / I. Calabuig*, Due progetti di Canone eucaristico per il rito romano nella luce ecumenica, in: EL 81 (1967) 3–69; *Dies.*, Saggio di Prece eucaristica per le festività mariane, in: Marianum 29 (1967) 493–536. – Vgl. auch die Bibliographie bei *L. Maldonado*, La plegaria eucaristica. Madrid 1967, XV-XXXI.

7 Vgl. *I. Pahl*, Versuche in aller Welt. Report zur Situation des Hochgebetes, in: Gd 6 (1972) 113–115. 123–126.

den Vorschriften.[8] In einigen Fällen wurden allerdings auch für bestimmte Verhältnisse Sonderformen von Hochgebeten offiziell zugelassen.[9] Die weite Verbreitung nicht-amtlicher Hochgebete und immer wieder an den Apostolischen Stuhl herangetragene pastoral motivierte Wünsche nach weiteren Eucharistiegebeten waren offensichtlich mitbestimmend dafür, daß schließlich im Sommer 1971 innerhalb der Gottesdienstkongregation eine eigene Studiengruppe für Fragen des Hochgebetes errichtet wurde.[10] Der Präfekt der Kongregation stellte in Aussicht, ein erstes Ergebnis der Arbeit Mitte 1972 vorlegen zu können; was die Öffentlichkeit betrifft, ist diese Hoffnung bis zum Ende des Jahres nicht in Erfüllung gegangen.[11]

In diese skizzierte Entwicklung fügt sich auch die Situation im deutschen Sprachgebiet ein. Sowohl vom Römischen Kanon wie auch von den anderen drei Hochgebeten erschienen offizielle Übertragungen, die von den Bischofskonferenzen approbiert und von Rom konfirmiert wurden.[12]

Neben wissenschaftlichen Untersuchungen informierten Fachzeitschriften über ausländische Versuche und Entwicklungen.[13] Mit dem Buch von A. Schilling „Fürbitten und Kanongebete der holländischen Kirche", das der Herausgeber als eine Materialsammlung „zur Diskussion um zeitgemäße liturgische Texte" bezeichnete, erschien erstmals in deutscher Sprache eine buchtechnisch gut für den praktischen Gebrauch am Altar geeignete Sammlung privater Eucharistiegebete, die sehr weite Verbreitung fand.[14] Ihr folgten bald zahlreiche andere Text- und Ritusmodelle [6] für

---

8 SC 22; Not. 1 (1965) 145; 3 (1967) 36.

9 Für die besondere Situation der Meßfeier mit gehörlosen Kindern wurde ein eigenes Hochgebet von den Bischofskonferenzen des deutschen Sprachgebietes approbiert und vom Apostolischen Stuhl am 26.6.1970 konfirmiert [veröffentlicht in der Ausgabe: Fünf Hochgebete. Hochgebet zum Thema „Versöhnung", Hochgebete für Meßfeiern mit Kindern. Studienausgabe für die Bistümer des deutschen Sprachgebietes; mit einem Anhang: Hochgebet für Meßfeiern mit Gehörlosen. Approbierter und konfirmierter Text, hg. v. den Liturgischen Instituten Salzburg, Trier und Zürich. Einsiedeln u. a. 1980 (PLR-Gd)]. Eine besondere Erlaubnis wurde auch für Kindermessen auf den Philippinen gegeben (vgl. Not. 7 [1971] 264). Um den Kindern den Mitvollzug zu erleichtern, wurden von der Gottesdienstkongregation Kurzfassungen der Hochgebete I und IV am 9.11.1971 ad interim und ad experimentum für die Schweiz zugelassen.

10 Die Studiengruppe traf sich unter Leitung von E.J. Lengeling im Oktober und November 1971 und im Januar 1972 und trug ihre Überlegungen auf der 2. Vollversammlung der Gottesdienstkongregation vom 7.–11. März 1972 vor; vgl. Not. 8 (1972) 59. 132–134.

11 Gd 6 (1972) 11.

12 Der Römische Kanon am 4.10.1967 bzw. am 14.11.1967 und die drei neuen Hochgebete am 28.11.1968 bzw. am 6.12.1968.

13 Deutsche Übersetzung des in „Bron van christelijke Geest – Tweede Zondag in de Advent 1966" enthaltenen Hochgebetes in BiLi 40 (1967) 128–130. Vgl. auch *H.A.J. Wegman*, Neue Eucharistiegebete in Holland, in: LJ 18 (1968) 44–60.

14 Essen [1]1968, [11]1971. Vgl. dazu *H. Rennings*, Um zeitgemäße Hochgebete, in: Gd 3 (1969) 95f; *A. Häußling*, Noch einmal: Eucharistiegebete in Holland, in: LJ 20 (1970) 113–120. Eine überwiegend historisch argumentierende Kritik, die heutige Erfordernisse übergeht, findet

das Hochgebet: vervielfältigte Sammlungen, Einzeltexte und Beigaben, Übersetzungen und Bearbeitungen aus anderen Sprachen sowie Neuschöpfungen.[15]

In einem gemeinsamen Schreiben appellierten die Bischöfe der Fuldaer Konferenz an die Geistlichen, sich nicht eigenmächtig über die geltende Ordnung der Liturgie hinwegzusetzen, da dadurch die geistliche Einheit des Bistums und der Kirche verletzt würde, die sich auch in der Ordnung des Gottesdienstes darstellen müßte. Gegen willkürliche liturgische Experimente wendete sich unter anderem ein Wort der deutschen Bischofskonferenz zu Fragen des Glaubens und des kirchlichen Lebens.[16] Verständnis für den Konflikt mancher Seelsorger zwischen geltenden liturgischen Vorschriften und dem Bemühen, die Meßfeier der jeweiligen Situation und Fassungskraft der Mitfeiernden anzupassen, drückte ein Wort des Bischofs von Limburg aus; es sei nicht recht, bei allen Abweichungen nur von Neuerungssucht oder Geltungsbedürfnis zu sprechen.[17] Als besonders dringliches Anliegen bezeichnete der Vorsitzende der Liturgischen Kommission der Deutschen Bischofskonferenz, Bischof Stein von Trier, in eine Situationsbericht „die Verwendung approbierter neuer Hochgebete, die aus dem Geist und dem Empfinden gläubiger Menschen unserer Tage und unserer Sprache geschaffen sind."[18] [7]

---

sich bei *F. Reckinger*, Die „Kanongebete der holländischen Kirche" kritisch betrachtet, in: Pastoralblatt 23 (1971) 261–269. 300–304. Außer mit den von A. Schilling vorgelegten Texten befaßt sich auch noch mit anderen privaten Schöpfungen *E. J. Lengeling*, Liturgie in der Krise?, in: Die Kirche im Wandel der Zeit (FS J. Höffner), hg. v. *F. Groner*. Köln 1971, 319–340. Trotz einiger Richtigstellungen übergeht Schilling eine Anzahl der von Lengeling angeschnittenen Fragen in seiner Antwort, die nicht als sachliche Weiterführung der Diskussion bezeichnet werden kann und unter dem Titel „Die seltsamen Methoden des Emil Josef Lengeling" im Beiheft zu „Elf Eucharistiegebete (holländische Kanontexte)", hg. v. *A. Schilling*. Essen 1972, 31–61 erschien. Zahlreiche Amtsblätter der deutschen Diözesen haben darauf hingewiesen, daß die in der – laut Impressum – „autorisierten deutschen Studienausgabe" vorgelegten Holländischen Eucharistiegebete „von der Deutschen Bischofskonferenz nicht approbiert und in den deutschen Bistümern für den Gottesdienst nicht zugelassen sind"; vgl. z. B. KA Trier 116 (1972) 90.

[15] Vgl. dazu die Bibliographie von *W. Glade*, Deutschsprachige Hochgebete, in: LJ 23 (1973) 65f.

[16] Vom 30.9.1966 und vom 28.12.1968.

[17] In einem Wort des Bischofs zur Feier der heiligen Messe, dem Richtlinien mit der Einräumung eines größeren Spielraums angefügt sind; vgl. KA Limburg 113 (1971) 287–289. Laut Gd 6 (1972) 145 erhielten die Bistümer Limburg und Münster von Rom eine befristete Erlaubnis, unter bestimmten Voraussetzungen neue Hochgebetstexte zu erarbeiten und im Gemeindegottesdienst ad experimentum zu verwenden.

[18] Im Dezember 1971 auf der Kontaktsitzung der Liturgischen Kommissionen des deutschen Sprachgebietes anläßlich des Besuches des Präfekten der Gottesdienstkongregation, Kardinal Arturo Tabera; vgl. Gd 6 (1972) 4.

Da es nach den Ausführungserlassen zur Liturgiekonstitution eine der Aufgaben der Liturgischen Kommission der Bischofskonferenzen ist, sich mit der einschlägigen Entwicklung in ihren Territorien zu befassen,[19] beschloß die Internationale Arbeitsgemeinschaft der Liturgischen Kommissionen des deutschen Sprachgebietes im April 1971 in Berlin, eine eigene Studiengruppe zu bilden. Sie erhielt den Auftrag, für ihre Gebiete „alle mit dem Hochgebet zusammenhängenden Fragen zu untersuchen." Außerdem wurde sie aufgefordert, „Entwürfe für Hochgebete zu erarbeiten, die sowohl den theologischen und liturgischen Erfordernissen des Hochgebetes wie auch der Eigenart der deutschen Sprache gerecht werden."[20]

Die Arbeit der Studiengruppe begann mit einer Orientierungsumfrage bei den Mitgliedern der Internationalen Arbeitsgemeinschaft. Sie sollte Aufschluß über die Erfahrungen mit den römischen Hochgebeten sowie über pastorale Desiderate bezüglich der ganzen Hochgebetsfrage bringen. Gleichzeitig wurde von der Arbeitsgruppe eine umfassende Dokumentation aller im Sprachgebiet publizierten privaten Hochgebetstexte angelegt; zur Vermeidung einer isolierten Betrachtungsweise wurden – soweit möglich – ergänzend ausländische Publikationen erfaßt. Mannigfache Kontakte mit Arbeitsgruppen und besonders qualifizierten Seelsorgern verhalfen zu einem hohen Informationsstand.[21]

Unter Berücksichtigung dieses gesamten Materials bildeten sich in der Diskussion und Beratung der Studiengruppe einige Zielvorstellungen heraus, die einstimmige oder mehrheitliche Zustimmung fanden.

a) Eine Ergänzung des im Römischen Meßbuch vorliegenden Bestandes an Hochgebetstexten erscheint unabweisbar. Wenn auch mit dem Erscheinen der noch ausstehenden Teile der deutschen Ausgabe des Römischen Meßbuches weitere Präfationen die Auswahlmöglichkeiten vergrößern, bleibt mindestens für Meßfeiern mit Kindern, Jugend-[8]lichen und besonderen Personenkreisen der Wunsch nach Eucharistiegebeten, die den Teilnehmern den inneren und äußeren Mitvollzug erleichtern. Die weite Ver-

---

[19] Instruktion „Inter Oecumenici" vom 26.9.1964, Nr. 45 [EDIL/DEL 1, 243].

[20] Gd 6 (1972) 21. Als Mitglieder der Arbeitsgruppe werden angegeben: K. Amon, L. Brinkhoff, Balth. Fischer, A. Hänggi, E. J. Lengeling, F. Nikolasch, I. Pahl, H. Rennings, H. Schürmann, R. Trottmann, J. Wagner. Dort auch die Mitteilung: „Die Vorsitzenden der Bischofskonferenzen haben den Apostolischen Stuhl bereits darüber informiert, daß sie unter Berufung auf Art. 40 der Liturgiekonstitution solche Entwürfe in Rom vorlegen werden."

[21] Beispielsweise mit der „Kommission für Fragen der Kinder- und Jugendliturgie". Die Arbeitsgemeinschaft der Katholischen Liturgiker des deutschen Sprachgebietes befaßte sich auf ihrer Jahrestagung vom 18.–22. Sept. 1972 in Wien mit den Problemen der eucharistischen Hochgebete und diskutierte dabei u. a. auch das Strukturmodell, das aufgrund der Diskussionsergebnisse überarbeitet wurde; vgl. Gd 6 (1972) 145–152.

breitung privater Texte im deutschen Sprachgebiet und in vielen anderen Teilen der römischen Kirche allein braucht noch kein Grund für die Erweiterung des Meßbuchbestandes sein; doch meldet sich darin wohl ein Bedürfnis, dem eine am Wohl der Gemeinden orientierte Autorität sich nicht verschließen dürfte.

b) Aus verschiedenen Gründen muß dringend davon abgeraten werden, unter den gegenwärtigen Verhältnissen eine generelle Lösung des Problems in der Weise anzustreben, daß dem zelebrierenden Priester völlige Freiheit zur Formulierung des Hochgebetes gegeben wird. Der Situation nicht angemessen erscheint es andererseits aber auch, den vorhandenen Texten des Meßbuchs lediglich weitere lateinische hinzuzufügen, da sich alle Probleme der Übertragungen in die Muttersprache und der mangelnden Flexibilität wiederum neu stellen würden. Als situationsgerechtes Vorgehen würde sich empfehlen, die Bischofskonferenzen zur Approbation zu ermächtigen, eventuell anhand eines römischen Kriterienkataloges oder einer Sammlung von Modellvorlagen der Gottesdienstkongregation in den verschiedenen Weltsprachen.

c) Neue Hochgebete sollten die vier Eucharistiegebete des römischen Ritus nicht ersetzen. Im Sinne einer wirklichen Ergänzung sollten sie neben den vorhandenen verwendbar sein und auch verwendet werden. Der kirchlichen Tradition, besonders der römischen Liturgie völlig fremde Kompositionen bleiben damit aus der Betrachtung ausgeschlossen. Aus der Koexistenz sich ergebende Konsequenzen für die Gemeindebeteiligung müßten bei der Erstellung neuer Texte beachtet werden.

d) Gemäß den allgemeinen Reformanweisungen der Liturgiekonstitution in Art. 50 ist darauf zu achten, daß der eigentliche Sinn des Hochgebetes und sein Zusammenhang mit den anderen Teilen der Meßliturgie deutlich hervortreten. Neue Hochgebete müßten dieser Forderung mehr entsprechen als die Hochgebete I bis IV des Missale Romanum.

e) Neue Hochgebete sollten die fromme und tätige Teilnahme der Gläubigen erleichtern. Daher wäre unter treulicher Wahrung der Substanz eine Vereinfachung anzustreben. Nicht jedes einzelne Hochgebet brauchte alle traditionellen Elemente und Aussagen zu enthalten; [9] diese sollten sich jedoch aus der Gesamtheit der im Gottesdienst einer Gemeinde verwendeten Hochgebete ergeben.

f) In den sprachlichen Fassungen sollten die Texte möglichst den Forderungen der Übersetzerinstruktion vom 25.1.1969 entsprechen, d. h. Texte bieten, die den Bedürfnissen einer römisch-katholischen Liturgie von und für heute gerecht werden.

Zur Konkretisierung dieser Zielvorstellungen und ihrer fachwissenschaftlichen Diskussion empfahl sich die Aufstellung eines „Strukturmodells für

Hochgebete", dem verschiedenartige erläuternde Beispiele beigegeben wurden.

Diskussionsbeitrag: Strukturmodell und Erläuterungsbeispiele

Entsprechend den Zielvorstellungen konnten bei der Ausarbeitung des Modells die historischen und theologischen Probleme der Herkunft und Entstehung des Hochgebetes unberücksichtigt bleiben. Ebenso brauchte auf theoretisch mögliche liturgiewissenschaftliche Ansätze – unbeschadet deren Bedeutung und Nützlichkeit – nicht eingegangen zu werden; etwa dem Ansatz: Anaphora als aus dem Offenbarungsglauben hervorgehende epikletische Namensanrufung Gottes. Außer Betracht blieben auch Fragen der anthropologischen Motivation beispielsweise von Lob und Dank und die Hinweise zum praktischen Vollzug wie z. B. der Vortragsweise, der Länge von Hochgebeten nach den Ergebnissen liturgischer Kommunikationsforschung. Das Strukturmodell erhebt demnach nicht den Anspruch, das Hochgebet als einen Vorgang des liturgischen Handelns umfassend zu beschreiben oder an sich denkbare Vollzugsmöglichkeiten dieses Vorgangs in den Blick zu rücken. Derartige Untersuchungen, die dringlich von der systematischen Liturgiewissenschaft zu leisten sind, wären eher Gegenstand eines weitreichenden Forschungsprojektes als eines an den unmittelbaren seelsorglichen Erfordernissen orientierten Studienauftrags gewesen.

Bei den Erläuterungsbeispielen werden zwei Reihen geboten.[22] Die mit dem Zeichen Plus (+) versehenen Beispiele entsprechen den im Modell enthaltenen Aussagen hinsichtlich Struktur und Inhalt. Für die sprach-[10]liche Fassung wurde nicht das Kriterium der Beispielhaftigkeit angelegt, da sie nicht als Textstücke neuer Hochgebete vorgelegt werden. Bei den mit dem Zeichen Minus (–) versehenen Beispielen handelt es sich um solche, die – wiederum nach Struktur und Inhalt, aber ohne Berücksichtigung ihrer sprachlichen Aussagekraft – dem Modell nicht oder weniger entsprechen.

---

[22] Die Beispiele sind teilweise Bearbeitungen von Texten, die folgenden Veröffentlichungen entnommen wurden: A liturgy for Africa, hg. v. *L. Brown*. 1965; *F. Franzen*, Motivmessen 2. Thematische Meßformulare für jeden Tag. Essen 1970; *R. F. Hoey*, The Experimental Liturgy Book. New York 1969; *A. Müller-Felsenburg*, Mündige Kinder – Mündige Kirche. Essen 1971; *H. Oosterhuis*, Im Vorübergehn. Wien 1969; *H. Plock/M. Probst/K. Richter*, Die Feier der Trauung. Texte für Trauungsmessen und Eheschließung. Essen 1971; *K. Richter / Th. Maas-Ewerd/H. Plock/M. Probst*, Neue Totenliturgie. Eucharistiefeiern – Wortgottesdienste – Begräbnisriten. Übertragungen und Vorschläge. Essen 1971; *A. Schilling*, Motivmessen 1. Thematische Meßformulare für jeden Tag. Essen 1970; *A. Stadelmann/G. Mainberger*, Auszug aus dem Getto. Impulse einer Pfarrei der 70er Jahre. Luzern 1972.

Gliederung des Strukturmodells

A. Grundgestalt des eucharistischen Hochgebetes
   1. Gebet zum Vater Jesu Christi
   2. Amtsgebet des Priesters mit Beteiligung der Gemeinde
   3. Kompositorisch einheitliches Gebet

B. Grundgehalt des eucharistischen Hochgebetes
   1. Lobpreisendes und danksagendes Gedächtnis
   2. Bitten
   3. Ausdruck der kirchlichen Gemeinschaft

C. Elemente des eucharistischen Hochgebetes
   I. Elemente, die in jedem Hochgebet enthalten sein müssen
      1. Danksagungs- und Lobelemente
      2. Einsetzungsworte
      3. Anamnese
      4. Darbringung
      5. Epiklese
   II. Elemente, die gebührend häufig vorkommen müssen
      1. Sanctus
      2. Gemeinschaft mit den Heiligen
      3. Interzessionen

A. Grundgestalt des eucharistischen Hochgebetes

1. Gebet zum Vater Jesu Christi

Das eucharistische Hochgebet ist ein Gebet, das sich durch Jesus Christus im Heiligen Geist an Gott den Vater richtet.

Da das Hochgebet ein Gebet im Sinne der Berakha Christi sein soll, richtet es sich nicht an Christus, sondern geschieht durch ihn. [11]

Obwohl das Hochgebet wie jeder liturgische Text auch Verkündigung ist, ist es nicht Belehrung und Ermahnung, weil diese sich unmittelbar an die Gemeinde wenden. Dem Typ des Hochgebetes entspricht am besten die Form der gehobenen Prosa, die hymnische Passagen nicht ausschließt. Unvereinbar damit erscheinen jedoch Hochgebete, die in ihrer Gesamtheit lyrische oder nach Art der Oratorien gestaltete Kompositionen sind.

Beispiel: (–)

Leiter: *Herr, nun hast du wieder deine Zusage erfüllt, durch dein Wort über Brot und Wein in die Mitte unseres Lebens zu treten. Mit dir preisen wir den allgütigen Vater, dessen herrlicher Abglanz du bist und dessen Liebe du in deiner unauslöschlichen Vereinigung mit uns vor aller Welt hast greifbar werden lassen.*

Alle: *Jesus, dir jauchzt alles zu: Herr über Leben und Tod bist du.*

Leiter: *Durch dich, den erstgeborenen Bruder aller Menschen, sind wir mit allen Erlösten in Liebe verbunden. Im Namen deiner Erlöserliebe empfehlen wir dir insbesondere alle Entrechteten und Geknechteten, alle Schuldiggewordenen und Geächteten, alle Kranken und Sterbenden.*

Alle: *Jesus, dir jauchzt alles zu: Herr über Leben und Tod bist du.*

Leiter: *Über alle Grenzen hinaus jubeln wir dir zu:*

Alle: *Meine Liebe bist du, Trost und Seligkeit!*
All mein Leben bist du, Gott der Herrlichkeit.

Leiter: *Herr, auch unsere Toten sind in dir mit uns verbunden. Laß sie durch dich den Gruß unserer Liebe vernehmen und gib ihnen um deiner Güte willen die Seligkeit ewiger Vollendung.*

Alle: *Da du ihre Schuld genommen, laß sie alle zu dir kommen.*

Leiter: *Du allein bist die Brücke zum Vater, du allein das Heil der Welt.*

Alle: *Durch dich und in dir und mit dir sei dir, allgütiger Vater, in Einheit mit dem Heiligen Geist alle Herrlichkeit und Ehre von Ewigkeit zu Ewigkeit.*

Beispiel: (–)
Wir haben ein neues Jahr vor uns. Wir machen keine großen Vorsätze. Keiner kann über seinen Schatten springen und niemand aus seiner eigenen Haut fahren. Aber jedem bietet sich einmal die Chance an, ein kurzes, großes Glück. Er kann umkehren, er kann sich einem Menschen zuwenden, auf ihn hören, in die eigene Stille gehen. Dort geschehen Wunder. Das hat uns Jesus gezeigt, als er am Abend …

2. Amtsgebet des Priesters mit Beteiligung der Gemeinde

Seiner Funktion nach ist das eucharistische Hochgebet ein Amtsgebet des Priesters in der Gemeinde, die zustimmen, antworten und einzelne Elemente entfalten kann. Diese erwünschte Beteiligung der Gemeinde am Hochgebet soll so beschaffen sein, daß die Führung durch den Priester deutlich erkennbar bleibt. [12]

Damit nicht vereinbar ist ein Aufteilen der notwendigen Elemente des Hochgebetes auf Vorsteher und Gemeinde oder ein gemeinsames Sprechen des ganzen Hochgebetes.

Beispiel: (–)
Eucharistisches Hochgebet IV oder Kanon IV:

P.: *Wir preisen dich … (bis) das Heil zu erwarten.*

A.: *So sehr hast du die Welt geliebt / daß du deinen Sohn als Retter gesandt hast / nachdem die Zeit erfüllt war. / Er ist Mensch geworden durch den Hl. Geist / geboren aus der Jungfrau Maria / Er hat wie wir als Mensch gelebt / in allem uns gleich außer der Sünde / Den Armen verkündete er die Botschaft vom Heil / den Gefangenen Freiheit, den Trauernden Freude / Um deinen Ratschluß zu erfüllen, hat er sich dem Tod überliefert / in seiner Auferstehung den Tod bezwungen / und das Leben neu geschaffen.*

P.: *So bitten wir dich:*

A.: *Der Geist heilige auch diese Gaben, daß sie uns werden / Leib und Blut unseres Herrn Jesus Christus, / der uns die Feier dieses Geheimnisses hinterlassen hat.*
Zur Wandlung falte die Hände. Schau auf die hl. Gestalten, die man dir zeigt, und verneige das Haupt bei der Kniebeuge.

P.: *Geheimnis des Glaubens:*

A.: *Deinen Tod, o Herr, verkünden wir / und deine Auferstehung preisen wir / bis du kommst in Herrlichkeit.*

P.: *Sieh her auf die Gabe,*

A.: *die du selbst deiner Kirche bereitet / Laß alle, die Anteil erhalten an dem* einen *Brot und dem* einen *Kelch /* ein *Leib werden im Heiligen Geist / ein lebendiges Opfer in Christus / zum Lob deiner Herrlichkeit.*

3. Kompositorisch einheitliches Gebet

Die verschiedenen Elemente des eucharistischen Hochgebetes bilden eine Einheit, in der alle Teile organisch verbunden und vom Ganzen her bestimmt sind.

Dies gilt auch für die Gemeindeelemente, bei denen jedoch Verschiedenheit in Stil und Gebetsrichtung nicht unbedingt ausgeschlossen sind.

Beispiel: (+)
(Wenn eine Epiklese entfällt und „Danksagung und Lob" bis zum Einsetzungsbericht durchgeführt werden.)
Wir preisen dich, Vater, du Herr aller Mächte und Gewalten, und danken dir für Jesus, deinen Sohn, der uns in dieser Feier das Vermächtnis seiner Liebe schenkte, damit wir alle das Leben haben in seinem Namen. (Denn am Abend ...) [13]

Beispiel: (+)
(Wenn eine Epiklese vor dem Einsetzungsbericht vorgesehen ist.)
Wir preisen dich, Herr, unser Gott, und rühmen deine Herrlichkeit. Dein Atem spendet Leben. Dein Geist erneuert und wandelt. So bitten wir: Sende uns deinen Geist, und durch seine Kraft schenk uns als Gaben deiner Treue dieses Brot, das wir brechen, und diesen Kelch, den wir segnen, wie dein Sohn getan und uns zu tun geboten hat. (Denn am Abend ...)

B. Grundgehalt des eucharistischen Hochgebetes

1. Lobpreisendes und danksagendes Gedächtnis

Im Anschluß an die jüdische Gebetspraxis (Berakha) und die biblischen Berichte über das Abendmahl Jesu hat das eucharistische Hochgebet in der gesamten christlichen Tradition den Charakter des gedenkenden Preisens und Dankens. Das Geschehen bezieht sich auf die Heilstaten Gottes in Schöpfung und Erlösung einst, jetzt und künftig, wesentlich auf das im Pascha-Mysterium gipfelnde Heilswerk in Christus.

Das eucharistische Hochgebet soll daher nicht geprägt sein von Klage, Fürbitte, Protest, Zweifel und Reue. Ungeeignet sind auch Hochgebete, die die Wirkung der Erlösung nur im zwischenmenschlichen Bereich sehen.

2. Bitten

Entsprechend der jüdischen Tisch-Berakha und im Einklang mit der gesamten christlichen Tradition enthält das eucharistische Hochgebet auch Bitten (Epiklese, Interzessionen), die sich jedoch nicht verselbständigen dürfen.

3. Ausdruck der kirchlichen Gemeinschaft

Da die Eucharistie „Zeichen der Einheit" und „Band der Liebe" ist, steht die feiernde Gemeinde in der Einheit der ganzen Kirche.
Dieser Einheit wäre nicht genügend entsprochen, wenn die Verbindung mit der Orts- und Gesamtkirche nicht wenigstens in einer kurzen Wendung an geeigneter Stelle in einem der Elemente (Danksagung und Lob, Anamnese, Oblation, Epiklese, Interzession) ausgesagt wäre.

Beispiel: (+)
(zu Beginn der Anamnese)
So feiern wir, Vater, verbunden mit der ganzen Kirche, das Gedächtnis deines Sohnes.

Beispiel: (+)
(im Rahmen der Epiklese)
Vater, schau auf deine Gemeinde, die du im Mahl vereinst. Schau auf deine ganze Kirche. Erfülle sie mit dem Heiligen Geist, damit sie in seiner Kraft Salz der Erde und Licht der Völker sei. [14]

C. Elemente des eucharistischen Hochgebetes

I. Elemente, die in jedem Hochgebet enthalten sein müssen

Die folgenden Elemente sind, wenn auch nicht aus denselben Gründen, in einem Hochgebet unerläßlich.

1. Danksagungs- und Lobelemente

a) Das eucharistische Hochgebet beginnt mit einem Dialog: Die Gemeinde wird zum Dank aufgefordert; sie drückt ihre Bereitschaft dazu aus.
b) Danksagung und Lob prägen den Beginn des Hochgebetes. Der Text kann aus einem zusammenhängenden Ganzen bestehen oder in mehrere Abschnitte aufgeteilt sein, die durch Akklamationen (z. B. Sanctus) gegliedert werden.
c) Außerdem können Danksagung und Lob im Verlauf des Hochgebetes immer wieder aufgegriffen werden. In jedem Fall mündet das Hochgebet in einem abschließenden Lobpreis aus.

Beispiel: (–)
Am Ostertag kommen alle Erinnerungen zusammen und machen unsern Alltag zu einem Fest und einer Feier: der Auszug aus Ägypten, das Osterlamm, die Erfahrung der Jünger mit dem Auferweckten, der Frühlingsanfang, die Sonne, die Blumen, die Musik und das Ostergeschenk. Auch Jesus hat uns durch seine erste Gemeinde ein Geschenk hinterlassen. Denn am Abend …
Wir bitten Dich in dieser Stunde:
Laß uns inmitten der Welt Dein Evangelium leben, indem wir zur Torheit des Kreuzes stehen. Laß uns einander tragen und gib uns ein offenes Herz für die Zweifler und Suchenden und für alle, die in Not sind. So werden wir zur Gemeinschaft aller Getauften, zur Kirche deines Sohnes.

Beispiel: (–)
Der Priester leitet zum Hochgebet über.
Vorher sprechen alle gemeinsam:
Gott ist heilig. Er schuf die Welt und die Menschen. Wir dienen Gott, wenn wir die Welt weiterbringen!
Hochgebet:
Jesus Christus, dein Vater hat die Welt erschaffen und sie uns gegeben. Bevor er uns erschuf, machte er die Welt urbar. Wir wollen sie weiterbringen. Das haben wir dir jetzt oft gesagt. Aber wir wissen auch, wie schwer das ist. Im Gesetz des Dschungels heißt es: Der Stärkere überlebt, und der Schwächere wird getötet und gefressen. Er kann sich aber auch durch Anpassung an die Gefahren schützen. In deinem Gesetz, Christus, steht an erster Stelle die Nächstenliebe. Damit ist das Naturgesetz nicht aufgehoben, aber überhöht und vertieft.
Gib uns, daß wir nicht immer nur an uns denken, sondern vielmehr an unsere Mitmenschen.
[15]
Unsere Welt hat sich seit dem Tage der Erschaffung technisch weiter entwickelt. Hilf uns, sie noch besser zu entwickeln und nicht wieder durch grauenvolle Kriege zu zerstören.

Beispiel: (–)
Gabengebet und Präfation entfallen.
Guter Vater, wir hörten das Wort deines Sohnes: Es ist dein Wort an uns und durch uns an die Welt. – Wir brachten dir auch unsere Gaben:
Sie stehen für uns selbst – für unser Leben – für unsere Arbeit – für unseren guten Willen.
So gedenken wir miteinander deines Sohnes – seines letzten Abends im Kreis seiner Jünger. Er gab ihnen ein Beispiel und tat ihnen den Dienst eines Knechtes. Er gebot ihnen noch einmal ausdrücklich und unüberhörbar, einander zu lieben und für diese Liebe zu leben.
Dann nahm er das Brot, dankte dir, teilte es mit allen und sprach: Nehmt und eßt: Hier ist mein Leib – für euch.
Nachher nahm er den Becher, dankte dir, teilte ihn mit allen und sprach: Nehmt und trinkt diesen Becher des Neuen Bundes: Hier ist mein Blut – für euch und für alle zur Vergebung der Sünden. Tut dies, wenn ihr zusammenkommt, im Gedenken an mich!
Guter Vater, im Gedenken an Jesu Leben, an sein Mahl mit den Seinen, an seinen Tod und an seine Verherrlichung bei dir bitten wir dich: Gib uns deinen Geist – unaufhörlich – voll Licht und Kraft! Begeistere uns zu einem Leben in Liebe und Güte, voll Glauben und Hoffnung, mit Mut und Ausdauer! Laß uns dieses Leben wagen im Geist deines Sohnes – dir zur Ehre und zum Besten der Welt!
Mit deinem Sohn wollen wir leben – mit ihm wollen wir auch beten: Vater unser im Himmel …

Beispiel: (+)
(1. Abschnitt des Elementes „Danksagung und Lob“ mit Einbeziehung der geschöpflichen Ordnung)
Gepriesen bist du, Herr, unser Gott, denn stets aufs neue schenkst du uns deine Gnade. Du hältst uns alle in deiner Hand. In der Liebe der Menschen offenbarst du dich. Wo Friede und Freiheit herrschen, bist zu zugegen. Wenn wir uns für das Recht einsetzen, ist deine Kraft es, die uns treibt. Wenn wir gut sind, bist du es, der in uns wirkt. Froh darüber und voll des Dankes preisen wir dich, Herr, heiliger Gott, und singen mit allen Scharen des Himmels:

Beispiel: (+)
(2. Abschnitt des Elementes „Danksagung und Lob“ mit Überleitung zum Einsetzungsbericht, ohne Epiklese)
Gepriesen bist du, Gott, der da war und der ist und der kommen wird. Gepriesen bist du in deinem Sohn Jesus Christus, dem getreuen Zeugen, dem Erstgeborenen von den Toten, dem Herrn über die Könige der Erde. Er hat uns geliebt und uns mit seinem Blut von der Sünde befreit. Durch ihn sagen wir Dank. Nach seinem Auftrag und Beispiel verkünden wir bei dieser Feier das Werk deiner Liebe. (Denn am Abend …) [16]

2. Einsetzungsworte

Die Einsetzungsworte haben innerhalb des eucharistischen Hochgebetes weder den Charakter des bloßen Berichtes von einem historischen Geschehen, noch sind sie für sich stehende Konsekrationsformeln. Sie sind vielmehr ein Teil des an den Vater unseres Herrn Jesus Christus gerichteten anamnetischen Lob- und Dankgebetes und sollen daher auch in diesem Gebetskontext eingebettet bleiben.

Bei den Einsetzungsworten lassen sich „Einleitung“ und „Herrenworte“ unterscheiden. Die Einleitungen („Am Abend vor seinem Leiden …“, „Da er die Seinen liebte …“) haben in den vier Römischen Hochgebeten verschiedene Fassungen und können variabel sein. Die Herrenworte sind in der von der Apostolischen Konstitution „Missale Romanum“ vom 3. April 1969 für die gesamte römische Kirche angegebenen Form unverändert zu lassen.

Beispiel: (+)
Bevor er sein Leben opferte, um Licht in eine dunkle Welt zu bringen, nahm er Brot in seine Hände, er dankte dir, Vater, brach das Brot, reichte es seinen Jüngern und sprach: (Nehmet und esset …) Dann betete er den Lobpreis über den Becher, reichte ihn den Seinen und sprach: (Nehmet und trinket …)

Beispiel: (–)
Höret nun die Botschaft, mit der Paulus uns das Vermächtnis des Liebesmahles unseres Herrn übermittelt hat: 1 Kor 11,23–26.

Beispiel: (–)
Alle:
Der gesagt hat: Ich bin gekommen, um wie ein Meer getrunken zu werden, um Brot zu werden, Saatkorn im Boden.

Der Vorsteher:
Und darum hat er für Freund und Fremden, für Gute und Böse sich selbst entäußert und wußte und weiß – ganz ratlos geworden – für ewige Zeiten nichts zu tun, als Gott zu sein für jeden Menschen in dieser Welt. Wir sind der Mensch, zu dem er sagt: Das ist mein Leib, lebendiges Brot, das ist mein Blut meine Seele für euch – tut füreinander, was ich getan.

3. Anamnese

In der Anamnese, die sich an den Auftrag Christi „Tut dies zu meinem Gedächtnis" anschließt, muß zum Ausdruck kommen, daß es sich um die sakramentale Gegenwärtigung der Heilstat Christi handelt und nicht um ein bloß subjektives Denken an ihn.

Im Sinne des unter A 2 Gesagten kann das anamnetische Element von der Gemeinde aufgegriffen und entfaltet werden.

Beispiel: (–)
Wo immer und sooft ihr dies tut, sollt ihr dabei an mich denken!
Stille. [17]
Herr, unser Gott! In diesem neuen und ewigen Bund stehst du zu uns. Laß uns zu dir stehen, indem wir die Menschen lieben. Durch uns soll ja die Welt erfahren, wie gut du bist und wie sehr dir an jedem von uns liegt.
Schenk uns von deinem Geist und laß diesen heiligen Geist die Macht sein, die unser Leben bestimmt und die Welt umwandelt.
So danken wir dir durch Jesus Christus und mit ihm und in ihm – heute und immer und in alle Ewigkeit. Amen.
Laßt uns beten zu Gott, unserm Vater, mit den Worten, die Jesus uns geschenkt hat: Vater unser …

Beispiel: (–)
In der Nacht, da Jesus von Angst und Grauen ergriffen wurde, hat er die Gemeinschaft der Jünger gesucht, um bei ihnen Kraft und Hilfe zu finden. Damit wollte er uns ein Beispiel geben, daß wir einander in der Angst nicht verlassen. Darum auch nahm er gerade in dieser Nacht das Brot, das uns zu Schwestern und Brüdern macht, segnete es und gab es mit den Worten: …
Wir gedenken heute aller, die in Angst und Schrecken leben: der von Krieg und Hunger Bedrohten, der Kinder, die von den Eltern mißhandelt und im Stiche gelassen werden, und aller, die sich vor der Einsamkeit des Alters fürchten.
Auch sie preisen durch ihre Not Dich, den Vater, und sie preisen Dich mit Christus und in ihm jetzt und in alle Ewigkeit.

Beispiel: (+)
So gedenken wir des Leidens und der Erhöhung deines Sohnes und feiern in Freude unsere Erlösung. Christus hat ja die Feindschaft beseitigt, Frieden gestiftet, dein Volk zur Einheit geführt. Wir danken dir, Vater, für diese neue Gemeinschaft in ihm.

Beispiel: (+)
So feiern wir, Gott, unser Vater, das Opfer deines Sohnes, seine unendliche Liebe. Seinem Auftrag blieb er treu bis in den Tod. Darum hast du ihn zu neuem Leben erweckt. Wir verkünden ihn als den Lebenden, der in unserer Mitte ist, und wir vertrauen darauf, mit ihm das Leben zu gewinnen, da wir bereit sind, es mit ihm zu verlieren.

4. Darbringung

Mit der Gegenwärtigung der Heilstat Christi, wie sie in der Anamnese ausgedrückt wird, ist die Gegenwart seines Opfers gegeben. An diesem Opfer läßt der Herr seine Kirche teilhaben; die Kirche schließt sich der Hingabe Christi an.

Entsprechend der weiten Bedeutung des lateinischen „offerimus" können neben „opfern" sinngleiche richtige Wendungen gebraucht werden, die das Gemeinte erläutern und deuten. Dabei soll darauf geachtet werden, daß keine das ökumenische Gespräch belastenden Mißverständnisse über das Verhältnis von Abendmahl, Kreuzesopfer und eucharistischem Opfer aufkommen können. Demgemäß soll der Ausdruck der Darbringung mit der Anamnese textlich eng verbunden werden. Beide Themen können von der Gemeinde aufgegriffen und entfaltet werden. Eine zusätzliche Bitte um Annahme des Opfers der Kirche ist möglich. [18]

Beispiel: (–)
Herr, unser Gott, Jesus wollte, daß seine Sache weitergehe. Darum hat er uns Brot und Wein als Zeichen seiner Auferstehung hinterlassen, um so durch alle Zeiten bei uns zu sein. Darum nahm er ...

Beispiel: (+)
Vater, wie du das Opfer deines Sohnes angenommen hast (annimmst), so nimm auch uns an, deine Gemeinde, die sich mit ihm zusammen dir schenkt.

Beispiel: (+)
Höre unser Gebet, guter Vater, und nimm uns ganz an. Nimm an unsre Danksagung, nimm sie an in dem Opfer deines Sohnes, unsres Herrn Jesus Christus.

Beispiel: (+)
(Anamnese und Darbringung)
So haben wir uns versammelt, Gott, unser Vater, um das Mahl deines Sohnes zu feiern, der auch heute die Taten zu unsrem Heil für uns gegenwärtig macht. Wir vereinen uns mit ihm und hoffen auf Anteil an seinem Opfer, das uns die Erlösung gebracht hat.
Geheimnis des Glaubens!
Gem.: *Deinen Tod, o Herr, verkünden wir, und deine Auferstehung preisen wir, bis du kommst in Herrlichkeit.*

Beispiel: (+)
(mit Entfaltung des Anamnese-Motivs durch die Gemeinde)
Vater, wir erfüllen diesen Auftrag deines Sohnes und feiern dankbar sein Gedächtnis:
Gem.: *Für uns hat er gelebt. Für uns ist er gestorben. Für uns ist er vom Tod erstanden.*
Er lebt. Er ist bei uns als Mittler der Versöhnung. Laß, so bitten wir, uns teilhaben an seinem Opfer.

Beispiel: (+)
So erfüllen wir diesen Auftrag deines Sohnes, ewiger Vater: Wir gedenken seines Todes, durch den er die Fesseln der Sünde gesprengt hat, und feiern seine Auferstehung, die uns die Freiheit erwirkte. Mit ihm vereinen wir uns in der Hingabe an dich und bringen dir unseren Dank und Lobpreis dar.

5. Epiklese

Da der Mensch durch sein Tun nie über Gottes Wirken verfügen, sondern dieses immer nur erbitten und herabrufen kann, soll im eucharistischen Hochgebet ein epikletisches Element enthalten sein.

Die Bitte kann sich auf die Gaben, die versammelte Gemeinde und insbesondere auf ihre Teilnahme am eucharistischen Mahl erstrecken. Die Erwähnung des Heiligen Geistes ist wünschenswert, gehört aber nicht notwendig zur Epiklese. Für bestimmte Hochgebete könnten auch geeignete „Orationes super oblata" vorgesehen werden, die ein epikletisches Element enthalten. [19]

Beispiel: (+)
Herr, gib uns allen, die wir diese Gaben miteinander teilen, den Geist deines Sohnes. In seiner Kraft hilf uns zu überwinden, was trennt, eine Liebe finden, die eint, die stärker ist als der Tod.

Beispiel: (+)
(mit Aktualisierungs-Möglichkeit im Hinblick auf den Anlaß der Feier)
Vater, schau auf deine Gemeinde, die du im Mahl vereinst. Erfülle sie mit dem Heiligen Geist, damit sie in seiner Kraft
+ Salz der Erde und Licht der Völker sei,
+ die Trauernden trösten und den Verlassenen beistehen kann.

Beispiel: (+)
(Oratio super oblata mit epikletischem Charakter)
Da wir nun Brot und Wein bereitet haben, bitten wir dich, allmächtiger Gott: Sende deinen Geist auf uns und unsre Gaben. Durch ihn sammle uns um diesen Tisch, und vertiefe immer mehr unsre Gemeinschaft mit Christus und untereinander.

Beispiel: (+)
(Anamnese, Darbringung, Epiklese und Ausdruck der kirchlichen Gemeinschaft)
Darum tun wir dies, Vater, wie dein Sohn uns geboten: Wir danken dir für sein Leben, sein Opfer am Kreuz und seine Erhöhung. Wir preisen dich für den Bund, den du in seinem Blut mit uns geschlossen hast. So bitten wir dich: Nimm uns an um seinetwillen und mit ihm, und laß uns alle, die wir an diesem Mahle teilnehmen, mit deinem heiligen Geist erfüllt, eins werden in deiner Kirche, dem Leib deines Sohnes, unseres Herrn Jesus Christus.

II. Elemente, die gebührend häufig vorkommen müssen

Bei diesen Elementen handelt es sich um solche, die nicht in jedem Hochgebet enthalten sein müssen, jedoch mit einer gewissen Regelmäßigkeit in den Hochgebeten der Gemeindegottesdienste erscheinen sollen.

1. Sanctus

Das Sanctus als biblischer Text, der in das Hochgebet einbezogen ist und in alle Liturgien Eingang gefunden hat, betont den Charakter des eucharistischen Hochgebetes als Preisgesang und die Verbindung mit dem Lobpreis der Engel, die in den zum Sanctus überleitenden Worten genannt werden.

Um eine umfassendere und geschlossene Danksagung für das im Pascha-Mysterium gipfelnde Heilshandeln Gottes in Christus zu ermöglichen, kann es jedoch gelegentlich angebracht sein, daß sich die Gemeinde auf andere Weise (Akklamationen, Nennung von Dankmotiven) am Hochgebet beteiligt. [20]

2. Gemeinschaft mit den Heiligen

Da die Eucharistiefeier „Unterpfand der künftigen Herrlichkeit" ist, soll die Verbundenheit mit den Heiligen, die in der Vollendung am himmlischen Gastmahl teilhaben, in manchen Hochgebeten an geeigneter Stelle ausgedrückt werden.

Beispiel: (+)
Mit deinem ganzen Volk, mit Maria, der Mutter unsres Herrn, mit den Aposteln und Märtyrern und all deinen Heiligen preisen wir deine Größe und sagen wir dir Dank.

3. Interzessionen

Da alle zur Teilnahme an dem durch Christi Opfer erlangten Heil berufen sind, können in das eucharistische Hochgebet auch Interzessionen für die gesamte Menschheit, für Lebende und Verstorbene aufgenommen werden, vor allem wenn sie zur Feier in einer besonderen Beziehung stehen. Damit keine Verdoppelung zu den Fürbitten eintritt, soll dieses Gedenken möglichst kurz sein und nicht aus der Gesamtrichtung des Hochgebetes herausfallen.

Beispiel: (–)
Alle: *Deinen Tod, o Herr, verkünden wir …*
Priester: *Allmächtiger Gott! Wir erfüllen jetzt den Auftrag Deines Sohnes, indem wir miteinander das Opfermahl halten. Wir tun, wie Jesus im Abendmahlsaal getan hat.*
Dabei denken wir auch an alle Menschen, für die wir heute besonders beten wollen:
für alle, die auf der Straße, auf dem Meer oder in der Luft verunglücken,
für alle Autofahrer und Verkehrsteilnehmer,
für alle, die den Verletzten zu Hilfe kommen: die Polizisten, Feuerwehrmänner, Ärzte, Krankenschwestern und Priester.
Wir wollen aber auch die nicht vergessen, die durch einen Unfall ihr Leben verlieren.
Allmächtiger Gott! Hilf uns, auf unsere Mitmenschen Rücksicht zu nehmen und allen, die in Not sind, zu helfen und so einmal das ewige Leben zu erlangen mit allen, die bei Dir Gnade gefunden haben. Mit ihnen wollen wir dich preisen durch Deinen Sohn Jesus Christus. Durch IHN und mit IHM wird dir …

Beispiel: (+)
Wir bitten dich, Gott, unser Vater, laß durch dieses Mahl des Bundes deine Kirche immer mehr erstarken. Festige ihre Hoffnung, lenke ihre Führer, richte auf die Gefallenen, führe heim die Verirrten, stärke die Verzagten. Sammle deine Gläubigen von allen Enden der Erde, auf daß sie in deinem Reiche dich preisen ohne Ende.

Votivhochgebet Versöhnung II*

Nach einem kurzen Bericht über die Entstehung und die 1974 erfolgte Einführung dieses eucharistischen Hochgebetes, das zunächst „Prex eucharistica pro Anno Sancto" hieß, wird auf einige Prinzipien hingewiesen, die bei seiner Redaktion maßgebend waren. Danach werden die einzelnen Elemente des Textes unter Hinzuziehung mehrerer muttersprachlicher Versionen[1] und verschiedener Äußerungen aus der Fachliteratur[2] kommentiert.

---

* Zuerst veröffentlicht in: Gratias agamus. Studien zum eucharistischen Hochgebet (FS Balth. Fischer), hg. v. *A. Heinz / H. Rennings* in Verb. mit dem Deutschen Liturgischen Institut, Trier. Freiburg/Brsg. [u. a.] 1992 (PLR-Gd) 407–426. – Bibliographie Rennings Nr. 369.

1 Eucharistic Prayers for Masses of Reconciliation II, in: Eucharistic Prayers for Masses of Reconciliation, hg. v. Publications Office United States Catholic Conference. Washington 1975, 11–15 (abgekürzt zitiert ICEL). – Vier Hochgebete bei besonderen Anlässen. Studienausgabe, hg. im Auftrag der Deutschen Bischofskonferenz. Einsiedeln [u. a.] 1975 (PLR-Gd). Eine Neuauflage erschien unter dem Titel: Fünf Hochgebete. Studienausgabe für die Bistümer des deutschen Sprachgebietes, hg. v. den Liturgischen Instituten Salzburg, Trier und Zürich. Freiburg/Brsg. [u. a.] 1980 (PLR-Gd) 11–18 (abgekürzt zitiert TO [= Textus originarius, vgl. unten Anm. 13]). – Glenstal Ecumenical Conference, Report of the ad hoc Committee 1984–85, Manuskriptdruck. Dublin o. J. (1985), 6–12 (abgekürzt zitiert GLEN). – Prières eucharistiques, Beilage zum Missel des Dimanches. Paris [6]1978, 11*–14* (abgekürzt zitiert F). – Preghiera eucaristica della Riconciliazione II, in: Messale Romano, hg. v. der Conferenza Episcopale Italiana. Rom [2]1983, 923–926 (abgekürzt zitiert I). Italienische Erstveröffentlichung in Preghiere eucaristiche della riconciliazione, hg. v. der CEI. Rom 1977. – Plegaria eucharistica sobre la Reconciliacione II. In: Misal Romano 1988, 1065–1070 (abgekürzt zitiert SP). – Modlitwa eucharystyczna o tajemnicy pojednania, in: Mszal Rzymski Dla diecezjy Polskich. Poznan 1986, 348*–372* (abgekürzt zitiert P). – Eucharistisch gebed VIII (voor de Verzoening II), in: Altaarmissaal voor de Nederlandse Kerk provincie, hg. v. Nationale Raad voor Liturgie. o. O. (Zeist) o. J. (ca. 1979), Anhang XX-XXIV (abgekürzt zitiert N). – Erneuerte Agende. Vorentwurf, hg. v. der Vereinigten Evangelisch-Lutherischen Kirche Deutschlands, Lutherisches Kirchenamt, und der Evangelischen Kirche der Union, Kirchenkanzlei. Hannover [u. a.] 1990, 620–622 (abgekürzt zitiert EA).

2 Vgl. *H. Rennings*, Unitas et varietas, in: Gd 8 (1974) 177–179; *Ders.*, Ein Votivhochgebet zum Grundmotiv „Versöhnung", in: Gd 9 (1975) 92f; *Ph. Béguerie / J. Evenou*, Eucharisties de tous pays. Paris 1975, 87–91; *H. Goltzen*, Gratias agere. Das Hochgebet im neuen Meßbuch, in: JLH 20 (1976) 1–43; *O. B. Roegele*, Mancher schlichte Kirchgänger, in: IKaZ 7 (1978) 573–575; 8 (1979) 383; *F. Brovelli*, Le Preghiere eucaristiche della riconciliazione, in: RivLi 65 (1978) 357–369, hier 364–367; *A. Cuva*, Le nuove preghiere eucaristiche della riconciliazione, in: Lit(R) 12 (1978) 82–89; *D. Sartore*, La Preghiera Eucaristica, un capitolo

Das Zustandekommen und die Einführung dieses Hochgebetes erklärt sich aus der Situation, in der sich die nachkonziliare Reform der römischen Meßliturgie der katholischen Kirche Anfang und Mitte der siebziger Jahre befand.[3]

Als im Sommer 1966 in der damaligen Reformkommission („Consilium") die Arbeit an neuen Hochgebeten begann, die dann auch zwei Jahre später veröffentlicht wurden, geschah dies vor dem Hintergrund einer stark anwachsenden Verbreitung privater Texte. Die Hoffnung, die zusätzlichen neuen drei offiziellen Hochgebete würden bald den Gebrauch der nicht approbierten eindämmen, erfüllte sich zunächst nicht. Daher bildete im September 1971 das Consilium im Auftrag Papst Pauls VI. eine eigene Studiengruppe, die das Problem des Eucharistischen Hochgebetes grundlegend und umfassend untersuchen sollte. Die bemerkenswerten Vorschläge dieser Studiengruppe zur Behebung der Mißstände und zu einer weniger zentralistischen Behandlung stießen jedoch auf Ablehnung. Von der ganzen Arbeit blieb das „Rundschreiben über die Eucharistischen Hochgebete" vom April 1973 übrig.[4] Darin heißt es, daß es im gegenwärtigen Zeitpunkt bei den vier Eucharistischen Hochgebeten des erneuerten Missale Romanum bleibe. Immerhin wird aber in Aussicht gestellt, der Apostolische Stuhl „würde Eingaben von Bischofskonferenzen, die darauf hinzielen, daß unter besonderen Umständen vielleicht ein neues Hochgebet

---

aperto della riforma liturgica: RivLi 69 (1982) 620–632; *E. Mazza*, Le odierne preghiere eucaristiche 1. Bologna 1984, 249–254; *C. Giraudo*, Struttura e unità dinamica, in: RivLi 72 (1985) 618–638, hier 623. 628; *A. F. Detscher*, The Eucharistic Prayers for Masses of Reconciliation 2, in: New Eucharistic Prayers, hg. v. *F. C. Senn*. New York 1987, 45–48; *A. Catella / G. Cavagnoli*, Le preghiere eucaristiche. Mailand 1989, 112–119; *K. Joosse*, Eucharistische gebeden in Nederland 1. Tilburg 1991 (TFT-Studien 17) 383–390. – Erwähnt werden die Versöhnungshochgebete bei *Meyer*, Eucharistie 317. 320; *R. Cabié*, L'Eucharistie, in: L'Eglise en prière 2, 229 Anm. 68.

[3] Vgl. etwa *Bugnini*, Liturgiereform 497–518; *R. Kaczynski*, Direktorium und Hochgebetstexte für Meßfeiern mit Kindern, in: LJ 29 (1979) 157–175; *Ders.*, Eucharistiegebete der Teilkirchen des Römischen Ritus, in: Sursum corda. Variationen zu einem liturgischen Motiv (FS Ph. Harnoncourt), hg. v. *E. Renhart/A. Schnider*. Graz 1991, 130–139, hier 130–133; Der Gottesdienst im deutschen Sprachgebiet. Liturgische Dokumente, Bücher und Behelfe, hg. v. *H. B. Meyer / J. Schermann*. Regensburg 1982 (StPLi 5) S. 582–589; *R. Kaczynski*, Die Aussagen über die kirchliche Gemeinschaft in den Texten des Hochgebetes, in: Liturgia opera divina e umana (FS A. Bugnini), hg. v. *P. Jounel [u. a.]*. Rom 1982 (BEL.S 26) 329–351, hier 329–334; *H. Rennings*, Zur Diskussion über neue Hochgebete, in: LJ 23 (1973) 3–20 [Ndr. in diesem Band, S. 152–169].

[4] Rundschreiben der Gottesdienstkongregation an die Vorsitzenden der Bischofskonferenzen „Eucharistiae participationem" vom 27.4.1973, in: AAS 65 (1973) 340–347 (EDIL/DEL 1, 3037–3055).

geschaffen und in die Liturgie eingeführt werde, wohlwollend prüfen".[5] [408]

Die für eine pastoralliturgisch sinnvolle Vermehrung der offiziellen Hochgebete eingestellten Kräfte in der Kongregation, die der Meinung waren, in den zahlreichen privaten Schöpfungen melde sich ein gerechtfertigtes Bedürfnis, benutzten dieses Versprechen zu einer doppelten Initiative. Mit Berufung auf vorliegende Anträge zur Einführung von eigenen Hochgebeten für Meßfeiern mit Kindern erbat die Kongregation vom Papst die Erlaubnis, solche Texte zu erarbeiten. Da man außerdem wußte, daß das für 1974/75 angekündigte Heilige Jahr Papst Paul VI. ein ganz besonderes Anliegen war, schlug Erzbischof A. Bugnini unmittelbar nach der Zustimmung des Papstes zu den Kinderhochgebeten vor, auch für dieses Jahr ein eigenes Hochgebet zuzulassen.[6] Unter dem 23.10.1973 (für die Kindermessen) und dem 29.10.1973 (für das Heilige Jahr) gab der Papst seine Zustimmung.[7] Als Leitwort für das Heilige Jahr hatte Papst Paul VI. die Versöhnung – reconciliatio – in der ganzen Weite des biblischen Begriffes angegeben. Es lag nahe, dieses Motiv auch in den Eucharistiefeiern ein Echo finden zu lassen.

Die von der Kongregation umgehend berufene spezielle Arbeitsgruppe[8] befaßte sich von Anfang an sowohl mit den Hochgebeten für Kindermessen wie mit denen für das Heilige Jahr. Wichtig für die Tätigkeit der Arbeitsgruppe, die zu ihrer ersten Sitzung schon vom 13.–15.11.1973 in Rom zusammentrat, war der Beschluß, für das Heilige Jahr abweichend vom ursprünglichen Vorhaben zwei Texte vorzuschlagen. A. Bugnini schreibt dazu: Man sah „sich Gesuchen verschiedener Bischöfe gegenüber, denen zuliebe man zwei Texte entwerfen mußte, die nach zwei verschiedenen Gesichtspunkten aufgebaut waren. Der erste Entwurf greift die großen biblischen Gedanken der Versöhnung auf und entfaltet sie, der andere geht vielmehr von der konkreten Erfahrung des Menschen von heute aus und betrachtet sie im Licht des Glaubens."[9] In der Tat stellte sich der erste, in französischer Sprache verfaßte und von D. Rimaud vorgelegte Text als ein

---

5 Ebd. 3042.

6 Vgl. *Bugnini*, Liturgiereform 510: „Zahlreich waren die Gesuche um der Sprechweise und der Mentalität der Kinder angepaßte Hochgebete sowie um solche für die Feier des Heiligen Jahres, das in den Ortskirchen im Jahre 1974 begann."

7 Vgl. ebd. 510.

8 Als Mitglieder wurden benannt: Balth. Fischer, G. Agustoni, Ph. Béguerie, P. Coughlan, A. Haquin, G. Pasqualetti, R. Kaczynski, V. Pedrosa, H. Rennings, D. Rimaud, J. Gelineau, A. Dumas. Für die Kinder: Relator: Balth. Fischer; Sekretär: R. Kaczynski. Für das Heilige Jahr: Relator: D. Rimaud; Sekretär: A. Dumas. Vgl. *Bugnini*, Liturgiereform 510 Anm. 41. Es handelte sich nicht um Luigi Agustoni, wie *Bugnini*, Liturgiereform 510 (ital. Ausgabe 471) schreibt, sondern um seinen Bruder Gilberto; vgl. auch *Kaczynski*, Direktorium (s. Anm. 3) 167.

9 *Bugnini*, Liturgiereform 511 Anm. 42.

sehr poetisches, sprachlich intensives Kunstwerk dar, das nicht leicht zu übersetzen war.[10] Der zweite Text, das spätere Versöhnungshochgebet II, stammte aus dem deutschen Sprachgebiet[*] und war dort bereits mit Billigung der Bischofskonferenzen vorbereitet worden; es lag im Original in deutscher Sprache vor.[11]

Der bei der Sitzung im November 1973 in Rom vorliegende Text wurde in seiner deutschen und lateinischen Fassung mehrfach bearbeitet und einem größeren internationalen Kreis von Fachleuten zur Begutachtung vorgelegt; in den wesentlichen Partien blieb der ursprüngliche Text erhalten. Die von der Gottesdienstkongregation verabschiedete [409] endgültige Fassung wurde am 7.3.1974 der Glaubenskongregation zur Prüfung übersandt und am 26.10.1974 vom Papst genehmigt.[12] Die Bischofskonferenzen, die die Verwendung beantragten, erhielten einen Faszikel – datiert vom 1.11.1974 – mit den lateinischen Texten (und je einer muttersprachlichen Fassung, die jedoch nur als Beispiele gedacht waren, nicht bereits als definitive volkssprachliche Versionen) sowie Normen für die Verwendung und entsprechende Praenotanden.[13]

---

[10] Vgl. *I. Pahl*, Das erste Versöhnungshochgebet, in: Gratias agamus (s.o. Anm. *) 355–368.

[*] Verfasser des Hochgebetes Versöhnung II war Heinrich Rennings selber. Er hat dies nie bekanntgemacht, auch nicht in diesem Beitrag (vgl. etwa unten Anm. 11). Nach seinem Tod hat zuerst Balthasar Fischer die Verfasserschaft von H. Rennings veröffentlicht; vgl. den Nachruf in: Gd 28 (1994) 161f.

[11] Im deutschen Sprachgebiet wurde von der Internationalen Arbeitsgemeinschaft der Liturgischen Kommissionen (IAG) im April 1971 eine eigene Studiengruppe gebildet. Sie erhielt den Auftrag, alle mit dem Hochgebet zusammenhängenden Fragen zu studieren und Entwürfe für Hochgebetstexte zu erstellen, die sowohl den theologischen und liturgischen Erfordernissen dieser Gebete wie auch der Eigenart der deutschen Sprache gerecht würden. In dem von der Studiengruppe erarbeiteten Strukturmodell werden Elemente aufgezählt, die in jedem Hochgebet enthalten sein müssen, und solche, die gebührend häufig vorkommen sollen. Vgl. *Rennings*, Diskussion (s. Anm. 3) 3–9 [in diesem Band S. 152–158]. Keine der Quellen enthält einen Hinweis, daß der Text des Versöhnungshochgebetes II aus den Diözesen der deutschsprachigen Schweiz stamme, wie *A. Häußling* in ALw 33 (1991) 179 meint. Offensichtlich verwechselt er das Hochgebet „Versöhnung“ mit dem Hochgebet „Gott führt die Kirche“, das seinerzeit im Zusammenhang der Schweizer Synoden entstanden ist. – Unzutreffend ist die Behauptung von *Roegele* (s. Anm. 2) 574: „Für die inhaltliche Seite … ist das Liturgische Institut in Trier zuständig“. Zu verschiedenen Stadien der Bearbeitung des lateinischen und deutschen Textes vgl. *Joosse* (s. Anm. 2) 383–390. Zur Entstehung des niederländischen Textes ebd. 447–455.

[12] Der mühselige Prozeß, der der Genehmigung durch den Papst vorausging, ist 1979 von R. Kaczynski und später von A. Bugnini genau belegt worden. Vgl. *Kaczynski*, Direktorium (s. Anm. 3) 171–174; *Bugnini*, Liturgiereform 511–514.

[13] Ohne Texte abgedruckt in Not. 11 (1975) 4–6. 12 (EDIL 2, 3318–3351). Den lateinischen Text für das Versöhnungshochgebet II bietet Not. 19 (1983) 275–279 (abgekürzt zitiert LAT); ihm ist in dem Faszikel vom 1.11.1974 der deutsche Text mit dem Vermerk „textus originarius“ beigefügt. Im lateinischen Text der Präfation ist „amante“ (so der Faszikel von 1974) korrigiert zu „ut voluntate pacis amanter rixae sedentur“; ebd. 276.

Da das Heilige Jahr in den einzelnen Diözesen sich dem Ende zuneigte, schlug der Präfekt der Gottesdienstkongregation für die beiden „Hochgebete für das Heilige Jahr" die Bezeichnung „Preces Eucharisticae de reconciliatione" vor.[14] Damit hatte dieses Eucharistiegebet über den bisher namengebenden Anlaß hinaus eine inhaltliche Kennzeichnung erhalten. Als Gelegenheiten zur Verwendung während des Heiligen Jahres wurden dementsprechend Meßfeiern genannt, die das Anliegen der Versöhnung hervorheben; nach Ablauf des Heiligen Jahres können sie verwendet werden bei Meßfeiern mit Gedanken der Versöhnung und der Buße, besonders in der Österlichen Bußzeit, bei Wallfahrten und geistlichen Besinnungstagen. In seinem Rundschreiben zum Jubiläumsjahr der Erlösung „Aperite portas Redemptori" vom 6.1.1983 erwähnte Papst Johannes Paul II. die Verwendung der beiden Hochgebete bei Meßfeiern in diesem Jubiläumsjahr.[15]

Während die Bischofskonferenzen zunächst nur die Erlaubnis erhielten, einen der beiden Hochgebetstexte auszuwählen (mit gleicher Beschränkung für die Kinderhochgebete auf eines von drei), wurde diese Einschränkung Anfang 1975 praktisch aufgehoben.[16] Eine wachsende Zahl von Bischofskonferenzen beantragte die Verwendung der neuen Hochgebete.[17] Die

---

[14] Vgl. *Bugnini*, Liturgiereform 513. In der deutschen Ausgabe heißt es „Hochgebete zum Thema ‚Versöhnung'". In der italienischen Originalausgabe (474) kommt der Ausdruck „Thema" nicht vor. – Zur Entstehung des deutschen Begriffes „Eucharistisches Hochgebet" vgl. *B. Fischer*, Seit wann spricht man im Deutschen vom Eucharistischen „Hochgebet"?, in: Miteinander. Für die vielfältige Einheit der Kirche (FS A. Hänggi), hg. v. *A. Schifferle*. Basel [u. a.] 1992, 143–147. – Der in diesem Beitrag verwendete Ausdruck eines „Votivhochgebetes" knüpft an die liturgiegeschichtliche Tradition des Begriffes „Votiv" (Votivmessen) an; vgl. *J. A. Jungmann*, Art. Votivmesse, in: $LThK^2$ 10, 896f. Das Wort hebt hervor, daß es sich um einen Text für einen besonderen Anlaß oder ein besonderes Anliegen handelt. Er vermeidet eine so komplizierte Benennung wie z. B. „quae in Missis pro variis necessitatibus adhiberi potest"; vgl. Dekret vom 6.8.1991 hinsichtlich der Neubezeichnung des ehemaligen Schweizer Synodenhochgebetes, in: Not. 27 (1991) 388f. – *Roegele* (s. Anm. 2) kritisiert die Bezeichnung als „ziemlich pompös".

[15] AAS 75 (1983) 103. Not. 27 (1991) 374 sieht darin die Erlaubnis auf die ganze Kirche ausgedehnt.

[16] Vgl. Not. 11 (1975) 5 Anm. 3 (EDIL 2, 3320 Anm. 3).

[17] Sie wurde von der Kongregation meist mit der Generalklausel „Für die Hochgebete für Meßfeiern mit Kindern und von der Versöhnung" ohne weitere Unterscheidung erteilt, nur ausnahmsweise mit Angabe der Nummer eines der beiden Gebete. Ohne Anspruch auf Vollständigkeit seien aus Notitiae genannt: 6.5.1975 Mittelafrika; 8.2.1975 Nordafrika; 3.7.1975 England und Wales; 21.5.1975 Australien; 27.5.1975 Slowenien; 29.7.1975 Malta; 21.5.1975 Italien; 4.3.1975 Österreich; 12.3.1975 u. 23.6.1975 Belgien; 16.7.1975 Bolivien; 21. u. 28.5.1975 Kanada; 5.6.1975 USA; 17.2.1975 u. 31.5.1975 Indonesien; 29.7.1975 Tschechoslowakai; 11.1.1975 Chile; 10.1.1975 Frankreich; 25.3.1975 Deutsches Sprachgebiet; 21.5.1975 Schweiz; 15.2.1975 Spanien; 24.6.1975 Katalonien; 4.4., 6.5., 13.6. u. 1.10.1975 Holland; 17.5.1975 Ungarn; 17.2.1975 Indien; 5. u. 27.2.1975 Luxemburg; 5.10.1975 Malaysia; 7.7.1975 Neuseeland; 13.3.1975 Peru; 1.9.1975 Philippinen; 7.2.1976 Karibik; 16.1.1976 Indien (Sprachgebiet Tamilen); 30.3.1976 Venezuela; 11.5.1976 Rhode-

Einführung der Hochgebete erfolgte mit dem Vorbehalt der Erprobung und der zeitlichen Begrenzung bis 1977. Sie wurde 1977 bis 1980 verlängert[18] und 1980 „bis zu einer anderen Regelung",[19] die bis jetzt nicht getroffen worden ist.

Das in der Zulassung 1974 ausgesprochene Verbot, die Hochgebete in die offiziellen Ausgaben des Missale Romanum aufzunehmen, wurde 1977 wiederholt. Als nicht unzulässig erschien offensichtlich ihr Abdruck in muttersprachlichen Meßbüchern als eine Art Anhang.[20]

Allgemeine Redaktionsprinzipien

Die mehrjährigen Erfahrungen[21] mit dem Vortrag der offiziellen Hochgebete in der Muttersprache verstärkten den Wunsch nach Texten, die [410] sich leichter im hörenden Mitvollzug aufnehmen ließen, d. h. den Erfordernissen des gesprochenen Wortes gerecht werden und nicht als Schreibtischprodukte von Lesetexten erschienen. Das forderte eine einfache, konkrete, aber doch möglichst auch „zu Herzen gehende" – sursum corda – Sprache ohne zu lange monologische Partien.

Nachdem die Liturgiekonstitution des Konzils die große Bedeutung der Heiligen Schrift für die liturgischen Gebete hervorgehoben hatte,[22] sollten

---

sien; 1.6.1976 Mexiko; 14.5.1976 Spanien (Baskisch); 19.7.1976 Kolumbien; 21.8.1976 Panama; 14.7.1976 Jugoslawien (Kroatisch); 9.3.1977 Brasilien; 17.2.1977 Italien; 29.12.1977 Portugal; 3.1.1978 Ozeanien; 20.2.1978 Frankreich; 3.3.1978 Nordafrika; 2.10.1978 Indien; 27.4.1979 Indien (Sprachgebiet Bengalen); 12.2.1981 Tansania (Kisuaheli); 28.1.1981 Ecuador; 23.12.1981 Italien; 31.3.1982 Slowenien; 21.12.1983 Puerto Rico; 29.5.1983 Tschechoslowakai (Slowakisch); 27.7.1983 Spanien (Katalanisch); 13.10.1983 Indien; 2.5.1984 Irland (Gaelisch); 16.7.1984 Lateinisches Patriarchat von Jerusalem; 21.11.1984 Polen; 3.5.1985 Litauen; 25.7.1987 Bolivien (Sprachgebiet); 20.10.1987 Lettland; 16.5.1989 Ungarn.

[18] Rundschreiben der Kongregation für die Sakramente und den Gottesdienst an die Vorsitzenden der Bischofskonferenzen vom 10.12.1977, in: Not. 13 (1977) 555f (EDIL 2, 3641–3646).

[19] Rundschreiben der Kongregation für die Sakramente und den Gottesdienst an die Vorsitzenden der Bischofskonferenzen vom 15.12.1980, in: Not. 17 (1981) 23 (EDIL 2, 4054).

[20] Beispielsweise im italienischen und im polnischen Meßbuch (vgl. Anm. 1).

[21] Vgl. *B. Kleinheyer*, Erneuerung des Hochgebetes. Regensburg 1969; *H. A. J. Wegman*, Erfahrungen mit neuen Hochgebeten in Holland, in: LJ 23 (1973) 21–29; *R. Gantoy*, Auf der Suche nach eucharistischen Hochgebeten für die Gegenwart, in: LJ 23 (1973) 30–41; *Meyer*, Eucharistie 351–353; *J. Baumgartner*, Der Vollzug des Hochgebetes – eine unbewältigte Aufgabe, in: HlD 38 (1984) 97–113. 151–159; *M. Probst*, Das eine Hochgebet und die verschiedenen Texte, in: Gemeinde im Herrenmahl 283–296; *Mazza* (s. Anm. 2), 2 Bde.; *H. B. Meyer*, Die Feiern der Eucharistie auf dem Weg zur katholischen Vielfalt, in: Lebt unser Gottesdienst? Die bleibende Aufgabe der Liturgiereform (FS B. Kleinheyer), hg. v. *Th. Maas-Ewerd*. Freiburg/Brsg. [u. a.] 1988, 96–98.

[22] Vgl. SC 24.

die neuen Texte die notwendige Nähe zur Bibel aufweisen. Dabei galt es jedoch, jede Art von Biblizismus zu meiden. Unübersetzte biblische Terminologie kann leicht neue Verstehensbarrieren aufbauen, solange und insoweit viele Gemeinden eher „bibelfern" leben. Die für Kenner der Bibel reizvollen Anspielungen und Zitierungen bleiben großen Teilen der Mitfeiernden verschlossen. Könnte es gelingen, Bilder zu finden, die auch ohne Kenntnis des biblischen Hintergrundes verständlich, dem mit der Bibel Vertrauten aber nach ihrer Herkunft und tieferen Sinnhaftigkeit erkennbar sind, gewissermaßen so einen „doppelten Boden" haben?

Vielen erschienen die bisherigen Hochgebetstexte eher wie theologische Traktate, in denen möglichst erschöpfend die katholische Eucharistielehre abgehandelt würde, die aber weniger Gebete preisender Danksagung im Munde einer heutigen Gemeinde seien. In diesem Zusammenhang stellte sich die Frage, ob nicht im Sinne einer Entlastung bei den Hochgebeten unterschieden werden könnte zwischen unverzichtbaren Elementen und solchen, die zwar gelegentlich oder häufiger in den Hochgebeten vorkommen sollen, aber nicht unbedingt in jedem Text.[23] Die schon erwähnte Studiengruppe des Consilium entwickelte dafür Kriterien, die von der etwas pauschalen Aufzählung der Elemente in Nr. 55 der Allgemeinen Einführung des Meßbuches zu einer differenzierten Betrachtung führten.[24] So zeigte sich beispielsweise, daß der dort verwendete Begriff der „Interzessionen" kaum geeignet war, die sehr unterschiedlichen Formen abzudecken, mit denen die Communio der feiernden Gemeinde mit der übrigen – pilgernden, leidenden und vollendeten – Kirche ausgedrückt werden konnte.[25]

Auch die Arbeitsergebnisse einer von der Internationalen Arbeitsgemeinschaft der Liturgischen Kommissionen im deutschen Sprachgebiet (IAG) im April 1971 gebildeten Studiengruppe waren für die Redaktion des Hochgebetes Versöhnung II von Bedeutung, insofern beispielsweise ein ausdrückliches Gedenken der Verstorbenen nicht aufgenommen wurde; als angemessener Platz dafür erschien das Fürbittgebet. Beide [411] Studiengruppen rechneten nämlich das Gedenken der Verstorbenen zu den nicht absolut erforderlichen Elementen.[26]

---

[23] Vgl. *Kaczynski*, Kirchliche Gemeinschaft (s. Anm. 3) 336; *Ders.*, Eucharistiegebet (s. Anm. 3) 135; *Rennings*, Diskussion (s. Anm. 3) 19f.

[24] Die in der AEM aufgezählten wichtigen Elemente (Nr. 55a–h) sind „in theologischer, ökumenischer, liturgischer und pastoraler Hinsicht nicht gleichrangig und gleichwertig"; vgl. *Kaczynski*, Kirchliche Gemeinschaft (s. Anm. 3) 336.

[25] Vgl. *Ders.*, Die Interzessionen im Hochgebet, in: Gemeinde im Herrenmahl 303–313.

[26] Vgl. Anm. 23. Außerdem das Rundschreiben vom 27.4.1973 (s. Anm. 4) 443; *Meyer*, Eucharistie 345. – Ein Gedenken der Toten haben in das Versöhnungshochgebet II abweichend von LAT und TO eingefügt I, SP, P. Unwillig bezüglich der Auslassung zeigt sich auch *Roegele* (s. Anm. 2) 574.

Ein anderes, neues Problem erwuchs aus der Absicht, ein ganzes Hochgebet unter einem bestimmten Gesichtspunkt des Heilswirkens Gottes, hier also der Versöhnung, zu gestalten.[27] Die römische Liturgie hatte sich bisher darauf beschränkt, das heilsgeschichtliche Handeln überwiegend in der Präfation zur Sprache zu bringen, die „anlaßbezogen" formuliert und ausgewählt wurde. Daraus ergab sich das Prinzip: wechselnde Präfationen – relativ gleichbleibende übrige Teile des Hochgebetes. Bei der Redaktion des neuen Textes sollte versucht werden, das Motiv der Versöhnung nicht auf die Präfation zu beschränken, aber auch nicht bloß bestimmten Elementen des Hochgebetes gewissermaßen überzustülpen, vielmehr jedes Element funktionsgerecht „anlaßorientiert" einzufärben. So sollte erreicht werden, daß der Votivgedanke (das „Thema") einer eucharistischen Versammlung über den Wortgottesdienst hinaus auch den erwünschten Widerhall im Zentrum der Meßfeier fand. Ausgenommen davon sollten Teile bleiben, die der Wiedererkennung dienen und insofern auch in anderen Hochgebeten unveränderlich sind (Dialog vor der Präfation, Sanctus, Herrenworte, Akklamationen nach der Konsekration, Schlußdoxologie).

Die einzelnen Elemente

Präfation

Das Lied vom Versöhnung schenkenden Gott, 1. Strophe:

> Wir danken dir, Gott, allmächtiger Vater,
> und preisen dich für dein Wirken in dieser Welt
> durch unseren Herrn Jesus Christus:
>
> Denn inmitten einer Menschheit,
> die gespalten und zerrissen ist, erfahren wir,
> daß du Bereitschaft zur Versöhnung schenkst.
>
> Dein Geist bewegt die Herzen, wenn
> Feinde wieder miteinander sprechen,
> Gegner sich die Hände reichen
> und Völker einen Weg zueinander suchen. [412]

---

[27] *Goltzen* (s. Anm. 2) sieht in diesem Redaktionsprinzip die Gefahr einer „Homiletisierung der Danksagung", die auch in seiner – evangelischen – Kirche nicht unbekannt sei und vor der zu warnen er sich verpflichtet fühlt. Offensichtlich übersieht Goltzen aber die Wahrung der Funktionsgerechtigkeit, die das Hochgebet insgesamt und auch seine einzelnen Elemente als Gebet an Gott erhält und nicht zu einer Predigt an die Gemeinde werden läßt.

Dein Werk ist es, wenn
der Wille zum Frieden den Streit beendet,
Verzeihung den Haß überwindet
und Rache der Vergebung weicht.

Darum können wir nicht aufhören,
dir zu danken und dich zu preisen.
Wir stimmen ein in den Lobgesang der Chöre des Himmels,
die ohne Ende rufen.

Die Präfation ist in formaler Hinsicht klar gegliedert.[28] Die Anrede des Vaters zu Beginn beschränkt sich auf eine schlichte Aussage. Der Sinn einer feierlich ausholenden Benennung soll damit keineswegs in Frage gestellt werden; Abwechslung dürfte jedoch auch hier eine Hilfe zum Mitvollzug sein.[29] Wenn beim Aussprechen des Grundgeschehens eines Hochgebetes „danken" an die erste Stelle gerückt wird – ihm folgt „preisen" (nicht umgekehrt) –, wird die Überleitung vom Dialog vor der Präfation, in der der priesterliche Vorsteher der Eucharistiefeier zum Dank aufgefordert hatte, zum Präfationsanfang erleichtert.

Gegenstand der Danksagung und Preisung ist zunächst allgemein Gottes gegenwärtiges Wirken in der Welt. So unverzichtbar das Gedenken seiner vergangenen Heilstaten ist, wie es in den vielen Präfationen des Missale Romanum geschieht, so wichtig erscheint es gerade für eine zeitgenössische Spiritualität, dem *heute* wirkenden Gott auf den Spuren zu bleiben, ihn zu entdecken, den für viele so abwesend und weggetreten erscheinenden Gott. Das Versöhnungshochgebet läßt damit eine Dimension liturgischen Betens anklingen, die in der bisherigen römischen Tradition nicht

---

[28] LAT gibt den Aufbau der Präfation wie TO wieder. Wenn zweimal ein finales „ut" verwendet wird, entspricht das nicht der Aussage von TO; es könnte jedoch damit zusammenhängen, daß in einer früheren Fassung des deutschen Textes statt des „wenn" an einer Stelle ein „damit" stand. LAT nimmt die Inversion im zweiten Vierzeiler in der Mitte vor. ICEL und GLEN stellen „praise" und „thank" um, was die Verbindung zum Dialog vor der Präfation etwas erschwert. GLEN dankt zusätzlich für die Erschaffung der Welt, wodurch in dieser Präfation die thematische Konsequenz eher aufgeweicht wird. I – im gesamten Text gekennzeichnet durch einen möglicherweise als legitime Inkulturation erscheinenden Wortreichtum – gibt die Wendung aus TO „für dein Wirken in dieser Welt" mit „für das wunderbare Werk der Erlösung" wieder – so auch SP und P. ICEL, GLEN und N sprechen von der Versöhnungsbereitschaft der Gemeinde; TO hat dagegen die ganze Menschheit im Blick. Im Ternar „Wort, Hand, Weg" ist leider in I, SP, P und N der „Weg" entfallen. Die Bearbeiter haben die Parallele in der ersten und zweiten Strophe nicht erkannt oder es nicht für angebracht gehalten, sie wiederzugeben. – Zu I vgl. auch *Mazza* (s. Anm. 2) 249 Anm. 40.

[29] Eine positive Bewertung erfährt die Abwechslung in dem Rundschreiben vom 27.4.1973 (s. Anm. 4) 340.

besonders entfaltet war. Gottes machtvolle Präsenz in unserer Zeit wird gepriesen.[30]

Die Mittlerschaft Jesu Christi kann vom Text her sowohl auf das Wirken des Vaters in der Welt bezogen werden – er wirkt durch Christus – wie auch auf das dankende, preisende Tun der Gemeinde, die nur durch den „einen Mittler" beim Vater Gehör finden kann.

Es folgt die besondere Begründung für die Danksagung und Preisung und damit die zentrale Aussage der ganzen Präfation. Die Beter kommen nicht aus einer „heilen Welt" oder gaukeln sich eine solche vor; sehr realistisch wird vielmehr der Zustand der Welt als „gespalten und zerrissen" beschrieben.[31] Wenn zum gegenwärtigen Zeitpunkt die große Ost-West-Spaltung überwunden erscheint, so sind weltweit die Bilder vieler Auseinandersetzungen, Trennungen und Feindschaften doch nicht [413] zu übersehen. Diese Erfahrung ist unbestreitbar. Aber ihr tritt eine andere zur Seite. Plötzlich oder in einem mühsamen Prozeß, unerwartet oder lange verhandelt keimt der Ansatz zu einer Überwindung der Spannungen, zu einer Besserung. Man kann es kaum glauben. Gibt es also nicht doch bloß Haß, Neid, Selbstsucht? Gibt es auch noch anderes? Ja, sagt die christliche Gemeinde: Es gibt in dieser Welt auch die Realität ehrlicher Aussöhnung, tatkräftigen Einsatzes für den Frieden und herzlicher Vergebung. Freilich ist das Gute immer schwerer zu finden als das Schlechte. Der Präfationstext entfaltet in einer gewissen Ausführlichkeit – wie es der Eigenart der mündlichen Mitteilung entspricht – Erfahrungen von Versöhnungsbereitschaft. In zwei parallel aufgebauten Vierzeilern klingen innere und äußere Versöhnung in unterschiedlichen Bildern an. In den drei ersten Bildern wird Versöhnung mit Alltagserfahrung beschrieben: Menschen, die grußlos aneinander vorbeigingen, sprechen wieder miteinander; zwei Fußballspieler, die sich gestritten haben, reichen sich die Hand; diplomatische Beziehungen, die abgebrochen waren, werden auf verschiedenen Wegen wieder angeknüpft. Die drei Begriffe Wort, Hand und Weg werden im Postsanctus – der zweiten Strophe des Liedes vom Versöhnung schenkenden Gott – wieder aufgenommen und verklammern die beiden Strophen

[30] *Sartore* (s. Anm. 2) 628 sieht das Mysterium der Versöhnung besonders unter pneumatisch-ekklesialen Aspekten dargestellt mit dem Bemühen um eine zeitgenössische Sprache und Aussage. – Die menschlichen Anstrengungen werden in LAT und TO deutlicher auf Gottes Willen zurückgeführt, als *Béguerie / Evenou* (s. Anm. 2) 87 Anm. 1 erkennen lassen. *Brovelli* (s. Anm. 2) übernimmt weitgehend – offensichtlich zustimmend – die Kommentierung von *Béguerie/Evenou*.

[31] Unverständlich erscheint, wie *Roegele* (s. Anm. 2) 573 hier einen „schattenlosen Optimismus" diagnostiziert. *Goltzen* (s. Anm. 2) 37 entgeht der Charakter der Präfation als Dank für Gottes Handeln, wenn er in ihr „den wünschenswerten Zustand einer internationalen Versöhnung" geschildert sieht.

miteinander.[32] Der zweite Vierzeiler setzt die Beschreibung des Wirkens Gottes mit eher abstrakten Begriffen des Versöhnungsprozesses fort. Den Begriffen Friede, Verzeihung, Vergebung stehen als Gegensätze Streit, Haß und Rache gegenüber; zweimal mit dem positiven Wert am Anfang, ist in der vierten Zeile eine Inversion vorgenommen. In der jeweils ersten Zeile bekennt die betende Gemeinde unüberhörbar, von wem der Prozeß der Versöhnungssuche in Gang gesetzt wird: *Dein* Geist bewegt die Herzen, *dein* Werk ist es ... Gott schenkt und wirkt in trinitarischer Einheit und Unterschiedenheit Bereitschaft zur Versöhnung.[33] Theologisch kann kein Zweifel an dem Bekenntnis aufkommen, daß, wo immer Gutes in der Welt geschieht, es von Gott stammt, „denn jede gute Gabe und jedes vollkommene Geschenk kommt von oben."[34] Alles Positive ist auf Gott zurückzuführen, auch wenn menschliche Absichten oft damit verbunden sind, die gemischten und nicht bloß edlen Motiven entspringen.

Wer den Text aufmerksam liest, wird keine Spuren einer gesellschaftlichen Utopie finden. Es wird nirgends behauptet, die versöhnte Welt sei schon jetzt Realität oder ließe sich durch den Menschen schaffen. Vielmehr erscheint es als ein Glaubensbekenntnis: Wann immer und wo immer Suche – und es gibt sie – um Versöhnung zu ent-[414]decken ist, sehen die Christen den dreifaltigen Gott am Werk. Weil sie davon überzeugt sind, können sie nicht schweigen, sondern stimmen ein in die unaufhörliche Danksagung und Preisung des dreimalheiligen Gottes durch alle Vollendeten.[35]

Sanctus

Heilig, heilig, heilig
Gott, Herr aller Mächte und Gewalten.
Erfüllt sind Himmel und Erde von deiner Herrlichkeit.
Hosanna in der Höhe. Hochgelobt sei
der da kommt im Namen des Herrn.
Hosanna in der Höhe.

---

[32] Die Verwendung einer anderen Präfation ist wegen dieser Verklammerung nicht sinnvoll und sollte nicht vorgesehen werden, wie dies in Not. 19 (1983) 270 geschieht.

[33] Auf den trinitarischen Charakter weisen *Béguerie/Evenou* (s. Anm. 2) 87 Anm. 1 hin. Auf das versöhnende Wirken des Geistes wird besonders auch von *Detscher* (s. Anm. 2) 46 und *Cuva* (s. Anm. 2) 87 aufmerksam gemacht.

[34] Gegen *Roegeles* Einwände (s. Anm. 2) 573 ist an dieser theologischen Aussage festzuhalten, die der katholischen Tradition geläufig ist.

[35] LAT fügt abweichend von TO ein „oportet" ein, was – außer von GLEN – auch von ICEL, F und SP übernommen wird. Bei I ist jede Verknüpfung entfallen, was mit Recht von *Catella/Cavagnoli* (s. Anm. 2) 113 Anm. 110 bemängelt wird.

Postsanctus

Das Lied vom Versöhnung schenkenden Gott, 2. Strophe:

Herr aller Mächte und Gewalten,
gepriesen bist du in deinem Sohn Jesus Christus,
der in deinem Namen gekommen ist.

Er ist dein rettendes Wort für uns Menschen.
Er ist die Hand, die du den Sündern entgegenstreckst.
Er ist der Weg, auf dem dein Friede zu uns kommt.

Gott, unser Vater,
als wir Menschen uns von dir abgewandt hatten,
hast du uns durch deinen Sohn zurückgeholt.
Du hast ihn in den Tod gegeben,
damit wir zu dir und zueinander finden.

Das Postsanctus gliedert sich in diesem Hochgebet in drei Abschnitte. Der erste bildet den Übergang vom Sanctus zum zweiten Abschnitt mit der christologischen Anamnese, der preisend gegenwärtigenden Aufzählung des versöhnenden Wirkens Gottes in Jesus Christus; der dritte leitet über zur Epiklese und zu den Abendmahlsworten.

Wie im Hochgebet IV des Missale Romanum wird nach dem Sanctus zunächst die Preisung des Handelns Gottes fortgesetzt. Der Anschluß an das Sanctus wird im Originaltext dadurch hergestellt, daß statt des Auf-[415]greifens des „Sanctus" durch ein „Vere sanctus" die Gottesanrede „Herr aller Mächte und Gewalten" aus dem deutschen Dreimalheilig wiederholt wird.[36] Diese Anrede hat im Zusammenhang des Versöhnungsgedankens aber noch eine besondere Bedeutung. Von Christus wird gesagt, daß er jede Macht, Gewalt und Kraft vernichtet und seine Herrschaft Gott dem Vater übergibt.[37] Die – im neutestamentlichen Sinne verstandenen – Mächte und Gewalten sind es gerade, die die Versöhnung blockieren. Die Gottesanrede läßt somit seine Überlegenheit über sie als Ausgang der Versöhnung erkennen.

---

[36] Bei LAT tritt die Verknüpfung von Sanctus und Postsanctus durch die Gottesanrede „qui omnibus potestatibus dominaris" nicht so deutlich hervor; sonst stimmt LAT mit TO überein. ICEL wählt wie TO zur Anknüpfung in der Gottesanrede auch den Text des Sanctus „God of power and might", der allerdings die Personalisierung („Mächte und Gewalten") nicht zum Tragen kommen läßt. GLEN sagt „God of the universe" und verzichtet damit auf eine spezielle Anrede Gottes als demjenigen, der den Urfeinden der Versöhnung überlegen ist; wie GLEN auch F und SP.

[37] Vgl. 1 Kor 15,24. Vgl. *H. Schlier*, Mächte und Gewalten im Neuen Testament. Freiburg/Brsg. 1958, 41–43.

Die Überleitung zu den Aussagen über Christus erfolgt durch ein weiteres Zitat aus dem Sanctus: „Hochgelobt sei, der da kommt im Namen des Herrn". Dieses „Vere benedictus" ermöglicht den ungezwungenen Beginn des christologischen Abschnittes.

Für ihn werden die drei Schlüsselworte der Präfation, die dort menschliche Erfahrungen ausdrücken, verwendet.[38] Gott hat uns durch Christus mit sich versöhnt.[39] Darum ist Christus das rettende Wort des Vaters.[40] Gottes ausgestreckte Hand gilt als wirksames Zeichen des göttlichen Erbarmens.[41] Im Gesang des Zacharias wird das Wirken des Johannes darin gesehen, daß er unsere Schritte auf den „Weg des Friedens" lenkt.[42] Dort begegnet uns, erreicht uns, verwandelt uns „der Friede des Herrn".[43] Im dritten Abschnitt des Postsanctus werden die Epiklese und die Abendmahlsworte vorbereitet. Aus der Gottesferne, in die sich die Menschen begeben hatten,[44] hat der Vater sie durch Christus zurückgeholt. In dieser Versöhnungsaktion hat er „seinen eigenen Sohn nicht verschont, sondern ihn für uns alle hingegeben".[45] Ausdrücklich werden die vertikale und horizontale Dimension des Heilswerkes ausgedrückt: Versöhnung der Menschen untereinander als Möglichkeit, nachdem Gott die Menschen mit sich versöhnt hat.

Konsekrationsepiklese

Darum feiern wir die Versöhnung,
die Christus uns erwirkt hat,
und bitten dich:

---

[38] Die christologische Anamnese im Aufgreifen der drei Schlüsselworte (in I und P in anderer Reihenfolge) kommt in allen Versionen klar zum Ausdruck. Mehrfach entfällt allerdings die Anrede des Vaters, in der Christus „dein" rettendes Wort genannt wird. GLEN weicht von TO und ICEL ab und meint, die Mittlerschaft Christi käme besser zum Ausdruck, wenn es heißt „his is the hand" und nicht „he is the hand". Zur Christologie vgl. *Mazza* (s. Anm. 2) 251.

[39] Vgl. 2 Kor 5,18f.

[40] Vgl. Joh 1,1–14; Offb 19,13; Präfation des 2. Hochgebetes des Missale Romanum.

[41] Vgl. Jes 65,2 und Röm 10,21; Jes 59,1.

[42] Vgl. Lk 1,79.

[43] Der dritte Abschnitt des Postsanctus entspricht in LAT, ICEL, F, SP und N in etwa der Fassung von TO. I und P erweitern und sprechen vom Opfer Christi und geben „zu dir und zueinander finden" in gängiger Terminologie wieder. GLEN übersetzt mit einer Wendung aus dem Alternative Prayer Book 1984, 57: „you found us in your son". Dann weicht GLEN von ICEL und TO ab und möchte Röm 8,32 besser zur Geltung bringen: „You gave him into the hands of men so that by his death we might be at peace with you and live in peace with one another."

[44] Vgl. Jes 59,13; Tit 3,3.

[45] Vgl. Röm 8,32.

Heilige diese Gaben durch deinen Geist,
da wir nun den Auftrag deines Sohnes erfüllen.

Wenn die Christen sich als Gemeinschaft der Versöhnten verstehen dürfen, dann sehen sie darin einen Grund zum Feiern. „Gottes Einsatz für den Menschen macht ihr Mühen keineswegs überflüssig, übersteigt es [416] aber in einer Weise, die sich nur ahnen läßt. Sie feiern nicht *ihre* Taten, sondern *sein* Erbarmen. Sie sind überzeugt, daß Gott in Jesus Christus das Entscheidende getan hat.“[46] In keiner liturgischen Feier kommt dies deutlicher zum Ausdruck als in der, die sich als Erfüllung des Herrenwortes „Tut dies zu meinem Gedächtnis“ versteht.

Mit der Berufung auf dieses Mandat wird die Konsekrationsbitte motiviert und das Problem der redaktionell oft schwierigen organischen Einordnung dieser Epiklese in den vorkonsekratorischen Hochgebetstext zu lösen versucht.[47]

Eine nähere Entfaltung der Wirkung der Konsekration, etwa mit den Worten „damit sie Leib und Blut Christi werden“, findet nicht statt. Das Wort „Heiligung“ beinhaltet in diesem Zusammenhang ja genau das konsekratorische Wirken des Geistes.[48]

Abendmahlsworte und Rahmentext

Denn bevor er sein Leben hingab,
um uns zu befreien,
nahm er beim Mahl das Brot in seine Hände,
dankte dir, brach es,
reichte es seinen Jüngern und sprach:
Nehmet …
Ebenso nahm er an jenem Abend
den Kelch in seine Hände,
pries dein Erbarmen,
reichte den Kelch seinen Jüngern und sprach:
Nehmet …

46 Vgl. Gemeinsame Synode der Bistümer in der Bundesrepublik Deutschland, Beschluß „Gottesdienst“, in: Offizielle Gesamtausgabe 1. Freiburg/Brsg. [u. a.] ^{2}1976, 197.

47 Auf die organische Verbindung der vorkonsekratorischen Elemente machen *Béguerie / Evenou* (s. Anm. 2) 87 Anm. 5 besonders aufmerksam.

48 In der Konsekrationsepiklese sprechen I und P davon, daß es „Gaben der Kirche“ sind. SP fügt hinzu, daß die Gaben „Leib und Blut deines Sohnes“ werden.

Die vorausgehende Berufung auf den Auftrag des Herrn berechtigt, den Rahmentext zu den Konsekrationsworten mit „denn" zu beginnen.[49] Wenn im Rahmentext in den Brotworten die Wendung „um uns zu befreien" benutzt wird, ist dies eine biblisch fundierte Aussage.[50] Längere Erklärungen hinsichtlich der Befreiung „wovon" und „wozu" wären hier fehl am Platz. Wer mit biblischen Ohren hört, wird unwillkürlich an die Befreiung vom Terror der „Mächte und Gewalten" denken, die in der Gottesanrede des Postsanctus einen Aspekt des Versöhnungswerkes zur Sprache brachte.

Im Rahmentext zu den Kelchworten wird Bezug auf „jenen" Abend genommen; das kleine Wort schafft Platz zur Erinnerung an alles, was da geschehen ist und was diesen Abend vor seinem Leiden so einmalig [417] und unüberbietbar werden ließ. Die Anrede an den Vater „*dein* Erbarmen" unterstreicht, daß die ganze Prex eucharistica ein an den Vater gerichtetes Gebet ist, in das der „Einsetzungsbericht" eingebunden ist. Die Preisung des göttlichen Erbarmens gibt gerafft einen Teil des Inhalts des jüdischen Tischgebetes wieder, wie es Jesus bei seinen Mählern gesprochen haben könnte und wie es in den biblischen Abendmahlsperikopen vermerkt wird.[51]

Die Herrenworte selbst stimmen mit den Texten der anderen Hochgebete überein, wie es grundsätzlich für die römische Liturgie von Papst Paul VI. festgelegt wurde.[52]

Anamnese und Oblation

Geheimnis des Glaubens …
Herr, unser Gott.
Dein Sohn hat uns dieses Vermächtnis
seiner Liebe anvertraut.

---

[49] LAT stellt wie TO mit „enim" bzw. „denn" den Anschluß her. GLEN gibt mit den Worten „on the night before he died to set us free" besser TO wieder als ICEL mit „on the night before he died for us". EA weicht hier erstmals von TO ab und verwendet für die Abendmahlsworte und die Rahmentexte die etwas altertümlichen Worte der evangelischen Tradition. Die besondere Hervorhebung „jenes Abends" ist aufgegriffen in LAT „vespere illo" sowie bei F, I, SP, N; keine Hervorhebung bei EA und ICEL sowie GLEN. GLEN hat aus Gründen, die nicht genannt sind, die Worte an den englischen Text der Hochgebete I–III angeglichen.

[50] Vgl. z. B. Gal 1,4 u. ö.

[51] *Roegeles* Frage (s. Anm. 2) 574, wo die Preisung des Erbarmens herkomme, ist so zu beantworten. Im „benedixit" der lateinischen Hochgebetstexte ist die Preisung des Erbarmens enthalten.

[52] *Papst Paul VI.*, Apostolische Konstitution „Missale Romanum" vom 3.4.1969, in: AAS 61 (1969) 219 (EDIL/DEL 1, 1366). Entgegen der Behauptung von *Roegele* (s. Anm. 2) 383 sind die Einsetzungsworte – wie jeder des Lesens Kundige feststellen kann – nicht verändert worden.

In der Gedächtnisfeier seines Todes und seiner Auferstehung
bringen wir dar, was du uns gegeben hast:
das Opfer der Versöhnung.

Die Akklamationen nach der Konsekration haben wie in den anderen Hochgebeten ihren Platz. Die erneute Anrede des Vaters lenkt – nach den teilweise an Christus gerichteten Akklamationen – die Aufmerksamkeit der betenden Gemeinde wieder auf den eigentlichen Adressaten.[53]

Im Vergleich zu anderen Hochgebeten fällt eine gewisse Raffung zwischen der Konsekration und der Schlußdoxologie auf, auch in diesem Abschnitt des Gedächtnisgebetes und der Darbringung.[54] Bei aller wohltuenden Knappheit kommen aber die für ein Hochgebet als wesentlich erachteten Elemente vor.[55]

Die Eucharistie als Vermächtnis Christi an seine Kirche hebt den Stiftungscharakter des Meßopfers hervor, das an das Tun Christi und seine Hingabe gebunden bleibt und keine eigenmächtige Verfügungsgewalt der Kirche zuläßt. Der Begriff der „Gedächtnisfeier des Todes und der Auferstehung" stammt – wie die vorausgehende Aussage – aus der Liturgiekonstitution des 2. Vatikanischen Konzils[56] und dient dort dazu, mehrere theologische Perspektiven zusammenzufassen: die Einsetzung des eucharistischen Opfers, die Fortdauer des Kreuzesopfers durch die Zeiten hindurch bis zur Wiederkunft Christi. Was die Kirche [418] darbringen kann, hat sie nicht aus sich selbst: „de tuis donis ac datis" sagt das Hochgebet I (Römischer Kanon); variierend heißt es hier: „was du uns gegeben hast".

---

[53] Die Nennung Gottes in der Anrede wird in LAT, ICEL, GLEN, F (Père très bon), I (o Padre), SP, N und EA übernommen.

[54] In diesem Abschnitt tritt die ökumenische Relevanz der Aussagen über „Darbringung" und „Opfer der Kirche" hervor. TO hatte deutlich festgestellt: Was die Kirche darbringt, hat sie von Christus, es ist sein Opfer, seine Hingabe, an der er die Kirche teilhaben läßt. Die Liturgiekonstitution sagt von den Mitfeiernden: „Sie sollen Gott danksagen und die unbefleckte Opfergabe darbringen, nicht nur durch die Hände des Priesters, sondern auch gemeinsam mit ihm und dadurch sich selber darbringen lernen" (Art. 48). LAT und TO stimmen überein, GLEN und ICEL weichen voneinander ab. Die Veränderung, die EA vorgenommen hat, enttäuscht: „In der Gedächtnisfeier seines Todes und seiner Auferstehung denken wir an das Opfer der Versöhnung, das er gebracht hat". Man hätte nach den vielen ökumenischen Gesprächen erwarten können, daß mehr herauskommt, als daß die Abendmahl feiernde Gemeinde an Jesus nur „denken" darf. – *H. C. Schmidt-Lauber*, Das Eucharistiegebet in der Erneuerten Agende 1990, in: Sursum corda (s. Anm. 3) 159–166, hier 162, als Text der Anamnese des von EA übernommenen Versöhnungshochgebetes II: „Wir gedenken seines Todes und seiner Auferstehung. Wir danken dir für das Opfer der Versöhnung, das er gebracht hat". Es muß sich dabei wohl um einen Entwurf handeln, der für die endgültige Ausgabe verworfen wurde, da er darin nicht zu finden ist.

[55] Bezüglich des Totengedenkens vgl. Anm. 26.

[56] SC 47.

Wir bitten dich, nimm auch uns an in deinem Sohn
und schenke uns in diesem Mahl den Geist,
den er verheißen hat,
den Geist der Einheit, der wegnimmt, was trennt,
und der uns zusammenhält in der Gemeinschaft
mit unserem Papst N., unserem Bischof N.,
mit allen Bischöfen und mit deinem ganzen Volk.

Mach deine Kirche zum Zeichen der Einheit unter den Menschen
und zum Werkzeug deines Friedens.

Wie du uns hier am Tisch deines Sohnes versammelt hast,
in Gemeinschaft mit der seligen Jungfrau und Gottesmutter Maria
und allen Heiligen,
so sammle die Menschen aller Rassen und Sprachen,
aller Schichten und Gruppen
zum Gastmahl der ewigen Versöhnung
in der neuen Welt deines immerwährenden Friedens
durch unseren Herrn Jesus Christus.

Vom Vater angenommen zu werden wie der Sohn und im Sohn ist nicht Selbstverständlichkeit, sondern Inhalt der Bitte, die die Kommunionepiklese einleitet.[57] Die Bitte um den Geist bezeichnet ihn als den, der Spaltung und Trennung überwindet und so der Versöhnung dient. Statt einer vom Kontext abgelösten, selbständigen Fürbitte für den Papst und den Bischof, das Kollegium der Bischöfe und die übrigen Mitglieder der Kirche wird die Verbundenheit der jeweiligen eucharistischen Versammlung mit den Repräsentanten der kirchlichen Einheit und mit der ganzen Kirche in der nachkonsekratorischen Epiklese erbeten und bekannt. Das heilige Mahl, der Empfang des Leibes und Blutes Christi, ist [419] Geistmitteilung, die in ihrer einheitsstiftenden Wirkung ausgedrückt wird. „Es ergibt sich aus dem Gebet um Einheit der feiernden Gemeinde aufgrund des Eucharistieempfangs die Bitte, die Einheit möge sich innerhalb der Einheit der ganzen Kirche vermitteln".[58] Erwähnenswert erscheint, daß die Einheit

[57] In der Zuordnung der Zeilen „Wir bitten dich, nimm auch uns an in deinem Sohn" zeigt sich eine gewisse Unsicherheit. LAT, F und ICEL lassen sie typographisch als Teil der Anamnese/Oblation erscheinen. Die anderen Versionen rechnen sie zur Kommunionepiklese und markieren einen neuen Abschnitt.

[58] *Kaczynski*, Kirchliche Gemeinschaft (s. Anm. 3) 341. – I und P fügen nach den Bischöfen noch die Priester und Diakone ein.

der Kirche nicht auf äußere oder zweitrangige Merkmale gestützt wird, sondern auf Gottes Geist.[59]

Im Sinne des sich durchziehenden Motivs wird die Versöhnungsaufgabe der Kirche als „Zeichen der Einheit" und „Werkzeug des göttlichen Friedens" beschrieben. Im Hintergrund steht die Aussage des 2. Vatikanischen Konzils in der Konstitution über die Kirche: „Die Kirche ist ja in Christus gleichsam das Sakrament, d. h. Zeichen und Werkzeug für die innigste Vereinigung mit Gott wie für die Einheit der ganzen Menschheit."[60] Das ist nicht ein triumphalistischer Anspruch, sondern von Gott gewirkt und zugleich Bitte an ihn.

Der letzte Abschnitt vor der Schlußdoxologie führt – im Unterschied zu anderen Hochgebetstexten, die weniger deutlich zur Kommunion überleiten – die Mitfeiernden zu dem, was Ziel jedes Eucharistiegebetes ist: die Tischgemeinschaft mit dem Herrn und Teilhabe an seinem Leib und Blut.[61] Dabei wird die Brücke von der Eucharistie feiernden Gemeinde – oft in Bedrückung, Armseligkeit und Unzulänglichkeit – zum Hochzeitsmahl im Reiche Gottes geschlagen.[62] Anfang dieser künftigen Herrlichkeit ist die Eucharistieversammlung der pilgernden Kirche, die der Vater um den Tisch seines Sohnes versammelt hat.[63] Sie weiß sich dabei in Gemeinschaft mit der Mutter ihres Herrn und aller Vollendeten. Sie ist überzeugt, daß das, was in ihr so oft nur anfanghaft und bruchstückartig erfahren werden kann – Versammlung der in Christus Versöhnten zu sein –, in der Vollendung des himmlischen Gastmahles von Gott geschenkt wird: Die Menschen aller Rassen, Sprachen, Schichten und Gruppen – von Gott als Offenbarung seiner unendlichen Fülle gedacht, aber in der Menschheitsgeschichte so oft Ursache der Feindschaft, des Streites und Hasses – werden von Gott zum nie endenden Fest der Versöhnung und des Friedens versammelt.[64] Jede Meßfeier verweist auf diese Zukunft; in jeder Meßfeier beginnt sie. Es ist die Feier dessen, in dem Gott mit seiner ganzen Fülle

---

[59] LAT läßt recht unmotiviert mitten im Ausdruck der Gemeinschaft einen neuen Abschnitt beginnen. Daß der Ausdruck der Gemeinschaft in anderen Kirchen unterschiedliche konkrete Formulierungen erfordert, ist verständlich. GLEN betet: „Bring our divided christian communions into visible unity and fellowship". Statt „Maria und allen Heiligen" heißt es: " the saints of every generation". EA ersetzt den Papst, die Ortsbischöfe und das Bischofskollegium durch Pünktchen.

[60] LG 1.

[61] Die Aussagen von TO und LAT sind in diesem Abschnitt in I nur schwer wiedererkennbar. I fügt dann noch das neue Jerusalem ein. EA ersetzt Maria und die Heiligen durch Pünktchen und fügt der Erwähnung aller Menschen erläuternd „Frauen und Männer" bei.

[62] Vgl. Lk 13,29.

[63] Vgl. 1 Kor 10,21. – Die Perspektive der Eucharistiefeier der pilgernden Kirche als Anfang und Unterpfand des himmlischen Gastmahls tritt in ICEL nicht klar hervor.

[64] GLEN, I und P verkürzen die Aufzählung der die Versöhnung oft behindernden Gruppierungen der Menschheit. Vgl. LG 13. 18.

wohnen wollte, „um durch ihn alles zu versöhnen. Alles im Himmel und auf Erden wollte er zu Christus führen, der Friede gestiftet hat am Kreuz durch sein Blut.“[65]

Das Hochgebet schließt mit der üblichen Doxologie, der Erhebung der Brotschale und des Kelches sowie dem „Amen“ der Gemeinde. [420]

Schlußbemerkung

Als das Staatssekretariat der Kongregation 1973 mitteilte, Papst Paul VI. habe seine Zustimmung zur Erarbeitung eines Hochgebetes für das Heilige Jahr gegeben, schlug es gleichzeitig vor, diesem Hochgebet „einen besonderen Namen zu geben, unter dem es in das Missale eingefügt werden könnte.“[66] Der Vorschlag des Staatssekretariates bezüglich des Namens wurde verwirklicht.[67] Nach einer Erprobungszeit von fast zwanzig Jahren und der weiten Verbreitung des Hochgebetes sollte geprüft werden, ob nicht der Zeitpunkt gekommen ist, die Hochgebete Versöhnung I und II definitiv in das Römische Meßbuch aufzunehmen.[68]

[65] Kol 1,20.

[66] Brief des Staatssekretariates vom 29.10.1973, zitiert bei *Bugnini*, Liturgiereform 510. Bei der Verlängerung 1977 wiederholt; vgl. Anm. 18.

[67] Vgl. Anm. 14 dieses Beitrages und die offiziellen Ausgaben.

[68] Die Verwendung im Meßformular „Pro reconciliatione“, das in die Editio typica altera des Missale Romanum in die Serie „Missae et orationes pro variis necessitatibus“ als Nr. 22bis aufgenommen wurde, liegt nahe. Die Beschränkung auf dieses eine Formular wäre aber doch wohl ein Verlust. Man könnte sich eine Regelung vorstellen, wonach es bei der Verwendung in der bisherigen Umschreibung bliebe. Vgl. Not. 11 (1975) 12: „In Missis, quibus mysterium reconciliationis peculiari modo fidelibus insinuatur“. Im Rundschreiben vom 10.12.1977 wird der von der Gottesdienstkongregation unter dem Datum des 1.11.1974 herausgegebene Faszikel wie folgt zitiert: Not. 13 (1977) 556: „Preces ‚de reconciliatione‘ adhiberi possunt quando peculiares celebrationes fiunt super themata de reconciliatione et de paenitentia, praesertim tempore Quadragesimae, occasione peregrinationum vel conventus spiritualis“. Ohne Änderungen so auch im Rundschreiben vom 15.12.1980 (EDIL 2, 4054). – Bezüglich der Textgestalt der lateinischen Fassung und des Textus originarius dürften kaum Veränderungen erforderlich sein. Ob die Gelegenheit benutzt werden sollte, bei einigen anderen muttersprachlichen Versionen kleinere redaktionelle Bearbeitungen vorzunehmen, muß dem Urteil der zuständigen territorialen Autoritäten überlassen bleiben.

Der Schlußteil der Meßfeier*

Die Allgemeine Einführung in das Meßbuch behandelt im zweiten Kapitel die „Struktur, Elemente und Teile" der eucharistischen Versammlung. Eine Übersicht zählt die beiden Hauptteile der Messe auf: Wortgottesdienst und Eucharistieteil; hinzu kämen dann noch jene Riten, „welche die Feier eröffnen und beschließen" (AEM 8).

Nun zeigt sich bei der näheren Beschreibung des Eröffnungsteils und des Abschlußteils im Meßbuch ein bemerkenswerter Unterschied. Für die Eröffnung gibt die „Allgemeine Einführung" nämlich eine Funktionsbeschreibung. Sie lautet: „Der Sinn dieses Teiles besteht darin, die Gläubigen, die zusammengekommen sind, zu einer Gemeinschaft werden zu lassen und sie zu befähigen, in rechter Weise das Wort Gottes zu hören und würdig die Eucharistie zu feiern" (24). Dann folgt eine Aufzählung und Erläuterung der einzelnen Elemente, die in der Meßordnung zur Erfüllung dieser Funktion dienen (25–32). Hingegen fehlt bei den Ausführungen zum Schlußteil der Messe ein eigener Absatz, der sich mit der Funktion des „ritus conclusionis" (57) befassen würde; es werden lediglich die Elemente aufgezählt, aus denen der Schlußteil besteht. Hielt man die Frage nach dem Sinn und der Aufgabe – dem „finis huius ritus" – für unwichtig? Oder hat man sie übersehen?

Daß Überlegungen zum Ziel und Zweck eines liturgischen Elementes nicht überflüssig sind, ergibt sich aus der Bedeutung, die eine richtige Funktionsbeschreibung für die praktische Ausführung des betreffenden Elementes hat.[1] Ohne Kenntnis seiner Funktion läßt sich nichts Verbindliches für die Ausführung, die sogenannte „Gestaltung" des Elementes sagen; bei Mißachtung der Funktion kommt es zu Spannungen im gottesdienstlichen Handeln. Eine Besinnung auf die Funktion des Schlußteils kann daher eine Hilfe und Leitlinie für den Verlauf dieses besonders wichtigen Elementes bieten.

---

* Zuerst veröffentlicht in: Gemeinde im Herrenmahl, 1976, 342–350. – Bibliographie Rennings Nr. 235.

[1] Vgl. die Hinweise in dem Abschnitt „Die Funktion der Einzelelemente als Norm für die Gestaltung", in: *H. Hucke / H. Rennings*, Die gottesdienstlichen Versammlungen der Gemeinde. Mainz 1973 (Pastorale 2) 72ff.

Wir gehen davon aus, daß grundlegende Gesetzmäßigkeiten jeder einberufenen (nicht spontanen) und geordneten (nicht anarchischen) Versammlung auch für [343] die Liturgie als gottesdienstlicher Zusammenkunft beachtet werden müssen. Daher kann es helfen, einen Blick auf den Sinn und Zweck des Endteils einer Versammlung zu werfen.

Zunächst gilt ganz allgemein: Dem für das „Gelingen" eines gemeinsamen Handelns so wichtigen Anfangen entspricht die Bedeutung des richtigen Aufhörens. Mit Broder Christiansen ist – sein Wort leicht abwandelnd – zu sagen, daß der empfindlichste Augenblick des Zusammenseins das Auseinandergehen ist.[2] Dem Schluß folgt nichts mehr: er bleibt offen und ungedeckt. Für die Einschätzung und Weiterwirkung dessen, was die Teilnehmer in der Zusammenkunft erkannt, erlebt oder getan haben, ist darum der Abschluß von nicht zu unterschätzender Bedeutung. „Ende gut – alles gut."

Zum „guten Schluß" kommt man deshalb nicht dadurch, daß man einfach nicht mehr weitermacht. Ein geprägtes Aufhören, ein abrundendes und nachwirkendes Ende wird üblicherweise – mit allen notwendigen Differenzierungen je nach Art der Zusammenkunft – vier Merkmale aufweisen: Rückblick, Ausblick, Feststellung des Endes, Verabschiedung.

In einer auf Vermittlung neuer Erkenntnisse ausgerichteten Versammlung wird der *Rückblick* etwa in einer kurzen Übersicht über das Gehörte bestehen. Bei einer auf Planung und Entscheidung gerichteten Zusammenkunft werden am Schluß die wichtigsten Beschlüsse zusammengefaßt. Am Ende einer gelungenen Geburtstagsparty sagt der Gast dem Gastgeber, daß er sich lange nicht mehr so gut unterhalten habe und es ein herrlicher Abend gewesen sei. Der Schlußapplaus nach einer Theateraufführung bekundet die Zufriedenheit mit der Vorstellung und den Dank für das Gehörte und Gesehene.

Im *Ausblick* werden am Schluß eines Vortragsabends der Volkshochschule Termin und Ort der nächsten Veranstaltung besprochen oder bekanntgegeben. Im Schlußwort der Wahlversammlung ergeht an die Anwesenden noch einmal die Aufforderung oder Bitte, nun auch dem vorzüglichen Kandidaten X. am kommenden Sonntag die Stimme zu geben. „Wann und wo sehen wir uns wieder" ist in mancherlei Variationen Thema des Ausblicks im Schlußteil.

Was nach der formellen *Feststellung des Endes* „Hiermit schließe ich die heutige Sitzung des Stadtrates" von den Stadtvätern beim anschließenden Bier noch besprochen wird und worüber man sich auch völlig einig ist, kann nicht als Beschluß gelten, da die Sitzung beendet war. Mit einem

---

[2] Vgl. *B. Christiansen*, Eine Prosaschule. Stuttgart 1949, 229.

dreifachen „Gut Ziel“ schließt der Vorsitzende die Monatsversammlung der Schützenbruderschaft. Wenn in der Oper der Vorhang fällt und sich nicht mehr hebt, weiß jeder, daß nun Schluß ist. Ein Schlußakkord oder das Finale signalisieren akustisch das Ende. Optisch ist es unübersehbar, wenn bei der Filmvorstellung das Wort „Ende“ auf der Leinwand erscheint und die Saalbeleuchtung heller wird. [344]

Herzlich oder frostig, kürzer oder länger *verabschiedet* sich bei einer kleineren Zusammenkunft jeder von jedem. Mit dem Wunsch nach einem Wiedersehn, einer guten Nacht oder glücklichen Heimfahrt verabschiedet sich der Leiter einer Veranstaltung von den Teilnehmern. Ein wortloser Händedruck signalisiert das Auseinandergehen bei einem schweren Abschied.

Zur Funktion des Schlußteils der gottesdienstlichen Zusammenkunft

Wenn wir die vier Merkmale des Abschlusses einer Versammlung nun auf die liturgische Zusammenkunft anwenden, ergeben sich folgende Aspekte für die Funktion des Abschlußteils der gottesdienstlichen Feier.

Rückblick: Jede liturgische Feier hat von ihrem Anlaß her ein bestimmendes Handlungsgeschehen, z.B. Tauffeier, Begräbnisfeier, Eucharistiefeier. Dieses läßt eine Ausprägung durch verschiedene Grundmotive zu, etwa Eucharistiefeier an einem Adventssonntag oder bei einer Trauung oder an einem Heiligengedenktag.[3] Zum Sinn des Schlußteils gehört es, daß das Grundmotiv nochmals zusammengefaßt anklingt.

Ausblick: Da die Zusammenkunft zur Liturgie keine vom gesamten christlichen Leben des einzelnen und der Gemeinde isolierter Vorgang ist, muß der Schlußteil helfen, die Brücke von der gottesdienstlichen Zusammenkunft zum „Nachher“, d.h. zum Tun des einzelnen und der Gemeinde außerhalb der Liturgie zu schlagen. Es müssen Verbindungslinien zum gottdienenden und heilbringenden Leben aus dem Glauben aufgezeigt oder geschaffen werden.

Feststellung des Endes: Entsprechend der deutlichen Kennzeichnung des Anfangs liegt für die einberufene und geordnete Versammlung auch eine klare Markierung des Endes nahe. Zum Gottesdienst ist man ja nicht in dem Sinn privat zusammen, daß man sich nach Lust oder Langeweile entfernen kann. Mitfeier heißt, sich am gemeinsamen Handeln eines gemeinsamen Programms beteiligen.

---

[3] Es läge hier nahe, vom „Thema“ des Gottesdienstes zu sprechen. Der Begriff wird vermieden, weil er dem Mißverständnis Vorschub leisten kann, als ginge es in der Liturgie um Behandlung von Themen oder denkerische Beschäftigung mit einer Sache.

Verabschiedung: Die im Namen Jesu Versammelten haben an den Heilsgaben ihres einen Herrn teil. Deshalb sind sie keine Fremden. Im gottesdienstlichen Handeln sind sie brüderlich-schwesterlich verbunden und bleiben es auch nachher.

Demnach könnte eine Funktionsbeschreibung des „Ritus conclusionis" jeder gottesdienstlichen Versammlung etwa so lauten:

- Der Sinn des Schlußteils besteht darin, das jeweilige Grundmotiv der liturgischen Feier zusammengefaßt auszudrücken, [345]
- den Teilnehmern den Übergang von der gottesdienstlichen Zusammenkunft zum übrigen christlichen Leben zu erleichtern,
- das Ende der Versammlung anzuzeigen
- und die bleibende Verbundenheit der Mitfeiernden – derer, die im Namen Jesu versammelt waren – zum Bewußtsein zu bringen.

Liturgische Elemente für den Abschluß

Nach den Überlegungen zur Funktion haben wir uns nun mit den einzelnen Elementen zu beschäftigen, die zur Erfüllung der Aufgabe und des Zwecks des Abschlußteils geeignet sind. Zunächst sei vor einem Mißverständnis gewarnt. Wenn wir die Funktion des Schlusses der gottesdienstlichen Zusammenkunft im Vergleich zum Endteil irgendwelcher anderer Versammlungen beschrieben haben, folgt daraus nicht, daß auch für den Gottesdienst die gleichen Elemente wie für diese anderen Zusammenkünfte verwendet werden könnten. Dem spezifischen Charakter der gottesdienstlichen Versammlung, der sie von anderen Versammlungen abhebend prägt, entsprechen auch die besonderen Elemente, die in der Liturgie zur Ausführung einer Funktion benutzt werden. Wie die Liturgie sich zum Beispiel für die Begrüßung nicht mit dem Wunsch eines guten Morgens begnügt, so gibt sie sich für die Verabschiedung nicht mit einem farblosen Allerwelts-„Schönen-Sonntags-Wunsch" zufrieden.

In der vorausgehenden Funktionsbeschreibung sind vier Aspekte erwähnt. Daraus ergibt sich keineswegs, jedem der Aspekte müßte ein eigenes Element entsprechen, und der Schlußteil müsse darum auch vier Elemente enthalten. Je nach den Umständen der betreffenden Versammlung kann ein Aspekt in zwei Elementen ausgedrückt werden. So könnte etwa die Zusammenfassung des Grundmotivs im Feierlichen Schlußsegen und auch in einem Schlußlied erfolgen. Umgekehrt wäre es ebenso möglich, zwei Aspekte in einem einzigen Element einzuordnen, etwa Zusammenfassung des Grundmotivs und Überleitung im Feierlichen Schlußsegen.

Zudem ist zu beachten, daß die Reihenfolge der einzelnen Elemente nicht unbedingt der Aufzählung in der Funktionsbeschreibung folgen muß.

Sie ist vielmehr in einem bestimmten Ausmaß variabel. Sachlich gesehen z. B. könnte die Markierung des Endes der Verabschiedung vorausgehen oder darauf folgen. Da gerade der Schlußteil keine ungebührliche Ausdehnung verträgt, läßt er wegen seiner Kürze eine größere Variabilität zu als andere Teile des gottesdienstlichen Handelns.

Prinzipiell gibt es viele denkbare Elemente, um die Funktion eines liturgi-[346]schen Teils auszuführen. Das zeigt etwa schon ein Vergleich der Abschlußteile der gegenwärtigen liturgischen Ordnungen für die verschiedenen gottesdienstlichen Versammlungen. Auf zahlreiche weitere Elemente für den Abschluß macht die Liturgiegeschichte aufmerksam.[4] So läßt sich beispielsweise die Austeilung geweihter Brote am Schluß der Messe leicht als Element der Überleitungsfunktion erkennen.[5] Wenn der Ordo Missae für den Abschluß bestimmte Elemente vorsieht, besagt das keineswegs, alle nichterwähnten Elemente seien grundsätzlich ungeeignet. Vielmehr kommt in der – geschichtlich bedingten – Auswahl zum Ausdruck, daß die Großgruppe „Römischer Ritus“ innerhalb der gesamten Kirche eben in diesen Elementen übereinstimmt und dadurch gekennzeichnet ist.[6]

Die Elemente des Schlußteils nach dem Ordo Missae

Die Meßordnung nennt als erstes Element des Schlußteils „breves annuntiationes“. Im deutschen Meßbuch lautet die entsprechende Rubrik: „Wenn noch kurze Verlautbarungen für die Gemeinde zu machen sind, werden sie hier eingefügt.“ Mit der Zuweisung dieses Platzes im Schlußteil für eventuelle Mitteilungen, Bekanntmachungen oder Vermeldungen hat der Ordo Missae eine gute Lösung geschaffen. Sie gehören weder an den Anfang (abgesehen von etwaigen Hinweisen für die Feier selbst) noch in den Wortgottesdienst nach dem Evangelium oder der Predigt. Dort lenken sie ab und stören. Im Schlußteil tragen sie zur Erfüllung der Überleitungsfunktion bei und unterstreichen, daß die Gemeinde sich keineswegs bis zur nächsten gottesdienstlichen Versammlung vertagt.

Dieses Ziel bestimmt auch die Auswahl der Mitteilungen. Schriftliche Kommunikationsformen (z. B. Pfarrbrief, Kirchenblatt) werden entwertet, wenn alles, was darin steht, nochmals vorgelesen wird. Stereotype Routine-

---

[4] Vgl. *J.A. Jungmann*, Missarum Sollemnia. Wien [u. a.] [5]1962, 2, 529–576.

[5] Vgl. ebd. 561–564.

[6] Die Beschreibung der Grundform der Gemeindemesse (AEM 123–126) nennt folgende Elemente des Schlußteils: Mitteilungen an die Gemeinde, Gruß, Segen (gegebenenfalls in erweiterter Form), Entlassung, Altarkuß, Zeichen der Verehrung, Auszug. – Entsprechend dem Redaktionsstil des 2. Kapitels der AEM, das lediglich eine allgemeinere Darlegung bieten will, werden darin nur Gruß, Segen und Entlassung genannt (57).

ansagen langweilen und haben zur Folge, daß manche Teilnehmer sich dem Anhören durch Verlassen der Versammlung entziehen. Richtig genutzt, sind die Bekanntmachungen eine Chance zu einem persönlichen Wort: einer Empfehlung, Einladung oder Information. Auch könnten kürzere Hirtenschreiben an dieser Stelle verlesen werden. Je nach Art der Mitteilungen erfolgen sie durch den Priester oder einen Diakon (AEM 139). Doch könnte z. B. zu einem Pfarrfest auch der Vorsitzende des Pfarrgemeinderates einladen oder für die Mitgliedschaft im Kirchenchor der Leiter des Chores werben.

Ein kurzes Wort des Priesters in der Funktion der Zusammenfassung des Grundmotivs wird vom Ordo Missae bei der Beschreibung des Schlußteils nicht erwähnt. Ausdrücklich sagt jedoch die Allgemeine Einführung (11) in dem [347] Abschnitt über die Aufgaben des Priesters, daß er „vor der Entlassung ein Schlußwort zur ganzen Eucharistiefeier" sprechen könne. Mit Bezug darauf erklärt das Direktorium für Kindermessen: „Die Kurzansprache vor dem Schlußsegen ist in Kindermessen von besonderer Bedeutung, da die Kinder vor dem Auseinandergehen einer gewissen Wiederholung und Anwendung des Gehörten bedürfen; allerdings soll sie in aller Kürze geschehen. Gerade an dieser Stelle bietet sich eine Möglichkeit, den Zusammenhang zwischen der Liturgie und dem Leben aufzuzeigen" (Nr. 54). Zu unterstreichen sind die Worte „in aller Kürze". Es widerspräche der Funktion des Abschlusses, jetzt nochmal weit auszuholen. Zu vermeiden ist zudem eine Fülle von Kurzansprachen (Hinweisen, Monitionen) innerhalb derselben Feier, die dadurch nur zu leicht zerredet würde. Bei besonderen Anlässen kann das Schlußwort aus einem Dank, einem Glückwunsch o. ä. bestehen und gegebenenfalls die Funktion der Verabschiedung miteinbeziehen.

Die nächsten Elemente des Ritus conclusionis sind „salutatio" und „benedictio". Das „Dominus vobiscum" als Gruß zu bezeichnen, ist freilich nicht ohne Probleme.[7] Jungmann hat darauf aufmerksam gemacht, daß es hier „im Grunde nur die vokativische Anrede, die sonst der Aufforderung *Ite* vorangehen müßte", ersetzt.[8] Es diene dazu – ohne daß sein Inhalt besonders betont würde –, zunächst einmal die Aufmerksamkeit für das Folgende zu wecken. (Im Deutschen etwa dem Sinn nach: Liebe Brüder und Schwestern, wir wollen nun um Gottes Segen bitten.) Jungmann hatte sogar gemeint, „in einem aus heutigem Empfinden geschaffenen Gottesdienst würden wir kaum auf den Gedanken kommen, daß der Vorbeter zuerst die Gemeinde begrüßen soll, noch weniger aber würden wir daran

---

7 Die Randspalte in der Feier der Gemeindemesse im deutschen Meßbuch erwähnt das Element „Gruß" nicht.

8 *Jungmann* (s. Anm. 4) 2, 538. Daß das „Dominus vobiscum" auch eine selbständige Grußfunktion haben kann, wird von *Jungmann* (ebd. 1, 464) nicht übersehen.

denken, ihn diesen Gruß im Verlauf der Gebetsstunde öfters wiederholen zu lassen."[9] Leider wurde weder bei der Reform der lateinischen Meßordnung noch in der deutschen Fassung den Erfordernissen eines „aus heutigem Empfinden geschaffenen Gottesdienstes" Rechnung getragen.[10]

Für den Segen sieht der Meßordo erfreulich zahlreiche Formen und Texte vor. Neben der Kurzform sind für die geprägten Zeiten des Kirchenjahres, die Zeit im Jahreskreis, für Hochfeste und Feste (also für alle Meßfeiern) erweiterte – überwiegend dreigliedrige – Segenstexte angegeben. Sie erfüllen häufig sehr gut die Funktion des Schlußteils, indem sie an das Grundmotiv der Messe anknüpfen, den Blick auf das christliche Leben lenken und die Verbundenheit der Gemeinde ausdrücken. Wie auch die Kurzform „Benedicat vos", die sich im Laufe der Liturgiegeschichte gegen das „Benedicat nos" durchgesetzt hat, weisen die erweiterten Formen eine dialogische Struktur auf: Leiter und Versammlung verabschieden sich mit „guten Wünschen" voneinander, auch wenn der Teil der Gemeinde mit dem bloßen „Amen" nicht sehr entwickelt ist und die deutschen [348] Textvorlagen manchmal etwas zurückhaltender formuliert sein könnten.[11] Als Segenselement hat das Missale von 1970 die „Oratio super populum" wieder auf das ganze Kirchenjahr ausgedehnt. Dieses „Gebet über die Gläubigen" kann in jeder Meßfeier anstelle der Kurzform verwendet werden und schließt wie die erweiterten Segenstexte immer mit einem ausdrücklichen Segenswunsch.[12] Die formale Übereinstimmung zwischen der Orationsform dieses Segens und dem Schlußgebet rät allerdings dazu, den

---

[9] Ebd. 1, 464.

[10] Vgl. auch das Referat von *H. Rennings*, Singen in der liturgischen Versammlung hier und heute, in: MusAl 20 (1968) 114–122, hier 118 [auszugsweise in diesem Band S. 249–255], und das im Anschluß daran von der Studientagung einstimmig verabschiedete Desiderat (ebd. 140): „Unter der Voraussetzung, daß dem Dominus vobiscum an einigen Stellen Grußfunktion und an anderen Stellen mehr die Funktion eines Rufes zur Aufmerksamkeit zukommt, erscheint es wünschenswert, die textlichen und musikalischen Formen nach der jeweiligen Funktion zu differenzieren."

[11] Sowohl bei Verwendung der erweiterten Segenstexte wie auch der Segensgebete über das Volk sieht der Ordo Missae eine vorausgehende Einladung „Inclinate vos ad benedictionem" (oder eine beliebige ähnliche Formulierung) vor. Da das „Dominus vobiscum" seinem Sinn nach auf den folgenden Segen hinweisen soll, würde somit eine Verdoppelung entstehen. Die in der deutschen Meßordnung vorgeschlagene Fassung „Wir knien nieder zum Segen" erscheint nicht nur sprachlich als eine etwas steife Regieanweisung, sondern verlagert sinnwidrig den Schwerpunkt auf das Knien. *E. J. Lengeling*, Die neue Ordnung der Eucharistiefeier. Allgemeine Einführung in das Römische Meßbuch. Einleitung und Kommentar. Münster [4]1972 (rlg 17/18) 303: „... eine leichte Verneigung dürfte eine angemessene Körperhaltung sein." Auch AEM 21 erwähnt kein Knien der Gemeinde beim Segen.

[12] Die erweiterten Segenstexte (Feierliche Schlußsegen) schließen mit den Worten: „Das gewähre euch der dreieinige Gott, der Vater und der Sohn und der Heilige Geist." An die Segensgebete soll immer angefügt werden: „Und der Segen des allmächtigen Gottes, des Vaters und des Sohnes und des Heiligen Geistes, komme auf euch herab und bleibe bei euch allezeit."

direkten Segenswünschen den Vorzug zu geben, zumal sie außerdem ein Kommunikationsvorgang innerhalb der Versammlung sind.

Der in manchen Gegenden des deutschen Sprachgebietes übliche Wettersegen, der zum Schlußsegen der Messe hinzukam, wurde im deutschen Meßbuch sinnvoll mit dem Schlußsegen vereinigt.

Für die Funktion der Feststellung des Endes verwendet die Römische Liturgie das „Ite missa est". Es hat den gleichen Sinn wie „das Wort, mit dem der Vorsitzende in jeder wohlgeordneten Versammlung diese zuletzt für geschlossen erklärt."[13] Für die Ansage des Schlusses, die auch vom Diakon als Assistenten des Versammlungsleiters vorgenommen werden kann (AEM 140), benutzt das deutsche Meßbuch eine Wendung („Gehet hin in Frieden"), die auch in nichtrömischen Liturgien vorkommt. Die anderen Teilnehmer bestätigen antwortend diese Feststellung.[14]

Für den anschließenden Auszug des Priesters und der Altargruppe sieht der Ordo Missae einige weitere Schlußelemente vor. Wie im Eröffnungsteil ehrt der Priester „de more" den Altar durch einen Kuß, ebenfalls der Diakon; für die Konzelebranten ist dies – „kaum konsequent"[15] – nicht vorgesehen. Als „Abschiedsgruß" an den Altar steht der Altarkuß von seinem Ursprung her freilich in einem Kontext priesterlicher Altarspiritualität, die in die mehr personalen Kategorien heutiger Frömmigkeit nicht leicht einzuordnen ist. In dem Zusatz „in der Regel", wodurch der Altarkuß nicht als verpflichtend vorgeschrieben ist, könnte sich diese Überlegung niedergeschlagen haben.[16]

Der Vorsteher der eucharistischen Versammlung und alle Angehörigen der Altargruppe machen dann ein Zeichen der Verehrung. Es ist entweder eine Verneigung oder – wo entgegen der Tendenz der Allgemeinen Einführung die Eucharistie auf dem Altar aufbewahrt wird – eine Kniebeuge.[17]

Weder in der Allgemeinen Einführung noch im Meßordo wird beim Abschluß erwähnt, daß die beim Einzug eventuell mitgetragenen Gegen-

---

13 *Jungmann* (s. Anm. 4) 2, 536.

14 Die Ansage des Schlusses wird in AEM 126 in der lateinischen Fassung „dimissio" genannt, in der deutschen Übersetzung „Entlassung". Der lateinische Ordo Missae hält sich nicht daran, sondern führt den Terminus „dimissio" bereits vor Gruß und Segen ein (Rubrik Nr. 142 der Editio typica, S. 475). Die deutsche Meßordnung überschreibt den ganzen Schlußteil mit „Entlassung", während der Ordo Missae dafür richtiger den Ausdruck „Ritus conclusionis" verwendet, der im deutschen Text der AEM mit „Der Abschluß" wiedergegeben wird. In der deutschen Meßordnung muß „Entlassung" dann nochmals für die eigentliche „dimissio" verwendet werden. Eine bessere Abstimmung dürfte von späteren Ausgaben des Missale und des deutschen Meßbuches erwartet werden. In letzterem sollte man vielleicht auf den Ausdruck „Entlassung" ganz verzichten, da er weithin einen negativen Beiklang hat.

15 *Lengeling* (s. Anm. 11) 304.

16 Der Zusatz „in der Regel" steht im lateinischen und deutschen Text der AEM 125 und im lateinischen Ordo Missae; in der deutschen Meßordnung ist er ausgelassen.

17 AEM 126 und 84; zum Ort des Tabernakels AEM 276.

stände – Kerzen, Kreuz, Meßbuch (AEM 82) – beim Auszug wieder mitgenommen werden. Doch ist dies im Sinn einer optischen Signalisierung des Endes sehr angebracht.

Nach der Einführung des Gesangs bzw. Hymnus nach der Kommunion hat man oft gefragt, ob ein eigenes Schlußlied dann noch sinnvoll sei. Es handelt [349] sich dabei um eine eigene Tradition des deutschen Sprachgebietes, die im früheren lateinischen und auch im neuen Ordo und ebenfalls im deutschen Meßbuch nicht erwähnt wird. Doch besteht kein Grund, den Brauch prinzipiell abzuschaffen. Oft ermöglicht das Schlußlied sowohl eine musikalische Zusammenfassung des Grundmotivs wie auch eine Überleitung.[18] Zudem kann es manchmal einen Bezug zur Kirchenjahreszeit (z. B. bei der Messe eines Heiligen im Advent durch ein Adventslied; marianisches Schlußlied) herstellen. Tunlichst sollten jedoch der Schlußgesang und der Gesang nach der Kommunion nicht die gleiche Form haben, besonders wenn sie in kurzem Abstand aufeinander folgen.

Ähnlich wie ein Schlußlied kann die Funktion des Schlußteils – oft wirksamer als durch bloß verbale Elemente – durch Instrumentalspiel (Orgel oder andere Instrumente) erfüllt werden.

Für den Platz des Priesters während des Schlußteils geben die Allgemeine Einführung und der Ordo Missae keine Hinweise und lassen damit eine Anpassung an die Örtlichkeiten des Kirchenraumes und an den Verlauf des Gottesdienstes zu. Vor Beginn des Schlußteils steht der Priester bei der „Oratio post Communionem“ entweder am Altar oder am Priestersitz. Für die Mitteilungen ist der Ambo der geeignete Platz, es sei denn, der Priester spreche sie selbst am Priestersitz. Dort kann er auch den Segen erteilen. Normalerweise dürfte es aber zu empfehlen sein, zum Segen an den Altar zurückzukehren, weil dadurch dieses Element hervorgehoben wird.

Für den Fall, daß sich an die eucharistische Versammlung unmittelbar nachfolgend eine andere gottesdienstliche Feier anschließt, fällt der Schlußteil weg.[19] Genauer gesagt: der Ritus conclusionis wird dann an das Ende dieser anderen Feier verlegt, denn jedes Aufhören einer gottesdienstlichen Versammlung verlangt die Erfüllung bestimmter Funktionen, jener nämlich, derentwegen es einen eigenen Schlußteil gibt und er besondere pastoralliturgische Aufmerksamkeit verdient.

---

[18] Zur Stellung des Schlußliedes und zum Schlußteil des evangelischen Hauptgottesdienstes vgl. *Ch. Mahrenholz*, Kompendium der Liturgik des Hauptgottesdienstes. Kassel 1963, 118 ff.

[19] Nach AEM 126 entfällt der Ritus conclusionis, nach der Rubrik Nr. 145 im Ordo Missae entfallen die Ritus dimissionis; gemeint ist aber dasselbe. – Bei einer Meßfeier ohne Gemeinde werden „Ite missa est“ und Antwort ausgelassen, nicht aber Gruß und Segen (AEM 231). – Eine Verschiebung des Schlußteils tritt beispielsweise bei einer an die Meßfeier anschließenden Aussetzung ein (vgl. Eucharistieinstruktion, Art. 60. 62. 66).

IV.
Gottesdienst im Rhythmus der Zeit

Tag und Jahr leben in Lobpreis und Vertrauen

Zum Invitatorium der täglichen Stundenliturgie und seinem Psalm 95 (94)*

Weil der Anfang eines Tun oder Geschehens den Menschen in ihrem Handeln stets mehr als nur ein beliebiges Glied einer Kette erschien, sondern als richtungs- und „maß“-gebender Teil des Ganzen, hat das Anfangen immer besondere Beachtung gefunden.[1] Wie man etwas beginnt – das Leben, die Schulzeit, eine Ehe, einen Tag, ein neues Jahr –, das ist nicht unwichtig, davon hängt viel ab.

Auch in der Entwicklung des kirchlichen Gottesdienstes hat sich die Erfahrung von der Bedeutung und dem Einfluß des Anfangs ausgewirkt.[2] Das gilt zunächst für die einzelnen gottesdienstlichen Versammlungen, für die sich eigene „Eröffnungseinheiten“ herausbildeten.[3] Dabei läßt sich – ähnlich wie bei den Schlußteilen – eine Tendenz zur Anreicherung feststellen, d.h. im Laufe der Zeit kommen weitere liturgische Elemente hinzu, die sich gerade an diesen Teilen festmachen und oft zu erheblichen Verlängerungen führen.[4] Grund dafür mag sein, daß man hoffte, mit der Vermehrung der Elemente die angestrebte Wirkung des Anfangs zu sichern und zu verstärken. Da nicht selten die liturgische Funktion der Eröffnung (und auch des Schlusses) durch die Anhäufung beeinträchtigt oder gar vereitelt wurde, mußten von Zeit zu Zeit immer wieder Einzelelemente aus diesen Einheiten herausgenommen werden.

Neben den Anfangsteilen für die einzelnen Gottesdienste läßt sich aber auch speziell für die Stundenliturgie geschichtlich die Herausbildung einer Eröffnungseinheit feststellen, die sich auf die gesamte Gebetsordnung eines Tages, das ganze Tagesoffizium, bezieht. Diese Eröffnungseinheit ist wie eine große Überschrift über alle täglichen und nächtlichen Gebetszusam-

---

* Zuerst veröffentlicht in: Lebendiges Stundengebet. Vertiefung und Hilfe (FS L. Brinkhoff), hg. v. *M. Klöckener/H. Rennings* in Verb. mit dem Liturgischen Institut, Trier. Freiburg/Brsg. [u.a.] 1989 (PLR-Gd) 241–251. – Bibliographie Rennings Nr. 347.

1 Vgl. *A. Darlapp*, Art. Anfang, in: LThK² 1, 525–529.

2 Vgl. *G. Vollebregt*, Art. Begin, in: LitWo 1, 236f.

3 Zur Eröffnung in den Stundengebetsversammlungen vgl. *C. Callewaert*, Les prières d'introduction aux différentes heures de l'office, in: *Ders.*, Sacris Erudiri. Steenbrugge 1940, 135–144.

4 Beispiele für das Stundengebet sind aufgeführt bei *L. Eisenhofer*, Handbuch der katholischen Liturgik 2. Freiburg/Brsg. 1933, 504f.

menkünfte, eine feierliche Aufforderung, Einladung und Einstimmung auf den Dienst des Gebetes zu den angesetzten Tag- und Nachtzeiten und zum Gottesdienst des alltäglichen Tuns. [242]

In der Liturgia Horarum trägt dieser Eröffnungsteil, der in der AES 34–36 beschrieben wird, den Namen „Invitatorium", der unübersetzt in den offiziellen deutschen Text übernommen wurde, da der Sinn des Wortes als „Einladung" verständlich und zutreffend erschien. Doch findet im deutschen Stundenbuch auch der Ausdruck „Gebetseinladung" Verwendung.

Bevor wir auf einige Einzelfragen zum Invitatorium eingehen, sei auf seinen Aufbau und seine liturgischen Bezeichnungen hingewiesen.[5]

1. Aufbau des Invitatoriums und Terminologie

Das erste Element des Invitatoriums ist der – im Lateinischen so bezeichnete – „Versus": „Herr, öffne meine Lippen. Damit mein Mund dein Lob verkünde".

Der deutsche Text der AES gibt das mit „Versikel" wieder, was eher dem lateinischen „versiculus" entspricht und „Verschen" bedeuten würde. Unter dem Gesichtspunkt der Funktion könnte der Begriff „Eröffnungsruf" oder „Eröffnungsvers" passend erscheinen.

Als nächstes Element folgt die Antiphon, die nach den liturgischen Tagen und Zeiten wechselt. Als „Eröffnungsantiphon" dürfte sie richtig gekennzeichnet sein; in der – teils älteren – Literatur finden sich z. B. auch die Bezeichnungen: Kehrvers, Refrain, Invitatorialvers.

Als drittes Element ist ein Psalm vorgesehen, den man entsprechend den beiden ersten Elementen „Eröffnungspsalm" nennen könnte oder auch „Invitatorialpsalm" wie L. Eisenhofer.[6] Die Liturgia Horarum gibt dem

---

[5] Zum Invitatorium insgesamt vgl. *Eisenhofer* 502–505; *J. Pascher*, Das Stundengebet der römischen Kirche. München 1954, 193–195; *B. Stäblein*, Art. Invitatorium, in: MGG 6 (1957) 1389–1393 (mit Literaturangaben besonders zum Gesang des Invitatoriums); *U. Bomm*, Art. Invitatorium, in: LThK² 5, 746; *P. C. Langeveld*, Art. Uitnodigingsgebed, in: LitWo 2, 2737; *Th. Schnitzler*, Was das Stundengebet bedeutet. Hilfe zum geistlichen Neubeginn. Freiburg/Brsg. [u. a.] ²1982, 132–134; *Martimort*, L'Église en prière 4, 273 f. – Der in den Bibliographien wiederholt angegebene Artikel von *J. Pascher*, Das Invitatorium, in: LJ 10 (1960) 149–158 handelt allgemein von Gebetseinladungen, bezieht sich aber nicht auf das Invitatorium des Stundengebetes, ja erwähnt dies nicht einmal. – Deutsche Texte und Singweisen für das Invitatorium finden sich in Gotteslob 674 und im Anhang des Antiphonale zum Stundengebet, hg. v. den Liturgischen Instituten Trier, Salzburg, Zürich in Zusammenarb. mit den Mönchen der Abtei Münsterschwarzach. Freiburg/Münsterschwarzach ⁶1988. – Quellenangaben für die Singweisen der lateinischen Eröffnungsantiphonen bietet der Ordo Cantus Officii, in: Not. 20 (1983) 473–475.

[6] *Eisenhofer* (s. Anm. 4) 504.

Psalm 95 (94) den Vorzug, führt jedoch alternativ noch andere Psalmen an: die Psalmen 100 (99); 67 (66); 24 (23).

2. Der Platz des Invitatoriums

Unter dem Aspekt der eröffnenden Funktion steht das Invitatorium zu Recht „immer am Beginn des täglichen Stundengebets".[7]

Da die erste Gebetsstunde entweder die Laudes oder die Lesehore [243] sein kann, geht einer von diesen beiden das Invitatorium voraus. Eine Ausnahme bildet der Ostersonntag, an dem das Invitatorium seinen festen Platz vor den Laudes hat.

Um eine Häufung der eröffnenden Elemente zu vermeiden, entfallen nach dem Invitatorium die andernfalls für Laudes und Lesehore üblichen Eröffnungsrufe „O Gott, komm mir zu Hilfe. Herr, eile, mir zu helfen" mit dem „Ehre sei dem Vater". Außerdem kann bei der Verbindung von Invitatorium und Laudes – wo es angebracht erscheint – eine sehr verkürzte Form verwendet werden, bei welcher Eröffnungsantiphon und Eröffnungspsalm entfallen. Somit ergibt sich als mögliche Reihenfolge:[8]

Invitatorium vor den Laudes	*Invitatorium vor der Lesehore*
Eröffnungsruf des Invitatoriums	Eröffnungsruf des Invitatoriums
Eröffnungsantiphon	Eröffnungsantiphon
Eröffnungspsalm	Eröffnungspsalm
Hymnus der Laudes	Hymnus der Lesehore

oder
Eröffnungsruf des Invitatoriums
Hymnus der Laudes

3. Der Eröffnungsruf

Der dem Psalm 51 (50) entnommene Vers 17 findet sich als Anfang des Offiziums schon in der *Regula Magistri* und der Regel des Benedikt. In der monastischen Tradition sind es nach dem nächtlichen Schweigen, der Zeit der geschlossenen Lippen, die ersten Worte. Das „Öffnen der Lippen"

---

7 AES 35. Zur Diskussion dieser Regelung in der nachkonziliaren Reform vgl. *Bugnini*, Liturgiereform 539.

8 Vgl. AES 35, 41 und 60. Als Haltung während des Invitatoriums nennt AES 263 das Stehen. Beim Eröffnungsruf bezeichnen alle gemäß AES 266 den Mund mit einem Kreuzzeichen; ein gleicher Hinweis auch Caeremoniale Episcoporum. Editio typica. Vatikanstadt 1984, Nr. 213.

konnte so wortwörtlich verstanden werden. Der Beter weiß jedoch, daß der Lobpreis Gottes, den er beginnen will, nicht seine Leistung ist, sondern Gottes Gabe: Der Herr soll es ihm ermöglichen. Aus dem Zusammenhang des Psalms ergibt sich, daß die danksagende Preisung, zu der die Lippen geöffnet werden, Antwort auf die Vergebung der Schuld ist und Tat des neuen, von Gott geschenkten und auf Gott ausgerichteten Herzens.[9] Insofern ist der Psalmvers als Eröffnungsruf auch [244] in Situationen sinnvoll, in denen die Stundenliturgie nicht nach längerem Schweigen begonnen wird.

Als Hilfe zur Konzentration und Intensivierung erscheint die geschichtlich bezeugte Praxis der dreimaligen Wiederholung des Eröffnungsrufes heute noch sehr hilfreich.

4. Die Eröffnungsantiphon

Im Unterschied zum gleichbleibenden Text des Eröffnungsrufes, der durch seine Unveränderlichkeit eine starke liturgische Signalfunktion ausübt, stehen für die Eröffnungsantiphon im neuen Stundenbuch über 70 verschiedene Textfassungen zur Verfügung. Für die Hochfeste und Feste sind sie im Proprium bzw. im Commune verzeichnet; für die Gedenktage der Heiligen gibt es in einigen Fällen eigene Texte, sonst werden sie aus dem Commune oder vom Wochentag genommen.[10] Ihre Zahl ist bei der Reform vermehrt worden und knüpft an ältere Traditionen aus den Antiphonarien an.[11] Für die Sonntage und Wochentage sind die Antiphonen überwiegend dem Psalm 95 (94) entnommen, an einigen Tagen den Psalmen 100 (99) und 24 (23).[12]

So wird z. B. Vers 1 aus Psalm 95 (94) am Sonntag der 1. Woche des Psalteriums als Antiphon verwendet: „Kommt, laßt uns jubeln vor dem Herrn, laßt uns jauchzen dem Fels unseres Heiles! Halleluja." Innerhalb des Vierwochenpsalters nehmen die 3. und 4. Woche die Antiphonen der 1. und 2. Woche wieder auf.

Die Wahl der Antiphon aus dem Psalm schafft generell eine enge Verknüpfung zwischen den beiden Elementen, läßt andererseits allerdings eine besondere Färbung eines Tages nicht zur Geltung kommen, die freilich im Fall der normalen Sonntage und Wochentage nicht vorhanden ist. Für die Stundenliturgie an geprägten Tagen klingt in der Antiphon die liturgische

---

[9] Vgl. *A. Deissler*, Die Psalmen. Düsseldorf [5]1986, 207–209.

[10] Vgl. AES 235; zu den Invitatorien in den Eigenkalendern vgl. DEL 1, 2137.

[11] Vgl. beispielsweise die Editionen und weitere Literatur bei *Langeveld* (s. Anm. 5).

[12] Zur Verwendung dieser Psalmen vgl. *J. Falcão*, Les psaumes de l'invitatoire dans la Liturgie des Heures, in: Not. 11 (1975) 119–122.

Grundmelodie des Tages an.[13] So heißt es etwa an den Apostelfesten: „Den Herrn, den König der Apostel – kommt, wir beten ihn an!" An Pfingsten lautet die Antiphon: „Halleluja. Der Geist des Herrn erfüllt den Erdkreis; kommt, wir fallen nieder und beten an! Halleluja." [245]

Die Beispiele lassen bereits die Merkmale der Textkomposition der Antiphonen erkennen. Sie sind in den meisten Fällen zweigliedrig, wobei der zweite Teil oft aus einer Aufforderung zur Anbetung besteht: „Venite, adoremus", entnommen aus Vers 6 des Psalms 95 (94). Dabei ist die hier gemeinte Anbetung nicht eine spezielle Form religiöser Frömmigkeitsübungen, sondern die jedwedes liturgische und christliche Tun durchwaltende Anerkennung Gottes, seiner Größe, seiner alles übersteigenden Herrlichkeit und zugleich seiner dem Menschen zugewandten Zugänglichkeit, die Zuwendung also zu ihm als dem absoluten Geheimnis.

An einzelnen Tagen – aber eher als Ausnahme – fehlt die Gebetsaufforderung, etwa wenn es am 24. Dezember heißt: „Heute sollt ihr wissen, daß der Herr kommt, und morgen werdet ihr schauen seine Herrlichkeit."

In der theologischen Akzentuierung bevorzugen die Antiphonen eine christologische Aussage: „Christus nahm Fleisch an für uns; kommt, wir beten ihn an" (Verkündigung des Herrn); „Christus, den Herrn, der im Evangelium spricht" (25.4. Evangelist Markus); „Das Lamm Gottes, dem Johannes im Leiden vorausging"; „Den Herrn, den König, der kommen wird"; „Heute wurde die Mutter Christi in den Himmel erhoben; kommt, wir beten ihren Sohn an, den König der Könige."

Andererseits finden sich aber auch Textfassungen, die nicht präzisiert sind, wie z. B.: „Wunderbar ist Gott in seinen Heiligen; kommt, wir beten ihn an!", oder – ausnahmsweise – die Nennung des Geistes: „Durch Propheten und Lehrer hat Gottes Geist zu uns gesprochen; kommt, wir beten ihn an!"

Eine Besonderheit bildet die Eröffnungsantiphon vom Dreifaltigkeitssonntag:„Gott ist einer in der Dreiheit und dreifaltig in der Einheit; kommt, wir beten ihn an!"

Eine starke Einprägungskraft geht von der Antiphon aus, wenn sie in der vollen Form des gottesdienstlichen Handelns mehrfach erklingt. Nach dem ersten Vortrag durch den Vorsänger wird sie von allen wiederholt; bei der Verwendung von Psalm 95 (94) wird mit fünf Psalmstrophen und dem abschließenden „Ehre sei dem Vater" insgesamt ein achtmaliger Vortrag erreicht, ebenso bei Psalm 24 (23). Bei Psalm 100 (99) sind es fünf Vorträge, bei Psalm [246] 67 (66) sieben Vorträge. Das mag vielleicht als eine arg häufige Wiederholung erscheinen; die Weisungen im Stundenbuch

---

13 Als Beispiel einer Deutung der Antiphonen sei hingewiesen auf *O. Casel*, Offizium und Messen der heiligen Jungfrauen, in: JLw 2 (1922) 74–89, hier 81.

stellen daher beim Gebet des einzelnen ihm anheim, davon abzusehen.[14] Diese Freiheit in der Gestaltung des persönlichen Betens sollte gegen jede Rubrizierung verteidigt werden. Im Hinblick auf die Bedeutung der Wiederholung für das meditative Gebet kann jedem Einzelbeter geraten werden, es mit der vollen Form zu versuchen und seine Erfahrungen damit zu machen. Der Zeitdruck sollte keine Rolle spielen. In einer vorgegebenen begrenzten Zeit weniger, aber „betend" zu beten, dürfte besser sein, als ein Gebetspensum „durchzuziehen".

5. Der Eröffnungspsalm

Zur Funktion des ganzen Invitatoriums als einer Art Ouvertüre des Tagesoffiziums leistet der Psalm einen wichtigen Beitrag. Die Antiphonen sind wie eingewebt in ihn; er trägt sie, verstärkt sie. In wechselseitiger Beleuchtung ergibt sich eine Fülle von Assoziationen und Deutungsmöglichkeiten.

Die schon in der Gebetsordnung Benedikts bezeugte Verwendung des Psalms 95 (94) als Invitatorialpsalm hat sich durchgehalten. Die bei der nachkonziliaren Neuordnung der Stundenliturgie zum Wechsel angebotenen weiteren drei Psalmen, die sich bereits in mittelalterlichen Sondertraditionen in dieser Funktion nachweisen lassen, sind ihm in ihrem Aufforderungscharakter ähnlich. Die Einschübe der Antiphonen geben dem Psalm eine Gliederung in Psalmstrophen, die sinnvoller erscheinen als die Wiederholung nach je einem oder zwei Versen.

6. Der Psalm 95 (94) als Eröffnungspsalm[15]

Die spirituelle Tradition des christlichen Psalmenbetens bietet verschiedene Möglichkeiten der Zuordnung der Texte.[16] So kann beispielsweise die Aufforderung zum Lob und zur Preisung einmal die Stimme Christi sein, der seine Kirche anspricht und sie in sei-[247]nen immerwährenden Dankgesang einstimmen läßt. Es kann ein solches Wort der Kirche in den Mund gelegt werden, die zu Christus betet oder so ihre Söhne und Töchter anre-

---

[14] Stundenbuch 1, 341. AES 34 spricht von der responsorischen Vortragsweise. Überliefert ist auch der Brauch, nur die zweite Hälfte der Eröffnungsantiphon zu wiederholen. Es wäre hilfreich, die verschiedenen Praktiken nicht nur unter musikalisch-technischen, sondern spirituellen Aspekten zu untersuchen.

[15] Vgl. *H. J. Kraus*, Psalmen 2. Neukirchen-Vluyn 1978 (Biblischer Kommentar Altes Testament 15,2) 827–832; *O. Schilling*, Die Anbetung Gottes – Wurzel und Konsequenz, in: Bibel und Leben 2 (1961) 105–120; *Deissler* (s. Anm. 9) 373–376. Vgl. auch Hebr 3,7–4,13.

[16] Vgl. *B. Fischer*, Dich will ich suchen von Tag zu Tag. Freiburg/Brsg. [u. a.]^2 1987, 14–23; *A.-G. Martimort*, Vom Beten der Psalmen im Stundengebet, in: Gott feiern 384–394.

det; es könnte aber auch eine gegenseitige Einladung der Beter sein oder sogar die Stimme eines Einzelbeters, der sich in seinem Gebetsdienst einer bestimmten Gruppe von Menschen zugehörig und verpflichtet weiß und sich an sie wendet.

1 Kommt, laßt uns jubeln vor dem Herrn
und zujauchzen dem Fels unsres Heils!

2 Laßt uns mit Lob seinem Angesicht nahen,
vor ihm jauchzen mit Liedern!

Der feierliche „Aufruf zum Festjubel“, wie Deissler die beiden ersten Verse überschreibt,[17] zum Lobgesang und zur Preisung steht im Invitatorium am Anfang des ganzen Gebetstages. Im Gebet darf der Mensch sich Gottes Angesicht nähern, erfährt er die heilende Kraft der Begegnung mit dem, der ihn wie ein „Fels“ trägt. Ganz selbstverständlich verbindet sich das Preisen mit Formen des Singens, dem Lied. Nicht nur aus dem vitalen Wohlbefinden steigt das Lied empor, sondern auch die geistig-sinnliche Mitte des Menschen verlautbart ihre Hochstimmung mehr in den klingenden Lauten des Gesangs als im Wort.

Ist dieses scheinbare Übermaß an Jubel, Jauchzen und Gesängen als Inhalt des Gebets und des alltäglichen Tuns nicht überzogen? Angesichts dessen, was ein Tag an Anfechtungen, Notrufen und Schmerzensschreien bringt, könnte die Preisung eher befremdend erscheinen, eine Zu-Mutung. Das ist sie in der Tat auch im buchstäblichen Sinn des Wortes, denn sie macht Mut, traut dem Beter zu, verlangt ihm ab, stets neu eine Änderung der Position vorzunehmen: von seinem menschlichen Blickwinkel zur Perspektive Gottes, von der Fixierung auf sich selbst zu ihm hin, der sein Angesicht sehen läßt. Daß solches gottbezogenes Denken und Tun nicht auf Kosten des Einsatzes für die Menschen geht, hat Jesus gezeigt, der ganz auf den Vater, seine Verherrlichung und die Erfüllung seines Willens ausgerichtet war und trotzdem – oder besser gerade deshalb – den Menschen in ihrer Not ganz nahe war. So kann sein ganzes Tun und Erleiden Preisung des Vaters sein, und der Ephe-[248]serbrief kann sagen, die Christen seien „zum Lob seiner Herrlichkeit“ bestimmt (vgl. Eph 1,14).

3 Denn der Herr ist ein großer Gott,
ein großer König über allen Göttern.

4 In seiner Hand sind die Tiefen der Erde,
sein sind die Gipfel der Berge.

[17] *Deissler* (s. Anm. 9) 373.

5 Sein ist das Meer, das er gemacht hat,
das trockene Land, das seine Hände gebildet.

Die Begründung für das Lob Gottes nennt als erstes seine Größe, seine grenzenlose Machtfülle. Wenn „in seiner Hand die Tiefen der Erde" und „die Gipfel der Berge" sind, ist damit nicht eine geographisch gemeinte Beschreibung versucht. Was in der Hand eines Menschen liegt, hat der Mensch im Griff, es ist ihm ganz ausgeliefert. Jene Abgründe und jene Ursprünge, die der Psalm die „Tiefen der Erde" nennt, sind also ganz in Gottes Hand. Er ist ihr Herr. Sie können nicht machen, was sie wollen. Gott hält nicht nur die Fäden des Schicksals, sondern auch am Ausgangsort, wo diese Fäden gesponnen werden, ganz im Anfang und noch vor ihm wickelt sich alles nach seinem Willen ab. Doch nicht nur die untergründigen Mächte der Dunkelheit hat er „unter Kontrolle", ihm unterworfen sind auch „die Gipfel der Berge", das, wohin sich die Ursprünge entwickeln, das Ende. Sein ist, wohin alles unterwegs ist, worauf alles hinzielt und gerichtet ist, der Endort; „die Gipfel" sind ihm nicht entzogen.

Wenn weiter gesagt wird: „Sein ist das Meer", so wird seine Macht verkündet über das, was Inbegriff des Geheimnisvollen, des Ungebändigten und des Unberechenbaren ist. Wer setzt die Wassermassen in Bewegung? Was birgt sich in den abgründigen Tiefen? In seiner Hand ist schließlich auch das Land, das den Menschen Vertrautere, aber nicht weniger Rätselhafte mit seinen Jahreszeiten, seinem Blühen und Vergehen, seinen Nähen und Fernen.

Oben und unten, links und rechts, dort, wo die Welt des Menschen längst zu Ende ist, dort ist Gott immer noch, nicht nur da und mächtig, sondern all dies hält er in seinen Händen. In diesen Händen Gottes weiß der Beter sich geborgen, und in ihnen weiß [249] er auch den kommenden Tag geborgen. Wenn er manchmal Anfang und Ende seines Weges aus den Augen verliert, wenn der Sinn seines Tuns im Abgrund der Sinnlosigkeit zu versinken scheint, wenn die Fäden der Probleme und Fragen unlösbar verknotet scheinen, wenn alles dem Untergang zuzutreiben scheint, dann weiß er, daß Gottes Liebe mächtiger ist.

6 Kommt, laßt uns niederfallen, uns vor ihm verneigen,
laßt uns niederknien vor dem Herrn, unserm Schöpfer!

7 Denn er ist unser Gott, wir sind das Volk seiner Weide,
die Herde, von seiner Hand geführt.

Wenn in allen Bereichen Gottes Liebe gegenwärtig und mächtig ist, kann die Antwort des Menschen nur darin bestehen, huldigend sich zu beugen, anbetend niederzuknien, staunend dieser Erkenntnis innezuwerden. Es ist nicht die Angst und Schwäche des Geprügelten, der zu Boden geht, sondern es ist die sich selbst vergessende Anerkennung der Herrlichkeit dessen, der dies alles geschaffen hat und zu dessen Werk auch sein Volk gehört. Die Bezeugung und Anerkennung der Größe Gottes ist die Sendung des Volkes, das er sich erwählt hat. Seine Mächtigkeit und seine Machttaten zu verkünden, das ist erstlich und letztlich der Grund, warum es überhaupt dieses Volk gibt, das zum Bundesvolk berufen wurde, sich seiner besonderen Fürsorge erfreuen darf.

8 Ach, würdet ihr doch heute auf seine Stimme hören!
„Verhärtet euer Herz nicht wie in Meriba,
wie in der Wüste am Tage von Massa!

9 Dort haben eure Väter mich versucht,
sie haben mich auf die Probe gestellt
und hatten doch mein Tun gesehen.

10 Vierzig Jahre war mir dies Geschlecht zuwider,
und ich sagte: Sie sind ein Volk, dessen Herz in die Irre geht,
denn meine Wege kennen sie nicht.

11 Darum habe ich meinem Zorn geschworen:
Sie sollen nicht kommen in das Land meiner Ruhe."

Mit Vers 8 bricht plötzlich der Lobgesang ab. Eine neue Stimme meldet sich, die dazu mahnt, auf Gottes Wort zu hören: „Ach, [250] würdet ihr doch heute auf seine Stimme hören!" Während die vorausgegangenen Verse „als Prozessionshymnus für den Einzug der Gläubigen in den Tempel gedichtet" wurden, folgt nun ein Mahnwort, vielleicht von einem „Priester bzw. Leviten" vorgetragen.[18] Die Verse 8–11 sind dann als direkte Anrede und Mahnung Gottes an sein erwähltes Volk des Alten Bundes formuliert.

Das „heute" aus dem Invitatorialpsalm kann vom Beter auf den beginnenden Gebetstag bezogen werden. Was war und geschehen ist und was kommen und sein wird, ist der Verfügungsgewalt des Menschen entzogen. Was ihm gehört, ist der Augenblick, eigentlich viel weniger noch als 24 Stunden, und doch wächst Heil oder Unheil daraus, je nachdem er auf das Wort Gottes hört und es befolgt.

Die Beispiele aus der Wüstenwanderung werden zur Warnung angeführt. Israel hatte das Wirken Gottes erfahren, und doch lehnte es sich in Meriba und Massa gegen ihn auf, hadert mit ihm, murrte gegen ihn, brach das Treueversprechen und gefährdete sein Heil. Die Generation derer, die durch die Wüste gezogen waren, durfte das verheißene Land, die Ruhestatt nicht erreichen.

---

[18] Ebd. 374f.

Auch für den neutestamentlichen Beter ist dieser Mahnspruch eine heilsame Warnung, sich Gott nicht zu verschließen, sondern den Willen des Vaters zu tun und so letztlich zu dem Ort der Ruhe zu gelangen, die Gott selbst ist.

Dem Lobpreis des Gebetes ist zugeordnet der Lobpreis der Tat und umgekehrt. Der Psalm am Beginn des Gebetstages läßt das Mißverständnis nicht aufkommen, als ob es damit gut und getan sei, die lobpreisenden Lieder zu singen. Er spricht von dem, was Gott von seinem Bundespartner an Gesinnung und Tat erwartet: „Ich preise dich, Vater“, und: „Ich bin gekommen, deinen Willen zu erfüllen.“

Die Psychohygiene der Komplet

Kleiner Kommentar zum kirchlichen Nachtgebet*

Eine der am häufigsten den Ärzten in Praxis und Klinik vorgetragenen Klagen lautet: „Ich kann nicht schlafen." Im Vorwort des von ihm herausgegebenen medizinischen Sammelwerkes „Der gestörte Schlaf. Genese und Therapie" stellt dies H. Kaiser, einer der führenden deutschen Schlafforscher, fest.[1] Mit einer Verdoppelung der Klagen über Schlaflosigkeit glaubt H. G. Preuss in der Zeit von 1966 bis 1976 für die Bundesrepublik Deutschland in einem Beitrag für das Lehrbuch der praktischen Psychosomatik rechnen zu müssen. Er schreibt: „Wenn wir den Statistiken Glauben schenken dürfen, sind gegenwärtig 15 bis 20% der Bevölkerung in ihrem Schlaf gestört, Männer wie Frauen gleichermaßen und gleichviel."[2] Die Prozentzahlen der Jugendlichen um 20 Jahre liegen dabei um rund die Hälfte niedriger als der Durchschnitt, aber bereits die Hälfte aller Fünfzigjährigen seien mit ihrem Schlaf nicht zufrieden.

Daß es für viele nicht bei der bloßen Unzufriedenheit mit ihren Schlafstörungen bleibt, geht aus einer Veröffentlichung der „Bundeszentrale für gesundheitliche Aufklärung" hervor. Danach kommen 7% der Bevölkerung – also etwa drei Millionen Menschen in diesem Land – nicht ohne Beruhigungs- und Schlafmittel aus.[3] Schlafen zu können, wofür der Mensch rund ein Drittel seiner Lebenszeit hergibt, und zwar gut schlafen zu können, erscheint vielen demnach als hochrangig anzustrebender Wert.

---

* Erstveröffentlichung; vom Herausgeber geringfügig bearbeitete Fassung eines Vortragsmanuskripts aus dem Nachlaß. Der gelegentlich durchscheinende Vortragsstil wurde beibehalten. – H. Rennings hat diesen Vortrag zuerst anläßlich der Übernahme des Rektorates der Theologischen Fakultät Paderborn am 17.10.1977 gehalten, später verschiedentlich bei anderen Gelegenheiten. Er plante lange Zeit, eine erweiterte Fassung als kleines Büchlein herauszubringen, und hat über mehrere Jahre hin Ergänzungen und Korrekturen vorgenommen, ohne dies endgültig abzuschließen. Nach dem Erscheinen des Artikels von *B. Einig*, „Somnus est imago mortis" (s. Anm. 8) fürchtete Rennings, daß sein Beitrag nicht mehr genügend originell wäre, und betrieb deshalb die Vorbereitung der umfangreicheren Veröffentlichung nicht weiter, eine Meinung, die dem Herausgeber nicht berechtigt erscheint.

1 Vgl. *H. Kaiser*, Vorwort, in: Der gestörte Schlaf. Genese und Therapie, hg. v. *H. Kaiser*. Köln-Lövenich 1975, 7.

2 Vgl. *H. G. Preuss*, Die Psychosomatik der Kranken mit Schlafstörungen, in: Praktische Psychosomatik, hg. v. *A. Jores*. Bern [u. a.] 1976, 318–328, hier 318.

3 Vgl. Frankfurter Allgemeine Zeitung vom 9.9.1977.

Wenn man die Mediziner nach den Ursachen der Schlafstörungen befragt, erhält man beispielsweise die Antwort, „daß Schlafstörung weder eine selbständige Krankheit noch eine nosologische Einheit ist.“ Es handele sich dabei „vielmehr um ein Symptom, welches durch sehr verschiedene äußere und innere Einflüsse auf den Menschen zustande kommen kann.“[4] So gibt es Störungen, die als Begleiterscheinungen oder Folge akuter Erkrankungen auftreten und mit ihnen wieder verschwinden, oder auch Störungen, die auf äußere Faktoren zurückgehen (z. B. Lärm, Hitze, Kälte, ungewohntes Bett) und mit deren Beseitigung ebenfalls aufhören. In der sehr intensiven Schlafforschung der jüngsten Zeit wird in erheblichem Maß aber auch mit Schlafstörungen aus psychischen Ursachen gerechnet: Ungelöste Konflikte, Schwierigkeiten im Beruf, Ängste und Sorgen kommen da genauso in Betracht wie Sehnsüchte, Überlastung, Streß, familiäre Probleme usw.[5]

Was die Therapie dieser nicht organisch oder nicht psychotisch bedingten Schlafstörungen betrifft, dürfte bemerkenswert sein, daß neben anderen Faktoren der Art und Weise der Beendigung des Tages große Bedeutung zuerkannt wird.[6] Wenn man Nachtruhe sucht, ist es nicht gleichgültig, wie man die Nacht beginnt. Offensichtlich gibt es für den Übergang vom Wachen zum Schlaf hemmende und fördernde Faktoren. Sie sind besonders wichtig in der Therapie der an exzessiven und krankhaften Schlafstörungen leidenden Menschen. Die Kenntnis und Beachtung dieser Faktoren müßte aber auch wohl denen eine Hilfe sein können, die eher an gelegentlichen Beeinträchtigungen leiden oder überhaupt nicht – noch nicht – damit zu tun haben, aber ihr mittelmäßiges Schlafvermögen verbessern oder ihr gutes Schlafvermögen erhalten möchten.

Die Gesamtheit der schlaffördernden Faktoren ist gemeint, wenn von Psychohygiene des Schlafes gesprochen wird. Es sind also alle mit dem Beginn der Nachtruhe unmittelbar zusammenhängenden Verhaltensweisen und seelischen Einstellungen, die das Schlafvermögen bewahren und verbessern, alles, was zur erwünschten „guten Nacht“ beiträgt. Der Begriff der Psychohygiene ist übrigens – auch in der Anwendung auf den Schlaf – nicht neu.[7]

---

[4] *H. Kaiser*, Differentialdiagnostisches Vorgehen zur Analyse der Ursache einer Schlafstörung, in: Der gestörte Schlaf (s. Anm. 1) 94–96, hier 94.

[5] Vgl. *D. Langen*, Psychotherapie bei Schlafgestörten, in: Der gestörte Schlaf 116–126, hier 116; *Preuss* 322.

[6] Vgl. *Preuss* 326.

[7] So etwa *W. Weygandt*, Art. Psychohygiene der Großstadt und des Landlebens, in: Handwörterbuch der psychischen Hygiene und der psychiatrischen Fürsorge, hg. v. *O. Bumke [u. a.]*. Berlin/Leipzig 1931, 317–320. – Von der Bedeutung des Wortes, wie es hier verstanden wird, sind demnach zu unterscheiden die Beseitigung äußerer Schlafhindernisse sowie die medizinische und psychotherapeutische Behandlung krankhafter Störungen; dabei

Bevor wir im einzelnen fragen, welche Ratschläge die Psychohygiene dem an einem guten Schlaf Interessierten erteilt, sei einführend noch der zweite Aspekt des Themas erläutert. Der Schritt dazu ist nicht weit.

Wem die europäische Kulturgeschichte nicht ganz fremd ist, dem fällt bei dem Begriff „Schlafhilfe" ein, daß es sie in verschiedenen Formen schon lange gibt. Die Stichworte Abendmusik, Dämmerschoppen, Sandmännchen, Betthupferl usw. deuten an, was gemeint ist. Hier und dort verknüpfen sich damit ähnliche Vorgänge wie mit dem Begriff Schlafhilfe. Auf einer anspruchsvolleren Ebene liegen Anleitungen zur Beendigung des Tages wie Abendgebet, Nachtgebet und ähnliches.

In diesen Zusammenhang gehört auch das als Komplet bezeichnete kirchliche Nachtgebet.[8] Die Komplet ist eine in ihrem Kern auf frühe Zeiten des Christentums zurückgehende Zusammenstellung von religiösen Texten, Gesängen und Handlungsanweisungen zum Abschluß des Tages. Sie ist Bestandteil des kirchlichen Stundengebetes, das als Gebet von einzelnen Christen ebenso wie in kirchlichen Gruppen und Gemeinden und in klösterlichen und manchen anderen geistlichen Gemeinschaften gehalten wird. Mit der Diakonenweihe übernehmen die Kleriker der katholischen

---

ist natürlich nicht ausgeschlossen, daß in den letzten Fällen zumindest auch den Erfordernissen der Psychohygiene des Schlafes Rechnung getragen werden muß.

[8] Vgl. *S. Bäumer/R. Biron*, Histoire du Bréviaire. Paris 1905, bes. 1, 254–256. 362. 364. 379; 2, 55–57. 136f; *J. Pascher*, Das Stundengebet der Römischen Kirche. München 1954, bes. 243–248; *H. Goltzen*, Der tägliche Gottesdienst. Die Geschichte des Tagzeitengebets, seine Ordnung und seine Erneuerung in der Gegenwart, in: Leit. 3 (1956) 99–296, bes. 135f. 143f. 154–157. 231–233; *O. Klesser*, Art. Completen. I, in: LitWo 1 (1958–62) 443–446; *J. Hofmann*, Die Entlassung der benediktinischen Komplet, ein Zeugnis für den altchristlichen Horenschluß, in: HlD 36 (1982) 161–167; 37 (1983) 82–93; *H. Becker*, Poesie – Theologie – Spiritualität. Die benediktinische Komplet als Komposition, in: Liturgie und Dichtung. Ein interdisziplinäres Kompendium (FS W. Dürig) 2, hg. v. *H. Becker/R. Kaczynski*. St. Ottilien 1983 (PiLi 2) 857–901; *B. Einig*, „Somnus est imago mortis". Die Komplet als allabendliches „Memento mori", in: Im Angesicht des Todes. Ein interdisziplinäres Kompendium 2, hg. v. *H. Becker [u. a.]*. St. Ottilien 1987 (PiLi 4) 1299–1320.
[*R. Taft*, The Liturgy of the Hours in East and West. The origins of the Divine Office and its meaning for today. Collegeville, MN 1986, s. Register „compline"; *Th. Maas-Ewerd*, Zur Bedeutung der Komplet in der Jugendseelsorge der dreißiger Jahre, in: KlBl 68 (1988) 317–321; *ders.*, Pastorale Erwägungen zur Komplet, in: Lebendiges Stundengebet. Vertiefung und Hilfe (FS L. Brinkhoff), hg. v. *M. Klöckener/H. Rennings*. Freiburg/Brsg. [u. a.] 1989 (PLR-Gd) 431–441; *A. Heinz*, Die Komplet der Jugend in den vierziger Jahren. Ein Bericht aus Trier, in: Sursum Corda. Variationen zu einem liturgischen Motiv (FS Ph. Harnoncourt), hg. v. *E. Renhart/A. Schnider*. Graz 1991, 185–194; vgl. auch die Titel in *M. Klöckener*, Internationale Bibliographie zur Liturgia Horarum 1971–1972 und ihren muttersprachlichen Ausgaben, in: Lebendiges Stundengebet 545–599, Nr. 629–632.]

Kirche die Verpflichtung zu diesem Dienst des Gebetes und der Fürbitte für ihr ganzes Leben.[9]

Die liturgische Ordnung des kirchlichen Nachtgebetes ist niedergelegt in der „Liturgia Horarum", der aufgrund der Beschlüsse des 2. Vatikanischen Konzils 1971–1972 erschienenen völligen Neubearbeitung des früheren „Breviarium Romanum".[10] Nach einer Interimsausgabe[11] wurde die offizielle deutsche Ausgabe 1978 unter dem Titel „Die Feier des Stundengebetes. Stundenbuch" herausgegeben.[12] Auch das gemeinsame Gesang- und Gebetbuch der deutschsprachigen Bistümer (außer der Schweiz) „Gotteslob" von 1975 bietet für das gemeinsame oder private Beten eine geringfügig vom Stundenbuch abweichende Ordnung der Komplet an,[13] die als Supplement im Stundenbuch abgedruckt wurde.

Wenn in den folgenden Überlegungen der psychohygienische Aspekt der Komplet, das kirchliche Nachtgebet als Schlafhilfe hervorgehoben wird, bedeutet das natürlich nicht, daß andere Gesichtspunkte dieses Teils des kirchlichen Stundenbuches (wie zum Beispiel Gebet als Heilszuwendung und Verherrlichung Gottes, als Übergabe des Menschen an Gott)

---

[9] Vgl. CIC, can. 276 § 2, n. 3; can. 1174 § 1.
[Dazu *B. Fischer*, Das Stundengebet im Codex Iuris Canonici von 1983, in: Lebendiges Stundengebet (s. Anm. 8) 98–107, hier 101 f. – Die Neuausgabe des Pontifikale sieht ein solches Versprechen im Rahmen der Bereitschaftsfragen zu Beginn der Diakonenweihe vor: „Seid ihr bereit, aus dem Geist der Innerlichkeit zu leben, Männer des Gebetes zu werden und in diesem Geist das Stundengebet als euren Dienst zusammen mit dem Volk Gottes und für dieses Volk, ja für die ganze Welt treu zu verrichten?" (Pontifikale für die katholischen Bistümer des deutschen Sprachgebietes 1: Die Weihe des Bischofs, der Priester und der Diakone. 2. Aufl., hg. im Auftrag der Bischofskonferenzen Deutschlands, Österreichs und der Schweiz sowie der (Erz-)Bischöfe von Bozen-Brixen, Lüttich, Luxemburg und Straßburg. Trier 1994, 133).]

[10] Der vollständige Titel der Liturgia Horarum lautet: Officium divinum ex decreto Sacrosancti Oecumenici Concilii Vaticani II instauratum auctoritate Pauli Pp. VI. promulgatum. Liturgia Horarum iuxta ritum Romanum. Editio typica. 4 Bde. Vatikanstadt 1971 f; Editio typica altera 1985–1987. Das Ordinarium der Komplet findet sich in Bd. 1, 537–540, die Propriumsteile der Kompleten an den einzelnen Wochentagen ebd. 891–908. Die Abschnitte sind ebenfalls in Bd. 2–4 abgedruckt. – Das Breviarium Romanum war als erstes Buch der tridentinischen Liturgiereform 1568 erschienen.

[11] Sie trug den Titel: Neues Stundenbuch. Ausgewählte Studientexte für ein künftiges Brevier, hg. von den Liturgischen Instituten Salzburg, Trier, Zürich. 2 Bde. Einsiedeln [u. a.] 1970 f (PLR-Gd). – Zu Bd. 2 (Geistliche Lesung) erschienen in den Jahren 1972–1974 16 Ergänzungshefte mit geistlichen Lesungen aus der kirchlichen Tradition.

[12] Die Feier des Stundengebetes. Stundenbuch für die katholischen Bistümer des deutschen Sprachgebietes. Authentische Ausgabe für den liturgischen Gebrauch, hg. im Auftrag der Deutschen und der Berliner Bischofskonferenz, der Österreichischen Bischofskonferenz, der Schweizer Bischofskonferenz sowie der Bischöfe von Luxemburg, Bozen-Brixen, Lüttich, Metz und Straßburg. 3 Bde. Einsiedeln [u. a.]. 1978. – Dazu 16 Faszikel: Lektionar … 1978–1980. – Das Ordinarium der Komplet findet sich in Bd. 1, 356 f, die Kompleten der einzelnen Wochentage 766–795; die Abschnitte sind ebenfalls in Bd. 2 und 3 abgedruckt.

[13] Nr. 695–700.

unwichtig seien. Es geht hier um die Herausstellung eines – soweit ich sehe – bisher wenig beachteten Gesichtspunktes. Was sagt also die Psychohygienik zu den mit dem Beginn der Nachtruhe direkt zusammenhängenden Verhaltensweisen und seelischen Einstellungen und wie entspricht die Komplet diesen Ratschlägen? Dazu in sechs Abschnitten einige Antworten.

1. Der Übergang vom Wachsein zum Schlafen

a) Zeit und Ort der Komplet

Es bedarf keiner besonderen Begründung, daß die psychohygienischen Überlegungen zum Schlaf sich überwiegend mit dem Ende des Tages und dem Beginn der Nachtruhe befassen. Damit wird nicht übersehen, daß der Schlaf als psycho-physischer Vorgang kein isoliertes Geschehen ist. Für die Schlafforscher A. und J. D. Kales ist die „Schlafstörung meistens nur Begleitsymptom eines allgemein beeinträchtigten psychischen Befindens“.[14] Wenn daher die Bemühungen zur Verbesserung des Einschlafvermögens das Verhalten des Menschen während des ganzen Tages nicht unberücksichtigt lassen können, so verdient doch die Übergangsphase vom Wachen zur Nachtruhe besondere Aufmerksamkeit. „Der funktionell Schlafgestörte kann es sich nicht leisten, den Tag fugenlos in die Nacht übergehen zu lassen“, erklärt D. Langen kurz und bündig.[15] Der gute Schlaf bedarf der Einstimmung, die auch zeitlich in unmittelbarem Zusammenhang mit der Nachtruhe stehen muß.

Das klingt so selbstverständlich, daß man kein Wort darüber zu verlieren brauchte, hätte sich nicht eben für die Komplet mancherorts und nicht gerade sehr selten eine ganz andere Praxis herausgebildet. Man zog die Komplet vor und betete sie manchmal schon am frühen Nachmittag.[16]

Dagegen zeigen die uns überlieferten Zeugnisse über die Entstehung der Komplet eindeutig, daß sie gerade als „Fuge“ zwischen Wachsein und

---

[14] *I. Strauch*, Psychologische und soziologische Ursachen von Schlafstörungen, in: Der gestörte Schlaf (s. Anm. 1) 29–34, hier 30.

[15] *Langen* (s. Anm. 5) 118.

[16] Höhepunkt dieser – mindestens unter psychohygienischen Gesichtspunkten höchst bedauerlichen – Fehlentwicklung mag der Ratschlag eines Regens aus keineswegs unvordenklichen Zeiten gewesen sein. Dieser Leiter eines Priesterseminars pflegte seinen Weihekandidaten, die als Subdiakone die Pflicht des Breviergebetes, die die Komplet einbezog, übernahmen, den wohlgemeinten väterlichen Rat mit auf den Weg zu geben: „Meine Herren, sehen Sie zu, daß Sie Ihr Brevier möglichst immer bis um 8 Uhr morgens persolviert haben.“ Der heilige Benedikt von Nursia und andere Mönchsväter hätten über diese Weisung sicher den Kopf geschüttelt.

Einschlafen konzipiert war. Einige Hinweise zur Geschichte der Komplet können dies verdeutlichen.

Privates Beten der Christen vor Beginn der Nachtruhe wird in den Schriften der Kirchenväter öfter erwähnt.[17] Einen ersten Hinweis auf ein gemeinsames Beten – eine Frühform der Komplet – sieht die liturgiewissenschaftliche Forschung in der Mönchsregel des hl. Basilius, die aus der Mitte des 4. Jahrhunderts stammt.[18] Konkrete Gestalt nimmt in den überlieferten Zeugnissen das kirchliche Nachtgebet in der ersten Hälfte des 6. Jahrhunderts an. Belege finden sich in den Chorregeln des Caesarius von Arles, in der sogenannten *Regula Magistri* sowie in der Regel des hl. Benedikt.[19] In dieser Zeit hat das Nachtgebet im Sinn des letzten Teils des Stundengebetes auch schon den Namen „completorium", wobei daneben die Wortformen „completa" (als Femininum) und Plural des Neutrum festzustellen sind.[20] Amalar von Metz († ca. 850), dessen Bücher *Liber officialis* und *De ordine antiphonarii* reiche Fundgruben zur Geschichte der gottesdienstlichen Versammlung sind, sagt, daß die Komplet sich auf die Nacht beziehe. Mit ihr „wird das Essen, Trinken ... und alle tägliche Tätigkeit (commune opus) beschlossen."[21]

Wie spät war es bei diesem Beschluß des Tages? Wann wurde die Komplet gebetet? Der Nachtschlaf der Mönche begann in dieser Zeit mit dem Sonnenuntergang, also etwa zwischen 17 Uhr im Winter und 20 Uhr im Sommer (bei einer Gesamtschlafdauer von acht bis neuneinhalb Stunden.[22] Vor dem Zubettgehen fand eine Versammlung im Kapitelssaal statt, bei der eine längere Lesung vorgetragen wurde.[23] Nach dieser Lesung begaben sich die Mönche in den Schlafsaal. Wenigstens nach den frühen Mönchsregeln wurde dann im Dormitorium gemeinsam die Komplet gebetet. Dies war insofern ohne Schwierigkeiten möglich, als es getrennte Schlafzellen

---

[17] Vgl. Tertullian, *De oratione* 25,5 (CChr.SL 1, 272f, ed. *G. F. Diercks*); Cyprian, *De dominica oratione* 35 (CSEL 3,1, 292f, ed. *W. Hartel*); *Traditio Apostolica* 41 (ed. *B. Botte*, La Tradition apostolique de Saint Hippolyte. Essai de reconstitution. Münster [5]1989 [LQF 39] 88–96); vgl. auch *J. Stadlhuber*, Das Stundengebet der Laien im christlichen Altertum, in: ZKTh 71 (1949) 129–183, bes. 139–154.

[18] Vgl. Basilius, *Regulae fusius tractatae* 37,5 (PG 31, 1015f); Übersetzung: *K. S. Frank*, Basilius von Caesarea. Die Mönchsregeln. St. Ottilien 1981, 166; vgl. *Becker* (s. Anm. 8) 865.

[19] Vgl. *Regula Magistri* 37 (ed. *A. de Vogüé*, La Règle du Maître 2. Paris 1964 [SChr 106] 194); *Regula Benedicti* 16,1–4; 17,9; 18,19 (ed. Die Benediktusregel lateinisch/deutsch, hg. im Auftrag der Salzburger Äbtekonferenz. Beuron 1992, 126–129. 130f. 134f).

[20] Vgl. *Klesser* (s. Anm. 8) 443.

[21] *In isto [i. e. completorio] consumitur esus, potus et collatio, et omne commune opus* (ed. *M. Hanssens*, Amalarii episcopi opera liturgica omnia 3. Rom 1950 [StT 140] 35).

[22] Vgl. *G. Zimmermann*, Ordensleben und Lebensstandard. Die Cura corporis in den Ordensvorschriften des abendländischen Hochmittelalters. Münster 1973 (BGAM 32) 135. 147.

[23] Die vom Lektor ausgesprochene Bitte um den Segen „Jube, domne, benedicere" („Gib den Segen, Herr") und der Segen selbst blieben bis zur Ablösung des Breviarium Romanum 1971 in der Komplet erhalten.

für die einzelnen nicht gab; Benedikt hatte zum Beispiel festgelegt, daß alle in einem gemeinsamen Raum schlafen sollten, bei größeren Gemeinschaften je 20 in einem Raum.[24] Jedenfalls ist noch bis ins 8. Jahrhundert diese Sitte bezeugt, am Ort des Schlafes die Komplet zu beten. Zeitpunkt und Ort der Komplet entsprachen damit optimal den psychohygienischen Erfordernissen. Sie ist als Nachtgebet, das im Schlafraum gehalten wird, eindeutig abgehoben von der Vesper als einem Abendgebet im Kirchenraum.

Das Abrücken vom ursprünglichen Ort und Zeitansatz der Komplet brachte eine Minderung ihrer schlafhelfenden Wirksamkeit mit sich. Eine erste Erwähnung, daß die Komplet nicht mehr im Dormitorium gehalten wurde, findet sich in der Kanonikerregel des Chrodegang aus dem 8. Jahrhundert.[25] Doch sprechen einzelne andere Quellen, auch aus späterer Zeit, noch vom Schlafsaal.[26] Als sich die Einrichtung von Schlafzellen ganz durchgesetzt hatte, blieb dann sowieso nur der Kirchenraum für das gemeinsame Gebet. Immerhin wirkte das von der Komplet an – auch wenn sie in der Kirche gehalten wurde – geltende absolute Schweigen wie eine schützende Hülle, unter der die von der Komplet vermittelte Haltung bis zum direkt anschließenden Schlafbeginn bewahrt werden konnte.

Verhängnisvoller mußte sich die Fortentwicklung der Komplet vom Schlafgebet zum Abendgebet oder Nachmittagsgebet oder gar Morgengebet hin auswirken. Bei solchen Zeitansätzen ließ sich eben nicht gänzlich vermeiden, daß der Komplet noch ein Stück „commune opus“, von dem Amalar sprach, folgte. Ihr Bezug auf die Nachtruhe war abhandengekommen. Der Sitz im Leben, der für ihre Einführung maßgeblich gewesen war, war verloren.

Erst das von der liturgischen Erneuerung und dem 2. Vatikanischen Konzil so nachdrücklich unterstrichene Prinzip der „veritas horarum“[27] brachte auch in den offiziellen Dokumenten eine Änderung mit sich. Dieses Prinzip besagt ja, daß die einzelnen Gebetszeiten nicht irgendwann gehalten werden sollen, sondern zu den ihnen entsprechenden und gemäßen Tageszeiten. Für die Reform der Komplet gab das 2. Vatikanische Konzil die Weisung, sie sollte so gestaltet werden, daß sie dem Abschluß des Tages entspricht.[28] Die „Allgemeine Einführung in das Stundengebet“ stellt fest: „Die Komplet ist das letzte Gebet des Tages und soll unmittelbar vor der Nachtruhe gehalten werden.“[29] Wo diese Weisungen beachtet werden,

---

[24] Vgl. *Regula Benedicti* 22 (ed. Benediktusregel 1992 [s. Anm. 19] 138f); *Zimmermann* (s. Anm. 22) 145. 451.

[25] Vgl. *Bäumer/Biron* (s. Anm. 8) 1, 379; s. auch OR 18,8–10 (Ende 8. Jh.; ed. *M. Andrieu*, Les Ordines romani du haut moyen âge 3. Louvain 1951 [SSL 24] 206).

[26] Für Cluny Belege bei *Zimmermann* (s. Anm. 22) 146.

[27] Vgl. SC 88; später auch AES 11.

[28] Vgl. SC 89b.

[29] AES 84; vgl. AES 29.

ist eine wichtige Voraussetzung auch für die psychohygienische Wirksamkeit dieser Gebetszeit wiedergewonnen.

Wie steht es aber mit dem gemeinschaftlichen Vollzug? Er wird freilich dann nicht mehr so häufig sinnvoll möglich sein. Immerhin läge er beispielsweise in einer religiösen Gemeinschaft oder bei Exerzitien nahe, immer also, wenn die Komplet unmittelbar vor Beginn der Nachtruhe gehalten wird, oder immer dann, wenn anschließend Stillschweigen bis zum nächsten Morgen herrscht.

Auf einen wichtigen schlafhelfenden Faktor beim zeitlichen Ansatz der Komplet in ihrer Entstehungszeit ist in diesem Zusammenhang noch aufmerksam zu machen: auf den Zusammenfall von Anbruch der Dunkelheit und Beginn des Schlafes. Es war ein Leben im Rhythmus der Natur, wie es nicht nur von den damaligen Mönchen, sondern von der zeitgenössischen Landbevölkerung gelebt wurde. An diesen mit dem Schlafengehen gleichzeitigen Einbruch der Nacht knüpfen die Hymnen an.

b) Die Hymnen der Komplet

Ihre Verwendung ist schon in den Mönchsregeln belegt. Caesarius von Arles erwähnt den Komplethymnus „Christe, qui lux es et dies".[30] Dieser Komplethymnus fand weiteste Verbreitung und war bereits im 14. Jahrhundert als deutsches Kirchenlied in Gebrauch.[31] Bei der Brevierreform nach dem Konzil von Trient unter Pius V. im 16. Jahrhundert wurde er aus dem Römischen Brevier gestrichen. Die Liturgia Horarum hat ihn mit fünf ausgewählten Strophen und dem veränderten Initium „Christe, qui, splendor et dies" als Komplethymnus wiederaufgenommen.[32] Eine Nachdichtung mit einer 6. Strophe ist Gotteslob Nr. 704 „Christus, du bist der helle Tag" von F. Dörr (1969). Das deutsche Stundenbuch hat sie – ohne Autorennamen – als „zeitgenössisch" in die Komplet aufgenommen.[33]

Während rings um den Beter die Dunkelheit einbricht, besinnt er sich darauf, daß es ein Licht gibt, das nicht verdunkelt und sogar alles Nächtige

---

[30] Caesarius, *Regula virginum* 66 (ed. *A. de Vogüé/J. Courreau*, Césaire d'Arles. Oeuvres monastiques 1: Oeuvres pour les moniales. Paris 1988 [SChr 345] 252–257). Vgl. *B. Einig*, „Christe, qui lux es et dies". Liturgische Dichtung am Übergang vom Tag zur Nacht, in: Liturgie und Dichtung (s. Anm. 8) 2, 721–763.

[31] Vgl. *H. Sidler*, Christus, du bist der helle Tag, in: Werkbuch zum Gotteslob 7, hg. v. *J. Seuffert [u. a.]*. Freiburg/Brsg. [u. a.] 1978, 343; weitere Literatur bei *Einig*, Christe (s. Anm. 30) 761 f.

[32] Liturgia Horarum 1, 538. Vgl. die Kritik an der Umgestaltung in der Liturgia Horarum bei *Einig*, Christe (s. Anm. 30) 726 Anm. 28; *ders.*, Somnus (s. Anm. 8) 1312 Anm. 41.

[33] Stundenbuch 1, 399.

[Außer für die Komplet ist der Hymnus mehrfach für die Vesper vorgesehen, dann allerdings nur in einer vierstrophigen Fassung; vgl. Registerband zum Stundenbuch, hg. v. *J. Wagner/S. Schmitt*. Freiburg/Brsg. [u. a.] 1990 (Die Feier des Stundengebetes) 669.]

durchstrahlt. Die 3. Strophe enthält jene wunderbaren Zeilen, die die ganze Spannweite menschlich-christlicher Existenz anklingen lassen: „Somno si dantur oculi, cor semper ad te vigilet.“ („Wenn Schlaf sich auf die Augen senkt, wach unser Herz dir zugewandt.“) Die 4. Strophe „Defensor noster, aspice“ hat eine eigene, selbständige Geschichte als Segensformel.

Das Römische Brevier verwendete vom 16. Jahrhundert bis zur Reform nach dem 2. Vatikanischen Konzil in der Komplet nur einen einzigen Hymnus: „Te lucis ante terminum“. Er ist seit dem 8./9. Jahrhundert bezeugt. Die Liturgia Horarum von 1971 hat eine neue Strophenauswahl getroffen und deren Zahl auf vier erhöht,[34] während Gotteslob Nr. 696 bei drei Strophen mit abweichender Auswahl bleibt.

Das Tageslicht ist an sein Ende gekommen. Der es geschaffen hat, wird gebeten, seinen zuverlässigen Wachtdienst weiter zu versehen. In der Kühle der Nacht möge *er* erwärmen, in der unheimlichen Dunkelheit *er* erhellen.

Als dritten Komplethymnus – und zwar für die Osterzeit – hat die Liturgia Horarum „Jesu redemptor saeculi“ aufgenommen.[35] Im Hymnus bittet der Beter Jesus, den Erlöser der Welt, das Wort des Vaters, das Licht des unsichtbaren Lichtes, um Stärkung durch die Nachtruhe und Schutz. Wie auch die beiden anderen Hymnen bezieht er sich auf den Schlaf. Anders als bei ihnen tritt jedoch der Gedanke des Anbruchs der Nacht zurück.[36] Damit trifft er besser die Situation des heutigen Beters, für den der Beginn der Nachtdunkelheit und der Anfang der Nachtruhe meist nicht mehr zusammenfallen.

Das deutsche Stundenbuch druckt außerdem neben dem lateinischen Text „Te lucis ante terminum“ noch weitere neun Hymnen für die Komplet ab. Das dürfte des Guten wohl zu viel sein, da gerade die Komplet, wie später noch zu zeigen ist, keine zu starken Variationen aufweisen sollte und in ihrer Geschichte auch nicht gekannt hat. Zudem haben zwei der Hymnentexte keine spezifische Ausrichtung auf die Nacht.

„Christus, göttlicher Herr“ wird dazu noch als Text angegeben, der in jeder Hore anstelle des Hymnus treten kann (Stundenbuch 1, 380) und speziell als Hymnus für die Lesehore (ebd. 1077). „Mitten wir im Leben sind“ erscheint außer zur Komplet als Hymnus zur Lesehore beim „Ge-

---

[34] Vgl. Liturgia Horarum 1, 538.

[35] Vgl. ebd. 2, 835.

[36] Als Streiflicht zu dieser Problematik sei auf das Abendlied des Matthias Claudius hingewiesen, der (noch) vom Naturvorgang ausgeht: „Der Mond ist aufgegangen, / die gold’nen Sternlein prangen / … / Der Wald steht schwarz und schweiget / und aus den Wiesen steiget / der weiße Nebel wunderbar.“ Er verbindet eher Elemente der Vesper und der Komplet, während Luise Hensel in ihrem Nachtgebet keinen naturalen Ausgangspunkt wählt, sondern eher einen personalen, die individuelle Befindlichkeit ausdrückenden: „Müde bin ich, geh zur Ruh, schließe beide Augen zu.“

dächtnis der Verstorbenen" (Totenoffizium; ebd. 1101). Die Textfassung entspricht Gotteslob Nr. 654 und wird dort mit „Salzburg 1456 / Martin Luther 1524 nach ‚Media vita in morte sumus'" belegt; das Hymnenregister des deutschen Stundenbuches, ein willkommener Zusatz gegenüber der Liturgia Horarum, vermerkt „nach: Media vita in morte sumus; 11. Jh. (alte Übertragung)".[37] Der Hymnus „Du starker Gott, der diese Welt" taucht ebenfalls in einer anderen Gebetszeit, der Non, auf (Stundenbuch 1, 9 u.ö.). Es dürfte sich empfehlen, sich überwiegend mit dem Hymnus „Bevor des Tages Licht vergeht" zu begnügen. Das Stundenbuch erleichtert diese Beschränkung, indem es an erster Stelle immer diesen Text ganz abdruckt.

Im Unterschied zum Römischen Brevier, das den Hymnus erst nach den Psalmen einordnete, haben die Liturgia Horarum und das Stundenbuch ihn an den Anfang der Komplet gestellt. Diese Änderung ist zu begrüßen, auch wenn sie nicht überall sofort verstanden worden ist.[38] Der Hymnus kann als Eröffnungselement damit besser seine Einstimmungsfunktion erfüllen, da er in seinem Text die Situation des Beters ausdrückt; als gesungenes Element trägt er beim gemeinsamen Vollzug zur Gemeinschaftsbildung bei, was der Gesang besser als das gesprochene Wort vermag.

2. Aufarbeitung des Tages: Gewissenserforschung – Schuldbekenntnis – Vergebungsbitte

In seinem Aufsatz „Diagnose und Klinik der Schlafstörungen" weist D. Langen auf Faktoren der Schlaf- und Wachstörungen hin, die zunächst scheinbar nichts mit dem Schlaf zu tun hätten.[39] Er hält es für wichtig, daß die den Tag über in Aktion gewesenen Wachhaltemechanismen Schritt für Schritt abgeschaltet werden. Eine der Störungen des Einschlafens liegt für H. G. Preuss darin, daß die Anspannung des Tages nicht zum Abklingen zu bringen ist.[40] Unerledigt und ungelöst gebliebene Probleme des Tages führen zu gedanklichen Auseinandersetzungen im Wachliegen. Er schreibt:

---

[37] Im Registerband zum Stundenbuch 682 wird, davon abweichend, zur Urfassung vermerkt: „unbekannt, Salzburg 1456", zum Autor der deutschen Fassung: „Übertragung: Martin Luther (1524)".

[38] Scharf kritisiert wurde sie anfangs von *H. Goltzen*, Die Stellung des Hymnus im Tageszeitengebet, in: Kerygma und Melos (FS C. Mahrenholz), hg. v. *W. Blankenburg*. Kassel 1970, 71–86. Die andere Stellung positiv begründend *E. J. Lengeling*, Liturgia Horarum. Zur Neuordnung des kirchlichen Stundengebets, in: LJ 20 (1970) 141–160, hier 152f; *ders.*, Liturgia Horarum III. Ergänzungen und Korrekturen zum zweiteiligen Aufsatz „Liturgia Horarum" im LJ 1970 nach Erscheinen der Bände I–IV der Editio Typica, in: LJ 24 (1974) 176–193, hier 181.

[39] Vgl. *D. Langen*, Diagnose und Klinik der Schlafstörung, in: Die Schlafstörung und ihre Behandlung, hg. v. *W. Blunck/D. Gross*. Stuttgart 1971, 29–40, hier 30.

[40] Vgl. *Preuss* (s. Anm. 2) 322.

„Die Aufregung über ein Schachspiel oder einen Diskussionsabend kann noch für eine lange Zeit anhalten, nachdem man ins Bett gegangen ist. Wichtige Züge werden weitergespielt, heiße Argumente wieder in Szene gesetzt, diesmal aber mit Zusätzen, die man gesagt haben könnte oder sollte.“[41]

Den schlaffördernden Sinn des Feierabends sieht D. Langen darin, daß er eine der Nachtruhe vorgelagerte Zone des Abschaltens bietet. Neben dieser – als entfernterer Schlafvorbereitung – wäre zu fragen, ob nicht auch bei der unmittelbaren Schlafvorbereitung ein Beitrag zur Aufarbeitung des Tages Platz haben müßte. Gibt es so etwas in der Komplet?

Es liegt gar nicht so fern, in der Gewissenserforschung, im Schuldbekenntnis und in der Vergebungsbitte der Komplet auch einen psychohygienischen Beitrag zur Aufarbeitung des Tages zu sehen. Für die geistlich engagierten Menschen, wie es die Mönche waren, konnte nichts Bedrückenderes von einem Tage bleiben als seine Schuld. Die Sünden des Tages zu erkennen, sie im Schuldbekenntnis zu bekennen und sich von ihnen loszusagen, mußte für die Teilnehmer an der Komplet die wichtigste Aufarbeitung des Tages sein. So kann es nicht überraschen, daß schon bei Fructuosus von Braga (Ende des 7. Jahrhunderts) erstmals das Schuldbekenntnis in der Komplet bezeugt ist.[42]

Umso entlastender konnte der Vorgang des Schuldbekenntnisses empfunden werden, als er nicht bloß privat innerlich vollzogen wurde. Zumindest in der Regel des hl. Dunstan aus dem 10. Jahrhundert erkennen wir, daß auch die zwischenmenschliche und kirchliche Dimension dieses Vorgangs in Erscheinung trat, wenn es heißt, daß die Mönche „invicem sibi dant confessionis remedium“, also gegenseitig ein – gewiß allgemein gehaltenes – Schuldbekenntnis ablegen.

Die Komplet des Römischen Breviers sah keine Gewissenserforschung mehr vor, lediglich ein still gebetetes Vaterunser. Wohl aber enthielt sie die Vergebungsbitte als dialogisches Element: Erst sprach der Vorbeter das Confiteor, dann sprachen alle Versammelten die Vergebungsbitte: „Es erbarme sich deiner der allmächtige Gott. Er lasse dir die Sünden nach und führe dich zum ewigen Leben“. Danach beteten die Versammelten gemeinsam das Confiteor und der Vorbeter anschließend die Vergebungsbitte: „Nachlaß, Vergebung und Verzeihung unserer Sünden schenke uns der allmächtige Gott“. Die Komplet der erneuerten Liturgia Horarum empfiehlt die Gewissenserforschung nur noch, schreibt sie nicht vor und gibt an, daß sie bei der gemeinsamen Feier der Komplet Bestandteil eines Bußaktes sein könnte, wie er im Missale Romanum für die Meßfeier angegeben ist. Das Gotteslob erklärt lediglich (Nr. 695): „Man kann die Komplet mit einer

---

41 Ebd.

42 Vgl. *Bäumer/Biron* (s. Anm. 8) 1, 362.

Gewissenserforschung beginnen. Diese kann vor oder nach der Eröffnung oder nach dem Hymnus stehen.“ Neben dieser nicht sinnvollen Beliebigkeit ist von einem Schuldbekenntnis und einer Vergebungsbitte überhaupt nicht die Rede. Eine mißverständliche Formulierung scheint mir im deutschen Stundenbuch beim Ordinarium der Komplet vorzuliegen. Wie in der Liturgia Horarum wird nach dem Eröffnungsvers – nicht vorher oder nachher oder nach dem Hymnus wie im Gotteslob – eine Gewissenserforschung empfohlen. Dann heißt es aber weiter: „Sie kann vor allem beim Gebet in Gemeinschaft in der Form des Allgemeinen Schuldbekenntnisses der Messe erfolgen.“[43] Das Allgemeine Schuldbekenntnis des deutschen Meßbuches enthält aber – für die Meßfeier mit Recht – keinerlei Hinweise auf eine Gewissenserforschung. Der lateinische Text der Liturgia Horarum ist da exakter und zeigt, was gemeint und für die Komplet sinnvoll ist: „... conscientiae discussio ... inseri potest in actum paenitentialem, iuxta formulas in Missa adhibitas“;[44] eine Gewissenserforschung kann in die verschiedenen Formen des Bußaktes eingefügt werden, d. h. nach einer stillen Zeit der Gewissenserforschung wird eine der Formen A, B oder C des Schuldbekenntnisses und der Vergebungsbitte gesprochen.

So verfährt denn auch die Beschreibung der Komplet im deutschen Stundenbuch für die einzelnen Wochentage, wobei die Formen B und C nicht erwähnt werden und bei der Form A die Einladung entfällt, beides Vereinfachungen, die zu begrüßen sind. Der Wegfall eines Hinweises auf den dialogischen Vollzug, der trotzdem möglich bleibt und zu wünschen ist, erscheint freilich schon für die Liturgia Horarum zu bedauern.

Wenn unsere Deutung der Gewissenserforschung und des Confiteor mit der Vergebungsbitte als potentiellen psychohygienischen Elementen nicht ganz fehl geht, sollte man ihnen in der Komplet den gebührenden Platz einräumen. In jedem Fall machen sie deutlich, daß „Kompletbeten“ im sinngemäßen Vollzug nicht bloß eine Rezitation von Texten ist, sondern ein Tun und Geschehen, das Umstellungen und Veränderungen in der Verhaltensweise hervorruft.

Eng mit dem Gesichtspunkt der Aufarbeitung des Tages hängt ein Aspekt zusammen, für den das Stichwort „Entspannung“ stehen kann.

3. Entspannung

Jeder kennt die anhaltende Anspannung eines turbulenten Tages, die einen nicht zur Ruhe kommen läßt. In der Fachsprache: Es fehlt die zum Ein-

---

[43] Stundenbuch 1, 356.
[44] Liturgia Horarum 1, 537.

schlafen notwendige kognitive und emotionale Entspannung, solange konfliktbesetzte Inhalte dominieren.[45]

Ein hübsches Beispiel aus der Literatur: Um vom Tage loszukommen und sich zu entspannen, um zum Einschlafen zu kommen, hatte es einer mit dem Zählen von Schäfchen versucht. Am anderen Morgen saß er, ein tüchtiger Manager, bei seinem Arzt im Zustand völliger Erschöpfung. „‚Wissen Sie, Herr Doktor', sagte er mit rauher Stimme, ‚zuerst gings ja noch, das Zählen meine ich. Aber als ich etwa 1000 Schafe beisammen hatte, da ließ es mir keine Ruhe. Also schor ich sie erstmal alle. Dann habe ich einen Vertrag mit der Spinnerei entworfen. Die Qualitätsklauseln, Zahlungsbedingungen und Fristen. Dann die Rentabilität abgeleitet: Wiesenpacht, Gehalt des Schäfers, zusätzlicher Heueinkauf für den Winter usw. Dann die Sache mit der Maul- und Klauenseuche ... Und als der Wecker klingelte, war ich so fertig, daß ich nicht ins Geschäft gehen konnte. Was nun?'"[46]

Für schwierige Fälle der Schlafstörung nennen W. Blunck und J. H. Schultz das autogene Training als geeignete Hilfe.[47] Eine ähnliche Entspannungsbehandlung ist die gestufte Aktivhypnose von E. Kretschmer, die von D. Langen weiterentwickelt wurde.[48] Beide sind als aktiv-autohypnoide Verfahren anzusehen, deren Wirkung u. a. auf der Wiederholung und Einprägung „formelhafter Vorsatzbildungen" beim autogenen Training bzw. „wandspruchartiger Leitsätze" bei der gestuften Aktivhypnose beruhen.

a) Das Responsorium

Die Wiederholung kurzer Sätze formelhafter Art, die zur Einprägung führt, ist der Liturgie ganz und gar nicht fremd. Sie kommen als Responsorien oder auch als Responsorium breve vor, von dem die „Allgemeine Einführung in das Stundenbuch" sagt, seine Funktion bestehe darin, daß das Wort Gottes tiefer in das Herz des Menschen eindringe. Nachdem in einigen Kreisen zunächst sehr stark auf eine Abschaffung der Responsorien gedrängt worden war, blieben sie jedoch auch in der Komplet erhalten. Abgesehen von der dreitägigen Osterfeier, der Osteroktav und der

---

45 Vgl. *Strauch* (s. Anm. 14) 31.

46 *W. Blunck*, Behandlung von Schlafstörungen in der Praxis, in: Die Schlafstörung (s. Anm. 39) 161–176, hier 166.

47 Vgl. *Blunck* 171; *J. H. Schultz*, Psychotherapie der Schlafstörungen mit autogenem Training und Hypnose, in: Die Schlafstörung (s. Anm. 39) 65–77.

48 Vgl. *Langen* (s. Anm. 5) 120–124.

Osterzeit[49] bleiben Text und Form dieses Responsorium breve der Komplet unverändert und vermögen so umso besser, ihre meditative, entspannende Wirkung zu entfalten: „In manus tuas, domine, commendo spiritum meum.“ Das deutsche Stundenbuch übernimmt diese Ordnung und formuliert den Wiederholungssatz: „Herr, auf Dich vertraue ich, in Deine Hände lege ich mein Leben.“

In einer eigenen Bemerkung wird im Stundenbuch darauf hingewiesen (1, 795), daß das Responsorium nach der Struktur der römischen Ordnung wiedergegeben wird. Danach wird bei der zweiten Wiederholung nicht der ganze Satz gesprochen, sondern nur die zweite Satzhälfte. Das Gotteslob hat eine etwas einfachere und für den Gebrauch in den Gemeinden wohl geeignetere sowie dem Sinn des Responsorium mehr entsprechende Form gewählt, bei der dreimal der Satz ohne Veränderungen wiederholt wird. Das Stundenbuch weist darauf hin, daß im gesungenen Vollzug auch diese adaptierte Form vorgetragen werden könne. Die dann wiedergegebene Version unterscheidet sich aus wenig einsichtigen Gründen freilich wiederum von der des Gotteslobes, indem statt des Verses: „Singt das Lob des Vaters und des Sohnes und des Heiligen Geistes“ eingesetzt wird: „Ehre sei dem Vater ...“ Wenn die Form schon adaptiert ist, warum kann nicht auch die Adaption sich auf diese Zeile erstrecken?

Der Text weckt für den mit der Bibel vertrauten Beter die Erinnerung daran, daß bei Lk 23,46 der sterbende Jesus diesen Vers aus Ps 31,6 betet. „Und Jesus rief laut: ‚Vater, in Deine Hände lege ich meinen Geist.‘ Nach diesen Worten starb er.“

Die Liturgia Horarum verwendet für den Zwischentext die zweite Hälfte des Psalmverses „redemisti nos, domine deus veritatis“. Das Gotteslob macht es genauso und übersetzt: „Du hast mich erlöst, Herr, Du treuer Gott“. Abweichend davon verwendet das neue Stundenbuch mit einer kleinen Umstellung den Vers 17 des Ps 31: „Laß leuchten über deinem Knecht dein Antlitz, hilf mir in deiner Güte“.

b) Das Canticum Evangelicum: der Lobgesang des Simeon

Die der Entspannung entgegenstehenden, krampfhaften Bemühungen, schlafen zu wollen, werden in der Logotherapie V. Frankls auf ganz andere Weise zu lösen versucht. Er hat den Begriff der „paradoxen Intention“ eingeführt.[50] Darunter versteht er im Zusammenhang mit Schlafstörungen

[49] Während des Triduum Paschale und der Osteroktav wird die Antiphon „Christus factus est“ („Christus wurde für uns gehorsam“) oder „Haec dies“ („Das ist der Tag“) genommen, in der übrigen Osterzeit an das normale Responsorium breve das dreifache Alleluia angefügt; vgl. Liturgia Horarum 2, 836; Stundenbuch 2, 1013.

[50] Vgl. *Blunck* (s. Anm. 46) 162; *Langen* (s. Anm. 5) 123.

die Absicht zu haben, nicht schlafen zu wollen. Er möchte so die gefährliche Verquickung von Erwartungsangst und Beobachtungszwang durchbrechen, die den Schlaf verscheucht. Statt sich mit der Vorstellung herumzuschlagen, du mußt jetzt einschlafen, und ungeduldig wartend zu lauern, daß es geschieht, soll die erklärtermaßen entgegengesetzte Absicht befreien und so zum Schlaf führen.

Einen psychohygienischen Beitrag zu dieser Haltung der Indifferenz kann man wiederholt in den Texten der Komplet finden, so etwa im Rahmenvers zum Canticum Evangelicum, dem Gesang des Simeon. Diese Antiphon läßt den Beter sprechen: „Sei unser Heil, o Herr, wenn wir wachen, und unser Schutz, wenn wir schlafen; damit wir wachen mit Christus und ruhen in seinem Frieden." Für den Beter dieses Textes kommt es erstlich nicht darauf an, zu schlafen oder zu wachen, sondern vielmehr darauf, vom Herrn beschützt zu sein. Eine solche Haltung mag dann auch dazu führen, der Schlaflosigkeit nicht um jeden Preis auszuweichen, sondern sich ihr zu stellen. Wieviel wäre der Menschheit verlorengegangen, wenn große Männer und Frauen nicht schlaflose Nächte gehabt hätten! Freilich auch: Wieviel wäre ihr erspart geblieben? So sehr die Komplet unter psychohygienischen Aspekten und nach dem natürlichen Rhythmus des menschlichen Lebens auf den Schlaf abhebt und nicht zu seiner Verhinderung eingeführt ist, so sehr rechnet sie doch auch mit der Möglichkeit anhaltender Spannung, die nicht zum Schlaf führt, aber vielleicht in der Spannung der Schlaflosigkeit zu Einsichten und Absichten, die in einer bestimmten Lebenssituation für den Menschen heilsamer als Schlafen sind.

Unter einem entspannungsfördernden Aspekt kann ferner das Canticum Evangelicum selbst gesehen werden, der Gesang aus dem Evangelium, für den die Komplet den Lobpreis des Simeon gebraucht (Lk 2,29–32).

Die Bezeichnung „Canticum Evangelicum" wird in der Liturgia Horarum für die drei Lobgesänge Benedictus (Lk 1,68–79) in den Laudes, Magnificat (Lk 1,46–55) in der Vesper und Nunc dimittis (Lk 2,29–32) eingeführt (vgl. AES 138). Dadurch werden diese dem Evangelium entnommenen Gesänge von anderen, alttestamentlichen und nichtevangelischen neutestamentlichen Cantica unterschieden. Das deutsche Stundenbuch übersetzt den Ausdruck „Canticum Evangelicum" nicht und setzt in der Komplet die lateinischen Anfangsworte „Nunc dimittis" als Überschrift.

Dem Simeon war vom Heiligen Geist geoffenbart worden, er werde den Tod nicht schauen, ehe er den Messias des Herrn gesehen habe. Als die Eltern Jesus in den Tempel brachten, nahm Simeon das Kind in seine Arme und pries Gott mit den Worten: „Nun läßt du, Herr, deinen Knecht, wie du gesagt hast, in Frieden scheiden. Denn meine Augen haben das Heil gesehen, das du vor allen Völkern bereitet hast, ein Licht, das die Heiden erleuchtet, und Herrlichkeit für dein Volk Israel."

Für die vermutlich im Laufe des 7./8. Jahrhunderts erfolgte Einfügung des „Nunc dimittis" in die Komplet[51] dürfte der Gedanke des erfüllten Lebens durch erfahrene Treue, wie er im Text ausgedrückt wird, eine Rolle gespielt haben. Die Haltung des Simeon ist Vorbild für ein friedliches, danksagendes Abschiednehmen vom Tag, um sich der Nacht zu überlassen.

4. Vertrauende Annahme des Schlafes

Sich dem Schlaf überlassen – wir tun es meist ohne großes Nachdenken. Wir sehen kein Risiko darin, den Schlaf anzunehmen. Aber gelegentlich meldet sich – vielleicht gerade in der Schlaflosigkeit – die Ahnung und Erkenntnis, daß es eigentlich ein Wagnis ist, das wir da eingehen. Die griechische Sage läßt den Schlaf und den Tod Zwillingsbrüder sein. In der deutschen Sprache sind nicht jene, die eingeschlafen sind, um morgen wieder aufzuwachen, sondern jene, die nicht mehr aufwachen, die Entschlafenen. In seinem Aufsatz „Geistliches Abendgespräch über den Schlaf, das Gebet und andere Dinge" hat K. Rahner Gedanken zu einer Ontologie und Theologie des Schlafes entwickelt.[52] Seine Überlegungen lassen die Abgründe deutlich werden, an denen der Mensch „entlangschläft": den Nachstellungen des Bösen, wie es in der Bibel ausgedrückt wird.

Es wird die psychohygienische Forderung erhoben, z. B. von H. G. Preuss, vor dem Einschlafen die Sorgen und Befürchtungen für die Nacht ruhen zu lassen, um sich dem Schlaf überlassen zu können. Auf dem angedeuteten Hintergrund sind das zwar auch, aber nicht nur die vordergründigen Sorgen des Tages. Die Komplet spricht realistisch die Sorgen aus, nennt die Befürchtungen beim Namen und motiviert zugleich zu einer vertrauenden Annahme des Schlafes. In dem früheren Segen über den Lektor, mit dem die Komplet begann und der jetzt als Segenswunsch den Abschluß bildet, werden die Zwillingsbrüder in einem Atemzug genannt. „Noctem quietam et finem perfectum concedat nobis Dominus omnipotens." – „Der, der alles vermag, der Allmächtige, gewähre uns eine ruhige Nacht und ein gutes, ein seliges, ein vollendetes Ende. Amen." Jedes Einschlafen verweist auf das Entschlafen, jedes vorübergehende Schließen der Augen auf das endgültige, jedes Tagesende auf das Lebens-

---

[51] Erwähnt bei Amalar, *Liber officialis* 4,8 (ed. *Hanssens* [s. Anm. 21] 2 [1948; StT 139] 441). Die Mönchsregeln enthalten keinen Hinweis darauf.

[52] Veröffentlicht in *K. Rahner*, Schriften zur Theologie 3. Einsiedeln [u. a.] 1956, 263–281.

ende: *Dem* braucht das keine Bedrohung zu sein, der sich in Gott geborgen weiß.

Gegenüber den Nachstellungen des Bösen – mag es als impersonaler oder in manchen Texten als personaler Inbegriff der Gefährdung des Menschen gesehen werden – zeigen die Texte der Komplet das Bild des mächtigen, schützenden Gottes und wecken das Vertrauen zu ihm. Das gilt sowohl von den Kompletpsalmen als auch von den Kurzlesungen und den Schlußorationen.

a) Die Psalmen

Die erste Erwähnung einer Frühform der Komplet bei Basilius erwähnt den Psalm 91 (90) als Kompletpsalm. „Wer im Schutz des Höchsten wohnt und ruht im Schatten des Allmächtigen, der sagt zum Herrn: ‚Du bist für mich Zuflucht und Burg'." Der Beter läßt sich sagen, daß er sich vor dem Schrecken der Nacht nicht zu fürchten brauche und kein Unheil seinem Zelte nahe. Grenzenloses Vertrauen spricht aus den Psalmworten, die dieses Gebet zu einem sehr beliebten Nachtgebet die Jahrhunderte hindurch werden ließen.

Unter dem Aspekt des vertrauenden Nachtgebetes waren auch die beiden Psalmen ausgewählt worden, die in der Komplet bei Benedikt hinzukamen:[53] Ps 4: „Der Herr erhört mich, wenn ich zu ihm rufe. Bedenkt es auf eurem Lager und werdet stille. In Frieden lege ich mich nieder und schlafe ein", und Ps 134 (133) „Wohlan, nun preist den Herrn, die ihr steht im Hause des Herrn zu nächtlicher Stunde."

Der Ordo psallendi der benediktinischen Tradition hat dabei die tägliche Verwendung derselben gleichen Psalmen beibehalten. Für das Römische Brevier trat durch die Reform Pius X. zu Beginn dieses Jahrhunderts insofern eine Änderung ein, als für die Komplet am Sonntag diese Auswahl blieb, für die Wochentage jedoch neue Psalmen ausgewählt wurden. Die Liturgia Horarum, der sich das deutsche Stundenbuch voll anschließt, bewahrte aus der ältesten Tradition die erwähnten Psalmen 90, 4 und 134 sowie Ps 31 (30),1–6.[54] Aus der Reform Pius X. wurden die Psalmen 16 (15), 86 (85) und 88 (87) übernommen; neu aufgenommen wurden Ps 129 (130) und 143 (142),1–11. Die Psalmen sind nicht – wie in den anderen Tagzeiten – auf vier Wochen verteilt, sondern auf eine Woche. Die traditionellen drei Kompletpsalmen sind auf ein Schema I und II für die Sonntage aufgeteilt. Es kann jedoch täglich, auch an den Wochentagen, die

---

[53] Vgl. *A. de Vogüé*, La Règle de saint Benoît 5. Paris 1971 (SChr 185) 527–543.

[54] Vgl. *J. Gibert Tarruel*, La nouvelle distribution du Psautier dans la „Liturgia Horarum", in: EL 87 (1973) 325–382, hier 330–332. 339f. – Zusätzlich bei Pius X. Ps 6. 7. 11 (10). 12 (11). 16 (15). 34 (33). 61 (60). 70 (69). 71 (70). 77 (76). 86 (85). 88 (87). 103 (102).

Sonntagskomplet verwendet werden, eine sehr empfehlenswerte Regelung.[55]

b) Die Kurzlesungen

Von den in der Frühzeit der Komplet den Mönchen im Kapitelssaal vorgetragenen längeren Lesungen war im Römischen Brevier nur eine unveränderliche Kurzlesung am Anfang übriggeblieben: 1 Petr 5,8f: „Seid nüchtern und wachsam ...“ Die Liturgia Horarum hat die Kurzlesung, die den Charakter eines biblischen Losungswortes hat, nach dem auch für die anderen Tagzeiten geltenden Aufbau hinter die Psalmodie (an die Stelle des früheren Capitulum) gesetzt und außerdem für die beiden Sonntagskompleten und die Wochentage je eine eigene Lesung ausgewählt.

Sonntag nach der 1. Vesper: Dtn 6,4–7; Sonntag nach der 2. Vesper: Offb 22,4–5; Montag: 1 Thess 5,9–10; Dienstag: 1 Petr 5,8–9 (bis 1971 im Römischen Brevier als Kurzlesung am Beginn); Mittwoch: Eph 4,26–27; Donnerstag: 1 Thess 5,23; Freitag: Jer 14,9 (im Römischen Brevier als Capitulum nach dem Hymnus).

Die Lesungen fordern den Hörer auf, sich mit den Verpflichtungsworten des Jahwebundes schlafenzulegen, der Vollendung der Welt entgegenzusehen, wo es keine Nacht mehr geben wird, wachend oder schlafend vereint mit Christus zu sein. Der Teilnehmer an der Komplet hört die Aufforderung zur Wachsamkeit angesichts der Umtriebe des Teufels, der wie ein brüllender Löwe seine Opfer sucht; er soll ihm keinen Raum geben. Ohne Tadel soll er dastehen, wenn der Herr kommt. Er hört das Bekenntnis, daß der Herr in unserer Mitte und sein Name über uns angerufen sei.

c) Die Schlußorationen

Wenn die Kurzlesungen im verkündigten Wort immer neue Motive zur vertrauenden Annahme des Schlafes bieten, so variieren die Schlußorationen diesen psychohygienischen Aspekt in der Form des Bittgebetes.

Während das Römische Brevier sich auf eine gleichbleibende Oration beschränkt hatte, bringen die Liturgia Horarum und übereinstimmend mit ihr das deutsche Stundenbuch zur Auswahl und für die einzelnen Wochentage insgesamt acht Orationen.

Die Oration „Visita quaesumus ...“ war die einzige des Römischen Breviers. Sie geht von der Vorstellung aus, daß die Komplet im gleichen Haus gebetet wird, in dem der Beter auch schläft. Die Liturgia Horarum hat sie für Hochfeste außerhalb des Sonntags im Schema I und II wörtlich

---

[55] Vgl. AES 88.

übernommen.[56] Für die Sonntage und die Osteroktav lautet die Oration im Schema I: „Visita nos, quaesumus, Domine, hac nocte praesenti, ut, diluculo tua virtute surgentes, de resurrectione Christi tui gaudere valeamus. Qui vivit."[57]

Im Schema II: „Vox nostra te, Domine, humiliter deprecetur, ut, dominicae resurrectionis hac die mysterio celebrato, in pace tua securi a malis omnibus quiescamus, et in tua resurgamus laude gaudentes. Per Christum."[58]

Ihr Inhalt kreist um die Gedanken: Der allmächtige Gott, dessen Sohn in die Nacht des Todes hinabgestiegen ist, wird gebeten, alle Nachstellungen des Feindes fernzuhalten und Leuchte im Dunkel der Nacht zu sein.[59]

5. Die mächtigen Bilder

Der Mediziner W. Blunck beschreibt den Zustand des schlafenden Menschen als einen Aufenthalt im Land der Bilder. Das manifestiere sich auf stärkste Weise im Traum, der ja eine Abfolge von Bildern sei, verhüllenden und enthüllenden, beängstigenden und erfreuenden Bildern.[60]

In seinem erwähnten Artikel legt K. Rahner in tiefsinnigen Spekulationen dar, wieso gerade bildhafte Vorstellungen auch Einfluß auf diese Welt des Bildes auszuüben vermögen. Die Gefährlichkeit des Schlafes liegt für Rahner darin, daß der Mensch sich seiner personalen Freiheit und Verantwortlichkeit begibt und hinuntersteigt in den weiten und grenzenlosen Urgrund, wo sein Leben an das Leben aller grenzt, in den Wurzelgrund, in das Reich der süßen Nacht. Damit setzt sich der Mensch aber zugleich in einer besonderen Weise den Einflüssen gefährlicher Kräfte aus, den Urelementen der Welt, die als geistig-personale Wesen eine ihnen eingestiftete Beziehung zum Kosmos haben. Dieses Reich, diese Zone, dieser Urgrund ist für Rahner speziell das Reich der Bilder, aber eben ein zwiespältiges Reich; „denn es ist das gemeinsame Reich der sich in ihm einbildenden guten und bösen Mächte des Geistes; es ist das Reich, in dem der ewige Logos Fleisch wurde und der Archon dieses Äons seine Herrschaft zur ‚Erscheinung' bringen will. Was die Seele im Schlaf – die wehrlos und offen gewordene Seele – ‚bewegt', das sind, auch wo nicht greifbar ein

---

[56] Der Text der Oration lautet: „Visita, quaesumus, Domine, habitationem istam, et omnes insidias inimici ab ea longe repelle; angeli tui sancti habitent in ea, qui nos in pace custodiant; et benedictio tua sit super nos semper. Per Christum" (Liturgia Horarum 1, 893. 896); deutsche Fassung: Stundenbuch 1, 769. 774.

[57] Liturgia Horarum 1, 893; deutsche Fassung: Stundenbuch 1, 769.

[58] Liturgia Horarum 1, 896; deutsche Fassung: Stundenbuch 1, 774.

[59] Die Orationen für Montag bis Freitag bringen weithin ähnliche inhaltliche Motive.

[60] Vgl. *Blunck* (s. Anm. 46) 168.

Traum vorliegt, diese Bilder."[61] Es käme aber darauf an, die guten, heiligen Bilder in den Schlaf mitzubringen. Daraus folgert Rahner, daß ein Nachtgebet ein stilles, ruhig und gelassenes Vorsichhaben der großen Bilder der Heilstaten Gottes enthalten müsse, wie ja auch Ignatius in seinen Meditationsübungen empfiehlt, eines der Bilder des Heils mit in den Schlaf zu nehmen.

Nach allem, was bisher gesagt wurde, bedarf es keiner langen Ausführungen, um zu zeigen, wie angefüllt die Komplettexte mit solchen Bildern des Heils sind, die zu wecken der Vollzug des kirchlichen Nachtgebetes einlädt:

- die Gemeinschaft der Vollendeten mit der seligen Jungfrau Maria, allen Engeln und Heiligen, die im Schuldbekenntnis um Fürbitte angerufen werden;
- die Gemeinschaft derer auf der ganzen Erde, die nächtlich die Hände betend zum Himmel erheben;
- die Gestalt des Simeon mit dem Kind auf seinen Armen, das lebendiger Beweis der Treue Gottes ist;
- der sterbende Herr am Kreuz, der seinen Geist in die Hände des Vaters befiehlt;
- die Engel Gottes, die im Hause des Schlafenden wohnen und ihn in Frieden bewachen und den in Gott Vertrauenden auf ihren Händen tragen;
- der Gott, der Zuflucht und Burg ist,
- der aus der Schlinge des Jägers errettet,
- der mit seinen Flügeln schirmt;
- der Gott, der Schild und Schutz ist;
- der Gott, dessen Namen wir kennen,
- der aus den Tiefen des Todesreiches entreißt;
- der Gott, der über Löwen und Nattern schreiten läßt;
- der Gott, der das Licht des neuen Jerusalem ist.

Aus der Aufreihung der Bilder aus der Komplet ließe sich eine noch längere Litanei zusammenstellen. Die Bilder zu sich zu rufen, sie in sich aufsteigen zu lassen, gehört zum Vollzug der Komplet.

6. Der hilfreiche Ritus: Konstanz der Elemente

Auf einen letzten Aspekt in der psychohygienischen Wirksamkeit des kirchlichen Nachtgebetes soll noch aufmerksam gemacht werden.

Von großer schlaffördernder Bedeutung ist nach J. H. Schultz eine Monotonie in den Vorgängen, die dem Schlafengehen vorausgehen und mit

[61] *Rahner* 276.

ihm verbunden sind.[62] Nicht nur beim Kind gibt es das von R. Lempp so bezeichnete Einschlafzeremoniell.[63] Was man tut, nimmt die Form eines Ritus an: nicht beliebig austauschbare und veränderbare Elemente in einer relativ festen Fügung und mit der Entlastungsfunktion, die jeder Ritus bietet.

Wendet man diese Erkenntnis auf die Komplet an, fällt auf, daß sie weit weniger Veränderungen durch Tag, Fest und Kirchenjahrszeit als die anderen Teile des Stundengebetes unterliegt.

Im Römischen Brevier gab es nur eine einzige Kurzlesung, einen einzigen Hymnus. Sein Text blieb ohne Änderung, lediglich die Schlußdoxologie und die Singweise variierten. In der Tradition der Mönche blieben auch die Psalmen immer dieselben. Unverändert war auch die Schlußoration. Man könnte als Hypothese das Entwicklungsprinzip aufstellen, daß immer dort, wo die Komplet nicht mehr wirkliches Nachtgebet war, das Bestreben nach größerer Variation aufkam.

Die Liturgia Horarum ist einen mittleren Weg gegangen. Sie läßt ausdrücklich eine gleichbleibende Verwendung der Psalmen mit der aufschlußreichen Begründung zu, dadurch solle das Auswendigbeten ermöglicht werden (AES 88). Darüber hinaus kann die ganze Komplet unveränderlich bleiben: „Man kann jedoch immer eine der beiden Sonntagskompleten beten."[64] Unter dem psychohygienischen Aspekt des Einschlafzeremoniells kann diese Regelung nur nachdrücklich begrüßt und zur Befolgung empfohlen werden. Man sollte nur so viel variieren, wie man als persönliches Bedürfnis empfindet.

Andererseits hat die Liturgia Horarum einen größeren Wechsel als das Römische Brevier gebracht. Sie dürfte die äußerste Grenze der Variabilität erreicht haben, auch wenn es nur ein Schema für eine Woche und nicht für vier Wochen gibt. Aber niemand ist verpflichtet, davon Gebrauch zu machen. Das deutsche Stundenbuch übernimmt praktisch die Komplet der Liturgia Horarum, mit Ausnahme der Hymnen, die vermehrt wurden, wofür ich kein unbedingtes Bedürfnis erkennen kann.

* * *

Die Komplet ist nicht die beste Schlaftablette, die es jemals gab. Aber als eine Anleitung und Hilfe zu einer den Schlaf fördernden Weise, den Tag zu beenden und die Nacht zu beginnen, die aus der im Glauben erfaßten Wirklichkeit gestaltet ist, bietet sie ein Verhalten an, das auch in psycho-

---

[62] Vgl. *Schultz* (s. Anm. 47) 67.

[63] Vgl. *R. Lempp*, Schlafstörungen bei Kindern, in: Der gestörte Schlaf (s. Anm. 1) 81–89, hier 87.

[64] Ordinarium der Komplet (Stundenbuch 1, 356).

hygienischer Sicht als musterhaft anerkannt werden muß. Dabei mag die Bemerkung erlaubt sein, daß sie nicht von wissenschaftlich reflektierenden Psychohygienikern erfunden wurde, sondern aus der Erfahrung spiritueller Tradition stammt.

Am Ende des Tages, unmittelbar vor der Nachtruhe, will die Komplet zur Aufarbeitung des Tages führen, der Entspannung und der vertrauenden Annahme des Schlafes dienen. Dabei nimmt sie die Macht der Bilder zu Hilfe und die Entlastungsfunktion einer rituellen Ordnung. Die Neuordnung des kirchlichen Nachtgebetes nach dem 2. Vatikanischen Konzil bietet eine verbesserte Voraussetzung, sein psychohygienisches Potential wirksamer zu entfalten.

Eines hat die Komplet freilich mit den Schlaftabletten gemeinsam. Wie diese nur wirken können, wenn man sie einnimmt, kann auch die Komplet nur wirken, wenn man sie betet, wenn man sie vollzieht. Gönnen Sie sich die Wohltat der Komplet!

Der Sonntag und die Zwecksonntage*

Die Tendenz, einzelnen Sonntagen im Jahr ein bestimmtes „Thema" – ein „Anliegen" oder einen „Zweck" – zuzuweisen, ist zwar nicht ganz neu; sie hat sich aber in jüngster Zeit erheblich verstärkt. Dabei geht es nicht darum, einem Sonntag nur einen bestimmten Namen zu geben, vielmehr soll das Thema des betreffenden Sonntags in der Liturgie, besonders in der Meßfeier dieses Sonntags, mehr oder weniger stark berücksichtigt werden.

Ist eine solche Entwicklung ein Gewinn für die Gemeinden und ihre Gottesdienste, oder muß man eher vor ihr warnen? Bevor einige Kriterien zur Beurteilung vorgeschlagen werden, seien zunächst Beispiele genannt, die das Problem verdeutlichen.

Vermehrung der Zwecksonntage

Von seiten des Apostolischen Stuhls wurde auf Bitten des „Generalrates der Päpstlichen Werke zur Ausbreitung des Glaubens" 1926 der vorletzte Sonntag des Monats Oktober zum „Tag des Gebetes und der Aktivitäten für die Mission" bestimmt[1]. In der Meßfeier dieses Sonntags sollten die Predigt und zusätzliche Gebete dem Anliegen Rechnung tragen. Noch nicht vorgesehen war damals, die Sonntagsmesse durch die Votivmesse zur Ausbreitung des Glaubens zu ersetzen. Über Einzelheiten außerliturgischer

---

* Zuerst veröffentlicht in: Conc(D) 17 (1981) 149–153. – Bibliographie Rennings Nr. 278. – Der vom Herausgeber als Anhang bezeichnete Abschnitt ist entnommen aus dem Beitrag: Die Sonntagsliturgie und die Zwecksonntage, in: LS 33 (1982) 289–293, hier 291–293 (Bibliographie Rennings Nr. 297).

[1] Vgl. Reskript der Ritenkongregation vom 14.4.1926, in: AAS 19 (1927) 23f. Dem Meßformular des Sonntags sollen die Orationen der Messe für die Ausbreitung des Glaubens zugefügt werden. Die Predigt soll sich – wenn auch nicht ausschließlich – mit der Mission befassen und die Gläubigen zur Mitgliedschaft im Päpstlichen Werk der Glaubensverbreitung animieren. Bei Empfang der Kommunion und Gebet für die Bekehrung der Ungläubigen wird ein Vollkommener Ablaß gewährt. Eine von den Gläubigen eventuell erbetene Geldspende soll andere, möglicherweise vorgeschriebene Kollekten nicht beeinträchtigen.

Aktivitäten zugunsten der Mission wird in dem Einführungsreskript dieses – später so genannten – „Dies pro Missionibus“[2] nichts gesagt.

Im Jahre 1952 empfahl Pius XII. einen am 1. Adventssonntag in der ganzen Lateinischen Kirche zu begehenden „Dies pro emigrantibus“. Aus ihm wurde 1969 durch eine Instruktion der Kongregation für die Bischöfe der jährliche „Dies migratoris“.[3] Angeregt durch diese Tage forderte 1963 das Dekret des II. Vatikanischen Konzils „Über die sozialen Kommunikationsmittel“, in allen Diözesen nach dem Ermessen der Bischöfe jedes Jahr einen Tag zu bestimmen, an dem die Gläubigen auf ihre Aufgaben im Bereich der Medien eindringlich hingewiesen werden. „Sie sollen eingeladen werden, dieser Frage im Gebet zu gedenken und Spenden für sie zu entrichten.“[4] Während der Missionstag nur auf den Sonntag gelegt wurde, spricht das Konzilsdekret gar von der „Feier“ eines Medientages, der dann 1971 als „Dies mundialis Communicationis Socialis“ eingeführt wurde[5]. Laut Vorschlag der zuständigen Päpstlichen Kommission sollte er beispielsweise im Jahre 1978 das Thema haben: „Die Empfänger der sozialen Kommunikation – ihre Erwartungen, Rechte und Pflichten“; dazu wurden eigene Schriftlesungen sowie Fürbitten und als Termin der 7. Ostersonntag vorgeschlagen.

Auf einen Sonntag der Osterzeit mit dem Evangelium vom guten Hirten wurde Anfang 1964 ein anderes Gebetsthema gelegt: die Förderung von Berufungen zum Priestertum und Ordensleben.[6] Auch dieses Thema des

---

[2] Zusätzlicher Ablaß gemäß Dekret der Paenitentiarie vom 30.8.1934, in: AAS 26 (1934) 526f. – Weitere Erwähnung des Weltmissionstages in den Normen zur Ausführung des Dekretes des 2. Vatikanischen Konzils „Ad gentes divinitus“ vom 6.8.1966, Nr. 3, in: AAS 58 (1966) 783 [EDIL/DEL 1, 673]. – Zur Verwendung der Votivmesse „Pro evangelizatione populorum“ vgl. Missale Romanum von 1975, 813.

[3] *Pius XII.*, Apostolische Konstitution „Exsul familia“ vom 1.8.1952, in: AAS 44 (1952) 702; Instruktion „De pastorali migratorum cura“ vom 22.8.1969, Nr. 24,2, in: AAS 61 (1969) 627 [EDIL/DEL 1, 1954].

[4] Dekret des 2. Vatikanischen Konzils „Inter mirifica“, Nr. 18, in: AAS 56 (1964) 151 [EDIL/DEL 1, 132].

[5] Instruktion der Päpstlichen Kommission für die Kommunikationsmittel „Communio et progressio“ vom 23.5.1971, Nr. 167 u. 171, in: AAS 63 (1971) 649f. Zeitweise gab diese Kommission auch andere liturgische Texte in verschiedenen Volkssprachen heraus; damit wurde das vom II. Vatikanischen Konzil festgestellte Recht der Bischofskonferenzen, liturgische Texte in der Muttersprache zu approbieren, mißachtet.

[6] Vgl. Brief des Staatssekretariates vom 23.1.1964 an die Kongregation für das Bildungswesen, auf den die „Ratio fundamentalis institutionis sacerdotalis“ vom 6.1.1970 in Anm. 56 verweist: AAS 62 (1970) 337. Vgl. außerdem die Ansprache Papst Pauls VI. vom 11.4.1964, in: AAS 56 (1964) 396f.

„Dies mundialis precum pro vocationibus" soll in der Liturgie des Sonntags berücksichtigt werden.[7]

Als weiterer, von Rom eingeführter thematischer Tag ist der Weltfriedenstag am 1. Januar zu erwähnen, zu dem „jährlich vom Apostolischen Stuhl dem Thema der Feier entsprechende Vorschläge herausgegeben werden.[8] Den thematischen Sonntagen in einem weiteren Sinn sind schließlich auf der Ebene des gesamten Lateinischen Ritus noch hinzuzurechnen der Sonntag in der Weihnachtsoktav, der Sonntag nach Pfingsten und der letzte Sonntag des Kirchenjahres. Bei den ständig auf diese Sonntage gelegten „Festen" – Heilige Familie, heiligste Dreifaltigkeit, Christkönig – handelt es sich ja auch eher um „Themen" und nicht um Ereignisse der Heilsgeschichte, die ein Fest begründen.[9] Die Vorbehalte gegen solche „Ideenfeste" oder „Devotionsfeste" sind im Kommentarteil der Publikation des Allgemeinen Römischen Kalenders nicht zu übersehen.[10]

Zu den Themen Mission, Auswanderer, Medien, geistliche Berufe, Friede und Heilige Familie, Dreifaltigkeit, Christkönig kommen nun auf der Ebene der Länder, Bistümer und Gemeinden noch zahlreiche weitere thematische Sonntage. Als derartige Zwecksonntage, d. h. Sonntage, die einem bestimmten religiösen, kirchlichen oder gesellschaftlichen Anliegen dienten, nennt eine im Auftrag der Schweizerischen Bischofskonfe-[150]renz herausgegebene Stellungnahme beispielsweise: Sonntag der Weltgebetsoktav für die Einheit der Christen, Krankensonntag, Eidgenössischer Dank-, Buß- und Bettag.[11] Anderswo gibt es den Umweltschutzsonntag, den Sonntag der Behinderten, den Minderheitensonntag.[12] Wer wollte es da den Organisationen der christlichen Nächstenliebe verwehren, ihren eigenen Caritas-Sonntag zu fordern, oder den Hilfswerken für die in der Zerstreuung lebenden Katholiken einen eigenen Diaspora-Sonntag anzustreben![13] Von dem Bemühen, die Liturgie des jeweiligen Sonntags möglichst stark von den Anliegen zu prägen und auch die Geldspende möglichst ertragreich zu machen, zeugen die häufig speziell zu diesen

---

[7] Vgl. Ordo Missae celebrandae et Divini Officii persovendi secundum Calendarium Romanum Generale pro anno liturgico 1979–1980. Vatikanstadt 1979, 53. – Nach der früheren Leseordnung fiel der Tag auf den 2. Sonntag nach Ostern, nach der geltenden Leseordnung ist es der 4. Ostersonntag.

[8] Vgl. den in Anm. 7 genannten Ordo, 12.

[9] Vgl. *J. A. Jungmann*, Das kirchliche Fest nach Idee und Grenze, in: Verkündigung und Glaube (FS F.X. Arnold), hg. v. *Th. Filthaut/J. A. Jungmann*. Freiburg/Brsg. 1958, 164–184; Ndr. in: *Ders.*, Liturgisches Erbe und pastorale Gegenwart. Innsbruck 1960, 502–526.

[10] Calendarium Romanum. Editio typica. Vatikanstadt 1969, 66f.

[11] Vgl. SKZ 144 (1976) 668f.

[12] Vgl. *A. J. Chupungco*, Easter Sunday in Latin Patristic Literature, in: Not. 16 (1980) 93–103, hier 94.

[13] So beispielsweise in den Diözesen der Bundesrepublik Deutschland; vgl. KA Paderborn 122 (1979) 173.

Gelegenheiten herausgegebenen liturgischen Texte und Gestaltungsvorschläge. Die Liturgie des jeweiligen Sonntags wird dabei oft genug von dem Anliegen zugedeckt.[14]

Aktualisierung der Sonntagsliturgie?

Was ist von dem Anwachsen der Zwecksonntage zu halten? Sehen wir einmal von dem verständlichen und anerkennenswerten Ehrgeiz der päpstlichen, bischöflichen und anderen Werke sowie verschiedenen Organisationen ab, auch ihrem Anliegen einen Sonntag zu erobern, so muß man den Eindruck gewinnen, daß die Erfinder der Zwecksonntage sich kaum der liturgietheologischen Probleme bewußt sind. Ist es aber so selbstverständlich, die Sonntagsliturgie durch ein bestimmtes Anliegen zu beeinträchtigen oder gar zu verdrängen? Offensichtlich reichen einerseits das Vorhandensein eines als wichtig angesehenen Anliegens (z.B. Mission) und andererseits die Einsicht aus, daß dieses Anliegen alle Christen betrifft und sie sich damit befassen – z.B. dafür beten – müssen, einen eigenen „Sonntag" dafür zu schaffen. Bei einer derartigen Bemühung ist nicht einzusehen, warum nicht weitere oder alle Sonntage des Jahres mit einem jährlich wiederkehrenden Thema belegt werden sollten. An Anliegen herrscht kein Mangel: Weltgebetstag zum Schutz des ungeborenen Lebens, Weltgebetstag für das Kind, für die Dritte Welt, für die Hungernden, für die politisch Verfolgten, für die wirtschaftlich Unterdrückten, für die Krebsvorsorge, für das Papsttum, für die Laien, für die Alphabetisierung usw.

Würde nicht – so könnte man sich eine Argumentation zugunsten eines „Kirchenjahres der Themensonntage" vorstellen – auf diese Weise die vielfach recht farblos erscheinende Sonntagsliturgie eine neue Aktualität erhalten? Konfrontieren die „Themensonntage" doch die Teilnehmer an der Liturgie mit drängenden Problemen unserer Zeit, die auch von den Christen nicht unbeachtet bleiben dürfen, ja besonders ihnen am Herzen liegen müssen. Sind die Probleme z.B. der Behinderten, der Minderheiten und der Flüchtlinge nicht auch Sorgen der Gemeinde Jesu Christi? Müssen diese Themen nicht Widerhall finden in den gottesdienstlichen Versammlungen der Christen? Wecken nicht gerade die Zwecksonntage Bewußtsein für die Mitverantwortung aller am kirchlichen und gesellschaftlichen Leben? Könnte nicht so der vielfach vermißte Zusammenhang zwischen Liturgie

---

[14] Dazu vgl. etwa *D. Eissing*, Sonntagsfeier in Gefahr, in: Gd 10 (1976) 123–127; *K. Richter*, Die liturgische Feier des Sonntags, in: ThGl 68 (1978) 23–39.
[Die neueste Zusammenstellung der Zwecksonntage im deutschen Sprachgebiet findet sich in: Studien und Entwürfe zur Meßfeier, hg. v. *E. Nagel [u. a.]*. Freiburg/Brsg. [u. a.] 1995 (Texte der Studienkommission für die Meßliturgie und das Meßbuch … 1) 211–214.]

und Leben zurückgewonnen werden? Dafür würde es allerdings nicht ausreichen, das Thema nur etwa in einer Fürbitte zu erwähnen oder in der Predigt zu streifen. Vielmehr müßte das Anliegen – wie ja auch schon öfter praktiziert – möglichst die gesamte Eucharistiefeier des Tages beherrschen, in allen Texten und Gesängen der Liturgie ein Echo haben und sich so in das Denken und Fühlen der Mitfeiernden einnisten.

Es ist weniger die Sorge, es gäbe nicht genug Sonntage im Jahr für alle berechtigten Anliegen, als vielmehr das fragwürdige Liturgieverständnis, das in den Zwecksonntagen und der angedeuteten Argumentation für sie zutage tritt, welches stärkste Bedenken gegen sie veranlaßt. Wenn im folgenden die Mißbräuche abgelehnt werden, die die thematischen Anliegen mit dem Sonntag und seiner eucharistischen Liturgie häufig treiben, soll das nicht als Geringschätzung oder Verachtung der Anliegen und Themen selbst verstanden werden: Wer sich gegen einen „Verkehrssicherheitssonntag" oder einen sonntäglichen „Weltgebetstag für die Drogenabhängigen" ausspricht, ist deshalb nicht ein Gegner der Verkehrssicherheit oder ein Saboteur der Rauschgiftbekämpfung.

Verdunkelung des Sonntags als Tag des Herrn

Ein erstes Bedenken gegen die thematischen Sonntage ergibt sich aus der Gefahr, daß sie nur zu leicht den wahren Charakter des Sonntags verdunkeln. Der Rang des ersten Tages der Woche wird ja nicht durch irgendein Anliegen konstituiert, sondern ist in dem zentralen Handeln Gottes in der Heilsgeschichte begründet. Die Liturgiekonstitution des II. Vatikanischen Kon-[151]zils hat diese theologische Perspektive des Sonntags so formuliert: „Aus apostolischer Überlieferung, die ihren Ursprung auf den Auferstehungstag Christi zurückführt, feiert die Kirche das Pascha-Mysterium jeweils am achten Tage, der deshalb mit Recht Tag des Herrn oder Herrentag genannt wird."[15] Die in der Auferstehung Christi gipfelnde Heilstat Gottes – das Hinübergehen Jesu vom Tod zum Leben, und mit ihm der ganzen Schöpfung – gibt der *dies dominica* ihre hervorragende Bedeutung. Das Konzilsdokument scheut sich nicht, sie „Fundament und Kern des ganzen liturgischen Jahres" zu nennen und sie als den „Ur-feiertag" zu bezeichnen.[16] Als Feiertag wird dieser Tag aber gerade dort in Frage gestellt, wo Themen und Ideen ihn überlagern, die keinen Grund zur Feier

[15] Konstitution des II. Vatikanischen Konzils „Sacrosanctum Concilium" vom 4.12.1963, Nr. 106, in: AAS 56 (1964) 126.

[16] Ebd. – Daher leuchtet ein, daß der Sonntag nach den Bestimmungen des liturgischen Kalenders sich eines großen Schutzes erfreut und nur durch Hochfeste und Herrenfeste verdrängt werden kann. Vorrang aber auch vor ihnen haben die Sonntage der Adventszeit, der Fastenzeit und die Ostersonntage; vgl. Calendarium Romanum (s. Anm. 10), Nr. 5.

abgeben können[17]. Weder die Weltmission noch die (oft fehlenden) geistlichen Berufe noch eine (mangelnde) Verkehrssicherheit können Grund zur Feier des achten Tages sein. Insofern ist zu fragen, ob die Verbindung des jeweiligen Anliegens mit dem Wort Sonntag nicht bereits einen Verlust der theologischen Wertung des Herrentages anzeigt. Statt immer neuer Sonntage mit „Anliegen" täte eine Verlebendigung fundamentaler Sonntagsspiritualität not. Drückt sich in dem Vordringen thematischer Sonntage nicht schon ein bedenklicher Schwund an der pastoral und spirituell so wichtigen Wertung des Sonntags aus?

Gefahr der Verzweckung der Sonntagsmesse

Wie die kurze Übersicht am Anfang gezeigt hat, wächst mit der Verbreitung der Zwecksonntage auch die Tendenz, die sonntägliche Eucharistiefeier immer stärker vom betreffenden Thema bestimmen zu lassen. In der Konsequenz dieser Entwicklung könnte als Idealfall eine Feier erscheinen, durch die sich wie ein roter Faden das Anliegen zieht.

Ist es aber der Sinn der sonntäglichen eucharistischen Zusammenkunft, daß sie hauptsächlich mit einem Problem der Kirche oder der Gesellschaft konfrontiert? Lebt die Gemeinde nicht zuerst und zuletzt von der Begegnung mit ihrem Herrn? Muß sie nicht auf ihn ihre Blicke richten, sein Wort hören, seine Gaben empfangen? Ist darin nicht die entscheidende Aktualität des Gottesdienstes zu finden? Wenn der Sonntag als ganzer die Feier des Pascha-Mysteriums ist, dann aktualisiert die Sonntagsmesse das österliche Geschehen in einer unüberbietbaren Weise als „Memoriale des Todes und der Auferstehung Christi".[18] Dieser Maßstab ist anzulegen, wenn es den Tendenzen zu wehren gilt, die zu einer solchen Feier Versammelten mit einer Flut von Informationen zu einem Thema zu überschütten oder sie in ihrer finanziellen Spendebereitschaft zu bedrängen.[19]

Fragmentierung des Lebens

Schließlich sei beim Bedenken der kirchlichen Zwecksonntage noch eine Frage gestellt, die nicht aus liturgischen Überlegungen stammt. Nützt die

---

[17] Vgl. Célébrer l'eucharistie aujourd'hui, hg. v. der Commission Interdiocésaine de Pastorale Liturgique (C.I.P.L.). Brüssel 1978, 105f; Célébrer l'eucharistie aujourd'hui. Lettre pastorale des Evêques de la partie francophone de Belgique. Brüssel 1978, 6f.

[18] „Sacrosanctum Concilium", Nr. 47, in: AAS 54 (1964) 113.

[19] Zu den „thematischen Meßfeiern" mit stark moralisierenden Tendenzen in den französischen Diözesan-Liturgien des 18. Jahrhunderts vgl. *P. Jounel*, Les Missels diocésains français du 18e siècle, in: MD 141 (1980) 91–96, hier 95f.

meist willkürliche – durch Gremienbeschlüsse herbeigeführte – Einführung von Zwecktagen und Zweckjahren letztlich dem Menschen in seinem Leben und im Umgang mit dem Leben anderer? Parallelen für eine punktuelle Aufmerksamkeitslenkung auf bestimmte – durchaus ehrenwerte – Anliegen finden sich ja auch zahlreich genug im gesellschaftlichen Leben: Tag des Baumes und Tag der Milch, Weltgesundheitstage und Weltspartage, Jahr der Frau und Jahr des Kindes. Werden solche organisierten und propagierten, von außen an den Menschen herangetragenen Anliegentage und Anliegenjahre dem Leben gerecht? Wird da nicht der Versuch unternommen, die Lebenswirklichkeit aufzuteilen, in Fragmente zu zerstückeln? Und wird eigentlich doch nichts erreicht außer einem kurzen Aufblitzen? Müßte man das auch von den kirchlichen Anliegen vermuten, die zu eigenen Zwecktagen gemacht werden?

Liturgische Berücksichtigung von Anliegen

Einen besseren Weg als den der Zwecksonntage kann man darin erblicken, bestimmte Anliegen aufzugreifen, *wo sie organisch aus dem Leben einer Gemeinde erwachsen.* Das Anliegen „Förderung geistlicher Berufe" beispielsweise wird für eine Gemeinde konkret etwa bei einer Priesterweihe, einem Priesterjubiläum, einer Ordensprofeß, einem Ordensjubiläum o. ä.

Es liegt nahe, im Zusammenhang damit einen vom Anlaß bestimmten Gottesdienst zu halten, für den vor allem auch die Form des „Wortgottesdienstes" in Betracht zu ziehen ist. Nicht deshalb ein Wortgottesdienst, weil er weniger wert wäre, sondern weil sich im Laufe der Liturgiegeschichte dafür reichere Formen entwickelt haben. [152]

Bestimmte Anliegen kommen auch in den Votivmessen zum Ausdruck, d. h. Meßfeiern, die von einem dem Anlaß entsprechenden Grundmotiv geprägt sind. Traditionell haben sie ihren Platz an den Wochentagen, besonders außerhalb der geprägten Zeiten des Kirchenjahres. In einer frühen Phase der geschichtlichen Entwicklung gaben die den Votivmessen zugrundeliegenden Anlässe überhaupt erst den Anstoß zu einer – damals nicht alltäglich üblichen – werktäglichen Eucharistiefeier.

Was die Gestaltung der anlaßbezogenen Meßfeiern betrifft, d. h. die Komposition der Texte und Gesänge, so kann hier nur darauf hingewiesen werden, daß aus liturgischer Sicht eine bloß gelegentliche Erwähnung des „Anlasses" nicht genügen kann. Die Einbindung des anlaßbezogenen Grundmotivs in das gesamte gottesdienstliche Handeln folgt gewissen Gesetzmäßigkeiten, die die Erstellung solcher Feierunterlagen zu keiner leichten Sache machen.[20] Die Berücksichtigung des Anlasses darf nicht zu einem bloßen Nebeneinander heterogener Einzelelemente führen. Es erscheint auch fraglich, alle in der geltenden liturgischen Ordnung frei zu gestaltenden Elemente der Meßfeier (z. B. Einführung, Begrüßung, Kyrie-Rufe, Fürbitten) zu „thematisieren" und alle im Meßformular vorgegebenen Texte zu belassen. Schließlich wäre zu fragen, ob es nicht tatsächlich für manche Anliegen genügen dürfte, es bei den Verkündigungs- und Gebetstexten sowie Gesängen des Sonntags zu belassen und dem Anliegen in den Fürbitten Rechnung zu tragen.[21]

Ob die vertiefte und lebendige Feier des Memoriale des Herrn in seiner sonntäglichen Ausprägung nicht auch den angezielten Zwecken dienlicher wäre?

Anhang: Sonntagsliturgie und Anliegen

[Wie können berechtigte Anliegen mit der Sonntagsliturgie verbunden werden?]

Auch wenn oben die eigentliche Wirksamkeit der Anliegen mehr von ihrer Beachtung als „durchlaufender Perspektive" als von punktuellen Sensibilisierungsversuchen erwartet wurde, sollen deshalb nicht „Zwecke" generell von der Sonntagseucharistie ferngehalten werden. Ein katastrophales Erdbeben z. B. weckt spontane Hilfsbereitschaft und führt an einem der folgenden Sonntage zu einer gemeinsamen Kollekte in einem ganzen Land oder [292] in einer ganzen Teilkirche. An weiteren Beispielen aktueller Notstände, in denen sich die Christen zu besonders dringlichem Gebet aufgerufen wissen, fehlt es nicht. Jungmann spricht von einer „Losung", unter die ein Sonntag gestellt wird, und weist mit Recht darauf hin, daß es als „unnatürlich empfunden" würde, wenn dann wohl in der Predigt, „aber mit keinem Wort im liturgischen Vollzug davon Erwähnung geschieht". Es sollten „bedeutende Anliegen auch im Gottesdienst einen Widerhall finden".[22]

Zu den Möglichkeiten, die sich dafür und für die Respektierung des Sonntags bieten, seien im folgenden einige Überlegungen vorgeschlagen.

---

[20] Vgl. *H. Rennings*, Modelle thematischer Meßgestaltung?, in: LJ 21 (1971) 117–119; *P. Harnoncourt*, Motivmessen und Votivmessen, in: Gd 8 (1974) 121–123; *Ders.*, Thematische Meßfeiern. „Motivmessen" und „Votivmessen" mit den neuen liturgischen Büchern, in: LS 26 (1975) 286–291; *A. Häußling*, Meßhäufigkeit und „Motivmessen", in: Gemeinde im Herrenmahl 143–149; *H. B. Meyer*, Zuerst der Sonntag. Die Feier des „Herrentages" und die Anliegen der „Zwecksonntage" sinnvoll verbinden, in: Gd 12 (1978) 185 f. – Vgl. außerdem die in Anm. 14 genannten Artikel.

[21] Vgl. auch Célébrer l'eucharistie aujourd'hui, hg. von der C.I.P.L. (s. Anm. 17) 71 f.

[22] Vgl. den Anm. 9 zitierten Artikel, hier 181 bzw. 523.

1. Man verzichte darauf, das Wort Sonntag an das Anliegen anzukoppeln, und spreche z. B. nicht von einem „Verkehrssicherheitssonntag“ oder „Bibelsonntag“. Der Sonntag bleibe Sonntag. Angängig wäre es – wenn man sich die erwähnten Vorbehalte gegen „Tage“ nicht zueigen machen will –, den Ausdruck „Welttag“ oder z. B. „Gebetstag“ zu verwenden.

2. Manche Ziele eines Zwecksonntages lassen sich besser erreichen, wenn sie nicht an einem willkürlichen Termin verfolgt werden, sondern aus dem konkreten Leben einer Gemeinde erwachsen; z. B. könnte das Anliegen geistlicher Berufe bei einer Weihe eines Gemeindemitgliedes zum Diakon, Priester, bei einem Priesterjubiläum, bei einer Pfarreinführung, bei einer Ordensprofeß, bei einem Ordensjubiläum, beim Besuch eines Missionars, einer Missionsschwester, bei einem Begräbnis dieser Personen, beim Gemeindebesuch einer Gruppe Seminaristen, einem Treffen der geistlichen Berufe aus der Gemeinde usw. nahegebracht werden. Der konkrete Bezug dürfte die Vorteile eines landes- oder weltweit propagierten Tages aufwiegen.

3. Bei der Planung, ein bestimmtes Anliegen mit einem Sonntag zu verbinden, prüfe man die Liturgien verschiedener Sonntage, besonders die Schwerpunkte der Schriftlesungen. Nicht selten wird sich ein Sonntag finden lassen, dessen Lesungen sich ungezwungen in Richtung auf das Anliegen auslegen lassen.

Auch bei der Festlegung von Kollekten, besonders regelmäßig wiederkehrenden, darf nicht nur der Gesichtspunkt eines notwendigen Abstandes zu anderen Kollekten oder einer Ergebnismaximierung eine Rolle spielen, sondern auch die Möglichkeit einer Verbindung zur Liturgie. Beispielsweise paßt das Einsammeln des in der Österlichen Bußzeit für die Bedürftigen Ersparten nicht zu einem der letzten Fastensonntage, sondern eher zum Gründonnerstag.

4. Man prüfe, welche Möglichkeiten bestehen, dem Anliegen durch außergottesdienstliche Veranstaltungen Echo in der Gemeinde zu verschaffen, z. B. durch Vorträge mit Diskussionen, Ausstellungen, Filmveranstaltungen. Wenn die Sonntagsliturgie alles vermitteln soll, ist sie überfordert.

5. Man überlege, ob das Anliegen nicht vorrangig in anderen gottesdienstlichen Versammlungen als der Eucharistiefeier liturgisch aufgegriffen werden könnte, z. B. selbständigen Wortgottesdiensten, Andachten, Meditationsgottesdiensten. Dadurch könnten zugleich die nicht-eucharistischen Gottesdienste am Sonntag eine Belebung erfahren. Außerdem lassen sich solche Arten von Gottesdiensten entsprechend dem Thema zusammen-

stellen, gewinnen größere Aktualität und vermeiden die krampfhafte Einbindung eines Anliegens in das vorgegebene Meßformular. Sie erlauben zudem eine stärkere Verwendung von Gestaltungsmitteln (z. B. optischen, akustischen), die leicht den Rahmen der Meßfeier sprengen.

6. Für die Berücksichtigung von Anliegen in der Sonntagseucharistie ergeben sich auch dann, wenn man die im Meßbuch und Lektionar angegebene Ordnung für die sonntägliche Meßfeier unverändert läßt, eine Reihe von Möglichkeiten, das jeweilige Anliegen liturgiegemäß auszudrücken.

a) Bei der *Einführung* läßt sich gelegentlich an das Thema anknüpfen. Doch darf nicht der Eindruck entstehen, als sei es Sinn der Meßfeier, dieses oder jenes Thema zu „bedenken" oder „sich bewußtzumachen". So kommt z. B. die Gemeinde ja nicht zusammen, um die Not der Diaspora zu erkennen oder gar diese zu feiern. [293] Auch ist es unangebracht, mehrere Sonntage vor einer bestimmten Kollekte jedesmal mit dem Hinweis auf sie bzw. den Zwecksonntag zu beginnen und ganze Monate zu Zweckmonaten zu deklarieren. Man schadet damit nicht nur der Liturgie, sondern auch der betreffenden Sache.

b) Bei der Auswahl der *Christus-Anrufungen* zum Kyrie kann durch eine bestimmte Textgestaltung das Anliegen anklingen. So etwa das Thema Mission:

Herr Jesus Christus, vom Vater gesandt, den Menschen die Botschaft der Befreiung zu bringen ...
Herr Jesus Christus, du hast deine Kirche zum Licht der Völker gemacht ...
Herr Jesus Christus, du willst, daß alle Menschen zur Erkenntnis der Wahrheit gelangen und gerettet werden ...

Beim Schuldbekenntnis vermeide man langatmige Deklarationen oder weitausholende Anleitungen zur Gewissenserforschung.

c) Oft wird es sich ergeben, bei einer *Predigt* oder einer *Ansprache* – auch wenn sie nicht als ganze nur dem Anliegen gewidmet ist – das Anliegen einzubeziehen: als Beispiel, als Aufforderung zum Tun, als Inhalt der Bitte, des Dankes u. ä.

d) In jedem Fall sollte das Anliegen in den *Fürbitten* genannt und konkretisiert werden, da das Fürbittgebet keinem Zwang einer Systematik unterliegt. Doch ist darauf zu achten, daß wirkliche Gebete bzw. Gebetsaufforderungen und keine Spenden- oder Einsatzappelle vorgetragen werden. Wenn die Gemeinde etwas tun soll, lade man sie dazu in der Predigt ein, aber nicht verklausuliert im Fürbittgebet.

e) Der Hinweis auf die *Kollekte* braucht nicht unbedingt schon in der Einführung oder Begrüßung untergebracht zu werden; er kann zu Beginn der Gabenbereitung, unmittelbar vor Beginn der Einsammlung, erfolgen.

f) Bei *Dank- und Lobtexten* nach der Kommunion ist Gelegenheit, im Sinne des Anliegens Texte und Gesänge vorzutragen. Daran können sich auch verschiedene Sprecher beteiligen. Der Charakter dieser Texte als Dank und Lob muß jedoch bewahrt bleiben.

Die aufgezählten Möglichkeiten sollten nicht unbedingt alle in jeder Meßfeier mit Berücksichtigung eines besonderen Anliegens benutzt werden. Man wähle vernünftig aus! Es darf keine Doppelgleisigkeit in dem Sinn entstehen, daß alle frei gestaltbaren Elemente der Eucharistiefeier um ein Thema kreisen (z. B. Verkehrssicherheitssonntag) und alle übrigen Teile der davon losgelösten Liturgie des (10.) Sonntags der Jahresreihe entnommen sind.

Dürfen wir nicht hoffen, daß einer Kirche, die eine aus der Weite und Tiefe des österlichen Mysteriums schöpfende Sonntagsspiritualität entwikkelt und lebt, alle Zwecke und Anliegen „hinzugegeben werden“?

V.
Gesang und Musik

Tragende Elemente des gottesdienstlichen Handelns

Gesang und Musik in der liturgischen Versammlung

Die Konsequenzen der Liturgiereform für die Kirchenmusik*

Vor einiger Zeit hatte ich Gelegenheit, einem Erfahrungsaustausch von Kirchenmusikern über aktuelle Themen der Liturgie zuzuhören. Laien, Priester, Komponisten und Sänger berichteten von ihren Befürchtungen und Hoffnungen. Im Laufe des Gesprächs erwähnte ein Chorleiter, daß in seiner Gemeinde der Sängerchor und das Volk oft gleichzeitig singen: der Chor mehrstimmig, die Gemeinde einstimmig. Sofort meldete sich ein anderer Teilnehmer an der Diskussion zu Wort und erklärte mit Nachdruck: „Das erscheint mir aber wenig sinnvoll. Warum soll der Chor dann mehrstimmig singen? Wenn das Volk selber singt, kann es doch dem mehrstimmigen Gesang des Chores gar nicht richtig zuhören!" Der Chorleiter war sichtlich überrascht über diesen Einwand. „Aber", sagte er und suchte nach Worten, „wir singen doch nicht nur mehrstimmig, wenn und weil die Gemeinde uns zuhört. Wir singen mehrstimmig, weil das für unseren Chor eine ihm entsprechende Weise der Mitfeier des Gottesdienstes ist." Der Chorleiter sagte das so zögernd, als scheue er sich, etwas Selbstverständliches auszusprechen. Dieses Gespräch zwischen den beiden Kirchenmusikern behandelte zwar keineswegs ein bedeutendes Problem des gottesdienstlichen Singens. Es scheint mir aber treffend die gegenwärtige Situation des Gesangs und der Musik in der Liturgie zu charakterisieren. Wird doch hier an einem kleinen Beispiel der tiefgreifende Wandel erkennbar, der sich in unserer Zeit im liturgischen Musikverständnis vollzieht. Wenn irgendwo, dann erleben wir doch gerade auf dem Gebiet des gottesdienstlichen Singens eine wirksame Erneuerung. Sie wurde zwar nicht erst durch das 2. Vatikanische Konzil ausgelöst; doch erfuhr sie durch die Prinzipien und Weisungen der Kirchenversammlung eine beachtliche Wende und Förderung. [3] [...]

Wir wollen einen kurzen Blick werfen auf die gegenwärtige Situation des Gesangs und der Musik innerhalb der liturgischen Erneuerung und auf

---

* Der hier abgedruckte Artikel ist zusammengefügt aus Teilen der beiden Beiträge: Gesang und Musik in der liturgischen Erneuerung, in: MusAl 22 (1970) 2–8 (Bibliographie Rennings Nr. 149), und: Singen in der liturgischen Versammlung hier und heute, in: MusAl 20 (1968) 114–122 (Bibliographie Rennings Nr. 116). – Beide Beiträge gehen auf Vorträge zurück; der Vortragsstil ist weitgehend beibehalten.

einige Aspekte, die sich für die zukünftige Entwicklung zeigen. Anhaltspunkte können dafür die einfachen Feststellungen sein, daß Gesang und Musik in der Reform Teil der Liturgie selbst geworden (1), daß die liturgische Versammlung, auch in kirchenmusikalischer Hinsicht, ein Kommunikationsgeschehen ist (2) und daß ihre Elemente, auch die musikalischen, einander zugeordnet sind (3).

1. Gesang und Musik sind in der Reform Teil der Liturgie selbst geworden.

Wenn wir feststellen, daß in der Reform Gesang und Musik wirkliche Bestandteile der Liturgie selbst geworden sind, ergibt sich die Frage: Waren sie das denn vorher nicht? Ist denn nicht auch früher – freilich in den verschiedenen Ländern in verschiedenem Ausmaß – in den gottesdienstlichen Versammlungen gesungen worden?

a) Der liturgische Charakter der Kirchenmusik vor der Reform

Gewiß ist gesungen worden und wurden Instrumente gespielt. Aber als eigentlicher Bestandteil der Liturgie selbst galten geraume Zeit – und von Ausnahmen abgesehen – nur ganz bestimmte Vertonungen genau festgelegter Texte in einer einzigen – der lateinischen – Sprache.

Doch selbst dann, wenn etwa der Introitus in der gregorianischen Singweise des Graduale Romanum von der Schola gesungen wurde, bestand für den zelebrierenden Priester die Verpflichtung, den Text dieses Gesangs zusätzlich allein für sich zu sprechen, gewissermaßen zur Bestätigung und eigentlichen liturgischen Gültigkeit. So ferne Vergangenheit das zu sein scheint: erst die Ausführungsinstruktion zur Liturgiekonstitution („Inter Oecumenici", Nr. 32) vom 26.9.1964 brachte den Wegfall der Verdoppelungspflicht des Zelebranten.

Freilich auch damals noch nicht ohne Einschränkung. Denn immer noch übte ein – sogar gregorianischen Choral – singender Laie nicht etwa ein ihm zustehendes „Recht und Amt" (Liturgiekonstitution, Art. 14) aus, sondern lediglich ein „servitium ministeriale directum delegatum", ein (zwar) direktes, doch (nur) übertragenes Dienstamt. Der neben dem Laien stehende, die gleichen Worte und Melodien singende Kleriker versah hingegen ein „servitium ministeriale proprium directum", ein direktes und eigenes Dienstamt. Eine Ordensschwester oder eine andere Frau konnte es allerdings nicht einmal zu einem „servitium ministeriale directum delegatum" bringen; mochte sie noch so lateinisch, noch so schön singen – ihre

Stimme war liturgisch nichts (Instruktion über die Kirchenmusik vom 3.9.1958, Nr. 93)!*

Ein anderes Beispiel für die Einschätzung des Gesangs ist in der gleichen Instruktion zu finden, die immerhin als Dokument des Erneuerungswillens gelten konnte. Es ist die Weisung (Nr. 31c), ein Gesangsstück der Liturgie, das etwa wegen seiner Schwierigkeit oder der geringen Zahl der Sänger nicht wirklich gesungen werden konnte, mit unverkürztem Text auf einem Ton zu rezitieren. Was für ein Begriff von Musik! [...]

Was die Verwendung der Musikinstrumente betrifft, hat es bekanntlich mancherlei Auseinandersetzungen darüber gegeben, welche Instrumente für den Gottesdienst geeignet seien oder welche aus verschiedenen Gründen erst geeignet gemacht werden müßten oder welche für die Zulassung zur Liturgie ganz ungeeignet seien. Doch ging es bei der „Zulassung zur Liturgie" nicht etwa um ein Spiel der Instrumente als Teil der Liturgie selbst. [4] Das einzig als liturgisch geltende Instrumentenspiel – wenn man es als solches bezeichnen kann – war das Klingeln der Meßdiener mit der Schelle. Bei allen anderen Instrumenten ging es stets nur darum, welche Instrumente anläßlich der Liturgie (also im gleichen Raum und zur gleichen Zeit mit einer Liturgie zusammen) gespielt werden durften.

Die angeführten Beispiele erläutern zur Genüge die Stellung des Gesangs und der Musik im Gottesdienst vor der Liturgiereform. Man konnte den Gesang und die Musik mit einem Lorbeerbaum vergleichen, der als Dekoration bei festlichen Gelegenheiten aufgestellt wird.

b) Kirchenmusik wurde Liturgie

Demgegenüber brachte die liturgische Erneuerung einen Wandel: Sie ließ Gesang und Musik zu Elementen der Liturgie werden. Es gibt kein Singen im Gottesdienst mehr, das allein aufgrund der benutzten Sprache privilegiert wäre. Kein bestimmter Kompositionsstil kann beanspruchen, „liturgischer" als ein anderer zu sein. Für zahlreiche Texte des Gottesdienstes ist die Bindung an die Vorlagen der Liturgiebücher weggefallen; nicht um damit der Willkür Raum zu geben, sondern um dem Komponisten die notwendige Beweglichkeit zu verschaffen, funktionsgerechte Kompositionen zu schaffen. Die Abschaffung der Verdoppelungspflicht des Zelebranten bedeutete die Anerkennung des Chor- und Gemeindegesangs als Liturgie. Für die Verwendung der Instrumente in bestimmten Funktionen der Liturgie sind viele Hindernisse abgebaut worden.

---

* Vgl. Dokumente zur Kirchenmusik unter besonderer Berücksichtigung des deutschen Sprachgebietes, hg. v. *H. B. Meyer/R. Pacik*. Regensburg 1981, 113f.

c) Die neue Stellung des Kirchenmusikers

Aus unserer Feststellung der neuen Wertung der Musik und des Gesangs als Element der Liturgie selbst folgt notwendigerweise eine neue Sicht des Wirkens des Kirchenmusikers. Der Begriff des Kirchenmusikers hat nicht mehr den früheren Inhalt. Als Texter und Komponist schafft der Kirchenmusiker Liturgie; als Sänger und Orgelspieler ist er Liturge. Man kann den „Kirchenmusiker" nicht mehr dem „Liturgiker" gegenüberstellen. Ein Kirchenmusiker, der sagen würde: „Ich warte auf die Ratschläge des Liturgikers, der mir sagen soll, wie ein Hochgebet zu vertonen ist", hätte die neue Aufgabe nicht erkannt. Und umgekehrt gilt auch: Ein Gremium von Fachleuten, die meinen würden, sie könnten eine gesungene Liturgie beispielsweise für die Eucharistiefeier ohne Mitarbeit von Kirchenmusikern entwerfen, wäre sich der verändeten Lage nicht bewußt. In der Perspektive der Liturgiereform ist der Kirchenmusiker ein Fachmann für Liturgie – nicht mehr bloß für Musik und Gesang –, dessen besondere Kompetenz sich auf den Gesang und die Musik erstreckt. Seine Aufgabe ist es, Liturgie mitzuschaffen. Er ist nicht mehr allein dafür da, vorgegebenen Texten zur musikalischen Aufführung zu verhelfen oder nur Liturgie gesanglich und instrumental zu kommentieren. Er vergoldet nicht bloß den Rahmen, er malt das Bild mit.

d) Die erforderliche Sachkenntnis des Kirchenmusikers

Für eine solche schöpferische Aufgabe im Dienst der Liturgie ist eine Sachkenntnis erforderlich, die über das hinausgeht, was früher vom Kirchenmusiker erwartet werden konnte.

Denn das liturgische Handeln der versammelten Gemeinde unterliegt ja Gesetzmäßigkeiten, die sich aus der Sache selbst ergeben und keineswegs von außen auferlegt sind. Sie ergeben sich z. B. aus der Tatsache, daß Gottesdienst in und als Versammlung geschieht; aus dem Phänomen „Versammlung" mit seinen psychologischen und soziologischen Gegebenheiten; aus der Art der Teilnehmer, der Größe und des Ortes der Versammlung. Weitere Strukturgesetze leiten sich aus den verschiedenen Anlässen der Versammlung ab: je nachdem, ob man zur Feier des Herrenmahles zusammenkommt oder zur Aufnahme eines neuen Mitgliedes in die Gemeinde und Kirche oder etwa zum [5] Bekenntnis der Schuld und zum Zuspruch der Versöhnung. Gesetzmäßigkeiten gibt es auch hinsichtlich der Verteilung der Dienste innerhalb der Versammlung. Ob beispielsweise das eucharistische Hochgebet von einem einzelnen oder von allen oder von beiden im Wechsel vorgetragen wird und wie etwa dieser Wechsel erfolgt, ist nicht der Willkür überlassen. Und wer wollte meinen, man könnte liturgieschaffend tätig sein, ohne auf die theologischen Einsichten in die

Eigenart des neutestamentlichen Gottesdienstes zu reflektieren? Nicht weniger unerläßlich für jemand, der schöpferisch Liturgie gestalten soll, ist die Beschäftigung mit der Frage nach den Möglichkeiten, Schwierigkeiten und Anknüpfungspunkten für den Glauben, für das Gebet, für Religion und Gottesdienst in unserer Zeit.

Mit der vom heutigen Kirchenmusiker erwarteten Sachkenntnis ist also keineswegs bloßes liturgiegeschichtliches Wissen oder die Kenntnis der liturgierechtlichen Normen gemeint. Beides soll nicht ausgeschlossen werden, kann jedoch nur Bestandteil einer umfassenderen Vertrautheit mit der Sache sein.

Ist es übertrieben zu sagen, daß solche Einsicht in das Wesen und die Sachgesetzlichkeit des Gottesdienstes weithin noch sehr kümmerlich ist? Wir müssen darin wohl eine Folge der lange herrschenden Reglementierung des Gottesdienstes sehen. Denn wo eine strikte Normierung besteht und solange sie akzeptiert wird, kommen Überlegungen, warum etwas so und nicht anders gemacht wird, wie man es passender oder besser machen könnte, gar nicht erst auf oder stoßen kaum auf Interesse. So kann es nicht überraschen, daß ein großer Teil jener Gemeindemitglieder, die besondere Aufgaben im Gottesdienst ausüben (Priester, Organisten, Sänger, Instrumentalisten usw.) in ihrer Ausbildung – soweit sie eine solche überhaupt erhielten – zwar gelernt haben, eine Liturgie „auszuführen“, aber nicht gelernt haben, Liturgie „zu schaffen“. Wenn man sich diese Lage vergegenwärtigt – die ein Kennzeichen der augenblicklichen Situation der liturgischen Erneuerung ist –, wird man unbefriedigende Versuche vorsichtiger beurteilen. Sollte man daher nicht auch die Überwindung von Mißständen eher von einer wachsenden Erkenntnis der Strukturgesetze des Gottesdienstes als von neuen Vorschriften oder gar Verurteilungen erwarten?

e) Ein erweiterter Bereich kirchenmusikalischen Schaffens

Eine weitere Folge der Integrierung von Musik und Gesang in den Gottesdienst ist die Erschließung bisher kirchenmusikalisch unterentwickelter Typen der Versammlung. Beispielsweise war vielerorts die Tauffeier ein solcher in bezug auf Gesang und Musik vernachlässigter Versammlungstyp. Die Vorlage des Rituale Romanum für die Tauffeier bot – ähnlich wie die Liturgie der Trauung – kaum Anregung. Die Spendung der Taufe, bei der oft nur wenige Teilnehmer anwesend waren, ließ zudem eine Entfaltung des Gesangs kaum zu. Die neue Ordnung der Taufe schafft eine veränderte Situation. Für sie – wie für zahlreiche andere Arten des Gottesdienstes – hat die Liturgiereform neue Möglichkeiten gebracht, statt sekundärer klanglicher Überlagerungen liturgieintegrierte Kirchenmusik zu schaffen und zu verwenden.

Unsere erste Feststellung befaßte sich mit der Tatsache, daß Gesang und Musik durch die Liturgiereform Elemente der Liturgie selbst geworden sind. Damit ist eine Entwicklung von großer Tragweite eingeleitet worden. Überdenkt man die Konsequenzen, erscheint es unbegreiflich, daß jemand meinen könnte, die liturgische Erneuerung sei ein Feind oder gar der Mörder der Kirchenmusik. Gelegentlich hört man noch solche Stimmen, doch scheinen sie an Zahl und Bedeutung zu verlieren. Immer mehr setzt sich die Erkenntnis durch, daß die Liturgiereform ganz im Gegenteil dem Gesang und der Musik im Gottesdienst einen höheren Rang zuerkennt und völlig neue Chancen bietet. Freilich nicht einer isolierten „Musica sacra", sondern mit all den Hoffnungen und Problemen belastet, die in der Gegenwart und für eine absehbare Zukunft unseren Gottesdienst insgesamt kennzeichnen. [118]

2. Innerhalb der Versammlung ereignen sich vielfältige musikalische Kommunikationen.

Psychologie und Soziologie machen nachdrücklich darauf aufmerksam, daß innerhalb der menschlichen Zusammenkünfte eine Fülle von Querverbindungen besteht. Ob eine Kommunikation zustande kommt und ob sie ihre beabsichtigte Wirkung erzielt, hängt von zahlreichen Faktoren ab, nicht nur vom guten Willen.

Auch die gottesdienstliche Versammlung enthält viele Elemente der Kommunikation. Über die materiellen Kommunikationselemente (Darreichen, Empfangen, Austeilen, Einsammeln, Bekleiden u. ä.) braucht hier nicht gesprochen zu werden. Daß es in der Liturgie außerdem verbale Kommunikationselemente gibt, zeigen die Bezeichnungen einzelner liturgischer Akte deutlich: Begrüßung, Dialog, Antwort, Verkündigung, Bekanntmachung, Vermeldung usw. Das Feld der verbalen Kommunikationen verdient auch unter kirchenmusikalischen Gesichtspunkten Beachtung.

a) Kommunikation zwischen Leiter und Versammlung

Die Liturgie kennt – wie es sich aus ihrem Wesen als Versammlung ergibt – seit je den Gruß zwischen dem zelebrierenden Priester und der Gemeinde. Neben der von der Reform eingeführten textfreien Begrüßung soll im weiteren Verlauf der Erneuerung die Häufigkeit des Grußaustausches mit der Grußformel vermindert werden. Wie oft können innerhalb einer halben Stunde dieselben Leute sich sinnvoll grüßen? Sofern die Formel „Der Herr sei mit euch“ nicht nur für den Gruß, sondern auch in der Funktion eines Aufmerksamkeitsrufes verwendet wird, sollte sie wohl einen dieser zweiten Funktion adäquaten Text erhalten. Die Verwendung des gleichen Textes in zwei doch verschiedenen Funktionen entspricht nicht der von der Liturgiekonstitution gewünschten Deutlichkeit der Feierelemente.

Bezüglich des Singens oder Sprechens der Grußformel wäre anzumerken, daß in unseren heutigen kulturellen Verhältnissen für einen Gruß im allgemeinen nicht die Schallform des Gesangs gewählt wird. Die Vertonungen des „Der Herr sei mit euch“ wollen nun allerdings auch nicht als Gesang, sondern als ein Ruf angesehen werden. Doch wäre dann noch weiter zu fragen, ob es für uns üblich ist, in solcher Weise rufend zu grüßen. Abgesehen von den Fällen, in denen der Grußempfänger so weit entfernt ist, daß ich ihn durch ein gesprochenes Wort nicht erreiche, wäre der gesprochene Gruß als die uns angemessene Schallform anzusehen. Man könnte dagegen einwenden, das gelte zwar für eine profane, nicht aber für die gottesdienstliche Versammlung. Gegenüber einem solchen Einwand wäre die Frage zu stellen (die ein grundsätzliches Problem der Liturgie zur Sprache bringt): Ändert die Tatsache, daß ein Gruß Bestandteil einer gottesdienstlichen und nicht einer anderen Art von Versammlung ist, grundsätzlich sein Wesen so, daß für ihn eine andere Schallform gewählt werden müßte? Verlangt oder rechtfertigt eine – recht [119] verstandene und berechtigte – „Sakralität“ des Gottesdienstes eine andere als die sonst übliche Schallform? Das Singen als solches allein ist ja nicht gottesdienstwürdiger als das Sprechen! Es wäre ein Mißverständnis zu meinen, daß die Schallform des Gesangs ohne weiteres „sakraler“ sei als das Sprechen. Sonst wäre es ja eine berechtigte Tendenz, im Gottesdienst überhaupt nur zu singen und beispielsweise auch für die Predigt von der Schallform des Sprechens abzugehen. Das Abgehen von der normalen Schallform unserer kulturellen Verhältnisse macht eine Kommunikation nicht automatisch schon zu einem gottesdienstlichen Handeln. Unbeschadet dessen bleibt die Frage, ob und welche musikalischen Schallformen wir hätten, die beispielsweise für den „Gruß“ seinen Charakter als wirklichen Gruß wahren und verdeutlichen und die doch nicht einfach der Schallform des Sprechens zugeordnet wären.

Ähnliche Überlegungen liegen etwa auch für das verbale Kommunikationselement des Segens am Ende der Eucharistieversammlung nahe. Abgesehen von der Frage, ob und in welcher Weise ein Segensspruch der Gemeinde über den Vorsteher angebracht sein könnte, müßte nach einer der liturgischen Funktion des Segens und unserer Musikkultur entsprechenden Schallform gesucht werden.

b) Kommunikation zwischen Lektor und Versammlung

Gegenüber einer früher gelegentlich vertretenen Auffassung, die Verkündigung der Schrift geschehe zur „Gloria Dei“ (und es käme daher erstlich gar nicht auf die Verstehbarkeit des vorgetragenen Textes durch die Gemeinde an), hat sich die Erkenntnis vom Mitteilungscharakter der Schriftlesungen durchgesetzt. Wenn auch betont werden muß, daß die Verkündigung der Heiligen Schrift mehr als nur „Vermittlung einer Information“ ist, so ist doch dieses Mehr der gottesdienstlichen Schriftlesung an die Verständlichkeit des Textes gebunden.

In der Ämterverteilung der römischen Liturgie fällt die Verkündigung der Schriftlesungen dem Lektor, nicht einem Kantor zu. Man kann darin einen Hinweis sehen, daß eine musikalische Schallform für die Schriftverkündigung, die die Gesangsfähigkeiten eines Kantors erfordert, der römischen Liturgie fremd ist. Vom Ausnahmefall einzelner hymnischer Perikopentexte abgesehen ist das Sprechen der Schriftlesungen als normale Vortragsweise anzusehen.

c) Kommunikation zwischen Sängerchor und übriger Versammlung

Vielschichtiger und daher schwieriger als beim Lektor ist die Erfassung des Kommunikationsfeldes zwischen der Sängergruppe (Kirchenchor, Schola) und den anderen Teilnehmern der Versammlung.

Zunächst einmal sind Funktion und Charakter der vom Sängerchor vorgetragenen Teile untereinander sehr unterschiedlich. Außer liturgischen Gesangsteilen, die wegen ihrer Texte in die Feier aufgenommen werden, gibt es solche, bei denen der Text nur eine sehr untergeordnete Rolle spielt. Man darf die Funktion des Gesangs in der Liturgie ja nicht darauf beschränken, ihn nur zum Vehikel des Wortes zu machen, etwa damit das Wort leichter den Weg zum Herzen finde. Die erstrebte Kommunikation darf und muß also mehr als bei den anderen Diensten die spezifischen Möglichkeiten des musikalisch Kommunikablen berücksichtigen und realisieren. Unter welchen Voraussetzungen, inwieweit und in welchen Formen sind zum Beispiel Glaube, Freude, Hoffnung, Schmerz u. ä. im Gesang kommunikabel?

Welchen Einfluß dabei die einzelnen Arten der Kirchenmusik auf das Kommunikationsfeld der gottesdienstlichen Versammlung haben, ist bisher noch kaum untersucht worden. Wie wirken z. B. gregorianischer Gesang, die verschiedenen Arten der Mehrstimmigkeit, die Kirchenlieder auf welche Gemeinde? Es geht dabei nicht um eine vordergründige [120] „Ablehnung“ oder „Begeisterung“, sondern um eine ernsthafte Forschungsarbeit mit den Methoden und Möglichkeiten der Musikpsychologie und Musiksoziologie.[1]

Ähnlich dringend und hilfreich wären Untersuchungen über den gruppensoziologischen Stellenwert der Sängerchöre bei der Suche nach einem möglichst hohen Effizienzgrad der Kommunikation.

Für die Bestimmung des Kommunikationsfeldes wäre weiter die wechselseitige Beziehung zwischen Sängerchor und der übrigen Versammlung zu beachten.

Was damit gemeint ist, läßt sich an dem Problem der „Stellvertretung“ erläutern: Welche liturgischen Akte der Gemeinde können an eine einzelne Gruppe innerhalb der Feiergemeinschaft delegiert werden? Ohne Zweifel gibt es bestimmte Akte des gottesdienstlichen Handelns, die nicht übertragbar sind. Beispielsweise kann die Selbstdarbringung und die von allen Mitfeiernden zu vollziehende Hingabe mit Christus an den Vater nicht von anderen geleistet werden. Für alle wesentlich personalen Vollzüge gibt es keine Stellvertretung: Es kann nicht jemand für einen anderen, d. h. an seiner Stelle, beichten oder kommunizieren. Außerdem entzieht sich die ganze Gruppe der spontanen Äußerungen der Stellvertretung. Äußerungen dieser Art waren mit dem neuzeitlichen Liturgiebegriff nicht vereinbar; aber man kann nicht sagen, daß sie prinzipiell dem Gottesdienst fremd sind: Die Teilnehmer an den Messen in Hippo fanden es nicht für „gottesdienstunwürdig“, dem predigenden Bischof Augustinus Beifall zu spenden. Zu den nicht übertragbaren verbalen Kommunikationselementen sind weiter die Grußworte zu rechnen und wohl auch einzelne Akklamationen. Die Gemeinde kann sich dabei nicht durch die Vorsänger vertreten lassen. Es wäre daher verfehlt – abgesehen von dem Problem des Singens oder Sprechens überhaupt –, diesen Gemeindeteilen eine so schwierige musikalische Form zu geben, daß sie nur von einem Sängerchor ausgeführt werden könnten.

Bezüglich anderer Stücke des „Ordinarium“ der Meßfeier, die an sich Gemeindeteile sind, läßt sich wohl nicht zwingend beweisen, daß sie grundsätzlich nicht auch einer Gruppe innerhalb der Versammlung übertragen werden könnten. Allerdings ist hier wiederum der Charakter der

---

[1] Das Aufgabenfeld wird näher erläutert bei *C. Leplae*, Implications sociologiques du chant religieux, in: ParLi 49 (1967) 660–675. – Ein umfangreiches Verzeichnis über die ältere Literatur bietet *K. G. Fellerer*, Soziologie der Kirchenmusik. Köln/Opladen 1963 (Kunst und Kommunikation 9). Die durch die liturgische Erneuerung aufgeworfenen Fragen werden in diesem Werk nicht behandelt. Bei der S. 78 wiedergegebenen angeblichen Untersuchung katholischer Kirchenchöre durch das Meinungsforschungsinstitut ACCA handelt es sich um eine Erfindung der Zeitschrift Musica Sacra, was nicht erwähnt wird. Auf der folgenden Seite heißt es nämlich bei der von *Fellerer* zitierten Quelle (MS(D) 76 [1956] 152): „Sie haben richtig geraten, wenn Sie dieses Ergebnis einer noch ausstehenden Meinungsumfrage für einen reichlich verspäteten Aprilscherz halten.“

einzelnen Stücke zu beachten. Das „Gloria" etwa eignet sich mehr für eine Delegierung als das Bekenntnis des Glaubens oder das Einstimmen in das Hochgebet. Doch schließen auch Credo und Sanctus nicht schlechthin die Möglichkeit aus, unter bestimmten Umständen von der Sängergruppe allein vorgetragen zu werden. Dieses Ausmaß der „Stellvertretung" möchte vielleicht manchem zu weit erscheinen. Es ist aber zu beachten, daß wir nach der grundsätzlichen Möglichkeit gefragt werden. Für die gottesdienstliche Praxis ist es jedoch keineswegs das einzige Kriterium, ob etwas an sich prinzipiell möglich ist, worauf im nächsten Abschnitt noch hingewiesen werden soll.

Unter dem Gesichtspunkt der Kommunikationsbeziehungen zwischen Sängerchor und der übrigen Gemeinde ist schließlich das wechselnde Singen zwischen beiden und der mehrstimmige Gesang des Chores zusammen mit (einstimmigem) Gesang der Gemeinde zu untersuchen. Kann jeder beliebige Text dafür benutzt werden? Ist es sinnvoll, ein Kirchenlied unbesehen in der Reihenfolge seiner Strophen zwischen Chor und Gemeinde aufzuteilen? Steht der „auffordernde Part" eher der Gemeinde oder den Vorsängern zu? Richtet sich die musikalische Form des „Überchors" nur nach den Aufführungsmöglich-[121]keiten oder gibt es gottesdienstliche Akte, für die sie sich als gemeinsamer Gesang der ganzen Feiergemeinde besonders empfiehlt?

3. Die einzelnen Texte, musikalischen Elemente und Handlungen innerhalb der Feier sind einander zugeordnet.

Das gottesdienstliche Handeln der Versammelten erfolgt in einer Abfolge von einzelnen Akten, wobei die Feier als ganze mehr ist als die Summe der einzelnen Stücke. Da bei den bisherigen liturgischen Ordnungen die einzelnen Teile weitgehend festlagen, waren Überlegungen hinsichtlich ihrer Zuordnung nur in begrenztem Ausmaß erforderlich. Man fragte zum Beispiel zwar, wie die verschiedenen Arten des kirchlichen Gesangs innerhalb derselben Meßfeier miteinander kombiniert werden könnten (gregorianischer Gesang für das Ordinarium und mehrstimmiges Proprium, deutsche Kirchenlieder und gregorianisches Ordinarium usw.), aber Richtlinie war dabei der vorgegebene Ritus der römischen Messe.

Durch den Ritus war beispielsweise geregelt, welche Teile veränderlich („Proprium") und welche Teile unveränderlich („Ordinarium") waren. Eine Erörterung, ob nicht auch manche von den veränderlichen Teilen unveränderlich sein könnten und in welchem Ausmaß, lag lange außerhalb des Blickfeldes. Faktisch wurde jedoch in der gottesdienstlichen Praxis, etwa bei den deutschen Singmessen, das Gefüge von „Ordinarium" und „Proprium“ verschoben. Bei der Verwendung der Kirchenlieder für die veränderlichen Gesänge entstand ein – in begrenztem Rahmen – unveränderliches „Proprium“. Die Austauschbarkeit der Gesänge zur Eröffnung, zur Gabenbereitung und zur Kommunion gemäß Nr. 32 der Musikinstruktion* läßt es jetzt auch für den römischen Ritus selbst nicht mehr zu, diese Gesänge einfachhin dem „Proprium“ zuzurechnen. Da die Möglichkeiten des Austausches und der Auswahl bei den weiteren Reformen vermehrt werden, bietet der Ritus der römischen Messe für das Gefüge der Zuordnung keine Anhaltspunkte mehr. Die für die Aufstellung der jeweiligen Feierordnung und für die Bereitstellung der Text- und Gesangsunterlagen Verantwortlichen müssen sich daher mit diesen Fragen befassen; in einem bisher noch kaum realisierten Ausmaß wird von ihnen Liturgie – nicht nur eine sekundäre, überlagernde „Volksliturgie“ – geschaffen.

Für das Verhältnis von veränderlichen und unveränderlichen Teilen muß beachtet werden, daß es nicht nur darum geht, in den unveränderlichen Teilen feierpsychologisch wichtige „Stützpunkte“ im Ablauf der Versammlung zu schaffen! Es handelt sich dabei zunächst um ein liturgietheologisches Problem. In der neuen Diskussion (H. Schürmann, Ph. Harnoncourt) wurde die festkonstitutive Funktion der veränderlichen Schriftlesungen unterstrichen, auf die auch die wechselnden Gesangsteile hingeordnet werden könnten. Darüber hinaus ist zu bedenken, daß in vielen Fällen die Schriftlesungen vom Anlaß der Versammlungen bestimmt sind und daher der Anlaß diesen Gesängen das spezifische Gepräge geben kann.

Das Problem der rechten Zuordnung besteht noch für weitere kirchenmusikalisch relevante Einzelakte, z. B. bezüglich Stille und Gesang, Stille und Orgelspiel, Orgel und Gesang. Was bedeutet es für das Orgelspiel, ob ihm eine Stille, ein verlesener Text oder eine Ansprache folgt oder vorangegangen ist? Desgleichen hat die Wiederholung bestimmter musikalischer Formen (z. B. des Kirchenliedes) innerhalb derselben Feier Auswirkungen auf die Gesamtgestalt; es kommen Querverbindungen und Assoziationen auf, durch die beabsichtigte oder vielleicht auch ungewollt falsche Akzentuierungen entstehen.

Von größter Bedeutung für einen sinnerfüllten Verlauf der gottesdienstlichen Versammlung und die entstehende Gesamtfeier ist der Wechsel zwischen den verschiedenen Handlungsträgern. Den Trägern der besonderen Dienste, zu denen auch Sängerchor und Kantor gehören, obliegt dabei erstlich die Ausführung der veränderlichen Elemente (die nicht [122] einfach mit dem früheren „Proprium“ identisch sind). Die Gesamtheit der Gemeinde wäre überfordert, wenn sie in jedem Gottesdienst alle anlaßspezifischen, d. h. weithin variablen Teile ausführen sollte. Doch muß dafür gesorgt sein, daß kein Übergewicht eines einzelnen Handlungsträgers

* Vgl. Instruktion „Musicam sacram“ vom 5.3.1967, Nr. 32 (EDIL/DEL 1, 764).

eintritt. So wird beispielsweise das an sich mögliche Ausmaß der „Stellvertretung“ innerhalb derselben Feier nie ganz in Anspruch genommen werden dürfen.

Wenn in diesen Überlegungen vorwiegend Fragen gestellt wurden (die nur kleine Ausschnitte berühren konnten), ist das ein Kennzeichen der gegenwärtigen Situation der Liturgik. Solange der Gottesdienst ein festgefügtes Geschehen war, erübrigten sich Erörterungen über „Warum“ und „Wie“ der einzelnen Akte des gottesdienstlichen Handelns. Hinter den neuen Fragen stehen noch kaum überschaubare neue Möglichkeiten und Aufgaben!

Das kirchenmusikalische Erbe aus der Sicht des Liturgikers*

Das Problem, zu dessen Lösung unsere Tagung beitragen will, beschäftigt seit mehreren Jahrzehnten die Fachleute der Liturgie, zu denen ich auch die Kirchenmusiker und die Kirchenmusikwissenschaftler rechne, denn Musik und Gesang sind nach unserem heutigen Verständnis Bestandteil des liturgischen Handelns, weshalb es nicht mehr nur getrennte Fachleute für Gesang und Musik einerseits und andererseits Fachleute für den Rest des Gottesdienstes gibt. Unsere gemeinsamen Fragen ergeben sich aus folgenden Tatsachen.

1. Ein neues Konzept für die gottesdienstlichen Versammlungen

Die Römische Kirche hat nach einem langen Vorbereitungsprozeß, der oft von mancherlei Auseinandersetzungen geprägt war, ein neues Konzept für ihre gottesdienstlichen Versammlungen entwickelt. Gründe des Selbstverständnisses der Kirche, theologische Einsichten, pastorale und missionarische Überlegungen, kultur- und gesellschaftsgeschichtliche Prozesse haben sie nach einem gewissen Zögern dazu veranlaßt. Das neue Konzept wollte keinen totalen Bruch mit der Vergangenheit. Es ist aber auch nicht bloß Retusche des Bestehenden, sondern es ist eine Reform des Vorhandenen.

Von dieser Erneuerung sind nun auch der gottesdienstliche Gesang und die gottesdienstliche Musik betroffen. Das Kapitel VI in der Liturgiekonstitution des Konzils, das sich mit den Fragen der Kirchenmusik befaßt, ist nur wenig kürzer als das Kapitel II derselben Konstitution über die Eucharistie. Mit Recht und erfreulicherweise ist die Kirchenmusik miteinbezogen

---

* Zuerst veröffentlicht in: MS(D) 100 (1980) 169–177. – Bibliographie Rennings Nr. 272. Um einer besseren Übersichtlichkeit willen wurde die Gliederung anders gestaltet. – Der Beitrag wurde ursprünglich als Referat auf einer gemeinsamen Studientagung zum Thema „Gottesdienstliche Erneuerung und kirchenmusikalisches Erbe“, die vom Liturgischen Institut, Trier (im Auftrag der Liturgiekommission der Deutschen Bischofskonferenz) und vom Allgemeinen Cäcilien-Verband am 19./20. November 1979 in Augsburg veranstaltet wurde, vorgetragen.

in den Reformprozeß, denn sonst könnte man ja meinen, Gesang und Musik hätten nur äußerlich etwas mit der Liturgie zu tun.

Die Kirchenmusik ist erstens insofern betroffen, als es zu dem neuen Konzept gehört, Gesang und Musik voll in das liturgische Handeln zu integrieren. Schluß also mit der eigenartigen Situation, daß Gesang und Musik zwar stark das äußere Erscheinungsbild bestimmter Gottesdienste prägten, aber eben doch eigentlich „liturgisch" nicht zählten, eher als „fromme Spielwiese" angesehen werden konnten. Die für das Verhältnis von Liturgie und Musik entwickelten „Verschönerungs"- und „Magdtheorien" haben ausgedient. Aus der Integration ergibt sich, daß Musik und Gesang durch die Reform insofern auch betroffen sind, als sich die Frage nach der Weiterverwendung des Bisherigen stellt. Dabei lassen sich drei Teilfragen unterscheiden.

2. Weiterverwendung der traditionellen musikalischen Dienste

Können gemäß der neuen Konzeption die bisher üblichen Träger des musikalischen Dienstes weiterverwendet werden? Darauf ist mit einem uneingeschränkten Ja zu antworten. Gewiß gab es anfängliche Unsicherheiten. Es war ein Mißverständnis und eine Ausnahme, wenn einem Kirchenchor vom Pfarrer gesagt wurde: Ite, ite, Liturgia reformata est – wir brauchen euch nicht mehr, löst euch auf! Inzwischen dürfte nicht mehr der geringste Zweifel bestehen: Die Liturgiereform erfordert nicht bloß keine Abschaffung des Organisten, des Vorsängers, des Chores, der Schola, der anderen Sängergruppen und der Instrumentalisten, sondern vielmehr ihre Aufwertung und ihre Vermehrung. Ohne ihre erweiterten Dienste läßt sich das neue Konzept des Gottesdienstes nicht verwirklichen. Wer Ernst machen will mit der Erneuerung der Liturgie und keinen Sängerchor hat, soll als zweites einen Chor gründen. Wer Ernst machen will mit der Liturgiereform und keine Vorsänger hat, sollte als erstes eine solche Gruppe bilden. Wer meint, den Organisten einsparen zu können, wird kaum Gemeindegottesdienste im Geiste des Konzils halten können. [170]

3. Weiterverwendung der bisherigen musikalischen Formen

Bezüglich der musikalischen Ausführungsformen ist ebenfalls festzustellen, daß durch die Reform keine der überlieferten Möglichkeiten prinzipiell in Frage gestellt ist. Die Einstimmigkeit ist nicht verboten und die Mehrstimmigkeit nicht vorgeschrieben. Reine Instrumentalmusik bleibt ebenso möglich wie A-cappella-Gesang, oder zum Beispiel ein Tractus, eine Motette, ein Lied, ein Psalm mit Antiphon wie Rufe, Rezitative usw.

Freilich, jede Form von Entartung sollte nicht weiterverwendet werden: einen lateinischen Introitus auf einem Ton abzuspulen, damit dann Zeit bleibt für das polyphone Kyrie, oder in gleicher Weise eine Sequenz vorzutragen, damit es schneller geht.

4. Weiterverwendung der bisherigen Kompositionen

Wie steht es aber mit der Weiterverwendung der Kompositionen, alles dessen also, was von Gemeinde, Chor, Vorsänger, Priester, Diakon und anderen gesungen und von den Instrumentalisten aller Art gespielt zu werden pflegte? Ist nichts mehr davon verwendbar? Kann alles, ohne jede Änderung, wie früher weiter gesungen und gespielt werden?

Die Lösung kann weder in einer totalen Absage an die bisherige Kirchenmusik noch in einer radikalen Mißachtung der Liturgiereform bestehen. Um eine differenzierende Antwort zu finden, dürfte es nützlich sein, zunächst einmal die Tatbestände mit einigen Begriffen zu klären. Dabei legen sich drei Unterscheidungen nahe.

a) Kirchenmusikalisches Erbe

Darunter könnte man die Gesamtheit der auf uns gekommenen kirchenmusikalischen Kompositionen verstehen, seien sie wertvoll oder weniger wertvoll, bekannt oder noch in den Archiven schlummernd, häufig verwendet oder fast verschollen.

b) Kirchenmusikalisches Repertoire

Alles aus dem kirchenmusikalischen Erbe, was tatsächlich gesungen und gespielt wurde und wird, könnte als Repertoire bezeichnet werden. Das kirchenmusikalische Repertoire stellt somit nur einen Teil des Erbes dar. Die Frage, wie es zum Repertoire kommt, warum und welche Kompositionen des Erbes zum Repertoire wurden und welche nicht, braucht hier nicht weiter verfolgt zu werden, so aufschlußreich sie für die Geschichte der Liturgie wäre.

c) Kirchenmusikalischer Thesaurus

Dieser Begriff wird in der Liturgiekonstitution des Konzils gebraucht. Es heißt dort, die überlieferte Musik der Gesamtkirche stelle einen „Reichtum von unschätzbarem Wert" („thesaurum ... pretii inaestimabilis") dar (Art. 112). Diese Feststellung steht im ersten Artikel des Kapitels über die Kirchenmusik und will als generelle Bewertung verstanden werden. Sie darf weder auf die lateinische Kirche noch auf irgendeine besondere Stilart begrenzt werden. Ein deutsches Kirchenlied kann genauso dazugehören wie ein byzantinisches Troparion.

Eine Einschränkung gegenüber dem, was wir als „kirchenmusikalisches Erbe" bezeichnet haben, beinhaltet der Begriff des Thesaurus insofern, als von seinem „unschätzbaren Wert" gesprochen wird. Demnach kann – das scheint mir eine logische Folge zu sein – nur wirklich Wertvolles zu ihm gehören. Die bloße Tatsache, daß eine Komposition lange Zeit hindurch und vielleicht oft gesungen wurde, qualifiziert sie noch nicht ohne weiteres als Bestandteil des Thesaurus. Nicht die Quantität der Aufführungen befördert eine Komposition in den Thesaurus. Minderwertiges, das auch häufig aufgeführt worden ist – wenn ich den Ausdruck „aufführen" hier verwenden darf – findet sich ohne Zweifel in manchen mehrstimmigen Messen genauso wie beim muttersprachlichen Liedschatz.

Ein weiteres Kennzeichen für die zum Thesaurus zu rechnenden Kompositionen ist ihre Eignung zur gottesdienstlichen Verwendung nach dem neuen Konzept der Liturgie. Kriterien dafür werden später näher zu erläutern sein.

Unter dem Begriff des kirchenmusikalischen Thesaurus wäre danach zu verstehen jener Teil des kirchenmusikalischen Erbes – gleich welcher Sprache, welchen Stils und welcher Form –, der einerseits aufgrund seines Wertes erhaltenswert erscheint und andererseits zugleich zum [171] Gebrauch in der erneuerten Liturgie geeignet ist. Der Begriff des Thesaurus ist also umfassender als der des Repertoires, aber enger als der des kirchenmusikalischen Erbes. Zum Thesaurus in einem weiteren Sinn wären die noch zu schaffenden neuen Werke zu zählen, die dieselben Ansprüche erfüllen (vgl. Liturgiekonstitution, Art. 59; Instruktion „Musicam sacram", Nr. 59).

5. Wahrung und Pflege des Thesaurus

Vom kirchenmusikalischen Thesaurus wünscht die Liturgiekonstitution (Art. 114), er möge „mit größter Sorge bewahrt und gepflegt werden".

Immer wenn das konziliare Dokument auf das Verhältnis von Überliefertem und Neuem zu sprechen kommt – was für alle Reformimpulse dieser Kirchenversammlung überhaupt gilt –, weist es auf die Notwendigkeit hin, den geschichtlichen Zusammenhang zu wahren. Das ist sicher einmal eine Hilfe für die Anfangsphase der Reformen, für jene Generationen, die die Erneuerung vollziehen beziehungsweise erleben. Ihnen sollen keine unzumutbaren Sprünge auferlegt werden. Die Forderung nach Wahrung der historischen Kontinuität drückt aber auch Erfahrungen der Kirchengeschichte aus. Hat es sich doch gezeigt, daß Einseitigkeiten und Übertreibungen dem Wirksamwerden von Reformen meistens mehr geschadet als genutzt haben. Was langsam wächst, vielleicht mühsam wächst, aber den Anschluß an das Bisherige hält, hat die größere Chance, bleibend in das Handeln der Kirche einzugehen. Kritiker könnten fragen, ob eine solche Haltung nicht doch eher Zeichen mangelnder Vitalität sei. Sind nicht andere Erneuerungsbewegungen in der Kirche mit weniger Respekt vor der Vergangenheit vorgegangen? Wie selbstbewußt ging der Barock mit den romanischen und gotischen Kirchen um! Schuf er nicht bauliche Tatsachen, die viel weniger rückgängig zu machen sind als eine dreißig oder fünfzig Jahre nicht aufgeführte musikalische Komposition? Demgegenüber wäre festzustellen, daß die Kirche in einem positiven Sinne Nachlaßverwaltungsgesellschaft ist. Sie versteht sich als Stiftung des Herrn, sie ist notwendigerweise zurückgewandt und daher besonders auch den durchhaltenden und bleibenden Kräften zugewandt.

Freilich sollte die Reform nicht bloß der Erhaltung des Überlieferten dienen. Die Erneuerung hat sich nicht nach den Möglichkeiten der Bewahrung zu richten, sondern umgekehrt.

Wenn die Liturgiekonstitution des Konzils von der Bewahrung des Erbes spricht, hat sie zunächst wiederum die Gesamtkirche vor Augen, innerhalb welcher die Fülle und der Schatz des überlieferten Erbes gepflegt und gefördert werden sollen. Niemand wird deshalb zum Beispiel verlangen, daß typisch mitteleuropäische Kompositionen, die durchaus in diesen Ländern verwendet werden können, in den jungen Kirchen Afrikas eine Heimat finden. Selbstverständlich braucht auch nicht der gregorianische Gesang, Erbgut der lateinischen Kirche, in den Ostkirchen eingeführt zu werden.

Auch innerhalb der lateinischen Kirche kann nicht überall alles in gleicher Weise gepflegt werden. Nicht zufällig weist die Liturgiekonstitution im Zusammenhang mit dem Artikel 114 auf die Kathedralkirchen hin. Die Instruktion „Musicam sacram“ nennt in ähnlichem Zusammenhang neben den Domkirchen andere bedeutende Kirchen (Nr. 19a. 20). Dort sind am ehesten die notwendigen Voraussetzungen gegeben. Wenn es beispielsweise Pfarrkirchen gibt, in denen bisher noch nie eine polyphone Messe des 19. Jahrhunderts gesungen wurde, dann wäre es verfehlt, dies mit Berufung auf die Weisungen des Konzils ändern zu wollen.

Bei aller Forderung nach Erhaltung des Bewahrenswerten rechnen die liturgischen Reformdokumente damit, daß manche Kompositionen des kirchenmusikalischen Erbes zu einer Verwendung in der erneuerten Liturgie nicht mehr brauchbar sind. Welche Gesichtspunkte zur Beurteilung der Eignung bieten sich an?

6. Kriterien für die liturgische Eignung

a) Fähigkeiten der Sänger

Als allgemeine Regel für die Auswahl der Gesänge, die aber für eine prüfende Sichtung des überkommenen Erbes besondere Bedeutung hat, weist die Instruktion „Musicam sacram" (Nr. 9) auf die Berücksichtigung der gesanglichen Fähigkeiten des Chores, der Schola, der Vorsänger usw. hin. Da es für die variablen Gesangsteile der Meßfeier keine vorgeschriebenen Stücke mehr [172] gibt, besteht kein Grund, Kompositionen zu wählen, die die Fähigkeit der Sänger übersteigen. Manche Kompositionen der Vergangenheit kommen für viele Gemeinden schon deshalb nicht in Betracht, weil sie für größere und leistungsfähigere Chöre geschrieben sind. Auch der gregorianische Gesang stellt an die Sängergruppen nicht geringe Anforderungen. Respekt vor dem Wunsch, ein lateinisches Graduale zu singen! Respekt aber auch vor dem Graduale und dem liturgischen Vorgang des Zwischengesanges, die nicht „nur Gutmeinenden" ausgeliefert werden dürfen! Es dürfte der wirklichen Wahrung des Thesaurus nur abträglich sein, wenn sich Sängergruppen mit der Berufung auf das zu erhaltende Erbe übernehmen würden.

b) Orientierung an der feiernden Gemeinde

Ein anderes Kriterium, das über die liturgische Eignung überlieferter Musik mitentscheidet, ist die Orientierung an der jeweiligen mitfeiernden Gemeinde.

Wenn in der Liturgie der Glaube der Christen sich zeichenhaft darstellen und wenn er wirksam werden soll, wenn es um Vermittlung von Glaubenserfahrungen und Bekenntnis des Glaubens geht, wenn wir das Geschenk des Herrn entgegennehmen und ihm antworten sollen, muß die Liturgie Ausdrucksformen finden, die den jeweils Mitfeiernden angemessen sind. Es war die eigentlich fundamentale Entscheidung der konziliaren Liturgiereform, daß man von einer uniformen Liturgie (mit all ihren unbestreitbaren Vorteilen) abging, die diese Angemessenheit eben nicht bieten kann. Damit der Gottesdienst den Glauben in den je den Gemeinden angemessenen Formen ausdrücken kann, entschied sich das Konzil für seine Pluralität.

Es kann also nie darum gehen, über die Köpfe und Herzen der versammelten Gemeinde hinweg – an sich vielleicht sogar höchst wertvolle – Werke der Kirchenmusik dazubieten, nur um ein Erbe zu erhalten. Der Kirche kann auch nicht zugemutet werden, bloße Kunstwerke als solche zu erhalten. Entscheidendes Kriterium für sie kann nur die geistliche Funktion einer Ausdrucksform sein. Das gilt übrigens nicht nur für die Kirchenmusik, die hier nicht einer Sonderbehandlung unterworfen wird; dies gilt ebenfalls für das ganze zeichenhafte Tun, für den Raum, für das Wort der Liturgie.

Über die Geeignetheit einer Komposition zur Weiterverwendung in der erneuerten Liturgie entscheidet demnach die Antwort auf die Frage, ob die Komposition Ausdrucksform der Verkündigung, des Lobes, des Dankes, des Bekenntnisses usw. dieser konkreten Gemeinde sein kann, ihres Glaubens. Diese Antwort wird nicht immer leicht zu finden sein. Sie ist aber mindestens insofern völliger Subjektivität entzogen, als jede christliche Gemeinde nur eine solche im Rahmen des Gesamtverbundes der Gemeinden, d. h. der Kirche ist. Der Maßstab kann nicht ein beliebiger, vielleicht selektiver Glaube einer einzelnen Lokalgemeinde sein, sondern muß den Glauben der Kirche abdecken.

Der Blick auf die Mitfeiernden kann jedoch durchaus von Gemeinde zu Gemeinde verschiedene Ergebnisse bringen. Er kann das auch für die verschiedenen Gottesdienste ein und derselben Gemeinde. Ich würde es durchaus auch für sinnvoll ansehen, durch das „Angebot" eine für bestimmte Ausdrucksformen aufgeschlossene Gemeinde zu versammeln. So etwa, wenn in einer größeren Stadt mit zahlreichen Meßfeiern in einer der Kirchen Gottesdienste gehalten werden, die speziell von den überlieferten Elementen der Kirchenmusik geprägt sind. Daß dabei die fundamentalen Forderungen der erneuerten Liturgie hinsichtlich der tätigen Teilnahme aller Mitfeiernden zu beachten sind, muß als selbstverständlich vorausgesetzt werden.

c) Beachtung der Funktion

Ein weiteres Kriterium für die Verwendung von Kompositionen aus dem kirchenmusikalischen Erbe in der heutigen Liturgie ist ihre Funktionsgerechtheit.

Die nachkonziliaren kirchenamtlichen Dokumente haben diese Sichtweise stark hervorgehoben. Sie hat überhaupt nichts mit einem Rationalismus, der der Liturgie fremd wäre, zu tun. Unter Funktion wird der Sinn und Zweck eines einzelnen liturgischen Elementes verstanden. Eine Funktionsbeschreibung beantwortet die Frage, warum an dieser Stelle im Verlauf der gottesdienstlichen Feier ein bestimmtes Element steht, was seine

„Natur" ist, wozu es da ist. Die Rückbesinnung auf die Funktion löst ein Denken ab, das in den einzelnen liturgischen Elemen-[173]ten überwiegend vorgegebene starre Riten sah. Erst die Erkenntnis der Funktion ermöglicht variable Gestaltungsformen, die nicht bloßer Beliebigkeit entspringen. Keine Gestaltungsform darf die Bindung an die Funktion verlieren; alle Gestaltungsformen müssen der Erfüllung der Funktion dienen. Wenn sie das nicht tun, sind sie ungeeignet für die Verwendung im gottesdienstlichen Handeln.

Im folgenden soll an drei Beispielen kurz erläutert werden, welche kirchenmusikalischen Konsequenzen sich aus den Überlegungen zur Funktion ergeben.

aa) Beispiel Eröffnungsgesang

Warum wird nach der Ordnung der Römischen Messe zu Beginn des Gottesdienstes gesungen? Die Antworten, daß das eben vorgeschrieben, immer so gewesen und auch schön sei, mögen zwar richtig sein, aber sie befriedigen nicht. Eine funktionale Betrachtungsweise wird darauf hinweisen, daß im Rahmen der Eröffnung eines Gottesdienstes Hilfen zur Mitfeier gegeben werden müssen. Aus den vielen einzelnen soll eine feiernde Gemeinschaft werden. Kaum etwas vermag dazu so wirksam beizutragen wie ein gemeinsames Singen. Es schafft Verbundenheit. Zugleich wird für den Gottesdienst, der ja nicht nur den Kopf des Menschen beansprucht, eine emotionale Einstimmung geboten. Ihn, den ganzen Menschen, mit seinem Herzen in „Schwingung" zu bringen vermag nichts so gut wie Gesang und Musik.

Eine weitere Hilfe für das Mittun – übrigens auch in vielen anderen Arten menschlicher Zusammenkünfte – ist es, zu Beginn das Thema, den Anlaß bzw. das Motiv des Treffens zu nennen. Die Introitusgesänge der klassischen lateinischen Liturgie sind nach diesem Prinzip gestaltet. Ihre Texte nennen den Grund des Zusammenkommens: an Weihnachten „Puer natus est …", am Feste Christi Himmelfahrt „Viri Galilaei …". So erklingt zu Beginn das Motiv, das über dem ganzen liturgischen Handeln steht. Es im und durch den Eröffnungsgesang zum Ausdruck zu bringen ist sicher eine der Liturgie gemäßere Weise als die verhältnismäßig platte Ersatzform der rein verbalen Feststellung „Wir feiern heute …" oder gar „Wir bedenken heute, wir machen uns heute bewußt, was die Geburt Christi für uns bedeutet" (als wenn Liturgie eine Bedenk- und Bewußtmachungsstunde sei!).

Eine Hilfe für die Mitfeier ist es ferner, wenn die Anwesenden möglichst bald zu Beginn zu einer aktiven Beteiligung gebracht werden. Die Lernpsychologie hat darauf aufmerksam gemacht, daß z. B. von einer

Diskussion, an der sich jemand beteiligt, mehr Ergebnisse behalten werden, als wenn der Betreffende nur zuschaut und zuhört. Wenn einer erst selbst einmal „den Mund aufgemacht hat“, identifiziert er sich mehr mit dem ganzen Vorgang. Übertragen auf den Gottesdienst würde das besagen, daß der Gesang am Beginn möglichst einer ist, an dem sich alle beteiligen können. Wer mitsingt, ist bereit zur Identifikation mit dem, was begonnen wird. Er hat die Haltung der Reserve – verschränkt abwartend, was die sich heute wieder ausgedacht haben – aufgegeben. Er ist bereit mitzugehen.

Ein bloßer Chorgesang zu Beginn kann sicher die emotionale Funktion und die Funktion der Motivangabe erfüllen, weniger wirksam die der Herstellung der Verbundenheit, gar nicht die der wichtigen Anfangsaktivität aller Anwesenden.

bb) Beispiel Hochgebet

Eine Wiederbelebung seiner frühen Funktion hat das Eucharistische Hochgebet der Meßfeier durch die Reform erfahren. Der Übergang vom leise und lateinisch gebeteten „Kanon“ zum vernehmbar in der Muttersprache vorgetragenen – teilweise gesungenen – Hochgebet hat seinen Charakter als Dank- und Preisungsgesang wieder deutlicher hervorgehoben. Im Anschluß an das jüdische Tischgebet, wie es von Christus beim Abendmahl gesprochen worden sein mag, ist das Hochgebet vor allem dankende und lobpreisende Aufzählung der Großtaten Gottes für sein Volk. Eine solche „Dankesrede“ verlangt aber – nach ihrem Genus als Redetyp – gehört, ganz gehört und verstanden zu werden.

Das ist ganz sicher eine andere Perspektive als die des frühen Mittelalters, die in ihren Meßerklärungen im Priester den Hohenpriester des Alten Bundes sah, der allein in das Innerste des Allerheiligsten eintrat, während alle anderen schweigend zurückblieben. Dem entsprach das stille [174] und später unhörbare Sprechen des Kanons und die schweigend dem Heiligen zugewandte Schar der Gläubigen. Als in einer bestimmten Phase der geschichtlichen Entwicklung das Schweigen nicht mehr durchgehalten, vielleicht nicht mehr ertragen wurde, sah man eine gute Möglichkeit darin, es durch den länger dauernden Gesang des Sanctus und Benedictus zu füllen, vielleicht zu überbrücken. Das Kernstück der Meßfeier verlor seine Konturen.

Aus diesen kurzen Hinweisen wird das Problem deutlich, das bei der Weiterverwendung mancher – nicht aller – Hochgebetsteilkompositionen in der erneuerten Liturgie besteht. Ein im Vergleich zum gesamten Hochgebet überproportioniert langes Sanctus droht die Einheit des Hochgebetes zu sprengen. Ein nur vom Chor gesungenes Sanctus nimmt der übrigen Gemeinde einen ihr zustehenden Teil des Hochgebetes. Ein Priester, der während des langen Sanctus-Gesangs bereits alle vorkonsekratorischen Teile des Hochgebetes still für sich spricht, verstößt gegen die Funktion und enthält der Gemeinde einen Teil der dankenden Lobpreisung vor. Zudem stört er für die Mitfeiernden den hörenden Mitvollzug, wenn plötzlich nach dem Ende des Chorgesangs für sie die Worte hörbar werden: „Denn in der Nacht, da er verraten wurde …“. Diese Darlegungen mögen verständlich machen, warum auf sinnvollen Vollzug der Liturgie bedachte Liturgiker nicht verstehen können, warum gerade im Herzstück der Meßfeier ein wichtiges Element wie das Hochgebet verunstaltet werden soll zugunsten eines Gesangsteils aus dem kirchenmusikalischen Erbe, warum eine wichtige Funktion wegen eines musikalischen Vollzugs Schaden nehmen soll. Sind hier nicht die Grenzen der Weiterverwendung? Wo dies klar erkannt und die Gründe dafür anerkannt werden, sehe ich durchaus die Möglichkeit, darüber zu diskutieren, ob im Einzelfall und unter welchen Voraussetzungen Ausnahmen gemacht werden könnten.

cc) Beispiel Kehrvers

Ein liturgisches Element, das in seiner Funktion häufig – auch von Kirchenmusikern – nicht erkannt oder mißverstanden wird, ist der Kehrvers. Der mehrfache Gesang eines kurzen Textes – durch Chor und/oder Gemeinde – ist ja keine Konzession an Teilnehmer, die keine Gesangbücher bei sich haben oder denen man nicht zutraut, mehr als einen Satz singen zu können. Der Kehrvers ist eine anspruchsvolle, weil intensive Form des Gebetes. Alle Formen der Meditation beruhen auf dem Gesetz der Wiederholung. Der Kehrvers lenkt den Beter zu einem einzigen Wort, zu einer einzigen Vorstellung, zu einem einzigen Gedanken. Er leitet damit zur Konzentration an. Der Beter kann sich einen Text mehr als beim einmaligen Hören oder Sprechen zu eigen machen, und der Text beginnt, im Beter zu leben.

Text, Melodie und Ausführung des Kehrverses müssen dieser Funktion entsprechen. Wenn im kirchenmusikalischen Repertoire im Laufe der Geschichte manche Kehrverse nur einmal – und nicht wiederholt – gesungen wurden, konnten sie ihre ursprüngliche Funktion nicht erfüllen. Ein Chor, eine Sängergruppe oder ein Kantor, die dem Kehrvers zu seiner funktionsgerechten Ausführung verhelfen, leistet damit einen Dienst an einem intensiv geistlichen Vorgang innerhalb des liturgischen Handelns.

d) Förderung der tätigen Teilnahme der Gemeinde

Maßstab für die Eignung überlieferter Kompositionen zur Weiterverwendung in der Liturgie ist neben der Funktionsgerechtheit die Förderung der tätigen Teilnahme der ganzen versammelten Gemeinde. Es dürfte wohl nicht genügen, wenn bei Kompositionen aus dem Erbe nur die tätige Teilnahme der Gemeinde gewahrt wird. Dieses Prinzip der Reform ist so grundlegend, daß ihm andere Erwägungen unterzuordnen sind. Natürlich war mit dem Reformgrundsatz, der erstmals von Pius X. ausgedrückt und dann weiterentwickelt wurde, nicht eine pausenlose „Aktuosität" gemeint.

Tätig ist eine Teilnahme dann, wenn sie dem jeweiligen liturgischen Akt entsprechend ist: Tätige Teilnahme an einer Lesung besteht im aufmerksamen Zuhören; tätige Teilnahme an einer Meditationsstille besteht im schweigenden, meditierenden Stillsein; tätige Teilnahme an einem Gemeindegesang besteht im Mitsingen; tätige Teilnahme an einem vom Chor vorgetragenen Gesang besteht im Zuhören. Maßgebend ist die Funktion. Es besteht keine Notwendigkeit, um der Erhaltung des kirchenmusikalischen Thesaurus oder bestimmter kirchenmusikalischer Praktiken willen, die Bedeutung der tätigen Teilnahme herunterzuspielen oder [175] umzudeuten, wie es gelegentlich in älteren, wenn auch nachkonziliaren Jahrgängen kirchenmusikalischer Fachzeitschriften versucht wurde. Es bleibt sicher genügend Platz für das Erbe! Nicht zulässig ist es freilich, Funktionen zu verunklaren, um nur ja weitermachen zu können wie bisher. Bei der beispielsweise dem Eröffnungsgesang nur zuhörenden Gemeinde wird die Funktion eben nicht voll erfüllt und die tätige Teilnahme verhindert.

e) „Ordinarium" und „Proprium" als Begriffe der Liturgiegeschichte

Die Aufzählung einiger Kriterien sei abgeschlossen mit dem Hinweis auf die neue Wertung der früher als „Ordinarium" und „Proprium" einer Meßfeier bezeichneten Gesangsteile. Unter diesen Oberbegriffen wurde eine Reihe sehr verschiedenartiger Elemente verstanden. Die neue Betonung der Eigenart jedes dieser Elemente ließ ihre Reihung fragwürdig erscheinen. Für das „Proprium" kommt hinzu, daß eine weitgehende Austauschbarkeit den Begriff ausgehöhlt hat. Damit ist eine ganz starke Ausweitung der Verwendungsmöglichkeiten überlieferter Kompositionen eingetreten, andererseits aber auch ein strengerer Maßstab gefordert. Die festgefügte Ordnung, die gewiß nicht ohne gute Seiten war, wurde zugunsten einer flexiblen Regelung zur Förderung des Singens aufgegeben. Darin wird ein grundsätzlicher Aspekt des neuen Konzepts der Liturgie deutlich. Bei der Verwendung weitgehend vorgegebener Ordnungen konnte man, solange man sich daran hielt, nicht allzuviel „falsch" machen. Das neue Konzept setzt in weitaus höherem Maß Sachkenntnis und sachgemäßen Umgang mit den liturgischen Elementen voraus, es erfordert also weitaus mehr an liturgischer Bildung und Ausbildung. Sie bleibt ein dringliches Desiderat. Es wäre nur zu bedauerlich, wenn mangelnde Sachkenntnis zu so viel

Mißgriffen führen würde, daß man nur in einem „Zurück zu den fixierten Ordnungen" Schutz zu finden meinte.

Auch die nicht den Anspruch der Vollständigkeit erhebende Aufzählung von Kriterien dürfte gezeigt haben, daß sehr viel aus dem kirchenmusikalischen Erbe in den Thesaurus aufgenommen werden kann, d.h. lebendiger Bestandteil einer lebendigen Liturgie bleiben und werden kann.

Daß es bei der Einordnung überlieferter lateinischer Gesänge in eine muttersprachliche Liturgie zu sprachlichen – und auch stilistischen – Mischformen kommt, ist kein berechtigter Einwand, sondern kann gerade als Dokumentation der Kontinuität gesehen werden. Außerdem ist eine derartige Mischung keineswegs etwas Neues. Die Instruktion „Musicam sacram" greift nur uralte kirchliche Praxis auf, wenn sie erklärt: „Es steht ... nichts im Wege, in derselben Feier einzelne Teile in einer anderen Sprache zu singen" (Nr. 51).

7. Adaptierung von Kompositionen aus dem Erbe

Bisher war die Rede von Kompositionen aus dem Erbe, die unter Wahrung der notwendigen Kriterien unverändert in der erneuerten Liturgie verwendet werden können.

Die Instruktion „Musicam sacram" macht noch auf eine weitere Möglichkeit aufmerksam, überlieferte Kirchemusik zu wahren. Sie fordert die Fachleute auf zu prüfen, ob von dem, was für die neue Liturgie aus dem Erbe nicht verwendbar ist, durch Adaptierung (aptari) Verwendbares werden könnte (vgl. Nr. 53). Sicher keine Aufgabe für kirchenmusikalische und liturgische Laien! Hier ist die Zusammenarbeit von Kennern der Musiktradition und der Liturgieerneuerung unerläßlich.

Die Instruktion weist auf diese Möglichkeit hin, schweigt sich aber über Art und Umfang der Anpassungen aus. Ein konkretes Beispiel sind die Lieder aus dem deutschsprachigen kirchenmusikalischen Erbe, denen neue Texte unterlegt wurden, wie es im Gotteslob geschah. Für lateinische mehrstimmige Ordinariumsgesänge liegt nahe zu prüfen, ob es aus musikalischen Gründen zwingend ist, stets die ganze Reihe zu singen oder ob man sich nicht auch auf ein einzelnes Teil beschränken kann. Läßt sich aus dem Introitus des gregorianischen Gesangs ein Teil – z.B. ein Kehrvers – herauslösen?

Auch die Frage nach der Verpflanzung und Umwidmung einzelner Gesänge ist hier zu stellen. Es wurde gelegentlich vorgeschlagen, das mehrstimmige Gloria als Hymnus nach der Kommunion zu verwenden. Zweifellos würde damit der Eröffnungsteil, der besonders bei mehrstimmigem Gesang oft hoffnungslos überladen wird, entlastet. Zudem löste sich damit die Problematik [176] eines hymnischen Gesangs gleich zu Beginn des gottesdienstlichen Handelns. Ebenfalls zur Diskussion gestellt wurde die Verlegung eines längeren Agnus-Dei-Gesangs in die Zeit der Kommunionspendung. In vielen Gottesdiensten ist das Agnus Dei insofern als Begleitgesang zur Brotbrechung funktionslos geworden, als die Brotbrechung so kurz ist, daß sie keinen Begleitgesang zuläßt. Aber auch dort, wo das für das Verständnis der Eucharistie so wichtige zeichenhafte Geschehen der Teilung des einen Brotes stattfindet, wird es kaum die Zeitdauer mancher Kompositionen erreichen. Wenn keine Handlung mehr stattfindet, wird ein Begleitgesang sinnlos.

8. Übernahme in andere Arten gottesdienstlicher Versammlung

Die Instruktion „Musicam sacram", die in den hier beschäftigenden Fragen das maßgebliche kirchenamtliche Dokument ist, rechnet damit, daß es Kompositionen aus dem kirchenmusikalischen Erbe gibt, die weder an ihrem bisherigen Platz unverändert in die neue Liturgie übernommen noch durch Adaptierung für sie geeignet gemacht werden können. Wer das nicht zur Kenntnis nehmen will, hat die Tragweite der Reform nicht verstanden.

Aber auch solchen Kompositionen möchte die Instruktion einen Platz im gottesdienstlichen Handeln erhalten. Sie verweist dabei auf die Wortgottesdienste und Andachtsübungen. Diese beiden Arten von gottesdienstlichen Versammlungen zählen zwar im liturgierechtlichen Sinn nicht zur „Liturgie", stehen aber nicht außerhalb des umfassenden Begriffs der gottesdienstlichen Feiern (und gemäß üblichem deutschen Sprachgebrauch auch nicht außerhalb des Vorgangs „liturgischen" Handelns). Als öffentliche gottesdienstliche Versammlungen haben die Wortgottesdienste und „Andachten" einen hohen Stellenwert im kirchlichen Leben. Übernahme von Kompositionen in diese Arten gottesdienstlicher Versammlungen bedeutet also keineswegs ein Abschieben, keine Entfernung aus dem Gottesdienst. Beispielsweise könnte ein Sanctus, das für eine Meßfeier als nicht mehr geeignet angesehen werden muß, in einem eigenständigen Wortgottesdienst einen Höhepunkt bilden. Der Wortgottesdienst etwa mit dem Thema „Heiligkeit Gottes" könnte in seinen Lesungen, Gebeten und anderen Elementen ganz darauf ausgerichtet werden. Die Alternative zu fehlender liturgischer Eignung für den bisherigen Platz heißt keineswegs Konzertsaal und Schallplatte. Wer aufrichtig an einer Erhaltung des kirchenmusikalischen Erbes interessiert ist, wird mancherlei Möglichkeiten finden.

Am Schluß der Bemerkungen zum Verhältnis des kirchenmusikalischen Erbes zur erneuerten Liturgie seien noch einige fragende Anmerkungen gemacht, die sich nicht auf die Erhaltung der Kompositionen beziehen, sondern auf das umfassendere Vermächtnis des Erbes als Auftrag für seine Weiterentwicklung.

Als erstes wären wohl zu nennen die vielfältigen Bemühungen um den Gesang und die Musik überhaupt. Das Erbe entstand ja, weil in immer neuen kulturellen Verhältnissen und liturgischen Bedürfnissen singend Freude, Hingabe an Gott, Dank und Lob ausgedrückt werden sollten. Wichtigste Aufgabe der Kirchenmusik ist es, daß unsere Gemeinden heute und morgen singende Gemeinden bleiben und werden; wichtigste Aufgabe ist nicht der Dienst am Erbe.

So ist die immer noch weit verbreitete Beschränkung eines entfalteteren Singens auf die hohen Festtage und auf eine einzige Messe – z. B. 10 Uhr – im sonntäglichen Gottesdienstprogramm zu bedauern. Jede Meßfeier am Sonntag ist für den, der daran teilnimmt, sein „Hauptgottesdienst". Natürlich kann der ganze Chor nicht in jeder der z. B. vier Meßfeiern singen. Aber ließen sich nicht alle Meßfeiern auf verschiedene Weise kirchenmusikalisch bereichern?

Zu fragen ist weiter nach jenen Teilen des Erbes, die nach kürzerer oder längerer Verwendungszeit wieder in die Archive versanken, weil sie nicht mehr für liturgiegebrauchsfähig angesehen wurden. Welche Konzeption von Liturgie führte zu ihrer Entfernung aus der Liturgie? Ist diese Konzeption noch die unsrige? Könnte die Liturgiereform nach dem 2. Vatikanischen Konzil zu einer anderen Beurteilung ihrer Eignung für den Gottesdienst führen? Enthält beispielsweise der überreiche Schatz an Sequenzen, der einmal in der Liturgie Platz hatte und dann ganz drastisch reduziert wurde, Wiederverwendbares? Wurden sie nur deshalb zu „liturgischen [177] Mißständen" erklärt, weil sie mit der seinerzeitigen Vorstellung von Liturgie nicht vereinbar waren? Anderes Beispiel: Wie steht es mit der Tradition der liturgischen Hymnen? Sind manche von ihnen nicht auch ungehobene Schätze? Kann man mit Bestimmtheit sagen, es lohne sich nicht, nach ihnen zu tauchen?

Ein Blick in die Geschichte des Erbes mit seinen Wandlungen regt zur Frage an, ob das wenigstens prinzipielle Festhalten an der Zahl der Gesangsteile für die Gemeindemesse, wie sie im Kern auf das mittelalterliche päpstliche Hochamt zurückgeht, Ideal bleiben muß. Würde man in einer Feier anderer Art, die auf eine Länge von circa 45–55 Minuten konzipiert ist, zehn gesangliche Interventionen der Mitfeiernden vorsehen? Wenn die lateinische Urform noch differenzierte Gesänge hatte – ein Ruf, dann ein Hymnus, dann ein Bekenntnistext, eine Akklamation –, dann werden daraus in der gängigen Praxis des deutschen Sprachgebietes zehn Lieder, wodurch das Problem bis zur Unerträglichkeit verstärkt wird. Hier ein 1. Ströphchen, dort ein 5. Ströphchen, dann vielleicht gar 2 Strophen! Zehnmal wird gesungen, aber nicht ein einziges Mal kommt es zum Singen! Kurzatmige, kleinflächige Ansätze dazu! Diese Liturgie krankt an einer Überfülle von Liederstrophen, ihr fehlt aber nur zu oft der wirkliche Gesang!

Ein anderer Impuls aus dem kirchenmusikalischen Erbe, der nicht nur ganz entfernte Zukunftsmusik bleiben sollte, ist das textbuchfreie Singen der Gemeinde. Liederbücher – auch kirchliche Gesangbücher – sind dazu da, sich selbst überflüssig zu machen. Mitfeier, die das 8–10malige Aufschlagen eines Buches erforderlich macht, wird es schwer haben, zu einem intensiv geistlichen Vorgang zu werden. Wo man ganz dabei ist, schlägt man kein Liederbuch mehr auf! Wieso die Berücksichtigung dieser Tatsache in der Liturgie weder zu einer Minderung der tätigen Teilnahme noch zu einem Verlust der Abwechslung führen muß, kann hier nicht mehr erläutert werden. Kirchenmusikalische Praktiken in anderen Gebieten der Weltkirche zeigen Lösungen, wie auch ein Studium der Geschichte der Musik und des Gesangs im Gottesdienst sie als durchaus traditionell aufweisen könnte. Es bleiben genügend Aufgaben für alle Liturgiker: die ohne und mit Fachrichtung Kirchenmusik!

Hat die Musik im Gottesdienst ihren Ort in der erneuerten Liturgie gefunden?

9 Fragen*

Einige Überlegungen zur gegenwärtigen Situation von „Gesang und Musik" in den katholischen Gottesdiensten in Deutschland sollen zu gemeinsamem Nachdenken und zum Meinungsaustausch in Form von 9 Fragen vorgelegt werden. Haben Gesang und Musik im Gottesdienst den ihnen gebührenden Ort in der erneuerten Liturgie gefunden?

1. Sind wir uns genügend bewußt, daß die Liturgiereform des II. Vatikanischen Konzils eine wirklich tiefgreifende Wende („eine millenare Zäsur") im gottesdienstlichen Handeln der katholischen Kirche darstellt?

Auch wenn seit der Verabschiedung der Konstitution „Sacrosanctum Concilium" des II. Vatikanischen Konzils fast 30 Jahre vergangen sind und seitdem vieles zur Verwirklichung der Erneuerungsbeschlüsse der Kirchenversammlung unternommen wurde, erscheint es nicht überflüssig, daran zu erinnern, daß das Konzil eine wirkliche – diesen Namen verdienende – Reform wollte. Es ging ihm nicht um ein paar Änderungen in der Dekoration oder einen Neuanstrich der Fenster – es heißt vielmehr in Artikel 21, es sei der Wunsch der Kirche, „eine allgemeine Erneuerung der Liturgie sorgfältig in die Wege zu leiten".

Eine solche zentral geleitete und allseitige Reform hatte es in der Kirche noch nie gegeben. Sie kam freilich nicht aus heiterem Himmel, sondern war durch – manchmal schmerzliche – Erfahrungen aus der Geschichte der Seelsorge vorbereitet gewesen. Es kam nicht überraschend, daß in der Folgezeit hier und dort auch Ängste erkennbar wurden, gerade beispielsweise im Bereich der Kirchenmusik. Natürlich wollte das Konzil keine

* Zuerst veröffentlicht in: Institutio et praxis. Perspektiven kirchenmusikalischer Ausbildung. Festschrift aus Anlaß des 25jährigen Bestehens der Konferenz der Leiter katholischer kirchenmusikalischer Ausbildungsstätten Deutschlands. Im Auftr. der Konferenz hg. v. *M. Kreuels*. Regensburg 1992, 17–20. – Bibliographie Rennings Nr. 370. – Der abgedruckte Text stellt die geraffte Fassung eines Referates auf der Vorstandssitzung des Allgemeinen Cäcilien-Verbandes in Köln am 12. November 1990 dar. Bei allen genannten (kirchen-)musikalischen Personen sind Chorleiterinnen, Organistinnen usw. immer mit gemeint.

Liturgierevolution in Gang bringen, sondern Kontinuität wahren. „Die neuen Formen" sollen nach Artikel 23 „aus den schon bestehenden gewissermaßen organisch herauswachsen".

Aber der Auftrag zur Reform hatte andererseits nicht gelautet: „Baut das ganze Haus um, aber ändert nichts!" Die unangetastete Erhaltung des Überlieferten und Bestehenden konnte nicht Maßstab für die Einführung und Zulassung von als notwendig erkanntem Neuen sein. Das Konzil wollte mit Sicherheit nicht, daß es „im Großen und Ganzen" im Gottesdienst der katholischen Kirche wie bisher weitergeht. Die neuen nachkonziliaren liturgischen Bücher haben dies verdeutlicht und sich als erste Schritte auf dem Weg zu einem lebendigen Gottesdienst erwiesen. Zur Frage, wie die Reform weitergehen soll, gab Papst Johannes Paul II. in seinem Schreiben zum 25. Jahrestag der Verabschiedung der Liturgiekonstitution sehr bemerkenswerte Hinweise. [18]

2. Berücksichtigen wir bei allen Bestrebungen zur Verwirklichung der Erneuerung ausreichend die Tatsache, daß die Liturgiereform erstlich und entscheidend als geistlicher Vorgang gedacht war?

Als Feier des Glaubens, als Ausdruck und Zeichen des Glaubens wurzelt die Lebendigkeit des gottesdienstlichen Handelns in der Lebendigkeit des Glaubens. Der ästhetische und künstlerische Wert an sich allein kann nie Ziel eines liturgischen Orgelspiels oder eines gottesdienstlichen Chorgesangs sein. Wenn Gesang und Musik im Gottesdienst entscheidend spirituelle Vorgänge sind, verzichten sie natürlich nicht darauf, nach den Ansprüchen und der künstlerischen Eigenart des jeweiligen Elementes vollzogen zu werden. Wem wird beim Abwägen der – manchmal rivalisierenden – Gesichtspunkte der Vorzug gegeben?

Wie werden Organisten und Chöre dem Anspruch gerecht, geistliche Vorgänge in Bewegung zu setzen? Gibt es Organisten und Chöre, die sich auf ihren liturgischen Dienst „durch Gebet und Fasten" vorbereiten? Was wird für die kirchenmusikalischen Dienste in Bezug auf ihre spirituelle Bildung getan?

3. In welchem Ausmaß ist es uns gelungen, die neuen bzw. wiederbelebten kirchenmusikalischen Dienste als selbstverständliche „Konzelebranten" in der Liturgie mitwirken zu lassen und sie für ihre Aufgabe zu rüsten?

Wenn die gottesdienstlichen Feiern ein gemeinsames Handeln der Gemeinde sind – bei aller Wahrung der unterschiedlichen Befähigungen,

Berufungen und Beauftragungen –, wenn also die ganze Gemeinde zelebriert, kann man alle Teilnehmer „Konzelebranten" nennen, auch jene, die besondere Dienste ausüben.

Wie steht es um die selbstverständliche Mitwirkung von Kantoren, Psalmisten, Organisten, Instrumentalisten und Sängergruppen verschiedenster Arten in den Gottesdiensten der katholischen Kirche in Deutschland? Ist sie überwiegend auf Sonntage und Feiertage beschränkt? Gibt es Gemeinden, die noch nie erlebt haben, daß nach der 1. Lesung in der Meßfeier der Antwortpsalm vorgetragen wird? Werden die kirchenmusikalischen Kräfte in einige Festtagsaufführungen investiert, vielleicht auf Kosten eines bescheideneren, aber regelmäßigen Beitrags zu allen sonntäglichen Gottesdiensten? Veranstaltet jedes Dekanat, jede Region o. ä. regelmäßige Kurse zur fachlichen und spirituellen Ausbildung und Fortbildung aller kirchenmusikalischen Dienste? Beeindrucken die zahlreichen kirchenmusikalischen Ausbildungsstätten auf den verschiedenen Ebenen durch den Einfallsreichtum, mit dem sie die Impulse des Konzils verwirklichen?

4. Sind die Möglichkeiten von Gesang und Musik in neuen Elementen der Liturgie bzw. in neuen Arten der gottesdienstlichen Versammlungen aufgegriffen worden?

Die neuen liturgischen Ordnungen haben viele der früher eher starren Regelungen (z.B. „Ordinarium" und „Proprium" der Messe) gelockert oder aufgehoben. Sie haben Platz geschaffen für neue Möglichkeiten. Wo erklingen die neuen Akklamationen, die Meditationsgesänge, die Doxologien, die Ruf- und Wechselgesänge? Oder werden immer noch mehrstimmige „Ordinarien" gesungen oder sogar noch neu komponiert (vgl. 1. Frage)? [19]

Die Erneuerung der Liturgie und die Entwicklung der jüngeren Vergangenheit hat auch bestimmten Arten von Gottesdiensten eine stärkere Geltung verschafft. Wo singen Chöre, spielen Instrumentalisten bei Tauffeiern, Bußgottesdiensten, Stundengebetsgottesdiensten, Vigilien, Meditationsgottesdiensten?

5. Laufen im deutschen Sprachgebiet die Bemühungen und Versuche um neue Musik im Gottesdienst – beispielsweise das Neue Geistliche Lied – an den offiziellen liturgisch-musikalischen Institutionen vorbei?

Niemand wird übersehen, daß seit dem Konzil neue Arten und Formen des Musizierens und Singens – besonders in Kinder- und Jugendgottesdiensten

– Eingang gefunden haben. Täuscht der Eindruck, daß sie oft gerade noch geduldete, keineswegs willkommene Untermieter sind? Die Texte seien zu banal, die Musik dem liturgischen Geschehen nicht angemessen, die Funktionsgerechtigkeit völlig vernachlässigt.

Der örtliche Kirchenmusiker kann oft mit den Bands, Gruppen o. ä. nichts anfangen und diese mit ihm nicht. Die diözesanen Kirchenmusikinstitutionen überlassen die Sache lieber den Jugendämtern, aus pastoralen Gründen – damit die Jugend nicht ganz wegläuft. Die Ausbildungsstätten bevorzugen Seriöses, die einschlägigen Kommissionen fühlen sich überfordert.

Spiegeln die großen Gottesdienste z. B. der Katholikentage einen kirchenmusikalischen Aufbruch der deutschen Kirche, in der alte und neue geistliche Gesänge voll religiöser Kraft und musikalischer Qualität verbunden sind?

6. Gibt es Kriterien für die „Liturgie-Fähigkeit" von Gesängen und Instrumentalmusik?

Die Diskussion um die „Liturgie-Fähigkeit" des heutigen Menschen flakkert immer wieder auf; eng damit verbunden ist die Frage nach Kriterien für die Verwendung – vor allem eben – neuer Gesänge in der Liturgie. Welche Anforderungen sind an Texte und Melodien zu stellen? Ist die überlieferte Gestalt der Liturgie maßgebend? Müssen Gesänge des 20. Jahrhunderts in jedem Fall qualitativ höher stehen als solche aus dem 18. und 19. Jahrhundert, die selbstverständlich Heimatrecht in der Liturgie haben? Ist die Rezeption durch die Gemeinden oder bestimmte Gruppen ausschlaggebend („was ankommt, wird genommen")? Muß alles von allen mitvollziehbar sein? Wenn nicht, auf welche Mitvollziehbarkeit kann nicht verzichtet werden?

Wer entscheidet letztlich über die Liturgie-Fähigkeit? Wenn der Glaube an Jesus Christus Menschen zusammenführt, die seinen und ihren Vater in Worten und Zeichen ihrer Kultur als den heiligen und erbarmenden Gott erkennen, ihm für das im österlichen Heilswerk Geschehene danken und ihn preisen, ist das nicht dann „Liturgie" und bedeutet dann nicht „Glaubensfähigkeit" zugleich auch „Liturgie-Fähigkeit"?

7. Gibt es in unseren Gottesdiensten den gebührenden Platz für das kirchenmusikalische „prophetische Zeugnis" des einzelnen und die „identitätsbestärkenden Gemeinschaftselemente"?

Die Kirche ist in ihrer Geschichte immer wieder belebt worden durch das Zeugnis einzelner ihrer Glieder, die einen neuen Aufbruch in Gang gesetzt, gegen bestimmte [20] Entwicklungen protestiert, einer ganzen Generation den Weg gewiesen, einen neuen Stil christlichen Lebens entdeckt, eine neue Weise des Glaubensbekenntnisses, der Preisung und Danksagung gefunden haben.

Wenn sich solche „prophetischen Zeugnisse" in der Geschichte des gottesdienstlichen Gesangs und der Musik finden, gibt es vielleicht auch heute einen Platz für sie in der gottesdienstlichen Zusammenkunft? Es wären das dann gegebenenfalls liturgische Elemente, die sich nicht alle Versammelten unbedingt auch als ihre Meinung zu eigen machen müßten; sie könnten sie eventuell ohne Zustimmung nur zur Kenntnis nehmen, wie beispielsweise auch nicht jeder Hörer zu jedem Satz einer Predigt sein „Amen" sagen muß. Kann es einem berufenen Kirchenmusiker verwehrt bleiben, dieses Zeugnis im Gottesdienst abzulegen? Wer entscheidet darüber? Könnten die Hinweise des Korintherbriefes zur Ordnung des Gottesdienstes eine neue Bedeutung gewinnen?

Zu unterscheiden von diesen als „prophetische Zeugnisse" bezeichneten Elementen wären andere liturgische Elemente, die die Gemeinde, die Kirche als Ausdruck ihres gemeinsamen Glaubens anerkennt und in denen sie ihre Identität wiederfindet.

8. Welche Aufgaben würde der Versuch einer Inkulturation der Liturgie in unsere deutsche Sprache und deutsche Kultur – besonders beispielsweise der Meßfeier – in kirchenmusikalischer Hinsicht stellen?

Bei der Rede von der Inkulturation der Liturgie denkt man meist an Kulturen in den Gebieten der jungen Kirchen. Gibt es die Notwendigkeit einer Inkulturation etwa auch in den schon lange christlichen Ländern? Hat überhaupt je eine echte, tiefgreifende Inkulturation der römischen Liturgie in die germanische, deutsche Musikkultur stattgefunden? Ist beispielsweise auch die nachkonziliare Meßordnung musikalisch von lateinisch-antiken Gattungsformen geprägt? Sind sie bei uns heimisch geworden oder werden sie mindestens teilweise als fremd empfunden? Ist der Ersatz der unterschiedlichen musikalischen Gattungen der Gesänge des lateinischen Ordo Missae durch deutsche Kirchenlieder eine befriedigende Inkulturation? Welche musikalischen Gattungen aus der deutschen Musikkultur und

-tradition stünden zur Verfügung, wenn man einmal versuchen würde, eine Meßordnung zu entwerfen, die nicht von der tradierten lateinischen Messe ausgeht?

9. *Welche Antworten können wir auf die Frage nach unseren Vorstellungen vom Stellenwert der Kirchenmusik im Prozeß der Evangelisierung unseres Landes und Europas geben?*

Weder Deutschland noch die anderen westeuropäischen Länder können heute als christlich und gläubig gelten. Spielt bei der Neuverkündigung des Evangeliums in diesen Gebieten die Kirchenmusik eine Rolle? Es würde sich dabei weniger um Gesang und Musik im Gottesdienst selbst handeln als vielmehr um Singen und Musizieren als Bestandteile eines „missionarischen" Verkündigungsprogramms, als Kontaktstellen zur Begegnung mit dem Evangelium, als Inspiration auf dem Weg, Jünger Jesu zu werden.

VI. Liturgik

Theologische Wissenschaft
vor neuen Aufgaben

Über Ziele und Aufgaben der Liturgik*

Es sei der Wunsch der Kirche – so erklärt Artikel 21 der Konstitution über die Liturgie des 2. Vatikanischen Konzils –, „eine allgemeine Erneuerung der Liturgie sorgfältig in die Wege zu leiten“. Mit dieser Weisung und der Konstitution selbst griff die höchste Autorität der Kirche das wachsende Verlangen der letzten Jahrzehnte nach einer Reform des Gottesdienstes auf und weitete die unter den Päpsten des 20. Jahrhunderts vorgenommenen Einzelreformen zum Beschluß einer generellen Liturgiereform aus. Dabei wurde ein theologisch vertieftes Verständnis von „Liturgie“ und eine in mancher Hinsicht von der nachtridentinischen Zeit abweichende Sicht des gottesdienstlichen Handelns der Kirche zugrunde gelegt. Für die liturgische Entwicklung der abendländischen Kirche hat eine neue Epoche begonnen.

Die Frage liegt nahe, ob sich aus der konziliaren Entscheidung zugunsten einer umfassenden Reform des Gottesdienstes und aus der Liturgiekonzeption des Konzils auch Konsequenzen für jene theologische Disziplin ergeben, die sich wissenschaftlich mit dem Gottesdienst befaßt und „Liturgik“ oder „Liturgiewissenschaft“ heißt.

Genügt es, wenn diese Disziplin einfach die Liturgiekonstitution (und die anderen Dokumente der Kirchenversammlung), die Erlasse zur Ausführung der Konstitution und die neuen liturgischen Bücher ihrem Lehrstoff hinzufügt und in der Art ihrer bisherigen Methode behandelt? Erfüllt die Liturgiewissenschaft ihre Aufgabe als theologische Disziplin in der jetzt begonnenen Periode der Kirchengeschichte noch, wenn sie in der gleichen Weise wie bisher betrieben wird? Leistet sie damit der Kirche und ihren gottesdienstlichen Versammlungen heute und in Zukunft den von ihr geschuldeten Dienst? Welches müßten ihre Aufgaben und Ziele sein? Wo sollten die Schwerpunkte einer nachkonziliaren Liturgik liegen, wo ihre Grenzen? Wo etwa hätte die Liturgiewissenschaft ihren Platz innerhalb der theologischen Disziplinen, und in welcher Beziehung steht sie zu anderen Sparten der Wissenschaften? Zu einer Antwort auf diese Frage sollen im folgenden einige Anhaltspunkte vorgelegt werden, soweit sie außerhalb des engen Kreises der Fachwissenschaftler Aufmerksamkeit erwarten können. Es dürfte hilfreich sein, dabei mit einem kurzen – systematischen, nicht

---

* Zuerst veröffentlicht in: Conc(D) 5 (1969) 128-135. – Bibliographie Rennings Nr. 131.

chronologischen – Rückblick zu beginnen: Was hat die Liturgiewissenschaft seit ihrem Aufblühen im 19. Jahrhundert als ihre Aufgabe angesehen?

Verschiedene Auffassungen von den Aufgaben der Liturgik

Die wissenschaftliche und theologische – oder mindestens diesen Anspruch erhebende – Behandlung des Gottesdienstes ist naturgemäß weitgehend von dem jeweiligen Liturgiebegriff abhängig; daraus ergeben sich unterschiedliche Meinungen und überraschend verschiedenartige Ausarbeitungen des liturgiewissenschaftlichen Stoffgebietes.[1]

1. Wo man die Liturgie hauptsächlich als Sammlung von Vorschriften ansah, die von der kirchlichen Hierarchie für die Handhabung der öffentlichen Riten und Zeremonien erlassen wurde, verstand man unter Liturgik fast ausschließlich die systematische Erfassung dieser Vorschriften und ihre Auslegung. Die „scientia liturgica" galt als identisch mit der *„scientia Rubricarum"*.[2] Die Handbücher einer so verstandenen „Liturgie" und „Liturgik" waren Sammelwerke, in denen minutiös der äußere Ablauf des Ritus beschrieben wurde. Die am häufigsten zitierten Quellen waren bezeichnenderweise neben den liturgischen Büchern die zahllosen Erlasse und Antworten der Ritenkongregation (über 4000 Nummern der „Decreta authentica"), die sich zu einem Dschungelparadies der Kasuistik ausgewachsen hatten. Dieser Sicht der Liturgik entsprach auch die Einordnung der Liturgik als einer Teildisziplin des Kirchenrechtes.[3] Das komplizierte und verwickelte Rubrikensystem, bei dem nach einer Bemerkung des damaligen Vizegeneralrelators der Ritenkongregation „der gewiegteste Rubrizist kaum mehr die Fäden auseinanderklauben" konnte,[4] rief die Interpreten und Kommentatoren der für die Liturgie erlassenen Gesetze auf den Plan. Weniger gegen ihre Arbeit, die unter den damaligen Verhältnissen als unentbehrlich empfunden werden konnte, als vielmehr gegen die Identifikation von Liturgiewissenschaft und Rubrizistik richtete sich die

---

[1] Einen Überblick über die verschiedenen Ansätze der Liturgik bieten u. a.: *C. Vagaggini*, Theologie der Liturgie. Einsiedeln 1959, 9–12; *Ph. Oppenheim*, Introductio in scientiam liturgicam = Institutiones systematico-historicae 5. Turin 1940, X–XIX; *A. G. Martimort*, L'enseignement de la Liturgie dans les séminaires, in: Sem. 19 (1967) 107–129; *E. Bartsch*, Liturgiewissenschaft, in: Was ist Theologie? München 1966, 310–349; *B. Botte*, A propos des manuels de Liturgie, in: QLP 33 (1952) 117–124.

[2] Vgl. etwa *F. X. Coppin/L. Stimart*, Sacrae Liturgiae Compendium. Tournai ^{3}1905, 2.

[3] Vgl. *A. Vigourel*, Manuel de Liturgie. Paris ^{3}1921, 7; *C. Callewaert*, De S. Liturgia universim, in: *Ders.*, Liturgicae Institutiones. Brügge ^{3}1933, 175.

[4] *J. Löw* im Geleitwort zu *J. Pfab*, Kurze Rubrizistik. Paderborn 1958, 5.

Kritik; die Rubrikenkunde wurde zur Hilfswissenschaft der Liturgik erklärt oder ganz der praktischen Ausbildung des Klerus zugewiesen.[5] [129]

2. Einen anderen Schwerpunkt erhielt die Liturgik dort, wo der kirchliche Gottesdienst erstlich unter dem Gesichtspunkt seiner geschichtlichen Entwicklung gewertet wurde. Liturgie waren dort die in einem jahrhundertelangen Prozeß unter mannigfaltigen Einflüssen gewordenen „Kultakte" und „Kultformen". Die starke Betonung der geschichtlichen Komponente und die reichen Ergebnisse der historischen Forschung verführten einzelne Liturgiker dazu, die *Liturgiegeschichte* als den Hauptgegenstand der Liturgiewissenschaft anzusehen.[6] Die Liturgiegeschichte – so hieß es aber auch beispielsweise noch in einem angesehenen theologischen Lexikon nach der Mitte des 20. Jahrhunderts – sei nicht etwa nur die unentbehrliche Grundlage, sondern sogar „ein wesentliches Element der Liturgik".[7] Niemand wird die Notwendigkeit geschichtlicher Untersuchungen zur Liturgie leugnen! Wie ungebührlich stark sich diese Betrachtungsweise aber in den Vordergrund schob, zeigt die Meinung, daher gehöre die Liturgik zur historischen Disziplin, insbesondere zur Kirchengeschichte.[8] Krassestes Beispiel für eine historisierende Liturgieauffassung bleibt das ab 1907 erscheinende große lexikalische Werk von F. Cabrol und H. Leclercq, das den bezeichnenden Titel „Dictionnaire d'archéologie chrétienne et de liturgie" erhielt. Als wenn die Liturgie mit der Archäologie mehr zu tun hätte als irgendeine andere theologische Disziplin!

Die Ablehnung der überwiegend historischen Sicht der Liturgie[9] und der Zuordnung der Liturgik zur Kirchengeschichte fußte auf einem zutreffenderen Liturgiebegriff. Wo die Liturgie primär nicht als geschichtliches Gebilde, sondern als lebendiges Geschehen der Kirche gesehen wurde, führte dies zu einem Verlangen nach Berücksichtigung ihrer aktuellen Bedeutung durch die Liturgiewissenschaft. Dabei läßt sich eine Erweiterung der Aufgaben der Liturgik in dreifacher Hinsicht feststellen; diese drei Richtungen können mit den Stichworten „systematisch", „pastoral" und „theologisch" gekennzeichnet werden.

---

[5] Vgl. *V. Thalhofer/L. Eisenhofer*, Handbuch der katholischen Liturgik 1. Freiburg/Brsg. ^{2}1912, 56.

[6] Vgl. *Vagaggini* (s. Anm. 1) 9: „Wurde zuerst die Liturgiewissenschaft lediglich als Rubrizistik betrieben, so wird sie heute fast durchwegs als geschichtliches Fach behandelt."

[7] *A. Stuiber*, Art. Liturgik, in: LThK^{2} 6 (1961) 1095. Ähnlich auch *M. Righetti*, Manuale di Storia Liturgica 1. Mailand ^{3}1964, 56.

[8] Vgl. *Stuiber* 1095. Auf die historisch-exegetische Beschäftigung mit den liturgischen Texten wird die (evangelische) Liturgiewissenschaft als einem „Teil der Kirche- bzw. Dogmengeschichte" im Unterschied von einer praktisch orientierten Liturgik eingeengt von *L. Fendt*, Einführung in die Liturgiewissenschaft. Berlin 1958, 1.

[9] Vgl. *Oppenheim* (s. Anm. 1) XIII: „historiam liturgiae potius tradunt quam ipsam liturgiam"; *Callewaert* (s. Anm. 3) 174; *A. G. Martimort*, L'Eglise en prière. Tournai ^{3}1965, 13; *W. J. O'Shea*, Liturgiology, in: New Catholic Encyclopedia 8 (1967) 920.

3. Schon 1841 (!) kam A. Graf nach einer kritischen Sichtung der ihm vorliegenden liturgiewissenschaftlichen Handbücher zu dem Urteil: „Was die Liturgik betrifft, so besitzen wir zahlreiche und tüchtige Vorarbeiten zu einer Geschichte der katholischen Liturgie. Sehr reichhaltig ist auch die rein praktische Literatur, die Literatur, welche bloß unmittelbar Anleitung geben will, die bestehende Liturgie richtig und würdig zu verwalten. Aber die Wissenschaft der katholischen Liturgie, die eigentliche Liturgik fehlt bis heute."[10] Der Verfasser fragt dann in seiner „Kritischen Darstellung des gegenwärtigen Zustandes der Praktischen Theologie" weiter: „Oder besitzen wir ein Werk, welches das Bestehende nicht bloß empirisch zusammenstellt, nicht bloß teilweise und ungenügend durch die Geschichte und durch liturgische Grundsätze erklärt und verbessert? Besitzen wir ein System der katholischen Liturgie?" Genau achtzig Jahre später unternahm R. Guardini – wohl ohne die Arbeit A. Grafs zu kennen – einen neuen Vorstoß. Er forderte 1921 eine Forschungsrichtung und Forschungsweise der Liturgiewissenschaft, die er zum Unterschied von der historischen als *„systematische Liturgiewissenschaft"* bezeichnete. Sie habe die Frage zu beantworten: Was ist und bedeutet die Liturgie jetzt? Die Liturgie liegt ja „nicht bloß in Schriften und Denkmälern der Vergangenheit begraben, wie etwa die Verehrung des Mithras, sondern steht heute als wirkliche Lebensäußerung wirklicher religiöser Gemeinschaften vor uns, insbesondere als Religionsübung der katholischen Kirche".[11] Wenn Guardini als Gegenstand der systematischen Liturgieforschung die „lebendige, opfernde, betende, die Gnadengeheimnisse vollziehende Kirche in ihrer tatsächlichen Kultübung und ihren auf diese bezüglichen verbindlichen Äußerungen"[12] ansah, war er sich bewußt, damit nicht etwas grundsätzlich Neues angeregt zu haben. Vor und nach ihm wurde wiederholt die Behandlung der Bedeutung des gegenwärtigen Gottesdienstes zu den Aufgaben der Liturgik gerechnet, die sich nicht mit einer Erklärung des Entstehens der vorhandenen Liturgie begnügen dürfe.[13] Aber Guardini stützte seine Forderung nach der systematischen Methode auf neue wissenschaftstheoretische Erörterungen; seine Vorschläge waren unverkennbar eine Auswirkung der liturgischen Erneuerungsbestrebungen auf die Liturgiewissenschaft.

---

[10] *A. Graf*, Kritische Darstellung des gegenwärtigen Zustandes der Praktischen Theologie. Tübingen 1841, 300.

[11] *R. Guardini*, Über die systematische Methode in der Liturgiewissenschaft, in: JLw 1 (1921) 97–108, hier 97. Geistiges Miteigentum an diesem Vorschlag und dem Begriff „Liturgiewissenschaft" beansprucht *L. C. Mohlberg*, Nochmals Ziele und Aufgaben für das Studium des christlichen Kultes. Rom 1957, 14f.

[12] *Guardini* 104.

[13] Trotz starker Betonung des Geschichtlichen etwa *P. de Puniet*, La méthode en matière de Liturgie, in: Cours et Conférences des Semaines Liturgiques 2 (1914) 41–70; *L. Eisenhofer*, Art. Liturgie, in: Kirchliches Handlexikon 2. Freiburg/Brsg. 1912, 684.

4. Aus ungefähr der gleichen Zeit sei ein Beispiel für die Ergänzung der geschichtlichen Betrachtungsweise durch eine *„pastorale" Perspektive* angeführt. Bezüglich der immer wieder auftauchenden Frage, ob die Liturgik (neben Homiletik und Katechetik) ein Teil der Pastoraltheologie sei, meinte J. Seitz in seinem Lehrbuch der Pastoral-[130]theologie, diese Disziplinen könnten nicht mehr innerhalb der Pastoraltheologie behandelt werden. Nur soviel aus diesen drei Fächern will er in sein Lehrbuch aufnehmen, als zur Erörterung seelsorglicher Probleme erforderlich sei. Es überwiege nämlich – bemerkt Seitz – in der neuen selbständigen Wissenschaft der Liturgik das „historisch-exegetische Moment"; das „seelsorglich-praktische Moment" dürfe aber nicht vernachlässigt werden. Daher hätte die Pastoralwissenschaft darzulegen, wie das Priestertum seine Aufgabe in Gottesdienst und Sakramentenspendung zu erfüllen habe, um die in ihnen liegenden Heilsgnaden den Menschen zu vermitteln. Diesen Teil der Pastoraltheologie nennt Seitz „pastorale Liturgik".[14] Abgesehen von der Fragwürdigkeit der Beschränkung der pastoralen Liturgik auf die Tätigkeit des Priesters und auf die Vermittlung der Heilsgnaden bleibt der Vorschlag von Seitz insofern erwähnenswert, weil der von ihm benutzte Terminus „pastorale Liturgik" auf verschiedenen Umwegen eine große Verbreitung finden sollte.

Der Mönch Athanasius Wintersig aus der Abtei Maria Laach griff nämlich diesen Ausdruck auf und entwickelte in seinem Aufsatz „Pastoralliturgik" ein Programm für eine seelsorgswissenschaftliche Behandlung der Liturgie, die neben der Liturgiegeschichte und der liturgiewissenschaftlichen Systematik stehen sollte. Wintersig ging von der Voraussetzung aus, „die Liturgie als das hohepriesterliche Fortleben Christi in der Kirche" sei „der wahre Mittelpunkt des religiösen Lebens der Gläubigengemeinde".[15] Darum müsse es auch innerhalb der Theologie eine wissenschaftliche Lehre davon geben. Diese „Wissenschaft vom liturgischen Leben der Gemeinden" habe zu untersuchen und darzustellen, „ob und wie sich unter den verschiedensten örtlichen, persönlichen und kulturellen Verhältnissen das liturgisch-priesterliche Gemeindeleben auferbauen und erhalten läßt".[16] Wintersig erhoffte sich von einer Pastoralliturgik, die er noch in weiteren Einzelheiten skizzierte, „daß jede liturgische Funktion ihren organischen, unter-, ein-, neben- und übergeordneten Platz im religiösen Leben der

---

[14] *J. E. von Pruner*, Lehrbuch der Pastoraltheologie, bearb. v. *J. Seitz*. Paderborn[3] 1920, 16. Die von Pruner verfaßten Auflagen aus den Jahren 1900 und 1904 enthalten diesen Ausdruck noch nicht. In der lateinischen Literatur findet sich eine ähnliche Wortverbindung bei *P. Rigler*, Pastoralis liturgica seu intelligentia et regula ministerii liturgici. Bozen [2]1864.

[15] *A. Wintersig*, Pastoralliturgik. Ein Versuch über Wesen, Weg, Einteilung und Abgrenzung einer seelsorgswissenschaftlichen Behandlung der Liturgie, in: JLw 4 (1924) 153–167, hier 166.

[16] Ebd. 158.

Gemeinde und dies im Rahmen ihres ganzen übernatürlichen und natürlichen Daseins erhält".[17] Damit ist deutlich, daß er die Liturgie keineswegs als einzige Aufgabe des kirchlichen Wirkens ansieht; Wintersig will mit seiner Pastoralliturgik nicht im mindesten die Pastoraltheologie ersetzen. Sein Aufsatz ist ein erstmaliger Versuch, aus einem neuen Verständnis der Liturgie, die sich aus der Zuordnung von Liturgie und der gesamten Seelsorge ergebenden Probleme systematisch zu erfassen. Es kam zwar nie zu einer umfassenden Ausarbeitung einer solchen seelsorgswissenschaftlichen Liturgik,[18] doch spielte Wintersigs „Pastoralliturgik" bei der Namensgebung einer 1943 in Frankreich gegründeten Arbeitsstelle für „Liturgie und Seelsorge" eine Rolle. Die Arbeitsstelle erhielt nämlich den Namen „Centre de Pastorale liturgique" (CPL); das war eine für den französischen Sprachgebrauch „neue, bis dahin ungewohnte Wortverbindung".[19] Während Wintersig mit seinem Begriff stets eine wissenschaftliche Lehre gemeint hatte – er sprach nie von einer „pastoralen Liturgie" – und die Gründer des CPL *einen* Zweig aus den vielen der Gesamtpastoral bezeichnen wollten,[20] schufen ungenaue Übersetzungen des für den Namen des französischen Zentrums verwendeten Ausdrucks den ungeeigneten Terminus „Pastoralliturgie", „liturgia pastoralis".[21] Da „Liturgie" den Gottes-

---

[17] Ebd. 160. Gegen *Guardini* ist für *Wintersig* 165 die Pastoralliturgik nicht nur Anwendung der systematischen Liturgiewissenschaft, da sie auch neue Erkenntnisse aus neuen Prinzipien biete.

[18] Widerhall fand die Anregung Wintersigs bei *R. Stapper*, Katholische Liturgik. Münster 5u.61931, 2; *F. Schubert*, Neubau der Liturgik?, in: ThGl 19 (1927) 250–254.

[19] *Ch. Rauch*, Die Liturgische Bewegung in Frankreich von 1943 bis 1953, in: LJ 4 (1954) 21–34, hier 27.

[20] Vgl. *P. Duployé*, Le Centre de Pastorale liturgique, in: Études de Pastoral Liturgique. Paris 1944 (LO 1) 81–93; *A.-M. Roguet*, La pastorale liturgique œuvre d'éducation, in: QLP 36 (1955) 18–23, hier 18; *C. Morin*, Pour un mouvement liturgique pastoral, in: La Clarté-Dieu 13. Lyon 1944, 5–9; *A. G. Martimort*, Dix ans de Pastorale liturgique en France, in: MD 40bis (1955) 170–176. Gegen die von *A.-M. Roguet*, La pastorale liturgique, in: *A. G. Martimort*, L'Église en prière. Tournai 31965, 237f vorgetragene Definition der Pastoral, von welcher die Liturgiepastoral bestimmt wird, wenden sich mit Recht *C. Floristan Samanes*, Teología de la acción pastoral. Madrid 1968, 383f und *M. Löhrer*, Die Feier des Mysteriums der Kirche (Kulttheologie und Liturgie der Kirche), in: Handbuch der Pastoraltheologie 1. Freiburg/Brsg. 1964, 292. Zu den Aufgaben einer Liturgiepastoral vgl. auch *Vagaggini* (s. Anm. 1) 402–418. Daß der Begriff „Pastoralliturgie" oder besser „Liturgische Pastoral" – wie *Vagaggini* 412 meint – erst aus den Erneuerungsbestrebungen nach dem 2. Weltkrieg hervorgegangen sei, trifft nicht zu.

[21] „Pastoralliturgie" bei *P. Parsch*, Volksliturgie. Klosterneuburg 2 1950, Vorwort. Für ihre Jahresregister führten die Ephemerides Liturgicae 67 (1953) 415 erstmalig die Sparte „Liturgia Pastoralis" ein. Vgl. Allocutio Papst Pius XII. an die „qui conventui internationali de liturgia pastorali ... interfuerunt", in: AAS 48 (1956) 711. Vgl. auch die in den verschiedenen Sprachen erschienenen Akten dieses Kongresses von Assisi mit den Ausdrücken: „pastoral liturgy" (Collegeville 1957); „liturgía pastoral" (Toledo 1957); „liturgia pastorale" (Genua 1957).

dienst selbst meint, ist die Beifügung von „pastoral" widersinnig: Es gibt neben der Feier der Messe oder der Taufe nicht noch eine „pastorale Messe" oder „pastorale Taufe". Hingegen sollte es innerhalb der Liturgik – darum ging es den Vertretern des „pastoralen" Aspektes der Liturgie – eine notwendige Beschäftigung beispielsweise mit der Messe und der Taufe geben, die nicht nur nach der Geschichte der Riten oder nach ihrer Bedeutung für eine liturgiewissenschaftliche Systematik, sondern nach ihrem Ort und ihrem Vollzug innerhalb des Gesamten des kirchlichen Handelns fragt.

5. Die Wertung der Liturgie als einem zentralen kirchlichen Akt, als erster und notwendiger Quelle christlichen Geistes, als Geschehen zur Verherrlichung Gottes und Heiligung des Menschen ergab die Forderung nach einer Erweiterung der *liturgiewissenschaftlichen Thematik in theologischer Hinsicht.* L. Beauduin unternahm 1912 den Versuch, die Liturgie in einem heilsgeschichtlichen Aufbau systematisch zu erfassen.[22] Verschiedene Äußerungen kirchenamtlicher Stellen zur liturgischen Ausbildung, speziell des Klerus, wiesen auf die Berücksichtigung theologischer Aspekte hin.[23] Eine theologische Liturgik, die aufzeige, welchen Platz der Liturgie gemäß der Offenbarung in der allgemeinen Heilsökonomie zukomme und welche die Elemente der Liturgie vom theologischen Gesichtspunkt aus erforsche, postulierte C. Vagaggini, der selbst viel Material zu einem solchen Versuch beitrug.[24] Wiederholt wurde darauf hingewiesen, daß die theologische Reflexion über das, was kirchlicher Gottesdienst ist, freilich auch von [131] anderen theologischen Disziplinen geleistet werden müsse und nicht nur innerhalb der Liturgik selbst erfolgen könne.[25]

Der knappe wissenschaftstheoretische Überblick ließ die unterschiedlichen Meinungen erkennen, die bezüglich der Aufgaben und Ziele der Liturgik schon vorgetragen worden sind. Trotz der Verschiedenartigkeit der Ansätze zeigt sich dabei – bis auf einige später noch zu erwähnende Ausnahmen – eine bemerkenswerte Übereinstimmung in zwei Punkten:

Die Liturgik wurde erstens vor allem unter dem Gesichtspunkt des Lehrstoffs der Priesterausbildung und Priesterfortbildung gesehen. Auch wo die Liturgie nicht als bloße Angelegenheit des Klerus, sondern umfassender als Handeln aller Glieder der Kirche verstanden wurde, richtete sich die Liturgik überwiegend an den Klerus, um ihm zum rechten Verständnis und

---

22 *L. Beauduin*, Essai de manuel fondamental de Liturgie, in: QL 3 (1912/13) 56–66.

23 Vgl. *H.B. Meyer*, Liturgie als Hauptfach, in: ZKTh 88 (1966) 315–335.

24 Vgl. das unter Anm. 1 genannte Werk. Beachtlich ist die evangelische Untersuchung von *P. Brunner*, Zur Lehre vom Gottesdienst der im Namen Jesu versammelten Gemeinde, in: Leit. 1 (1954) 83–364.

25 Vgl. *H. B. Meyer*, „Liturgische Theologie" oder „Theologie des Gottesdienstes"?, in: ZKTh 86 (1964) 327–331. Vgl. auch *Löhrer* (s. Anm. 21) 290–307.

Vollzug der Liturgie zu verhelfen und ihn zu befähigen, auch die Laien dazu anzuleiten.

Zweitens befaßte sich die Liturgik – ganz gleich ob mit rubrizistischem, historischem, systematischem, pastoralem oder theologischem Schwerpunkt – fast ausschließlich entweder mit früheren, zum großen Teil untergegangenen Liturgien oder mit der jeweils geltenden Liturgie, d. h. den kirchenamtlich vorgeschriebenen, in den liturgischen Büchern oder anderen kirchlichen Dokumenten niedergelegten Unterlagen und Anweisungen (Texten, Noten, Regeln) für den Gottesdienst und alle mit ihm zusammenhängenden Fragen.

Bezüglich der beiden genannten Punkte muß aber gefragt werden, ob eine solche Aufgabenstellung der Liturgik noch ausreicht.

Liturgik ist mehr als ein Ausbildungsfach

Die Dringlichkeit einer liturgischen Ausbildung – was damit im einzelnen auch immer gemeint sein müßte – der Theologiestudenten, des Klerus insgesamt und auch der Laien, speziell solcher, die bestimmte kirchliche Ämter übernehmen, soll gewiß nicht bestritten werden. Es bedarf aber keiner langen Begründung, daß die Aufgabe der Theologie in der Kirche weiter reicht, als nur oder hauptsächlich auf einen kirchlichen Beruf vorzubereiten. Es wäre daher verfehlt, die Ziele einer theologischen Disziplin mit dem Blick auf die im Lehrplan einer kirchlichen Ausbildungsstätte dafür zur Verfügung stehenden Unterrichtsstunden beschreiben zu wollen. Es gab Theologie schon vor der speziellen kirchlichen Berufsausbildung. Vielmehr ist es eine unerläßliche Lebensfunktion der Kirche, methodisch wissenschaftlich auf das Offenbarungswort und Gottes Heilshandeln zu reflektieren, es zu erschließen und entfaltend zu deuten in den sich ändernden geschichtlichen Situationen der Glaubenden. Dabei ist die Kirche selbst und ihr Wirken nicht nur in der unveränderlich bleibenden Struktur Gegenstand der theologischen Analyse; die Kirche ist angewiesen auf die theologische Reflexion über ihre Lebensvollzüge, insofern diese ihr in den konkreten Verhältnissen der jeweiligen Gegenwart stets neu aufgegeben sind. K. Rahner hat dies als eigentliches Aufgabengebiet der „praktischen Theologie" – die mehr sein müßte als eine „Pastoraltheologie" im engen Sinn, die sich nur mit den Obliegenheiten des „pastor" befaßt – unterstrichen, nämlich zu behandeln „den je aktuellen Selbstvollzug der Kirche, wie dieser und soweit dieser in einer wissenschaftlichen Reflexion im voraus zu ihm selbst aus dem Wesen der Kirche und aus der theologischen Analyse der Gegenwartssituation heraus erkannt werden kann als geschehender (kritisch) und als geschehen-sollender (normativ)".[26] Da das gottesdienstliche Handeln zu den elementaren, unabdingbaren und unersetzlichen Lebensvollzügen der Kirche gehört, muß es auch in einer solchen Weise in der Theologie behandelt werden. Demnach besteht die Aufgabe der Liturgiewissenschaft in der theologischen Reflexion auf das gottesdienstliche Handeln der Kirche, insofern es faktisch vollzogen wird und insofern es vollzogen werden sollte gemäß den Erkenntnissen, die sich einerseits aus der bleibenden Struktur der Kirche und andererseits aus der theologischen Analyse der jeweiligen geschichtlichen Situation der Kirche ergeben.[27]

Liturgie als je neue Aufgabe der Liturgik

Damit haben wir bereits zu der weiteren Frage Stellung genommen, die sich an den historischen Überblick über die verschiedenen Auffassungen bezüglich der Aufgabe der Liturgik anschloß: Es genügt nicht, wenn die Liturgiewissenschaft nur frühere oder gegenwärtig vollzogene Liturgie zu ihrer Aufgabe rechnet. Es gehört zu dem ihr obliegenden Dienst an der Kirche, über mögliche Liturgien zu reflektieren und sowohl Prinzipien als auch Konkretisierungen für ein den Erfordernissen der jeweiligen kirchlichen Gegenwart am besten entsprechendes gottesdienstliches Handeln zu entwickeln. Wenn K. Rahner schreibt, „die heutige Liturgiewissenschaft hat nicht mehr in erster [132] Linie die Geschichte und Würdigung der bestehenden Liturgie, sondern die wissenschaftlich theologische Reflexion über die zu schaffende Liturgie zu ihrem Gegenstand gemacht",[28] weist er auf dieses Ziel der Liturgik hin; freilich muß man dabei fragen, ob die Liturgiewissenschaft das wirklich schon *getan hat* oder diese Feststellung nicht eher als Einladung auffassen sollte.

Es braucht nicht zu überraschen, daß die hier postulierte Aufgabe der Liturgik nicht schon vor Jahrzehnten in die Erörterungen über die Liturgik einbezogen worden ist. Solange die Liturgie fixiert und fertig, fast unveränderbar erschien und ihre mangelnde Kongruenz mit den tatsächlichen Verhältnissen und Bedürfnissen der Kirche gerechtfertigt und verteidigt

---

[26] *K. Rahner*, Grundlegung der Pastoraltheologie als praktischer Theologie, in: Handbuch der Pastoraltheologie (s. Anm. 21) 1, 117f. Vgl. dazu auch die Beiträge von *H. Schuster* ebd. 1, 40–114.

[27] In Abstimmung auf die dem „Handbuch der Pastoraltheologie" zugrunde gelegten Auffassungen hat *Löhrer* (s. Anm. 21) 1, 287–333 beachtliche erste Ansätze dieses Programms entwickelt, wobei die Ausführung – wohl auch durch die umfangmäßige Beschränkung und das Fehlen der erforderlichen theologischen Analysen – uns hinter dem Ansatz von S. 292 zurückzubleiben scheint.

[28] *K. Rahner*, Die Praktische Theologie im Ganzen der Theologischen Disziplinen, in: Die Praktische Theologie zwischen Wissenschaft und Praxis. München 1968, 62f.

wurde, bestanden weder Raum noch Verlangen nach einer theologischen Disziplin, die sich mit einer „Liturgia condenda" (K. Rahner) befaßt hätte. Diese Überlegung macht auch teilweise einsichtig, warum die Liturgiewissenschaft zwar durch ihre historische Forschung indirekt viel zur Vorbereitung der liturgischen Reformen beigetragen hat, die Erneuerungsbestrebungen selbst aber anfänglich recht zurückhaltend verfolgte und keine Führungsrolle dabei übernahm. Es war zunächst nur eine relativ kleine Gruppe von wissenschaftlichen Liturgikern, die „den Eifer für die Erneuerung der Liturgie als ein Hindurchgehen des Heiligen Geistes durch seine Kirche" (Liturgiekonstitution, Art. 43) erkannten. Das mag zum Teil jedoch darin begründet sein, daß die wissenschaftliche Reflexion ihrer Eigenart gemäß erst mit einer Verzögerung einsetzt.

Mit der Konzilskonstitution über die Liturgie liegt nun freilich ein Dokument vor, dessen Liturgiebegriff die genannten Zielsetzungen einer kritisch-normativen Liturgik nicht nur zuläßt, sondern gebieterisch verlangt. Die Aussagen dieses Dokumentes über das Wesen der Liturgie und ihre Bedeutung für das Leben der Kirche wollen ja keineswegs das letzte Wort zu diesem Thema sprechen, sondern Richtpunkte für eine Weiterarbeit markieren. Da die Reformbeschlüsse des Konzils nicht „*die* alte Liturgie" durch „*die* – wieder starre – neue Liturgie" ersetzen wollen, sondern auf eine grundsätzlich „offene Liturgie" (was nicht heißt: willkürliche!) hinauslaufen, bleibt die Suche nach dem je optimalen Selbstvollzug der Kirche in ihrem gottesdienstlichen Handeln eine ständige Aufgabe der Liturgik. Die von der Liturgiekonstitution erhobene Forderung nach „einer Anpassung der dem Wechsel unterworfenen Einrichtungen an die Notwendigkeiten unseres Zeitalters" (Art. 1; vgl. auch Art. 21. 23. 62. 88) drückt klar die dynamische Komponente des konziliaren Liturgieverständnisses aus. Die „Notwendigkeiten unseres Zeitalters" können immer klarer erkannt werden und deshalb andere Lösungen nahelegen; die Notwendigkeiten der nächsten Generation können wiederum andere Konsequenzen für das gottesdienstliche Wirken und seine Einbettung in das gesamte Handeln der Kirche angemessen erscheinen lassen. Man kann die Grundsatzentscheidung der Konstitution „Sacrosanctum Concilium" dahingehend zusammenfassen, daß das ekklesiale Prinzip der „ecclesia semper reformanda" – wobei die Erneuerung nicht etwa nur eingeengt auf die Beseitigung von eventuellen Mißständen verstanden werden soll, sondern als die je neue notwendige Gestaltwerdung der mit der Fähigkeit zur Fülle und Vielfalt ausgestatteten Kirche – auch wieder für die gottesdienstlichen Versammlungen gelten soll: „Liturgia semper reformanda". Es wäre verfehlt anzunehmen, die Liturgiereform sei ein einmaliges, begrenztes Unternehmen, aus dem dann wieder für eine lange Periode „fertige Liturgie" hervorginge. Die beschriebene Aufgabe einer neuen Liturgik ist daher gleichfalls nicht eine vorübergehende Beschäftigung, sondern eine bleibende Verpflichtung.

Da die genannten Ziele der Liturgik primär nicht zufallen, insofern sie ein Lehrfach der theologischen Ausbildungsstätten ist, erscheinen hier auch die Erörterungen zweitrangig, ob und inwieweit die Liturgik innerhalb einer Praktischen Theologie angesiedelt werden sollte oder als relativ selbständig anzusehen wäre. Die früher gelegentlich heftige Betonung der Selbständigkeit außerhalb der Pastoraltheologie setzte das lange vorherrschende verengte Verständnis von Pastoraltheologie voraus. In jedem Fall wird eine kritisch-normative Liturgik weithin auf die in der Praktischen Theologie (im erwähnten Sinn) erarbeiteten theologischen Analysen der Gegenwartssituation der Kirche zurückgreifen. Sie wird allerdings auch Fragen stellen, auf die eine Praktische Theologie von sich aus zunächst gar nicht stößt; sie wird Konkretisierungen bieten müssen, die von der Praktischen Theologie als solcher nicht geleistet werden können. Daher braucht nicht vermutet oder befürchtet zu werden, die hier vertretene Konzeption der Liturgik würde schließlich zu einem Aufgehen der Liturgiewissenschaft in die Praktische Theologie führen.

Es erschiene uns unzureichend und für die Liturgik selbst verhängnisvoll, in der erwähnten Ziel-[133]setzung der Liturgik nur *eine der möglichen* (vielleicht durchaus erwünschten) Forschungsaufgaben dieser Disziplin neben einer rechtlichen, historischen, systematischen, pastoralen oder theologischen Liturgik zu sehen. Wir meinen vielmehr, daß diese Schwerpunkte der bisherigen Liturgiewissenschaft – soweit sie überhaupt in eine Liturgik gehören und nicht eher beispielsweise tatsächlich in der Kirchen- oder Dogmengeschichte oder in praktischen Ausbildungskursen behandelt werden sollten – einen notwendigen Platz in einer kritisch-normativen Liturgik hätten und darin eigentlich erst ihre Integration finden würden. Eine theologische Lehre „von den gottesdienstlichen Versammlungen im Namen Jesu“, ihrer Stellung und ihren Vollzügen innerhalb des gesamten Lebensvollzuges der Kirche der jeweiligen Gegenwart (und in etwa auch Zukunft) käme ohne Zweifel auch aus einer gewissen Engführung heraus, die manchen Stofferarbeitungen der früheren Liturgik nicht abgesprochen werden kann. Vielleicht könnte man bei einer solchen Liturgik zu ahnen beginnen, daß – bei aller Wissenschaftlichkeit – Theologie und kreative Schöpfungskraft, Phantasie, Inspiration sich keineswegs ausschließen, sondern zusammengehören.

Daß die hier gemeinte Liturgik in weit stärkerem Ausmaß als die bisherige liturgiewissenschaftliche Arbeit die Ergebnisse der anthropologischen Wissenschaften verwerten muß, liegt auf der Hand. Es geht dabei nicht um eine bloße Konfrontierung einer schon vorhandenen Liturgie mit beispielsweise der Religionspsychologie, Soziologie, Tiefen- und Sozialpsychologie, Sprach- und Musikwissenschaft! Es geht darum, die Erkenntnisse dieser Wissenschaften für das zu planende und entwerfende gottesdienstliche Handeln fruchtbar zu machen. „Denn nur wenn man weiß, wie die Christen als Menschen von heute sind, ... kann man die Frage beantworten, *wie* die Liturgie der Kirche *heute* sein müsse."[29] Ein „Handbuch der Liturgiewissenschaft", in dem die Sakramentare des frühen Mittelalters häufiger zitiert werden als zeitgenössische Werke der anthropologischen Wissenschaften, dürfte daher in Zukunft seinem Anspruch nicht mehr gerecht werden.

Was die Abgrenzung des Gegenstandes der neuen Liturgik angeht, so wäre zu bemerken, daß darin eine der ersten Aufgaben dieser Disziplin bestehen würde. Es kommt selbstverständlich nicht auf den Gebrauch des Wortes „Liturgie" an, aber die heute weithin übliche Zuweisung einzelner gottesdienstlicher Akte zu den in der Liturgiekonstitution (Art. 13) benutzten Einteilungen der Gottesdienste in „Liturgie", „sacra Ecclesiarum particularium exercitia" und „pia exercitia" muß von der Sache her als willkürlich erscheinen. Sie hat zum Beispiel zur Folge, daß das Breviergebet eines einzelnen Priesters in einem Eisenbahnabteil „Liturgie" ist, während die öffentliche Fronleichnamsprozession mit Teilnahme des Bischofs, vieler Kleriker und Laien keine „Liturgie" ist, sondern „nur" ein „sacrum exercitium" einer Teilkirche! Sachlich wäre wohl der ganze Bereich des „öffentlich-kirchlichen gottesdienstlichen Handelns" einschließlich der gottesdienstlichen Versammlungen zur Feier der Sakramente Aufgabengebiet der kritisch-normativen Liturgik,[30] wobei es unerheblich ist, ob diese Gottesdienste in liturgischen Büchern, die von Rom, den Bischöfen oder niemand approbiert sind oder auch nicht in liturgischen Büchern, sondern etwa nur vom Fernsehen aufgezeichnet sind.

Die kritisch-normative Liturgik und die amtskirchliche Ordnungsbefugnis

Bedenken gegen die beschriebene Zielsetzung der Liturgik könnten mit der Frage angemeldet werden, ob eine solche Liturgiewissenschaft sich nicht Rechte anmaße, die nicht ihr zustehen, sondern den kirchlichen Amtsstellen. Hat die Liturgiekonstitution nicht ausdrücklich erklärt, „das Recht, die heilige Liturgie zu ordnen, steht einzig der Autorität der Kirche zu" (Art. 22)?

---

29 *Rahner* (s. Anm. 29) 63.

30 Die Begründung einer getrennten Behandlung von Liturgie und Sakramenten im Handbuch der Pastoraltheologie (s. Anm. 21) 1, 217 geht von einem zu engen Sakramentsverständnis aus; vgl. dazu auch *Löhrer* (s. Anm. 21) 1, 289. 293.

Wir meinen, daß die Konzeption einer kritisch-normativen Liturgik zu dieser Erklärung des Konzils nicht im Gegensatz steht.

Es wäre zunächst daran zu erinnern, daß die neuen liturgischen Ordnungen nach den Weisungen der Konzilskonstitution großenteils nur als „Rahmenordnungen" angelegt werden sollen; je nach den Umständen und Verhältnissen kann legitimerweise aus den angebotenen Möglichkeiten ausgewählt werden, sei es durch die Bischofskonferenzen oder durch die jeweilige gottesdienstliche Versammlung. Kriterien zu entwickeln, nach denen eine derartige Auswahl erfolgen soll, ist demnach eine Aufgabe, die keineswegs in die Rechte der Autoritäten eingreift.

Unsere Aufgabenstellung der Liturgik ging jedoch weiter und erwartete von ihr neben Prinzipien auch Konkretisierungen für das sein-sollende gottesdienstliche Handeln. Bezüglich dieser Aufgabe scheint uns das Verhältnis zwischen der Ordnungsbefugnis der Autorität und der Liturgik in [134] ähnlicher Weise wie bei den anderen theologischen Disziplinen zu lösen zu sein. Die theologische Wissenschaft kann und will das Lehramt oder die Leitungsinstanzen nicht ersetzen, sondern hat deren Amtsfunktion zu respektieren. Wie andere Disziplinen bietet auch die Liturgik ihre Erkenntnisse an, muß aber die Entscheidung über die Anwendung anderen überlassen. Daraus kann freilich nicht gefolgert werden, dann sei eine solche Liturgik überflüssig, weil sie in Hinsicht auf die praktische Realisierung weithin eine „Wissenschaft in der Bedingungsform" bleiben muß. Wenn die Kanonistik sich Gedanken über die Tunlichkeit der Abschaffung bestimmter Ehehindernisse oder über die Einführung neuer macht, wenn die Praktische Theologie Vorschläge für eine bessere Umschreibung der Grenzen der Diözesen entwickelt, geschieht das auch in der Bedingungsform. Die Möglichkeit einer leichteren Einführung der Ergebnisse der Liturgik in die Praxis unter Nichtbeachtung der Entscheidungen der Autorität sind kein Grund, die Forschungen der normativen Liturgik zu unterlassen oder als Geheimwissenschaft zu betreiben. Unzureichende Regelungen liturgischer Angelegenheiten, die von den zuständigen Organen und Kirchenleitungen angeordnet werden, sind verbindlich, bleiben aber deshalb doch unzureichend; sie auch als solche zu bezeichnen, ist keine Mißachtung des Amtes. „Die Hörbereitschaft des Theologen läuft nämlich nicht auf einen solchen Gehorsam hinaus, worin die von ihm wissenschaftlich erarbeiteten Feststellungen, Untersuchungen, Schlußfolgerungen sich einfach nach der Autorität zu richten hätten."[31] Daß die kritische Funktion wie alle Arbeit der Liturgik im Geiste eines „Ethos der Liturgiewissenschaft" geschehen muß, sollte selbstverständlich sein: „Eine wissenschaftliche Beschäftigung mit der Liturgie ..., die nicht wenigstens indirekt im

---

[31] *M.-D. Chenu*, Die Theologie als kirchliche Wissenschaft, in: Conc(D) 3 (1967) 44–49, hier 47.

Dienst des liebenden Vollzugs des Gottesdienstes stehen will, muß ... nicht nur als müßig, sondern als verderblich angesehen werden."[32]

Schon A. Graf hatte darauf aufmerksam gemacht, daß auch die Entscheidungen der kirchlichen Autoritäten einer wissenschaftlichen Leitung bedürfen.[33] Unter Hinweis auf Graf bemerkt ein Handbuch der katholischen Liturgik aus dem Jahre 1912: „Die Liturgik als positive, als theologische Disziplin kann der kirchlichen Autorität nicht entbehren und hat dieselbe allweg zu respektieren; aber die Träger der kirchlichen Autorität werden auch gerne die Liturgik in ihr Interesse ziehen und die Ergebnisse ihrer Forschung geeignet verwerten."[34]

Die Unterweisung über die Liturgie in den kirchlichen Ausbildungsstätten

Zum Abschluß unserer Anhaltspunkte für eine Neuorientierung der Ziele und Aufgaben der Liturgik sei noch das Problem des liturgiewissenschaftlichen Lehrfaches erwähnt. Es dürfte aus unseren Darlegungen deutlich geworden sein, daß die postulierte Liturgik nicht einfach gleichzusetzen ist mit den Theologie-Kursen, die in den Bildungsreinrichtungen für den kirchlichen Dienst über gottesdienstliche Themen gehalten werden. Die Liturgiekonstitution hat hierzu – soweit der Klerus in Betracht kommt – eine Reihe wichtiger Weisungen gegeben, auf die hier nicht näher eingegangen werden kann. Die in dem Konzilsdokument vorgelegte Konzeption der Liturgiewissenschaft ist auf die Zwecke der Klerusausbildung abgestimmt; man würde ihr nicht gerecht, wenn man sie als erschöpfende Beschreibung der Aufgaben der Liturgik werten sollte. Auch eine von der Römischen Kongregation für die Seminare und Universitäten 1965 veröffentlichte „Instruktion über die liturgische Ausbildung des Klerus" trägt nichts zur Erarbeitung einer kritisch-normativen Liturgik bei; ganz abgesehen von den offensichtlichen Mängeln dieser Instruktion, die in manchen Punkten die konziliaren Entscheidungen nicht zur Kenntnis nimmt (und wohl deshalb trotz vorausgegangener Konfirmation durch den Papst nicht im offiziellen Publikationsorgan des Apostolischen Stuhls promulgiert wurde).[35]

---

32 *B. Fischer*, Tamquam machina quaedam ... Ein Wort Augustins zum Ethos der Liturgiewissenschaft, in: Miscellanea Liturgica in onore ... G. Lercaro 2. Rom 1967, 89.

33 Vgl. *Graf* (s. Anm. 11) 188–190.

34 *Thalhofer/Eisenhofer* (s. Anm. 5) 1, 62.

35 S. C. Seminariis et Studiorum Universitatibus, Instructio de sacrorum alumnorum liturgica institutione. Rom 1965. Eine spätere Ausgabe wurde als „Excerptum e Commentario ‚Seminarium' N. 1, A. D. 1966" deklariert. [Deutscher Text in: DEL 1, 1*–150* (S. 1349–1381.]

Wenn die Zielsetzungen der Unterweisungen über die Liturgie auf den verschiedenen Ebenen kirchlicher Ausbildungsstätten für Klerus und Laien (Priester, Helferinnen und Helfer in der Seelsorge, Küster, Kirchenmusiker usw.) auch andere als die der Liturgik sein müssen, werden dort ausgewählte Fragestellungen aus der Liturgiewissenschaft nicht übergangen werden dürfen. Die Anleitung zu einer – im weitesten Sinn zu verstehenden – Mitwirkung am gottesdienstlichen Handeln der Kirche, die Ziel dieser Unterweisungen ist, kann nicht in einer bloßen Belehrung über die Teilnahme und Leitung der gottesdienstlichen Versammlungen bestehen; die Unterweisungen müssen die für den Gottesdienst besonders Verantwortlichen zu liturgischer Mündigkeit unter Respektierung der amtskirchlichen Ordnungsbefugnis erziehen. Dabei kann ein Kontakt mit der Arbeit der kritisch-normativen Liturgik eine große Hilfe sein.

Im Dienst der feiernden Kirche

Skizze einer Liturgiewissenschaft für eine „Liturgie im Werden“*

Geschichte der Liturgiewissenschaft in Stichpunkten

Bei den Überlegungen, wie man denn als Jünger Jesu und als seine Gemeinde in der Zeit zwischen der Himmelfahrt des Herrn und seiner Wiederkunft leben könne, spielten von Anfang an liturgische Fragen eine große Rolle. „Herr, lehre uns beten“, bitten die Jünger (Lk 11,1). Zur Teilnahme an den gottesdienstlichen Versammlungen fordert der Hebräerbrief (10,25) auf. Auf dem Hintergrund liturgietheologischer Erwägungen entwickelt der Apostel Paulus im 1. Brief an die Korinther (Kap. 11) Kriterien für die rechte Feier des Herrenmahles oder etwa auch Weisungen zum Verhalten der Frauen im Gottesdienst.

Die so bereits in der neutestamentlichen Zeit bezeugten Reflexionen über den Sinn und die Formen eines Gottesdienstes „im Namen Jesu“, seine Stellung innerhalb des Lebens der Gemeinden und der einzelnen Christen setzten sich durch die Jahrhunderte hindurch fort, auch wenn das Wort „Liturgie“ im heutigen Wortverständnis (als Gesamtheit des Handelns aller gottesdienstlichen Versammlungen) sich erst ab dem 16. Jahrhundert verbreitete. Die sich darauf beziehende theologische Fachdisziplin einer „Liturgik“ – oder auch „Liturgiewissenschaft“ – entstand sogar noch später, nämlich im Zusammenhang der Universitätsreformen unter Kaiserin Maria Theresia 1777.

Aus dem Ziel dieser Reform – Verbesserung der Berufsausbildung und Berufspraxis des Klerus – ergab sich für das neue Fach, einem Teil der Pastoraltheologie, als Schwerpunkt zunächst die Beschäftigung mit den gottesdienstlichen Obliegenheiten der Priester. Dazu kamen mit der aufblühenden Forschung bald vermehrte Untersuchungen zur Geschichte der Liturgie. Im Ringen um Anerkennung als ebenbürtiger wissenschaftlicher

* Zuerst veröffentlicht als zweiteiliger Beitrag unter den Titeln: „Ordnung, Form und Sinn prägen den Gottesdienst (Ortsbestimmung der deutschen katholischen Theologie [20]: Die Liturgie I)“, in: Rheinischer Merkur / Christ und Welt 1987, Nr. 4, S. 22, und: „Das Gemüt braucht Bild und Feier (Ortsbestimmung ... [21]: Die Liturgie II)“, ebd. Nr. 5, S. 22. – Bibliographie Rennings Nr. 322/323. – Der hier abgedruckte Text folgt der Manuskriptfassung, die an einigen Stellen länger ist als die Originalveröffentlichung. Die Zwischenüberschriften und alle Anmerkungen stammen vom Herausgeber.

Disziplin im universitären Fächerkanon versprachen liturgiehistorische Arbeiten die größten Aussichten auf Erfolg. Bahnbrechend über Deutschland hinaus wurde am Ende des 19. Jahrhunderts das nun auch liturgietheologisch interessierte mehrbändige „Handbuch der katholischen Liturgik" von Valentin Thalhofer (1825–1881).[1]

Auch in den folgenden Jahrzehnten sicherten sich die Liturgiewissenschaftler des deutschsprachigen Raumes ihren Platz in der internationalen Spitzengruppe auf den Gebieten der Liturgiegeschichte und Liturgietheologie. Es sei etwa erinnert an Odo Casel OSB (Maria Laach) und das „Jahrbuch für Liturgiewissenschaft", das von 1921–1941 erschien,[2] an Leo Kunibert Mohlberg OSB (1878–1963) oder Josef Andreas Jungmann SJ (1889–1975). Allerdings kann für die Einordnung der deutschen Liturgiewissenschaft nicht übersehen werden, daß das letzte vollständige, in deutscher Sprache erschienene wissenschaftliche Handbuch (1963–1965) eine Übersetzung aus dem Französischen war[3] und das immer noch maßgebende Speziallexikon in den Niederlanden erschien (1958–1968).[4]

Der internationalen Liturgiewissenschaft verdankt die Liturgiereform des 2. Vatikanischen Konzils wegweisende Erkenntnisse, Hilfen und Impulse. Doch sind weder die Liturgische Bewegung der ersten Hälfte dieses Jahrhunderts, in der Papst Pius XII. das Wehen des Heiligen Geistes in der Kirche zu spüren gemeint hatte, noch die daraus erwachsenen Reformen von den Liturgikern inszeniert worden. Die meisten Fachleute der Wissenschaft hatten der Liturgischen Bewegung lange reserviert gegenübergestanden. Übrigens wäre es wohl auch ein falsches Verständnis der Fächer der Praktischen Theologie einschließlich der Liturgik, in ihnen die Entwicklungsabteilungen oder Designstudios der Kirche von morgen zu sehen. Die Praktische Theologie horcht mehr hin auf das, was in der Kirche zu hören ist, als daß sie selbst in die Trompete bläst. Sie reflektiert mehr das Getane, als daß sie das zu Tuende initiiert. Daß eine solche Aufgabenbeschreibung sie nicht zum bloßen Registrieren und Archivieren verurteilt, sei weiter unten erläutert.

---

[1] Handbuch der katholischen Liturgik. 2 Bde. Freiburg/Brsg. 1883–1890/1893 (Bd. 2 postum hg. v. *A. Schmid*).

[2] Seit 1950 fortgesetzt im „Archiv für Liturgiewissenschaft".

[3] Handbuch der Liturgiewissenschaft, hg. v. *A.-G. Martimort*. Deutsche Übers. hg. v. Liturgischen Institut, Trier. 2 Bde. Freiburg/Brsg. 1963–1965.

[4] Liturgisch Woordenboek, hg. v. *L. Brinkhoff [u. a.]*. 2 Bde. Roermond 1958–1968 (Romen's Woordenboeken). Ergänzungsbd. 1970.

Zunächst markierte das Konzil einen weiteren wichtigen Schritt zu einem umfassenderen Selbstverständnis der Liturgik. Die Kirchenversammlung erteilte ihr nämlich ausdrücklich den Auftrag, ihre Ziele nicht nur kanonistisch oder historisch zu verstehen (vgl. SC 16); neben diesen beiden Forschungsrichtungen sollen in ihr theologische, spirituelle und pastorale Aspekte zum Tragen kommen. Im Kanon der theologischen Disziplinen – verlangt die Konstitution weiter – ist die Liturgie als Hauptfach einzustufen. Das ist inzwischen in der Bundesrepublik Deutschland in den Diplomstudiengängen der Theologie weithin berücksichtigt.[5] Dagegen wird bei anderen Studienabschlüssen mit theologischen Inhalten die Liturgik teilweise noch sehr vernachlässigt.

Insgesamt sind die Möglichkeiten liturgiewissenschaftlicher Lehre und Forschung im Hochschulbereich der Bundesrepublik Deutschland mit rund 20 eigenen Lehrstühlen nicht gering; eine Reihe bestehen schon mehrere Jahrzehnte (z.B. Münster, Trier), andere wurden aus Fächerkombinationen gelöst und selbständig.

Nicht zu vergessen sind dazu noch die außerhalb des eigentlichen Hochschulbereiches angesiedelten, z.B. monastischen, wissenschaftlich tätigen Institutionen.

Diese allgemein positiv zu bewertende Situation wird freilich eingeschränkt durch den katastrophalen Mangel an wissenschaftlichem Nachwuchs. Die beim Rückgang der Priesterzahlen vollzogene Bremsung in der Freistellung von Priestern zum Weiterstudium vor zehn bis fünfzehn Jahren hat sich ausgewirkt. Andererseits entscheiden sich verständlicherweise Laientheologen und Laientheologinnen nicht leicht zu einer Promotion oder gar Habilitation im Fach Liturgiewissenschaft, da ihnen die Berufungschancen recht gering erscheinen, auch wenn zwei Lehrstühle in Katholisch-theologischen Fakultäten bzw. Fachbereichen in Katholischer Theologie mit Laien besetzt sind.[6]

Wenn sich auch eine dem konziliaren Verständnis von Liturgie voll gerecht werdende Liturgiewissenschaft bisher in der Kirche noch nicht herausbilden konnte, so treten doch die neuen oder veränderten Fragestellungen und Antwortversuche allmählich deutlicher hervor. Die deutschsprachigen Liturgiker sind daran nicht unbeteiligt, wie beispielsweise das

[5] Vgl. zuletzt *K. Richter*, Die Liturgiewissenschaft im Studium der Theologie heute, in: LJ 45 (1995) 40–47.

[6] Die Anzahl von Laien auf Lehrstühlen für Liturgiewissenschaft hat inzwischen (1995) zugenommen.

umfängliche, im Erscheinen begriffene wissenschaftliche Handbuch „Gottesdienst der Kirche“ (Regensburg ab 1983) zeigt.[7]

Eine wesentliche Neuorientierung der Liturgiewissenschaft ergibt sich daraus, daß nach den konziliaren Beschlüssen die Liturgie nicht lediglich einer einmaligen Reform unterzogen werden sollte, um dann wieder für Jahre festgeschrieben zu werden, sondern in den Lebensprozeß der Kirche einbezogen wurde. Wie und wo die Kirche – aus Treue zur Tradition – sich wandelt, kann auch ihr Gottesdienst nicht aus dem Veränderungsprozeß ausgeklammert werden. Die Liturgiewissenschaft steht vor der Frage, welche Rolle sie in diesem Prozeß einer je zu erneuernden Liturgie zu spielen hat.

Zunächst ist ein mögliches Mißverständnis auszuräumen. Wird in der katholischen Kirche die Liturgie nicht vom Amt festgelegt und hat nicht die Liturgiekonstitution eingeschärft, daß keiner „nach eigenem Gutdünken in der Liturgie etwas hinzufügen, wegnehmen oder ändern darf“ (Art. 22)? Bleibt da überhaupt noch Platz für einen sinnvollen eigenständigen Beitrag einer Liturgik? Es ist richtig, daß bestimmte Arten und Bestandteile des gottesdienstlichen Handelns der eigenmächtigen Veränderung entzogen sind, was sich auch als sinnvoll aufzeigen läßt. Für diesen Teil der Liturgie wird die Liturgik den zuständigen Autoritäten auf den verschiedenen Ebenen zuarbeiten und nicht selbst Ordnungsinstanz spielen wollen. Darin unterscheidet sie sich übrigens nicht von anderen Fächern der Praktischen Theologie. Diese könnte beispielsweise einen Plan für eine bessere Gliederung der Bistümer in Deutschland entwerfen, aber deshalb wäre kraft Entscheidung des Pastoraltheologen Frankfurt a. M. noch kein Bischofssitz. Daß von den Liturgikern entwickelte Neukonzeptionen, Projekte, Entwürfe u. ä. eventuell unbefugterweise leichter in die Praxis übernommen werden können als etwa eine von der Praktischen Theologie entworfene neue Ordnung der Papstwahl, wird zu beachten sein. Andererseits darf nicht der Eindruck aufkommen, der gesamte Gottesdienst der katholischen Kirche

---

[7] Das Handbuch „Gottesdienst der Kirche. Handbuch der Liturgiewissenschaft“ wird herausgegeben von *H. B. Meyer, H. Auf der Maur, B. Fischer, A. A. Häußling und B. Kleinheyer*. Bisher sind erschienen: Bd. 3: Gestalt des Gottesdienstes. Sprachliche und nichtsprachliche Ausdrucksformen. Mit Beitr. v. *R. Berger [u. a.]*. 2., durchges. u. erg. Aufl. 1990 (1. Aufl. 1987); Bd. 4: *H. B. Meyer*, Eucharistie. Geschichte, Theologie, Pastoral. Mit e. Beitr. v. *I. Pahl*. 1989; Bd. 5: *H. Auf der Maur*, Feiern im Rhythmus der Zeit I. Herrenfeste in Woche und Jahr. 1983; Bd. 6,1: *H. Auf der Maur/Ph. Harnoncourt*, Feiern im Rhythmus der Zeit II/1: Der Kalender. Feste und Gedenktage der Heiligen. 1994; Bd. 7,1: Sakramentliche Feiern I,1: *B. Kleinheyer*, Die Feiern der Eingliederung in die Kirche. 1989; Bd. 7,2: Sakramentliche Feiern I,2: *R. Meßner*, Feiern der Umkehr und Versöhnung. Mit e. Beitr. v. *R. Oberforcher*; *R. Kaczynski*, Feier der Krankensalbung. 1992; Bd. 8: Sakramentliche Feiern II: *B. Kleinheyer/E. von Severus/R. Kaczynski*, Ordinationen und Beauftragungen, Riten um Ehe und Familie, Feiern geistlicher Gemeinschaften, die Sterbe- und Begräbnisliturgie, die Benediktionen, der Exorzismus. 1984.

und alle mit ihm zusammenhängenden Überlegungen seien nach Art eines liturgischen Kursbuches minutiös geregelt. Für weite Bereiche und sehr viele Elemente der Liturgie und ihr pastorales Umfeld gibt es keine verpflichtenden Vorschriften. Die Regelung der liturgischen Ordnungsbefugnis in der Kirche verhindert nicht grundsätzlich eine notwendige Beschäftigung der neuen Liturgik mit einer „Liturgie im Werden“.

Perspektiven der „neuen Liturgik“

Wenn zum gegenwärtigen Zeitpunkt die Liturgiewissenschaft in Deutschland wie international eher unsicher und tastend ihren neuen Aufgabenbereich ins Auge zu fassen scheint, soll dieses Urteil durchaus positiv verstanden werden; zeigt es doch, daß die Liturgiker die durch die Aussagen des 2. Vatikanischen Konzils zur Liturgie geschaffene neue Ausgangslage für ihre theologiewissenschaftliche Disziplin zur Kenntnis genommen haben. Lassen sich nun bereits Zielfelder der neuen Liturgik ausmachen? Mit den nötigen Vorbehalten scheint dies möglich zu sein.

Die Mitwirkung der Liturgik – als Fach der Praktischen Theologie – bei einer in einem bestimmten Ausmaß immer „im Werden“ befindlichen Liturgie verliert durch die bestehenden Regelungen der liturgischen Ordnungsbefugnisse der katholischen Kirche nicht seine Bedeutung. Spannungen mögen eintreten, wie sie grundsätzlich zwischen den Diensten der Leitung und der wissenschaftlichen Lehre in der Kirche nicht auszuschließen sind und nützlich sein können; zudem zeigt die Erfahrung, daß oft Geduld gebraucht wird, zur Resignation aber kein Grund besteht.

Die Liturgik wird bei der Suche nach dem ihr gebührenden Platz im ständigen Wandlungs- und Neubildungsprozeß des Gottesdienstes der Tatsache Rechnung tragen müssen, daß solche Vorgänge von dem der Kirche verheißenen Geist und geschenkten Beistand in Gang gesetzt werden können, ohne daß dies von vornherein schon immer eindeutig und klar erkennbar wäre. Manches zunächst eher abstrus erscheinende Phänomen – zeigt die Geschichte der Kirche – erwies sich als von einem aufbauenden Geist inspiriert, auch wenn es sich in einem Gärungsprozeß reinigen mußte; manche sich fromm gebende Neuerung verpuffte nach kurzer Zeit ohne Rückstände.

Für die liturgiewissenschaftliche Forschung ergeben sich daraus Aufgaben, die über das bloße Registrieren hinausreichen: Vergleiche mit dem bisher Tradierten und Praktizierten, Aufspüren geschichtlicher Entwicklungslinien oder gar Entwicklungsgesetze. „Die neuen Formen“, verlangt die Liturgiekonstitution des Konzils, sollen „aus den schon bestehenden gewissermaßen organisch herauswachsen“ (Art. 23). Somit bleibt weiterhin auch die Erforschung der Geschichte des Gottesdienstes berechtigt und notwendig. Es kann auf sie nicht verzichtet werden. Die Arbeiten etwa des jüngst verstorbenen angesehenen Liturgiewissenschaftlers E. J. Lengeling (1916–1986) haben gezeigt, wieviele historische Voraussetzungen ungeklärt oder die Liturgie betreffende Behauptungen unbewiesen sind. Eine bessere Informiertheit über die historischen Veränderungen des Gottesdienstes hätten manchen Einspruch gegen die Reformen nach dem 2. Vatikanischen Konzil gar nicht erst aufkommen lassen. So ist z. B. der Begriff „Tridentinische Messe" eine kaum zu rechtfertigende Verkürzung geschichtlicher Tatsachen.

Im Atlas der Liturgiegeschichte sind noch viele weiße Flächen zu füllen. Man kann sich beispielsweise sehr verwundern darüber, daß von einem in seiner Wirkungsgeschichte nicht nur für die abendländische Kultur so bedeutsamen Buch wie dem „Missale Romanum" bisher keine kritische Edition vorliegt, wie sie für literarische Werke weit begrenzteren Einflusses erstellt wurden.

Die historische Forschung wird sich jedoch stärker darum bemühen, eine zu einseitige Fixierung auf Textuntersuchungen zu überwinden. Die in Anlehnung an literaturkundliche und philologische Methoden durchgeführten, an sich durchaus notwendigen und nützlichen Untersuchungen liturgischer Texte haben manchmal den Eindruck entstehen lassen, als sei die Geschichte der Liturgie die Geschichte ihrer Texte. Das stimmt nicht, denn das gottesdienstliche Handeln ist umfassender. Es hat seine Räume, Farben und Lichter, seine Klänge und Musik, seine Gesänge und sein Schweigen; es hat seine Gebärden, Gesten und Gerüche, es hat seine – ungeschriebenen – Bräuche und Mißbräuche, seine Begegnungen und seine Meidungen, es hat vor allem seine handelnden Personen, seine kommunikativen Beziehungsnetze und seinen wechselnden Stellenwert im kirchlichen Leben sowie im öffentlich-politischen Raum. Zu diesen Aspekten gibt es manche vorzüglichen Einzeluntersuchungen. Die Liturgie als Gesamthandlung ist jedoch in der historischen Forschung noch wenig erfaßt.

Wenn weniger nur die „betende" Kirche – Titel zahlreicher Publikationen zur Liturgie –, sondern mehr die Gottesdienst „feiernde" Kirche Gegenstand der Liturgik werden soll, ist der enge Kontakt zu anderen wissenschaftlichen Disziplinen unerläßlich. Neben den theologischen sind es alle, die sich mit dem Menschen befassen. Wenn auch der Traum vom schönen, jungen Prinzen „Anthropologie", der das erstorbene Dornröschen „Theologie" zu neuem Leben wachküßt, sich nicht erfüllt hat, bleiben doch alle Wissenschaftszweige mit Interesse am Menschen aufeinander angewiesen. Dabei wird die neue Liturgiewissenschaft oft nicht einfach anderswo Ergebnisse einkaufen können, denn das, was sie braucht, ist dort gar nicht am Lager. Sie wird sich mühen müssen, ihre Fragen überhaupt verständlich zu machen, ehe es zu einer fächerübergreifenden Zusammenarbeit kommen kann. Nicht selten ist ein interdisziplinäres Gespräch aber auch schon förderlich, um verkannte Werte des eigenen Faches in besseres Licht zu rücken. Beispielsweise haben manche Ergebnisse psychologischer Forschungen den Liturgiker erst erkennen lassen, was für eine kleine Kostbarkeit er dort bei den Erbstücken aufbewahrt hatte. Meßgebete „um die Gabe der Tränen" wird er nicht mehr zum Gerümpel zählen (auch wenn sie noch oder schon vor dem Konzil im Meßbuch entfielen), und gerne wird er sich auf die wertvollen psychohygienischen Faktoren der Komplet, des kirchlichen Nachtgebetes, aufmerksam machen lassen.[8]

Eine Neuorientierung wird sich im Verhältnis der Liturgik zu einigen ihr benachbarten Fächern vollziehen, wie etwa der Kirchenmusik oder der Volkskunde. Die konziliare Öffnung zur Bewertung vielfältiger – nicht aller beliebigen – musikalischen Ausdrucksformen als liturgischem Geschehen stellte das überlieferte, gelegentlich freundliche, öfter argwöhnische Nebeneinander dieser beiden bisher getrennten Fächer in Frage. Man wohnt jetzt in einem Haus und sitzt an einem Tisch und kann nicht mehr vermeiden, miteinander zu sprechen.

Durchlässiger geworden ist die Abgrenzung der Liturgik zur Volkskunde, soweit sie sich mit gottesdienstlichen Elementen befaßt. Ob es bei einer für je zeitgenössische Ausdrucksformen offenen Liturgie noch zu eigenen neuen Ausprägungen vor- oder außerliturgischer Frömmigkeitsformen kommen wird oder welchen Platz die noch vorhandenen „volksfrommen" Bräuche einnehmen und behalten werden, weiß zur Zeit niemand und ist auch nur schwer feststellbar.

Damit kommt ein Aufgabenbereich ins Blickfeld, der in der Liturgik bisher noch wenig Verbreitung gefunden hat. Gemeint sind – wissenschaftliche – Untersuchungen über die Verbreitung, Bedeutung, Rezeption, Ablehnung und Auswirkung gottesdienstlicher Phänomene. Empirische Feldforschung der Praktischen Theologie mit abgesicherten Ergebnissen kann zeigen, was wirklich ist, kann Mutmaßungen und Vorurteilen den Boden entziehen und Entscheidungen erleichtern, nicht sie diktieren oder ersetzen. In wieviel Gemeinden in Deutschland werden regelmäßig (wie oft ist das?) ökumenische Gottesdienste gehalten? Wieviel Christen welcher Konfession nehmen aus welchen Gründen und mit welchen Einstellungen daran teil? In wieviel Gemeinden werden wie oft mit welchen Teilnehmern Bußgottesdienste gehalten? Wie lange gibt es in wieviel Gemeinden Mädchen als Meßdienerinnen und mit welchen Erfahrungen? Diese und viele ähnliche pastoralliturgische Fragen kann heute in Deutschland niemand beantworten.

---

8 Vgl. dazu *H. Rennings*, Die Psychohygiene der Komplet, in diesem Band S. 210–231.

Im Blick auf den jeweiligen Menschen im Umfeld seiner Kultur und in seiner Glaubenssituation versucht die Liturgik, der feiernden Kirche zu dienen. Sie sucht mit nach dem Gottesdienst einer Kirche, die vielleicht weniger straff organisiert, aber geistlich bewegter ist. Sie fragt mit nach den Chancen und Grenzen der gottesdienstlichen Versammlungen und ihres Handelns, z. B. in den „Basisgemeinden". Sie kann den Verlust der Maßstäbe für den Umgang des Menschen mit seiner Umwelt nicht rückgängig machen. Aber sie fühlt sich herausgefordert, denn welche andere theologische Disziplin hat es wie sie mit Brot, Wein, Wasser, Öl und Asche zu tun? Sie ist überzeugt, daß ihr Gottesdienstprogramm sich nicht einfach in eines der vielen Freizeitangebote einordnen läßt, aber sie akzeptiert ohne Grollen, daß es in einer solchen Gesellschaft frei gewählt werden muß. Sie ist einverstanden, daß ihr Gottesdienst auch Dienst an der Muße des Menschen ist.

Die neue Liturgik wird es aber wie die alte als ihre größte Aufgabe ansehen, zwischen der Himmelfahrt des Herrn und seiner Wiederkunft das dankbare Staunen in der Gemeinschaft seiner Jünger wachzuhalten über das unfaßbare Geschenk, das der Herr seiner Kirche im gottesdienstlichen Handeln anvertraut hat.

Epilog

Gebetstexte zu Tod und Begräbnis*

Die folgenden Texte halten sich an die literarische Form gottesdienstlicher Gebete, sind aber nicht für den offiziellen liturgischen Gebrauch bestimmt. Sie können der privaten und gemeindlichen Meditation dienen und helfen, das liturgische Beten besser zu verstehen, zu vertiefen und Anstöße zu seiner Weiterentwicklung zu geben.

Eröffnungsgebete

1 Allmächtiger, ewiger Gott, Vater im Himmel.
Sei du in unserer Mitte, da wir uns im Namen deines Sohnes Jesus Christus versammeln. Sei du uns nahe in seinem Wort. Sei bei uns in dem Mahl, das wir seinem Tod und seiner Auferstehung verdanken.
Höre unsere Bitten: jene, die wir aussprechen, und alle, die ungesagt bleiben und von dir allein gehört werden.
Durch unseren Herrn Jesus Christus …

2 Heiliger, unsterblicher Gott.
Das Sterben eines Menschen, der uns nahestand, hat uns hier zusammengeführt. Sprich dein Wort der Hoffnung zu uns. Stärke uns in der Überzeugung, daß du im Tod die nicht fallen läßt, denen du deine Liebe schenkst, die das Brot des Lebens essen und den Kelch der Unsterblichkeit trinken.
Durch unseren Herrn Jesus Christus …

---

* Zuerst veröffentlicht in: Der Himmel geht über allen auf. Beispiele der Verkündigung angesichts des Todes, hg. v. *K. Richter*. Freiburg/Brsg. [u.a.] 1980, 151–155. – Bibliographie Rennings Nr. 271.

Gabengebete

1 Herr, unser Gott.
Segne die Gaben unserer Erde, Brot und Wein, und erfülle sie mit deiner Kraft. Heilige diese Zeichen unseres Vertrauens auf dich, und verbinde uns durch sie mit dir und untereinander und mit jenen, die uns zu deinem ewigen Gastmahl vorausgegangen sind.
Durch Christus …

2 Gott, du Herr und Vater.
Durch den Opfertod deines Sohnes hast du die Menschen aus Vergänglichkeit und Schuld, aus Sinnlosigkeit und Verzweiflung befreit. Um seinetwillen dürfen wir aufatmen und dir immerdar danken.
Durch Christus …

Schlußgebete

1 Allmächtiger, ewiger Gott.
Du lenkst unser Leben nach deinen Plänen. Für dich sind wir erschaffen und füreinander. Unruhig ist unser Herz, bis es ruht in dir.
Wir bitten dich:
Sei uns nahe in allen Stunden.
Laß uns dich suchen, du Licht unserer Dunkelheit.
Laß uns unterwegs bleiben zu dir, du Sehnsucht unserer Wege.
Laß uns dich finden
und in dir uns wiederfinden,
du unser Anfang und unser Ziel,
du unser Gott,
der war und der ist und der bleibt.
Durch Christus …

2 Allmächtiger, ewiger Vater.
Du hast uns gespeist mit den heiligen Gaben von deinem Altar. Laß das Leben nicht erlöschen, sondern wachsen, das deine Speise in dem Verstorbenen und in uns genährt hat. Gib uns einen Platz in der Gemeinschaft deines ewigen Gastmahles und die Geborgenheit deiner unvergänglichen Liebe.
Durch Christus…

Wir danken dir, Vater im Himmel,
unsterblicher und heiliger Gott,
denn grenzenlos ist dein Erbarmen.
Aus Liebe hast du den Menschen geschaffen und ihm Leben von deinem unvergänglichen Leben eingehaucht.
Du läßt im Tode nicht untergehn,
die du zur ewigen Gemeinschaft mit dir berufen hast.
Du läßt nicht für immer erkalten
die Hände, die sich nach dir ausgestreckt,
die Augen, die deine Schönheit gesucht,
und die Herzen, die deine Ruhe ersehnt haben.

(Chor oder Kantor; einstimmig)
Wir preisen dich, du Gott des Lebens,
und singen mit den Chören des Himmels,
die ohne Ende rufen:

(Gemeinde und Chor)
Würdig bist du, unser Herr und Gott,
Herrlichkeit zu empfangen
und Ehre und Macht.
Denn du bist es, der die Welt erschaffen hat,
durch deinen Willen war sie
und wurde sie geschaffen. (Offb 4,11)

Oder:
Heilig, heilig, heilig ist der Herr,
Gott der Allherrscher,
der war und der ist und der kommt.

Wir danken dir, du Gott des Lebens,
und preisen dich auch in dieser Stunde.
Denn du hast deinen Sohn gesandt,
um dein Volk aus Finsternis und Todesschatten zu befreien.
Unsere Schuld hat er getragen
und menschliche Hinfälligkeit geteilt.
Du hast ihn als Weizenkorn in die Erde gesenkt,
und als Frucht seines Sterbens reifen ein neuer Himmel
und eine neue Erde heran,
in der es weder Tränen noch Trauer noch Tod gibt.

(Chor oder Kantor)
Wir preisen dich …

(Gemeinde und Chor)
Ihm, der auf dem Throne sitzt,
und dem Lamm gebühren Lob
und Ehre und Herrlichkeit
und Kraft in alle Ewigkeit. (Offb 5,13)

Oder:
Heilig, heilig …

Wir danken dir, allmächtiger Vater,
für ihn, Jesus Christus,
der uns vorausgegangen ist zu dir,
nicht ohne uns ein Zeichen der Hoffnung zu schenken.
Denn als die Stunde seiner äußersten Verlassenheit nahte,
vor dem Osterfest, als es Nacht wurde,
betete er beim Abschiedsmahl den großen Lobpreis,
nahm dankend das Brot, teilte es,
reichte es seinen Jüngern und sagte:
NEHMT UND ESST …
Ebenso nahm er an diesem Abend,
als die Dunkelheit auf ihn wartete,
unerschüttert in seinem Vertrauen,
den Kelch,
dankte dir, Gott und Vater,
reichte ihn seinen Jüngern und sagte:
NEHMT UND TRINKT …
Darum erfüllen wir seinen Auftrag,
Vater im Himmel, Gott der Lebenden und Toten,
und gedenken seines Gehorsams und seiner Hingabe.
Wir bekennen uns zu dem Bund,
den du in seinem Blut mit uns geschlossen hast
und den du nun erneuerst,
da wir dieses Geheimnis des Glaubens feiern.

(Chor oder Kantor)
Geheimnis des Glaubens.

(Gemeinde und Chor)
Deinen Tod …

(anschließend Chor)
Würdig ist das Lamm, das geschlachtet wurde,
die Macht zu empfangen,
Reichtum und Weisheit,
Kraft und Ehre,
Herrlichkeit und Lob. (Offb 5,12)

Herr und Vater, allmächtiger Gott.
Wir vertrauen auf deine Macht
und bitten dich für alle, die dein Sohn erkauft hat
aus jedem Stamm und jeder Sprache,
aus allen Völkern und Nationen:
Tilge ihre Namen nicht aus dem Buch des Lebens.
Bekleide sie mit dem Gewand unvergänglicher Freude.
Ihnen und allen, die dich suchen,
dem/der Verstorbenen N. N. und uns,
gewähre einen Platz am Tisch deines ewigen Gastmahles.

(Chor oder Kantor)
Wir preisen dich …

(Gemeinde und Chor)
Amen. Lob und Herrlichkeit,
Weisheit und Dank,
Ehre und Macht und Stärke
unserem Gott in alle Ewigkeit. (Offb 7,12)

Oder:
Heilig, heilig …

Darum bitten wir durch
unseren Herrn Jesus Christus:
Durch ihn und mit ihm …

Register

bearbeitet von Josef-Anton Willa

I. Schriftstellen

Dtn
6,4–7 227

Ps
4 226
6 226
7 226
11 (10) 226
12 (11) 226
16 (15) 226
24 (23) 202–204
31 (30),1–6 226
31 (30),6 223
31 (30),17 223
34 (33) 226
51 (50),17 202
61 (60) 226
67 (66) 202 204
70 (69) 226
71 (70) 226
77 (76) 226
86 (85) 226
88 (87) 226
90 (89) 226
91 (90) 226
95 (94) 202–205
95 (94),1 203
95 (94),6 204
100 (99) 202–204
103 (102) 226
130 (129) 226
134 (133) 226
143 (142), 1–11 226

Jes
59,1 182
59,13 182
65,2 182

Jer
14,9 227

Lk
1,46–55 224
1,68–79 224
1,79 182
2,29–32 223 225
11,1 293
13,29 187
23,46 223

Joh
1,1–14 182

Apg
1,11 43

Röm
8,32 182
10,21 182

1 Kor
10,21 187
11 275 293
11,23–26 164
15,24 181

2 Kor
5,18 f 182

Gal
1,4 184

Eph
1,14 206
4,26–27 227

Kol
1,20 188

1 Thess
5,9–10 227
5,23 227

Tit
3,3 182

Hebr
3,7–4,13 205
10,25 293

1 Petr
5,8f 227
5,8–9 227

Offb
19,13 182
22,4–5 227

Allgemeine Einführung in das Meßbuch
7 138f
8 189
10 139
10–13 139
11 69f 138f 194
19 71
21 195
24 189
25–32 189
47 70
55 69
57 189 193
59 138f
59–61 139
60 138f
68 70
70 88
73 139
82 197
84 196
108 69
123–126 193
125 196
126 196f
139 194
140 196
231 197
276 194
313 139

Allgemeine Einführung in das Stundengebet
11 216
29 216
34 205
34–36 201
35 202
41 202
60 202
88 227 230
138 224
235 203
263 202
266 202

Ad gentes divinitus (1965)
3 233

Aperite portas Redemptori (1983) 174

Caeremoniale Episcoporum (1984) 120;
213 202

Christus Dominus (1965)
9 110

Codex Iuris Canonici 1917
can. 242–264 111
can. 247 § 5 112

Codex Iuris Canonici 1983
can. 11 121
can. 276 § 2, n. 3 213
can. 538 § 2 84
can. 838 § 3 122
can. 839 § 2 122f
can. 1174 § 1 213

Communio et progressio (1971)
167 233
171 233

Constans Nobis Studium (1975) 118f

De concentibus in ecclesiis (1987) 23

De festis paschalibus (1988) 23

De musica sacra et sacra liturgia (Musikinstruktion; 1958)
31c 246
93 245f

De pastorali migratorum cura (1969)
24,2 233

De Precibus eucharisticis et experimentis liturgicis (1988) 23

Directorium de celebrationibus dominicalibus (1988) 23

Direktorium für Meßfeiern mit Kindern s. *Pueros baptizatos*

Doctrina et exemplo (1965) 291

Eucharistiae participationem (1973) 171 176

Eucharisticum mysterium (Eucharistieinstruktion; 1967) 22 197;
9 29

Exsul familia (1952) 233

Inter mirifica (1963)
18 233

Inter Oecumenici (Erste Instruktion; 1964) 22 53 68 127;
4 54
5–8 54
10 152
28 152
32 245
45 156

Liturgicae instaurationes (Dritte Instruktion; 1970) 68–74;
2 69
3 72
3f 69f
4 69

Lumen Gentium (1964)
1 187
13 187
18 187

Mediator Dei (1947) 119

Memoriale Domini (1969) 127f

Ministeria quaedam (1972) 88

Missale Romanum (Apost. Konst.; 1969) 184

Musicam sacram (Musikinstruktion; 1967) 22 72 129 268;
9 261
19a 260
20 260
32 254
51 267
53 267
59 259

Pastor bonus (1988) 121–124

Pueros baptizatos (Kindermeßdirektorium; 1973) 23 101–109 129 131;
54 194

Quoniam in celeri (1984) 120

Regimini Ecclesiae (1967) 115f

Richtlinien der deutschen Bischöfe:
– für die Gemeinschaftsmesse (1961 u. 1965) 22
– für Kindergottesdienste (1970/72) 22

Sacra Rituum Congregatio (1969) 116

Sacram Liturgiam (1964) 52 114 127

Sacrosanctum Concilium (1963)
1 98 287
7 29
10 124 136
11 41 121
13 111 122 289
14 41 85 245
16 295
19 41 101
21 41 271 278 287
22 111 126 154 289 296
23 132 287 297
24 175
25 111 113
26 54 138
28 13
35,3 69
36 111 132
36,3 122
36,4 84
37–40 123
37 96
38 101
39 70
40 111 117 156
44 110 131
45 110
46 110
47 185 237
48 41 59 153
50 157
55 111
59 91 259
62 287
63 111
63b 70
79 41
87 111
88 216 287
89b 216
106 236
112 259
113 61
114 259f
128 71

Tres abhinc annos (Zweite Instruktion; 1967) 68

Varietates legitimae (Instruktion über die Inkulturation; 1994) 23 123

Vicesimus quintus annus (Apost. Schreiben; 1988) 23 123 272

Abendgebet 212
Admonition 69f 108
Agnus Dei 268
Agustoni, G. 172
Agustoni, L. 172
Akklamation 252, im Hochgebet 168
Aldazábal, J. 13
Alessio, A. 119
Altarkuß 61 196
Amalar von Metz 215 216 225
Amon, K. 153 156
Amtsgebet 140, in Kindermessen 106
Anamnese: im Hochgebet 165, im Hochgebet Versöhnung II 184f
Andacht 240f
Andrieu, M. 216
Anlaßbezogenheit 43f 177
Ansprache: in Kindermessen 106f; vor dem Schlußsegen 194
Apostolischer Stuhl: lit. Ordnungsbefugnis 83f
Arnold, F.X. 153
Arx, W. von 118
Assistenz 46
Auf der Maur, H. 296
Aufklärung 79
Augustinus v. Hippo 252
Auszug 196f

Bäumer, S. 212 216 220
Balboni, D. 116
Bartsch, E. 279
Basilius 215 226
Baumgartner, J. 175
Beauduin, L. 76 284
Becker, H. 123 125 212 215
Bedeutungstransfer 141f
Béguerie, Ph. 170 172 179 180 183
Beinert, W. 130
Benedictus 182
Benedikt v. Nursia 202 205 215f 226
Berger, R. 125 296
Berliner Bischofskonferenz 132
Bernal, J.M. 119
Berti, C. 153
Betz, J. 153
Bewegungselement 108
Bibel 97; bibl. Sprache im Hochgebet 175f
Bilder 105f
Biron, R. 212 216 220
Bischofskonferenz: lit. Ordnungsbefugnis 70f 126f; s. a. unter einzelnen Gebieten
Bitten: im Hochgebet 162 168f 176
Blankenburg, W. 11 219
Blume, F. 11
Blunck, W. 219 222 223 228
Boekholt, P. 103 104
Bomm, U. 201
Bonell, J. 153
Botte, B. 215 279
Bozen-Brixen, Bistum 132
Breviarium Romanum 213
Brinkhoff, L. 11 103 156 294
Brot 37; Austeilung von geweihtem B. 193
Brovelli, F. 170 179
Brown, L. 158
Brunner, P. 284
Bücher, lit.: deutsches Sprachgebiet 132–136; Studienausgaben 134f
Bugnini, A. 10 102 113–119 171–174 188
Bumke, O. 211
Bußakt: in Komplet 221

Cabié, R. 171
Caesarius von Arles 215 217
Calabuig, I. 153
Callewaert, C. 200 279 280
Canticum Evangelicum 224; s. a. *Benedictus*, *Nunc dimittis*
Casel, O. 204 294
Casoria, J. 119
Catella, A. 171 180
Cavagnoli, G. 171 180
Cereti, G. 110
Chenu, M.-D. 290
Christiansen, B. 190
Christus: Gegenwart in Liturgie 29
Chrodegang 216
Chupungco, A.J. 234
Consilium 113–117
Coppin, F.X. 279
Coughlan, P. 172
Courreau, J. 217
Credo 253
Cuva, A. 102 170 180
Cyprian v. Karthago 215
Czarkowski, H. 143

Danneels, G. 118
Dank: christl. Grundhaltung 145f 149f; zwischenmenschl. Ebene 144; im Traditionszusammenhang 147; in Bedrängnis 150f; privat in der Messe 150
Dankmotive: in Kindermessen 107
Danksagung nach der Kommunion 242
Darlapp, A. 200
De Pauw 64
Deissler, A. 203 205 206
Del Re, N. 111
Detscher, A.F. 171 180
Deutsche Bischofskonferenz 126–130
Deutsches Liturgisches Institut 16 131f
Diakon 130; Verkündigungsdienst 69
Diapositiv 105f
Diercks, G.F. 215
Diözesanliturgie 76 78
Dörr, F. 217
Dokumente, lit. 21f; Kommentare 22
Dumas, A. 172
Dunstan 220

Duployé, P. 283

Ehre sei dem Vater 130
Einführung in lit. Feier 241
Einig, B. 210 212 217
Einsetzungsbericht 164f, des Hochgebetes Versöhnung II 183f
Eisenhofer, L. 200f 280f 291
Eissing, D. 235
Elemente, lit. 37f; Verbindung u. Zuordnung zueinander 44f 253ff; Bezug auf Versammlung 38f; Verstehbarkeit u. Sinnhaftigkeit 37; unterschiedl. Gewichtung 140; konstant u. variabel 42f 48
Entlassungsruf 196
Epiklese 167 182f, im Hochgebet Versöhnung II 186f
Eröffnung der lit. Feier 200, der Messe 107 189
Eröffnungsgesang 263f; -antiphon 201 203ff; -psalm 201f 205–209
Eröffnungsruf 201ff
Eucharistiefeier: Dankfeier 143; Gedächtnisfeier 185; Vermächtnis Christi 185; Vorwegnahme des himmlischen Gastmahles 187f; s. a. Messe
Evenou, J. 170 179f 183

Falcão, J. 203
Familienmesse 105
Fellerer, K. G. 252
Fendt, L. 280
Fest: Ideenfest 234
Filthaut, Th. 234
Fischer, B. 18 21 56 102 120 132 156 172–174 205 213 291 296
Flurheym, Chr. 77
Frank, K. S. 215
Frankl, V. 223
Franzen, F. 158
Frau: lit. Dienste 71 87f
Fries, H. 153
Fronleichnamsprozession 82
Fructuosus von Braga 220
Fürbitten 176 241
Funktionsgerechtheit 17 19 43f 262–267; u. tätige Teilnahme 266; u. Spiritualität 20f; u. Gestaltung 189

Gabenbereitung 45f
Gabengebet 44, für Verstorbene 303
Gamber, K. 153
Gantoy, R. 175
Gebet, situatives 45; meditatives 204f; u. menschl. Einsatz 206
Gelineau, J. 172
Gemeinde: Trägerin des Gottesdienstes 85 138 140
Gemeindegerechtheit 238 240 261f
Gemeinsame Synode der Bistümer in der Bundesrepublik Deutschland 131
Gemeinschaft der Heiligen: im Hochgebet 168
Gerhards, A. 125
Gesang 42 206 219; als Schallform 250; ohne Liederbuch 270
Gesang- und Gebetbuch 47f
Gespräch: in der Liturgie 36
Gestaltungsprinzipien 17 41–49
Gewissenserforschung 220f
Giraudo, C. 171
Glade, W. 13 155
Gloria 253f 267f
Goltzen, H. 170 177 179 212 219
Gottesdienst s. Liturgie
Graf, A. 281 291
Groner, F. 155
Gross, D. 219
Gruß, lit. 194f 249f
Guardini, R. 281 283
Guéranger, P. 76
Gut, B. 114 116 117
Gy, P. M. 119
Hänggi, A. 104 125 129 156
Häußling, A. 123 154 173 239 296
Hanssens, M. 215 225
Haquin, A. 102 172
Harnoncourt, Ph. 134 339 254 296
Hartel, W. 215
Haug, H. 119
Heinz, A. 18 212
Hensel, Luise 218
Hermans, J. 103
Hirscher, J. B. 76
Hochgebet, Eucharistisches:
- Form u. Vollzug: Strukturmodell 158–169; Grundgestalt 159ff; Grundgehalt 161f; Elemente 162–169 176; Sprache 157 175f; Ausführende 69; Anlaßbezogenheit 177; funktionsgerechte Gestaltung 264
- Theol.: Preis- u. Dankgebet 146–150 161f; Gebet zum Vater 159f; Amtsgebet 160f; Ausdruck der kirchl. Gemeinschaft 162 186f; u. jüd. Tischgebet 147f
- röm. Verlautbarungen 173ff 188; Entwicklung nach dem Konzil 152–155
- einzelne Formulare: Röm. Kanon 44 152f; Hochgebet IV 149; Hochgebet Versöhnung II 24f 149f 170–188; für Meßfeiern mit Gehörlosen 154; für Meßfeiern mit Kindern 149 172; für das Heilige Jahr 1974/75 172–175; für Verstorbene 304ff; Neuschöpfungen 152–169
Hoey, R. F. 158
Hofmann, J. 212
Hucke, H. 20 43 102 189
Hymnus 217ff

Ignatius v. Loyola 229

Inkulturation 95ff 275f
Integrierung 141
Internationale Arbeitsgemeinschaft der Liturgischen Kommissionen im deutschen Sprachgebiet (IAG) 132f
Interpartizipation 40
Introitus 263
Invitatorium der tägl. Stundenliturgie 200–209; Aufbau 201f
Isnard, C.J.C. 114

Johannes Paul II. 120 123 130 174 272
Joosse, K. 171 173
Jores, A. 210
Jounel, P. 101 114 171 237
Jugendliturgie 101 103f 109 131
Jungmann, J. A. 77 113f 153 174 193f 196 234 239 294

Kaczynski, R. 10 102 106 171–173 176 186 212 296
Kaiser, H. 210f
Kales, A. 214
Kales, J.D. 214
Kehrvers 265
Kempf, W. 155
Kinder: Messe 101–109 128f; religiöse Unterweisung 105
Kirche: u. Liturgiereform 58f 99; Zeichenhaftigkeit 90; im Hochgebet Versöhnung II 187
Kirchenbau 94f
Kirchenmusik:
vor der Liturgiereform 245f; u. Liturgiereform 20 92ff 244–257 271f; Situation in Gemeinden 93; erweiterter Aufgabenbereich 248f 273; neues Liedgut 93f 273f
– Teil der Liturgie 246–249; geistl. Geschehen 272; prophetisches Zeugnis 275; Verkündigung 276; Kommunikation 249–253; Identität der Gemeinschaft 275; Inkulturation 275f; Liturgiefähigkeit 274
– Dienste 254f 257 272f; Zuordnung der Elemente 253ff; Tonträger 105; im Direktorium für Kindermessen 102
Kirchenmusikalisches Erbe: Begriffsbestimmung 258; u. erneuerte Liturgie 256–270; Wahrung u. Pflege 259ff; Kriterien lit. Eignung 261–267; Adaptierung von Kompositionen 267f; Übernahme in Wortgottesdiensten u. Andachten 268; als Anregung 269f
Kirchenmusiker 247f
Kleinheyer, B. 118 152 175 296
Klesser, O. 212 215
Klöckener, M. 10 13f 18 21 123 134 136 200 212
Kniebeuge 61 196
Knox, J. 117 119
Kolbe, F. 104
Kollekte 241
Kommunikation: verbale 249–253; zwischen Leiter u. Versammlung 249f; zwischen Lektor u. Versammlung 251; zwischen Sängerchor u. übriger Versammlung 251ff
Kommunionhelfer 128
Kommunionspendung 52f 127f
Kommunionteil der Messe 107
Komplet 210–231; in lit. Büchern 213; Geschichte 215ff; Zeitpunkt 214–217; Ort 216; bilderreiche Texte 228f; Konstanz der Elemente 230
Kongregation: für den Gottesdienst 116ff 120; für die Sakramente u. den Gottesdienst 118f; für Gottesdienst u. Sakramentenrecht 121–124; s.a. Ritenkongregation
Konzelebration 130
Kraus, H.J. 205
Kretschmer, E. 222
Kreuels, M. 271
Kreuzzeichen 61
Küng, H. 153
Kurie, römische: lit. Verantwortung 110–124
Kyrie-Ruf 241

Laiendienst, lit.: vor der Reform 245f; Mitarbeit u. Leitung 85f
Laienpredigt 128
Langen, D. 211 214 219f 222f
Langeveld, P.C. 201 203
Larraona, A. 116
Latein 89
Lehmann, K. 107
Leisentritt, J. 77
Leitungsdienst 85f 138–142
Lempp, R. 230
Lengeling, E.J. 16 113 116 122 125–127 152–156 195f 219 298
Leplae, C. 252
Lercaro, G. 101 114 116
Limburg, H.J. 18
Listl, J. 111
Liturgia Horarum 213
Liturgie:
– Begriff u. Wesen 287 28–40; Merkmale 28–40; theol. u. spirituelle Dimension 20f; Unterscheidung zum religiösen Kult 30
– Einzelaspekte: gottesdienstl. Handeln einer Versammlung 28–32; kirchl.-öffentl. Geschehen 30f; kommunitäres Geschehen 34; Versammlung im Namen Jesu 14 28f; Christusbegegnung/-gegenwart 29; menschl. Begegnung 28; Feier u.

Fest 92; zweckfreies Tun 34f; Artikulation in Wort und Zeichen 33 35; Dimension der Gegenwart 99 178f
– Geschichte: Situation vor Konzil v. Trient 76f; von Trient bis zu Pius X. 60; Vereinheitlichung seit Trient 77f
– Gestalt: Notwendigkeit ständigen Wandels 59–63 150–156; Anpassung 37f 82 101f; Sachgesetzlichkeit 247f; Pluralität der Versammlungen 40; Gestaltungsprinzipien 41–49; Vorbereitung u. Mitarbeit 39; s. a. Elemente, lit.
– Liturgie u. Gottesverehrung 30; u. Glaube 34; u. christl. Existenz 32f; u. gesellschaftl. Leben 235f; u. Kirche 29f 63f
Liturgiefähigkeit 81 274
Liturgiegeschichte: Gegenstand der Liturgik 280 297f
Liturgiekommission der Deutschen Bischofskonferenz 17
Liturgiekonstitution: Approbation u. Promulgation 57f; deutsche Übersetzung 126; Ekklesiologie 58f 80f
Liturgiepastoral 13
Liturgiereform:
– Wesen: Werk des Geistes 64; Werk aller Gottesdienstteilnehmer 125; L. u. Kirchenreform 54 58–67 80 149–161; geschichtl. Kontinuität 259f; u. Bewahrung des Erbes 260; u. lit. Traditionen 53f
– nach Konzil von Trient 77f
– nach 2. Vat. Konzil: 16f; Vorgeschichte 75–81; Orientierungs- u. Vorbereitungszeit 52f; Übergangssituation 52–56; Schwierigkeiten bei Ausführung 54ff 62; Handhabung der Mißstände 73 248; Stellungnahmen der deutschen Bischöfe 126f; Umfrage 64f; Standortbestimmung 82–95; Prinzipien der Umsetzung 81; Perspektiven 95–100; Dokumente 129f
– einzelne Bereiche: Heilige Woche 13 15; Kirchbau 55; Kirchenmusik 55
Liturgiewissenschaft s. Liturgik
Liturgik: Ziele u. Aufgaben 278–292 297–300; Gegenstand 285f; Abgrenzung 289; Geschichte 279–285 293; u. Liturgiereform 278 294; u. praktische Theologie 285f 288 294; u. anthropologische Wissenschaften 20 288f 298f; u. amtskirchl. Ordnungsbefugnis 289ff 296; Situation in Deutschland 295f; pastorallit. Fragen 299
Liturgische Bildung 54 248 272f 291f
Liturgische Dienste 17 85f 254f 272f; als Beitrag zur Gemeinschaft 30; der Frau 71 87f; s. a. einzelne Dienste
Liturgische Kommission 131
Liturgische Kommissionen:
– deutsches Sprachgebiet 131–134; Stellungnahme zur 3. Instruktion 73f
– Kongreß der Sekretäre 120
Liturgischer Arbeitskreis 39
Löhrer, M. 283 284 286 289
Löw, J. 279
Lüttich, Bistum 132
Luther, Martin 219
Luxemburg, Erzbistum 132

Maas-Ewerd, Th. 10 158 175 212
Mahrenholz, Ch. 197
Mainberger, G. 158
Maldonado, L. 153
Maria Theresia 293
Marsili, S. 119
Martimort, A.-G. 10 111f 201 205 279f 283 294
Matthews, E. 102
Matthias Claudius 218
Mayer, A. 120
Mazza, E. 102 171 175 178 182
Medientag 233
Meditationsgottesdienst 240f
Meßbuch 134f
Messe:
– Dokumente 130; lit. Ordnung 91; Eröffnungsteil 107 189; Kommunionteil 107; Schlußteil 189–197
– mit Kindern 101–109 128f; mit Familien 105; s. a. Eucharistiefeier
Meßner, R. 296
Metz, Bistum 132
Meyer, H. B. 11 63 123 171 175 176 239 246 284 296
Ministrant 46
Missa in cantu 71
Mission 95f
Mitteilungen 193f
Moderation 70 139ff
Möhler, J. A. 76
Mörsdorf, K. 111
Mohlberg, L. C. 281 294
Monition s. Admonition
Morin, C. 283
Müller, K. F. 11
Müller-Felsenburg, A. 158
„Musik und Altar“ 16
Musikinstrumente 72 94 197 246
Muttersprache 88f; Beschlüsse der deutschen Bischofskonferenz 127;

Zulassung für Ordinarium, Proprium u. Orationen 53; in Sakramentenliturgie 53f; Hochgebet 152; Schriftlesungen 52 55; seit Konzil von Trient 79

Nagel, E. 18 235
Neues Geistliches Lied 273f; s.a. Kirchenmusik
Nikolasch, F. 156
Noè, V. 114 119
Nunc dimittis 223f
Nußbaum, O. 152

Oberforcher, R. 296
Ökumene 97f 130; im Hochgebet Versöhnung II 185
Österreich: Bischöfe 126 132; Altarmeßbuch 134
Oosterhuis, H. 85 158
Oppenheim, Ph. 280
Oration: in Kindermessen 106; s. a. Amtsgebet u. einzelne Orationen
Ordinarium 130 253f 266
Ordnung, lit. 21f 42f 61
O'Shea, W.J. 280

Pacik, R. 246
Pahl, I. 11 153 156 173 296
Parsch, P. 283
Pascher, J. 58 201 212
Pasqualetti, G. 114 172
Pastoralliturgik 18f 282f
Paternoster, M. 102
Paul VI. 54 57 65 84 102 114–116 118 121 128 171f 184 188 233
Pedrosa, V. 172
Perikopenordnung: deutsches Sprachgebiet 134f
Pfab,J. 279
Pistoia, Synode 1786 79
Pius V. 77 91 217
Pius X. 39 60 66 76 79 112 113 226 266
Pius XII. 79 86 113 119 233 283 294
Plock, H. 158
Plöger, J.G. 11
Pontifikalamt 91
Postsanctus: im Hochgebet Versöhnung II 179 181f
Präfation: des Hochgebetes Versöhnung II 177–180; Prinzip des Wechsels 177
Predigt 241
Predigtdienst 69
Preuss, H.G. 210f 219 225
Priester: als Vorsteher 63 86f, der Eucharistiefeier 138–142; Spiritualität des Leitungsdienstes 141f
Priesterweihe u. Leitungsdienst in Messe 139
Probst, M. 125 158 175
Proprium 253f 266
Pruner, E.J. von 19, 282
Psalm: in Komplet 226f
Psalmgebet, christl. 205f
Puniet, P. de 281

Raas, F. 10
Rahner, K. 225 228 229 285–287 289
Rauch, Ch. 283
Recht, lit. 21f; amtskirchl. Äußerungen vor 2. Vat. Konzil 66; Befugnis des Papstes bei Ausführung der Liturgiekonstitution 65f; Ordnungsbefugnis 31f 78 82–85, des Apostol. Stuhls 110–124, der Bischofskonferenzen 31 83 157, der Lokalgemeinde 31f 84f
Reckinger, F. 155
Reformation 97f
Regionalkalender des deutschen Sprachgebiets 133f
„Reihe Lebendiger Gottesdienst" 15f 21
Renhart, E. 171 212
Rennings, H. 5f 10 12 13–26 26 43 55 65 102f 123 127 129 132 154 156 170–173 176 189 195 200 210 212 239 299
Responsorium 222f
Richter, K. 10 158 235 295 302
Righetti, M. 280
Rigler, P. 282
Rimaud, D. 172
Ritenkongregation 111–116; Errichtung 78
Ritus: Funktion 229f
Rocholl, N. 16
Rocholl-Gärtner, I. 16
Roegele, O.B. 170 173 174 176 179f 184
Roguet, A.-M. 283
Rollenverteilung 13 254f
Rubrikenkunde 71 279f
Ruf: als Schallform 250

Sängerchor 244 251ff
Sailer, J.M. 79
Sakrament 119
Samanes, C. Floristan 283
Sanctus 167f 253
Sartore, D. 170 179
Sartori, L. 110
Sauer, R. 102–104 109 129
Saventhem, E.M. de 65
Schermann, J. 171
Schifferle, A. 174
Schilling, A. 154 155 158
Schilling, O. 205
Schlaf: Psychohygiene 211f 214 220 222 225 229f; Ontologie u. Theologie 225 228f; u. Tod 225f; Störung 210f 214 219f
Schlier, H. 181
Schluß: einer Versammlung 190f
Schlußgebet 44 227f; für Verstorbene 303
Schlußlied 192 197
Schlußsegen 192 195f; s. a. Segen
Schlußteil:
– lit. Feiern allgemein: Funktion 191f; Elemente 192f
– der Messe 189–197; Elemente gemäß Ordo Missae 193–197; Platz des Priesters 197
Schlußwort des Priesters 194

Schmid, A. 294
Schmidt-Lauber, H. C. 185
Schmitt, S. 217
Schmitz, H. 115 116
Schnider, A. 171 212
Schnitzler, Th. 108 152 201
Schriftlesung 251; in Komplet 227; in Kindermessen 106ff
Schubert, F. 283
Schürmann, H. 156 254
Schuldbekenntnis 220f
Schultz, J. H. 222 229 230
Schuster, H. 286
Schweiz: Bischöfe 126 132; Altarmeßbuch 134
Segen 225 250; s. a. Schlußsegen, Wettersegen
Seiler, E. 132
Seitz, J. 19 282
Senn, F. C. 171
Seuffert, J. 217
Severus, E. von 296
Sidler, H. 217
Sixtus V. 78
Somalo, E. Martínez 121
Sonntag 236f; u. bestimmte Anliegen 238–242
Sonntagsgottesdienst ohne Priester 21 131
Sonntagsmesse 237
Sonntagspflicht 34
Spaggiari, G. 102
Spiritualität der Leitung 141f
Sprache: der lit. Gesänge 267
Stadelmann, A. 158
Stadlhuber, J. 215
Stäblein, B. 201
Stapper, R. 19 283
Stein, B. 104 129 155
Stellvertretung 252f 255
Stille 108
Stimart, L. 279
Straßburg, Erzbistum 132
Strauch, I. 214 222
Stuiber, A. 280
Stundenbuch 213; deutsches Sprachgebiet 135
Stundengebet 212f

Tabera, A. 102 117 155
Tätige Teilnahme 13 38f 64 128; durch Musik 93; beim Hochgebet 153 156f; u. Funktionsgerechtigkeit 265f; u. Gestaltung 41 46f; am ganzen kirchl. Leben 64
Taft, R. 212
Tag der Auswanderer 233
Tagesgebet 45, für Verstorbene 302
Tarruel, J. Gibert 226
Tertullian 215
Texte, lit.: Neuschöpfungen 89; Gattungen 140
Thalhofer, V. 280 291 294
Tradition 62
Trient, Konzil: Liturgiereform 77f
Trottmann, R. 129 156

Übersetzung lit. Texte 54f 70 89
Una-Voce-Bewegung 58 62 64f

Vagaggini, C. 153 279f 283 284
Vaterunser: in der Komplet 220; in Kindermessen 107; ökumenische Fassung 130
Vergebungsbitte in Komplet 220
Verheul, A. 119
Veritas horarum 216f
Verkündigung 251
Verneigung 196
Versammlung 14 19; Kommunikationselemente 249–253
Verstorbenengedenken 176
Vigourel, A. 279
Vogüé, A. de 215 217 226
Voisin, J. de 79
Volksfrömmigkeit 91
Volkskunde 299
Vollebregt, G. 200
Votivmesse 238

Wagner, J. 10 156 217
Wegman, H. A. J. 154 175
Weltfriedenstag 234
Weltmissionssonntag 232f
Welttag der geistlichen Berufe 233f
Wettersegen 196
Weygandt, W. 211
Wiederholung: als lit. Prinzip 222f
Wintersig, A. 19 282 283
Witzel, G. 77
Wortgottesdienst 39; für bestimmte Anliegen 238 240f

Zeichen, lit. 20 90ff
Zeitpunkt, richtiger: als lit. Prinzip 216f
Zelebration zum Volk 53
Zentralismus 70f 78 83f
Zimmermann, G. 215 216
Zulehner, P. M. 109
Zweites Vatikanisches Konzil: Vorbereitungskommissionen 113